教师教育融媒体教材

JIAOYU ZHEXUE

教育哲学

第2版

于伟　王澍◎主编

北京师范大学出版集团
BEIJING NORMAL UNIVERSITY PUBLISHING GROUP
北京师范大学出版社

图书在版编目(CIP)数据

教育哲学/于伟,王澍主编. —2版. —北京：北京师范大学出版社，2023.8

ISBN 978-7-303-29258-5

Ⅰ. ①教… Ⅱ. ①于… ②王… Ⅲ. ①教育哲学－师范大学－教材 Ⅳ. ①G40-02

中国国家版本馆CIP数据核字(2023)第125746号

教 材 意 见 反 馈 gaozhifk@bnupg.com 010-58805079
营 销 中 心 电 话 010-58802135 58802786
北师大出版社教师教育分社微信公众号 京师教师教育

JIAOYU ZHEXUE
出版发行：北京师范大学出版社 www.bnupg.com
北京市海淀区新街口外大街12-3号
邮政编码：100088
印 刷：保定市中画美凯印刷有限公司
经 销：全国新华书店
开 本：787 mm × 1092 mm 1/16
印 张：25
字 数：530千字
版 次：2023年8月第2版
印 次：2023年8月第1次印刷
定 价：56.00元

策划编辑：王剑虹 责任编辑：刘 溪
美术编辑：陈 涛 焦 丽 装帧设计：陈 涛 焦 丽
责任校对：陈 民 责任印制：马 洁 赵 龙

本课程的研究方法

教育哲学并不是神秘的学科，也不是高不可攀的学科，而是充满睿智的教育观点和理智性趣味的学科。概括来说，从事教育哲学研究需要的是批判和反思，即对教育思想与教育实践中的各种观点、做法给予前提性的批判和反思，从而推动思想的发展。具体来说，教育哲学有四种基本的研究方式。

第一，规范的研究。规范的研究主要以哲学的话语、站在哲学的立场言说和分析教育的问题，在教育哲学研究史上，此种方法形成了各种各样的“主义”式教育哲学。主要的哲学流派有唯心主义、唯实主义、永恒主义、要素主义、实用主义、进步主义、社会改造主义、存在主义。各种“主义”的教育哲学有着大致相同的研究思路：形而上学讨论现实的性质，认识论讨论知识的性质，价值论讨论价值的性质，逻辑论讨论推理的性质。各种“主义”的教育哲学从自身信奉的哲学立场出发，从以上四个方面阐述自己的主张，为自己的教育主张寻求永恒的形而上学支撑。每一个派别的教育哲学都是系统的、综合的、连贯的、完善的思想体系，侧重于理解与论证教育过程所要达到的目的及应遵循的原则，并就应该采取的方法提出建议。

第二，分析的研究。分析的研究采取语义分析与逻辑分析的方式研究教育的问题与概念，进行思想的清理，反对像传统的规范教育哲学那样提出有指导意义的主张。分析教育哲学是这一研究方法的代表。分析教育哲学对概念和命题进行语言的和逻辑的分析，试图通过语言清思，消除教育概念的模糊所引起的争论，从而实现教育理论的清晰化，并不想创造或建立一个完整的教育哲学的思想体系。虽然人们批判分析教育哲学的“概念的大扫荡”（conceptual mopping up）并没有真正做到清思，人们不得不放弃通过逻辑地找寻纯粹的语言来建立教育的基本准则这一强硬的立场，而后期分析哲学中的日常语言学派也仅仅是修正了概念的用法，无法对概念做彻底的清思，但分析教育哲学为人们研究教育问题提供了新的方法与技术。

第三，批判的研究。受马克思和恩格斯理论乃至后来的德国法兰克福学派、英国当代文化研究中心的批判理论影响，批判的研究主张对教育现实展开批判，对错误的思想、观点、方法保持警醒的立场与态度。批判教育哲学是这一研究方法的代表。由于教育改革进程中，变革不仅仅局限在学校内部的课堂教学、课程开发方面，而是扩大到教育教学、学校管理、经费运作、教育公平等多个方面，这种实践的状况吸引了批判教育哲学学者的关注，他们在这复杂纷繁的教育实践中洞察出教育的问题所在，开始对教育目的、教育公平、教育民主等问题进行哲学批判与反思，他们希望能通过自己的研究来唤醒教育实践者，使教育实践者能够更好地反思。

第四，综合的研究。教育哲学研究由过去的关注怎么去认识教育，转向重视不同派别哲学思想的对话以及探讨在教育中该怎么做，开始直面教育领域中的各种具体实践问题。因此，教育哲学研究方法向综合化的方向发展，受到实践哲学的影响，强调面向教育实践的研究。综合研究的教育哲学放弃了在认识论上的永恒的理性诉求，遵循情境理性，尊重空间与位置的不同带来的教育主张的不同，强调教育哲学研究的终极目的是改进教育实践。

简要目录

详细目录

第一章　什么是教育哲学

第二章　教育是什么

第三章　学校是什么

第四章　儿童是什么

第五章　教育目的

第六章 课程

第七章 学习

第八章　教学

第九章　教师

第十章　班级

第一章

什么是教育哲学

本章概述

本章经由哲学简史的回顾概括出哲学的若干重要属性及其对教育哲学的意味，并在教育哲学发展史的基础上，对教育哲学进行相应界定。其后是教师学习教育哲学的意义说明和方法介绍。

结构图

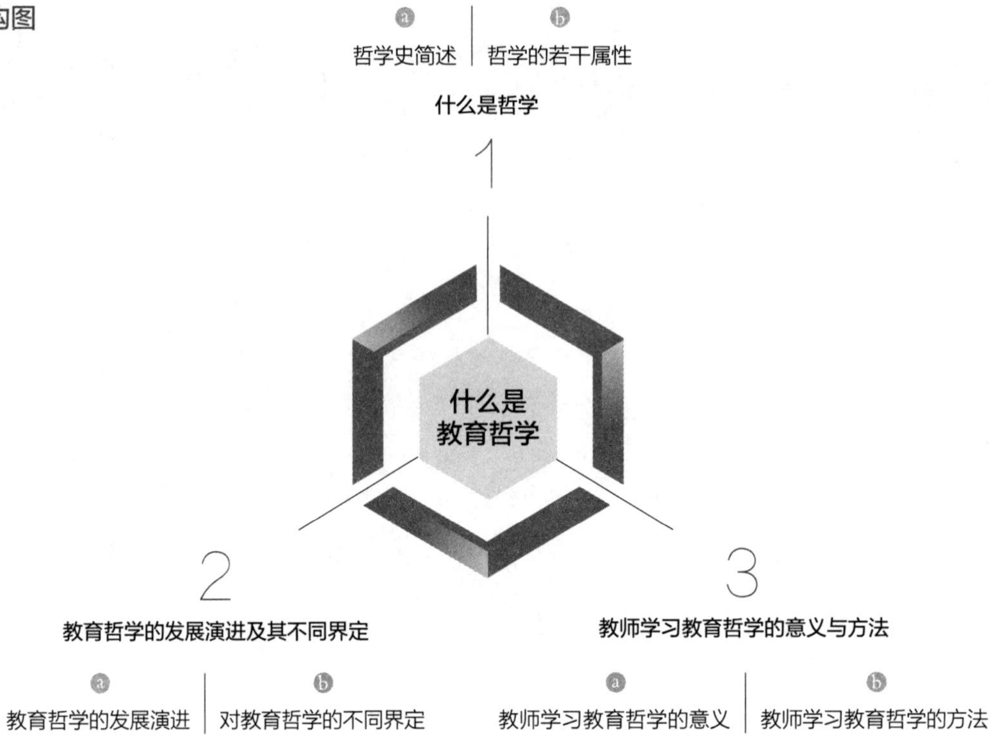

学习目标

学完本章，你应该做到：

1. 熟悉哲学发展的脉络，明确哲学思考问题的方式。
2. 了解教育哲学的历史和现状，对教育哲学有较为准确的定位。
3. 了解学习教育哲学的意义，掌握学习教育哲学的基本方法。

读前反思

回想一下，职前教育中有哪些课程或教学内容是有关哲学的，在个人阅读中是否涉猎过哲学著作，你能举出一些例子吗？请基于这些“经验”思考下列问题。

1. 哲学是高深的学问还是日常的智慧？作为教师需要学哲学、用哲学吗？如果需要，要学习什么样的哲学？
2. 自己在哪些场合接触过教育哲学？如果靠自己设想，一本教育哲学的教材应该包括哪些内容？在现实中“有用的”教育哲学又应该是“怎样一副模样”？
3. 教育哲学和其他学科、课程有什么区别？哲学和教育哲学对于教师意味着什么？基于教育哲学的独特性和具体价值，想一想自己准备怎样学习这门课程。

第一节
什么是哲学

学习目标

熟悉哲学发展的脉络，明确哲学思考问题的方式。

教育哲学和哲学是什么关系？这是一个有争议的问题。但教育哲学离不开哲学显然是没有争议的。有人认为教育哲学就是用哲学的基本立场审视教育问题，是应用哲学；有人认为教育哲学探讨教育理论和实践背后的哲学命题和假设，作为思索各教育类学科的理论前提，某种意义上是教育学的基础学科；也有人认为教育哲学要从教育基本问题出发总结出哲学问题，是哲学的一种。凡此种种，可以得出，对于教师来说，接触教育哲学肯定是必要的，哲学的学习不能取代教育哲学的学习。但反过来，了解一些哲学显然可以更好地领悟教育哲学，并促进个体教育哲学的形成。

一、哲学史简述

"哲学"一词源于古希腊词Φιλοσοφία，拉丁语为philosophia，由philo和sophia组合而成，前者意为"爱"，后者意为"智"，全词合意为"爱智慧"。在中国传统语言体系中，"哲"为聪明、智慧之意。《尚书》中《皋陶谟》记载大禹语："知人则哲，能官人，安民则惠，黎民怀之。"《尔雅》释"哲"字说："哲，智也。"尽管中国古代并没有"哲学"这个词，但是这门学问在中国古代曾被称为理学、道学、玄学等，现代中国学术界中使用的"哲学"一词是经由日本学者翻译而后传入我国的。[1]中国的哲学不是西方意义的，后现代哲学家德里达否认中国有哲学，李泽厚认为那是就狭义的哲学而言。[2]西方哲学重视理性、超验理念、形式逻辑，中国哲学重视情感、生活经验、辩证逻辑。中国哲学和西方哲学一样，都是对人生意义、生活价值、宇宙根源的永恒追问。在学科意义上可以说哲学就是哲学史，下面将对西方哲学和中国哲学的历史做简单的梳理回顾，以期为教育哲学的学习和研究提供参照。

西方哲学主要指欧美哲学[3]，按照时间阶段大致可分为古代哲学、中世纪哲学、近代哲学

---

1 西方哲学传入中国，始于1595年利玛窦在《天主实义》里将欧洲哲学翻译为理学。1623年，艾儒略在《西学凡》一书中，同样将英文的philosophy翻译成理学。此后的三百余年间，虽然也有一些书籍把西方哲学译为"性学"（超性之学）、"爱知学"、"智学"等，但"理学"最为流行。最早将哲学一词介绍到中国来的是黄遵宪。他在1885年初刻本的《日本国志·学术志》里，讲到日本东京大学的学科分类时，使用了"哲学"一词。到1905年前后，许多中文报刊都较多地采用"哲学"这一术语了。"哲学"一词，本为日本人西周时懋所创用以表达源于古希腊罗马的西方哲学学说。1870年，他在给学生讲解西方哲学时指出："哲学是诸学的统辖，诸学皆一致归哲学统辖"，哲学是"诸学之上学"。以上论述参见李喜所. 辛亥革命时期学术文化的变迁[J]. 史学集刊，2003(1)：38−47.

2 李泽厚，刘绪源. 该中国哲学登场了？李泽厚2010年谈话录[M]. 上海：上海译文出版社，2011：1−9.

3 [英]罗素. 西方哲学史（上册）[M]. 何兆武，李约瑟，译. 北京：商务印书馆，1963.

和现代哲学。古代哲学主要是本体论或存在论（ontology）。在苏格拉底之前对存在的追问主要是针对外部世界的，如世界由什么构成、宇宙本源是什么等。随着人类自我意识的加强，到苏格拉底那里，对存在的追问由外部世界转向人自身，人是什么、人从哪里来以及人的德性与生活成了哲学的核心命题。苏格拉底及其之后的柏拉图和亚里士多德被称为“古希腊三杰”，他们奠定了西方哲学的基本特色，苏格拉底对真理的追求、柏拉图的理念世界与亚里士多德的形式逻辑等对后世的西方哲学家影响深远。“古希腊三杰”等智者之后的伊壁鸠鲁主义、斯多葛主义、怀疑主义、犬儒主义、新柏拉图主义，则构成了希腊化时期哲学的图景。需要提及的是，哲学和科学在古代的分界线并不明确（正如哲学学科和固定的哲学家身份，乃至所有其他学科的体制建设和领域形成都是现代化的产物）。历史编纂学、医学、法学、数学、物理学与化学、天文学与语文学作为当时核心的科学分支，都和哲学有着积极的互动[1]。随后是漫长的中世纪，经院哲学成为哲学主流，哲学的使命主要是以理性证实上帝的存在及《圣经》的教义，代表性的哲学家有奥古斯丁和阿奎那。

随着生产力的发展和资产阶级的诞生，文艺复兴、宗教改革、启蒙运动以及自然科学的发达，近代哲学回归了古希腊的传统，重新关注人及其外部物质世界，但却是以认识论（epistemology）的方式存在。在人能否认识、如何认识等问题上，近代早期的哲学家大略可以分为理性主义和经验主义两派。理性主义以笛卡儿、斯宾诺莎、莱布尼茨为代表，认为人有先验的认识能力，思辨演绎而来的知识是可靠的，事物共相先于事物自身而具有客观实在性（唯实论）。经验主义以培根、贝克莱、休谟和洛克为代表，认为人不具有先验认识能力，经验归纳而来的知识才是可靠的，事物共相后于事物自身而不具有客观实在性（唯名论）。当然，近代哲学在其他方面并非没有发展，尤其是实践哲学（主要是政治哲学和道德哲学）出现了一批代表人物和哲学主张。比如，霍布斯、洛克、孟德斯鸠、卢梭等思想家关注了自然法则、天赋人权、社会契约、主权、平等、自由、民主、公平、正义、分权与制衡、权利与义务、善与恶等一系列政治哲学和道德哲学主题。同时，法国的拉美特利、爱尔维修、伏尔泰、狄德罗等人发展了英国培根、霍布斯、洛克的机械唯物主义，为物质与意识这一本体论哲学问题的探讨增加了辩证色彩。

近代晚期是哲学大发展的时期，出现了康德、黑格尔、马克思、叔本华、尼采、克尔凯郭尔等这些我们耳熟能详的哲学家。康德、黑格尔同笛卡儿一起被称为理性主义哲学的三个巅峰，他们至今对当世的哲学家有深刻的影响。两人均涉及本体论哲学、认识论哲学、道德哲学、政治哲学、历史哲学和美学等哲学的诸多方面。康德综合理性主义和经验主义，完成了哲学史上从知识是什么到知识何以可能的哥白尼式的革命。而黑格尔在历史和辩证法方面

1 [挪]希尔贝克，伊耶. 西方哲学史：从古希腊到二十世纪[M]. 童世骏，等，译. 上海：上海译文出版社，2004：121.

作出了突出贡献。叔本华、尼采和克尔凯郭尔则发展出唯意志论哲学，向哲学的理性中心发起挑战。马克思基于其经济学和社会学发展出历史唯物主义和辩证法，其影响也更多是在社会实践方面。同一时期，不可忽略的还有边沁、穆勒的功利主义和自由主义的道德哲学，达尔文主义的社会哲学，赫尔德和兰克的历史哲学，以及施莱尔马赫的解释学和孔德的实证主义哲学等。

哲学家语录

全部哲学史这样就成了一个战场，堆满着死人的骨骼。它是一个死人的王国，这王国不仅充满着肉体死亡了的个人，而且充满着已经推翻了的和精神上死亡了的系统，在这里面，每一个杀死了另一个，并且埋葬了另一个……（但是）我们必须讲明白：哲学系统的分歧和多样性，不仅对哲学本身或哲学的可能性没有妨碍，而且对于哲学这门科学的存在，在过去和现在都是绝对必要的，并且是本质的。

——[德]黑格尔．哲学史讲演录：第一卷[M]．贺麟，王太庆，译．北京：商务印书馆，2009：21-24.

现代哲学派别林立，大致可以归为语言转向（linguistic turn）和对生存实践的关注两个理路。[1]分析哲学、语言哲学是语言转向的代表，是要把哲学的问题转变为语言研究和语言问题，认为哲学问题只是语言问题，代表人物有罗素、卡尔纳普、维特根斯坦等。风靡一时的结构主义也将结构语言学用于文化和社会的研究。此外，哲学家们也从生存和社会的角度来寻求哲学发展的路径，重视人的社会性和实践性对于存在论和知识论的意义（在中国常被称为人本主义，典型如萨特的存在主义、海德格尔与梅洛·庞蒂的存在论现象学、马斯洛及罗杰斯的人本哲学）。哲学家们开始走出思辨王国，面向社会生活，把研究对象指向人文社会世界，指向语言、神话、宗教、艺术、历史、原始部落，乃至权力、财富、性、犯罪、疾病、精神失常等社会和心理问题。哲学从古代的整体哲学到近代各种知识的陆续分离，直到今天，哲学又在与各门学科互动融合，比如后现代主义哲学和西方马克思主义汇流而来的文化研究。最后，和教育密切相关的还有弗洛伊德、荣格、华生等人的心理学哲学，詹姆斯和杜威的实用主义哲学，罗尔斯和诺齐克的政治哲学等。

对于中国的哲学，很多教师都或多或少地了解。中国哲学以儒学为主流，儒学较为明晰的线索见于儒学四期说[2]。原典儒学为第一期，以孔子、孟子、荀子为主，其主题是“礼乐论”，基本范畴是礼、仁、忠、恕、敬、义、诚等。由于个人尚未从原始群体中真正分化出来，所以有“生为贵”“人为贵”这样的人本主义主张。第二期儒学（以汉代董仲舒为代表）

1　黄颂杰．西方哲学名著提要[M]．南昌：江西人民出版社，2002：序13-15.

2　李泽厚．历史本体论·己卯五说：增订本[M]．北京：生活·读书·新知三联书店，2006：130.

的主题是“天人论”，基本范畴是阴阳、五行、感应、相类等，受阴阳家影响。第三期儒学（宋明理学，以“程朱”“陆王”为代表）的主题是“心性论”，基本范畴是理、气、心、性、天理人欲、道心人心等，受佛、道影响。第四期儒学是冯友兰、牟宗三、梁漱溟、熊十力一派，其思想并未偏离旧的主题，是“人类学历史本体论”，基本范畴是自然人化、人自然化、积淀、情感、文化心理结构、两种道德、历史与伦理的二律背反等，个人将第一次成为多元发展、充分实现自己的自由人。儒学四期将儒学和马克思主义、自由主义和后现代结合起来。当然，各期虽有主流也有偏支，儒学四期可以兼容宗教哲学、政治哲学、美学等多种取向。

中国的哲学是为政治和道德人生服务的哲学，对于中国人的观念来说向来是儒道互用，而在社会政治上则是儒法兼施。道家和法家思想在诸子百家中具有重要地位，相应的墨家和黄老哲学在人文社会之外的自然科学发展方面影响较大。对于哲学来说，春秋战国发展而来的阴阳家和名家也有着较多的影响。

哲学家语录

各种思想中当属哲学最不正常……对万物的思考也必须被思考。这种关于思想的思想被称为反思，也就是哲学……思考与反思的区别在于：思考可以无限地接近事物而不断丰富，可是反思却不断抛弃不可信任的观念，于是思想越来越简单，而真理却未必见得越来越近。老子曰：“为学日益，为道日损。”实乃真知灼见。

——赵汀阳．第一哲学的支点[M]．北京：生活·读书·新知三联书店，2013：1-2.

目光聚集到近现代，冯友兰、梁漱溟等人之外，严复、王国维、康有为、梁启超、蔡元培对中国现代哲学的发展作出了各自的贡献。孙中山、毛泽东作为领袖，其哲学直接影响了社会现实。现当代对中国哲学作出突出贡献的代表人物有冯友兰、金岳霖、宗白华等著名哲学家。当代学人中，对教师来说可推介的哲学家有李泽厚、高清海、叶秀山、赵敦华、孙正聿、赵汀阳、邓晓芒等。

二、哲学的若干属性

究竟什么是哲学？到目前为止也没有一个统一的明确答案，这对任何一个研究哲学的人来说恐怕都是一个难题。但是我们可以通过不同的界定，概括出哲学若干共有的属性，为思考“哲学到底是什么”提供依据。

（一）哲学从惊讶和疑惑开始

人是由于好奇或疑惑而开始哲学思考的，疑惑不等于哲学，而是哲学活动的引线或动因。在日常生活中产生疑惑，对常识怀疑是哲学的起点。柏拉图曾在《泰阿泰德篇》中说道："惊讶，这尤其是哲学家的一种情绪。除此之外，哲学没有别的开端"，"这地地道道是哲学家的情绪，即惊讶，因为除此之外哲学没有别的决定性的起点"。[1]可见，哲学起源于惊异这样的一种情绪。由于受到疑惑的驱动，人们才开始思考。人的本性中有"好奇"的特质。"求知是所有人的本性"[2]，"不论现在，还是最初，人都是由于好奇而开始哲学思考，开始对身边所不懂的东西感到奇怪，继而逐步前进，而对更重大的事情发生疑问"。[3]"当有人提出一个普遍性问题时，哲学就产生了，科学也是如此。最先表示出这种好奇心的人是希腊人。"[4]对这个世界保持惊讶的状态就会带领人走进哲学的神圣殿堂。而对古希腊人来讲，他们的哲学问题就是这个世界何以是这个样子，他们追问世界的本原问题以及在这个变化不定的世界里人类的心灵何以支撑等相关问题。哲学的问题没有唯一的答案，"哲学的问题是永恒无解而且万古常新的"[5]。哲学只能有各式各样的解答方式，以至于维特根斯坦说，哲学问题的特征是"我找不到北"[6]。

好奇与惊奇

尽管这里也用了好奇，但在一个审美生存的时代，好奇和惊奇事实上是不同的。好奇操劳于观看却不是探查，只是贪新骛奇，止于从一个新奇到另一个新奇，止于有所知。惊奇则探索发现现象背后的东西，引发想象和创造。

（二）哲学是热爱智慧

"哲学"这个词的原初意思就是"热爱、追求智慧"。作为一种活动，"哲学"就是一种通过追问智慧的问题而使人变得有智慧的精神活动；作为学科，"哲学"就是一门通过追问智慧的问题来使人能够智慧地生活的学问。从这个角度讲，哲学家应该是最谦虚的人，他们主张"爱智慧、追求智慧"，他们明白知识可以占有，而智慧则只能热爱。在古希腊，有哲学家和智者两种类型的人，他们的区别就在于智者讲求功利，所以他们以讲授雄辩术、辩证法等为专门职业换取生活的物质资料，智者回答问题，他们占有的只是知识。而哲学家则不讲功利[7]，哲学家是提出问题的，并且对提出的问题孜孜以求地不断思考，因为他们热

1 [古希腊]柏拉图．柏拉图全集：第2卷[M]．王晓朝，译．北京：人民出版社，2003：670.
2 [古希腊]亚里士多德．亚里士多德全集：第7卷[M]．苗力田，主编．北京：中国人民大学出版社，1993：27.
3 [古希腊]亚里士多德．亚里士多德全集：第7卷[M]．苗力田，主编．北京：中国人民大学出版社，1993：31.
4 [英]罗素．西方的智慧[M]．温锡增，译．北京：商务印书馆，1999：10.
5 张志伟，欧阳谦．西方哲学智慧：第2版[M]．北京：中国人民大学出版社，2009：6.
6 [奥]维特根斯坦．哲学研究[M]．陈嘉映，译．上海：上海人民出版社，2001：75.
7 传说泰勒斯出门时常常望着天空，结果没在意脚下的坑而跌跟头，受到一个婢女的嘲笑。

爱智慧、追求智慧。罗素曾引证苏格拉底自己的话说："只有神才是有智慧的……神并不是在说苏格拉底，他仅仅使用我的名字作为说明，像是在说：人们啊！惟有像苏格拉底那样知道自己的智慧实际上是毫无价值的人，才是最有智慧的。"[1]

（三）哲学是把握世界的基本方式

人类把握世界有多种方式：神话、常识、宗教、艺术、伦理、科学和哲学。[2]马克思把人类的精神活动分为四种，即理论的、宗教的、实践—精神的和艺术的方式。[3]哲学是人类把握世界的基本方式，而这种基本方式的特点主要体现为前提性批判和反思。前提性批判意味着它对一切问题都要追本溯源、寻根究底，做一番反省性或前瞻性的思考；它在别人从未发现问题的地方发现问题，对人们通常未加省察和批判就加以接受的一切成见、常识等进行批判性的省察，质疑它的合理性根据和存在权利。哲学活动因此成为一种质疑、批判和拷问的活动，其具体任务包括两个：一是揭示、彰显暗含或隐匿在人们日常所拥有的各种常识、成见和理论背后的根本性假定或前提；二是对这些假定或前提的合理性进行质疑、批判和拷问，迫使它们为自己的合理性进行辩护，从而为新的可能性开辟道路。[4]

哲学家语录

哲学始终是科学加诗。这个"加"当然不是两种事物的拼凑，而是指具有这两个方面的内容、因素或成分。它有科学的方面和内容，即有对客观现实（自然、社会）的根本倾向作概括领悟的方面，但并非某种科学的经验论证；同时它也有特定时代、社会的人们的主观意向、欲求、情致表现的方面，其中总包含有某种朦胧的、暂时还不能为科学所把握所规定的东西，这东西又总与人的存在或本质、人生的价值和意义、人的命运和诗情纠缠在一起。每个不同的时代和社会，赋予这些永恒课题以具体的新内容，所以，真、善、美这些古老课题，及其哲学探讨，不断变化又万古常新，每一个时代、每一种学派都将对这些涉及人类价值的基本课题和词语作出自己的重要回答和应用。

——李泽厚．华夏美学·美学四讲[M]．北京：生活·读书·新知三联书店，2008：247-248.

所以，哲学的思考方式是反思。反思性是指哲学是一种"反思"的思维活动，黑格尔曾说："哲学的认识方式只是一种反思——意指跟随在事实后面的反复思考。""要获得对象的

1　[英]罗素．西方哲学史：上卷[M]．何兆武，等，译．北京：商务印书馆，2008：122.
2　孙正聿．哲学通论[M]．沈阳：辽宁人民出版社，1998：46-51.
3　马克思恩格斯选集：第2卷[M]．北京：人民出版社，1995：19.
4　[英]安东尼·肯尼．牛津西方哲学史[M]．韩东晖，译．北京：中国人民大学出版社，2006：序言.

真实性质，我们必须对它进行反思，唯有通过反思才能达到这种知识。”[1]马克思肯定了黑格尔关于哲学是一种后思的见解，并把它应用到对人类历史的研究。马克思明确地提出了他的“从后思索法”，即“对人类生活形式的思索，从而对它的科学分析，总是采取同实际发展相反的道路。这种思索是从事后开始的，就是说，是从发展过程的完成的结果开始的”。[2]反思的目的是更好地引导未来。

（四）哲学是历史性的思想

黑格尔曾经作出过类似这样的表述：“哲学史就是哲学”和“哲学史的研究就是哲学本身的研究”[3]，因此，学习哲学在一定意义上就是学习哲学史，因为哲学史是由那些具有里程碑性质的伟大哲学家的经典著作所组成的；而另一方面，哲学史是仍然活着的哲学，因为当代哲学就是正在发生着的历史。

哲学问题本身的特点之一是要不断回到历史的起点去追问。一般来说，现实中的一切令人困惑和引人思索的现象，其缘由往往在悠长的历史之中。当人类开始对世界和自身产生思考时，这些基本的问题便是相通的，甚至是相同的。在不同的时代，哲学家们思考着，辩论着，甚至相互抨击着，但是不同的只是对于基本问题的解释，而不是问题本身。人类本身就是历史性的存在，产生于人类思考过程中的理性也必然是历史积淀的结果，历史是衡量理性的重要坐标。

（五）哲学是理论化、系统化的世界观和方法论

马克思曾经说过，“任何真正的哲学都是自己时代的精神上的精华”[4]。世界观是对人、社会、世界的总体看法。哲学用最普遍的概念、最一般的范畴和具有普遍性的规律来把握世界，因此，哲学是世界观的理论形态，或者说是系统化、理论化的世界观。不同的世界观会指导人们采取不同的行动，从而对社会的发展起着促进或阻碍作用。方法论就是研究人、社会、自然的方法取向，是方法的理论基础，是方法合法性和适用性的理论依据。例如，笛卡儿被认为是西方近代哲学的开端，他提出“我思故我在”，意思是说精神比物质确实，而对“我”来讲，“我”的精神又比旁人的精神确实。这个命题直接导致了主体形而上学和本我形而上学的哲学发展取向，而“我思故我在”这个结论是通过理论理性获得真理的方法得出的，笛卡儿把方法推向思想的极端成为近代哲学的奠基人。

“哲学到底是什么”确实是一个难以回答的问题，不过本书还是打算给哲学找出一个本

---

1 [德]黑格尔．小逻辑[M]．贺麟，译．北京：商务印书馆，1980：7，74.

2 马克思恩格斯全集：第23卷[M]．北京：人民出版社，1972：92.

3 [德]黑格尔．哲学史讲演录：第1卷[M]．贺麟，等，译．北京：商务印书馆，1981：12-13.

4 马克思恩格斯全集：第1卷[M]．北京：人民出版社，1995：220.

质，采纳的是最新版的《不列颠百科全书》中的表述，该辞书在“西方哲学史”条目之下设了“哲学的本质”子目：“在各种各样的界说中，很难判定是否能找到某种共同的因素或为‘哲学’找到某种中心含义，以它作为一种普遍的、全面的定义。不过，人们在这方面首先试图把‘哲学’定义为‘对各种人类经验的反思’或‘对人类最为关注的那些问题的理性的、方法论的和系统的思考’。”[1]

哲学（Philosophy）

哲学是对各种人类经验的反思或对人类最为关注的那些问题的理性的、方法论的和系统的思考。

（六）哲学是一种语言分析活动

分析哲学家把全部哲学问题归结为语言问题，认为哲学的混乱产生于滥用或误用语言，许多哲学争端都可以归结为语言问题的争端。维特根斯坦在其前期著作《逻辑哲学论》中就明确提出：“一切哲学都是‘语言批判’。”[2]“人们关于哲学事项所写出的大多数命题和问题并不是假的，而是没有任何意义的。因此我们就根本不能回答这类问题，而只能确定它们的毫无意义的性质。哲学家们的大部分命题和问题都是因我们不理解我们语言的逻辑而引起的……如下事实并不令人吃惊：最深刻的问题真正说来根本不是问题。”[3]从这种认识出发，分析哲学家把哲学的内容或者归结为对科学语言进行逻辑分析，或者归结为对日常语言进行语义分析，他们认为哲学不是理论，而是活动，哲学家的任务不是发现和提出新的命题，而是阐释思想，使已有的命题变得清晰。

分析哲学不仅积极去“诊断”，而且努力去“治疗”：它试图为由日常语言的误用而引起的哲学难题提供“疗法”。对于像维特根斯坦这样的分析哲学家来说，这种治疗特别是针对传统的形而上学问题的，因为混淆语言的使用规则最容易引发哲学争论。譬如，说“数字5是绿色的”在日常生活中是没有意义的，因为它违反了不能用颜色来称谓数字的基本语言规则，我们在这种说法中能体会到一种因语言误用而引发的无意义性。同样，在传统的形而上学中，分析哲学家们发现大多数形而上学问题其实是披上了伪装的语言或逻辑问题，古典哲学家们误以为属于世界的各种“存在形式”其实是语言的“逻辑形式”。[4]不难发现，所有形而上学概念，如存在、同一、物质、精神、时间、空间、因果、本质、现象、整体、部分、无限、有限、一般、特殊、个体、共相、变化、永恒、必然、偶然、可能世界、心灵和造物主，诸如此类，都是覆盖万物的“大问题”。[5]对上述抽象概念的探讨极易引起语言误用，并导致哲学困难。分析哲学的目的就是要表明，在不同的语境下，什么是可以说的，什

---

1 转引自庞卓恒，吴英．什么是哲学？什么是历史哲学？[J]．史学理论研究，2000（4）：5−14.

2 [奥]．维特根斯坦．逻辑哲学论[M]．韩林合，译．北京：商务印书馆，2013：31.

3 [奥]．维特根斯坦．逻辑哲学论[M]．韩林合，译．北京：商务印书馆，2013：30−31.

4 赵汀阳．第一哲学的支点[M]．北京：生活·读书·新知三联书店，2013：10.

5 赵汀阳．第一哲学的支点[M]．北京：生活·读书·新知三联书店，2013：10.

么是不可以说的。哲学的语言分析就是试图将语言规则中内隐的东西明晰化，通过分析和论证，揭示语言使用的未明言的规则，来达到对哲学命题的澄清。

第二节
教育哲学的发展演进及其不同界定

学习目标

了解教育哲学的历史和现状，对教育哲学有较为准确的定位。

理解教育哲学是什么，对教育哲学的发展演进进行一番探查是有益的。作为一个交叉学科，教育哲学何时产生？不同历史时期教育哲学有什么特点？通过对这些问题的回答，我们才能获得学习教育哲学知识的意义。当然，什么是教育哲学和什么是哲学同样是一个难以回答的问题，我们只能获得相对稳定的认识，却找不到最终的答案。接下来，我们就从西方和中国教育哲学发展的历程中寻找教育哲学的范围与可能。同时，我们也尝试从教师发展的角度呈现教育哲学的“接受史”。

一、教育哲学的发展演进

（一）外国教育哲学的历史与现状

在教育哲学诞生以前，教育哲学的观念就已经存在了。可以说，教育哲学的观念与人类教育实践活动同步产生。当人类把自己的生产生活经验、关于神和祭祀的知识以口耳相传的方式传递给年青一代的时候，他们就开始思考：到底传递些什么呢？要不要惩罚儿童呢？这些事关认识论和人性假设的问题，都是教育哲学问题。所以说，人类一有教育活动，就有了教育哲学的观点。此时的教育哲学体现为教育思想，古代的教育哲学史也就是教育思想史。

教育哲学作为大学课程开始于1832年，美国纽约州立大学开设了教育哲学讲座。而第一本教育哲学著作的产生则有些“阴差阳错”，德国哲学家罗森克兰茨（Karl Rosenkranz）出版《教育学体系》，经美国教育家布莱克特（Anna Brackett）于1886年译成英文，取名《教育哲学》，它事实上是一本教育概论性质的著作。而公认的教育哲学诞生标志是1916年美国哲学家约翰·杜威出版的《民主主义与教育——教育哲学导论》。该书从实用主义哲学观点出发，探讨教育之目的、方法、教材及教育价值的应用，强调教育哲学旨在解决教育理论与实施之间的矛盾与困难，以建立一套完整而系统的教育普遍理论，其目的在于改造教育，重建民主社会的理想。这本书至今影响巨大，和《理想国》《爱弥儿》并称为教育学史上三大里程碑式的著作。

早期的教育哲学（20世纪20年代至30年代）多用哲学的话语说教育的问题，即以各种各样的“主义”延伸出规范教育哲学（规定“应该”如何，相对于后来的分析教育哲学，也被称为“传统教育哲学”）[1]。它们多从不同的人生观、世界观、价值观的角度出发来论述教育问题，侧重于理解与论证教育过程所要达到的目的及应遵循的原则，并就应该采取的方法提出建议。[2]规范教育哲学指向教育现实，规范教育哲学家都希望对现实的教育生活有所影响和引导，进而改造社会。规范教育哲学有很多流派，如进步主义、永恒主义、要素主义、改造主义、新行为主义等。

教育家语录

“教育”是指：（a）传授知识、技能和态度的一套方法；（b）能解释或证明利用这些方法的一套理论；（c）在传授知识、技能和态度的目的中所包含的一套价值观或理想，以及以此为指导所提供训练的数量和类型。其中，（c）是与哲学关系最为密切的……（c）所提出的价值观问题，是教育研究者和教育理论家感到最深刻的问题。正是这些问题，哲学能有所帮助，至少可能达到这样的程度，即表明问题之所在，并说明这些问题的特殊性质。

——[英]丹尼尔·奥康纳.教育哲学导论[M]. 宇文利，译. 北京：中国人民大学出版社. 2015：4-5.

20世纪50年代至70年代，分析教育哲学兴起，教育哲学发展进入了一个新时期。分析教育哲学产生于现代分析哲学。分析哲学认为在掌握真理方面，哲学无法取代科学，在定夺价值方面，只是哲学家个人意见甚至是情绪好恶的表达。[3]哲学的功能是“对于语言文字命题的检查”。通过对“教育”“教学”“知识”“教育人”等基本概念的分析，试图从逻辑上弄清楚与教育有关的哲学争论问题。[4]然而，分析教育哲学依然很难如传统的规范教育哲学那样提出有指导意义的主张。“概念的大扫荡”也并没有真正地做到“清思”，而面对教育实践中的现实问题，分析教育哲学也只能是“纸上谈兵”。因此，其后很多学者提出：教育哲学是实践哲学。

20世纪70年代以后，存在主义和后现代主义哲学兴起。存在主义的信条是让-保罗·萨特所说的“存在先于本质”，认为人是“存在先于本质”的一种生物，人的一切不是预先规范好的，而是在日常行动中才形成的。在教育的主张中，存在主义者反对片面的专业

1 尚致远，范国睿. 新世纪教育哲学的使命：批判与创新[J]. 教育理论与实践，1999（4）：24-29.
2 石中英. 20世纪英国教育哲学的回顾与前瞻[J]. 比较教育研究，2001（11）：1-5.
3 简成熙. 教育哲学：理念、专题与实务[M]. 台北：台湾高等教育出版社，2004：32-33.
4 詹栋樑. 教育哲学[M]. 台北：五南出版社，1990：683.

化的教育，反对把学生变成专业工匠，主张注重人文学科，认为以教材为中心的教育是一种“非人格的知识专制”，主张个别化教学。后现代主义哲学则以反对绝对，反对霸权，反对知识的确定性、普遍性、客观性和中立性，反对启蒙运动以来的“进步”和“理性”为思想特征。后现代主义的教育哲学反对排斥他者，鼓励多样，尊重差异，开发歧见，提倡对话和交流。[1]米歇尔·福柯教育中关于“规训与惩罚”的思想、关于“知识即权力”的思想，对后现代教育哲学产生了较大的影响。

最后，受马克思和恩格斯理论乃至后来的德国法兰克福学派、英国当代文化研究中心的批判理论影响的批判教育学，也是当今教育哲学研究的重要领域。“最近世界范围内关于全球化、教育和商业模式对教育的潜在影响的讨论显示了马克思主义观点对今天的教育哲学和教育实践的持续关联和重要性。”[2]当代的批判理论研究者以保罗·弗莱雷（Paulo Freire）的“被压迫者教育学”为思想源头，提出了许多富有批判性的观点，主要的代表人物有亨利·吉鲁（Henry Giroux）、彼得·麦克拉伦（Peter Mclaren）、迈克尔·阿普尔（Michael W. Apple）等。他们的研究视角包括性别、种族、阶级多元文化、女权主义、后结构主义等。

（二）中国教育哲学的历史与现状

在中国，现代意义上的教育学是舶来品，而教育哲学同样也不是本土产生的。纵观中国教育哲学的发展大体分为两个时期：一是民国时期教育哲学的发展；二是1949年之后中国教育哲学的发展。

王国维是中国较早阐述哲学的作用以及哲学与教育的关系的学者，曾提出“哲学是与教育学有相互关系之学”，“哲学是教育学之母”。[3]1919年五四运动前夕，杜威来华讲学，在中国逗留了两年多的时间，为我国教育哲学的产生发挥了重要作用。然而，教育哲学作为一门重要的基础理论学科进入大学教育体制中却于1918年已开始，这一年，南京高等师范学校开设了教育哲学课程。在新文化运动的社会背景下，杜威的教育哲学思想在一定程度上适应了中国社会的发展需要，国内的教育家受杜威思想的影响，开始研究教育哲学。因此，在这一阶段出现了许多关于杜威教育哲学思想的论文，同时，杜威在华的演讲也被译成不同版本得以广泛传播。此时，引进和研究的教育哲学也大都不会超出杜威一派的教育哲学范围。

紧接着教育哲学发展的中心任务便切换为教育哲学教材的编纂，欧洲大陆的教育哲学也得以传入。中国开始出现专门研究教育哲学的学者，他们开始翻译、编写教育哲学著作和教材。从1927年到1937年，教育哲学的本土化成为教育哲学发展的聚焦点。学者们主张立即建立一个中国本位或民族本位的教育哲学理论体系，以作为教育政策或教育事业的基石，提出

---

1 石中英．教育哲学导论[M]．北京：北京师范大学出版社，2002：26.
2 [英]Randall Curren．教育哲学指南[M]．彭正梅，等，译．上海：华东师范大学出版社，2011：223.
3 张瑞璠．中国教育哲学史：第4卷[M]．济南：山东教育出版社，2000：227.

"中国教育哲学务以能挽救民族危难为最高任务"[1]。

民国时期的教育哲学从1949年以后在台湾地区得以传承。这一时期，台湾地区的教育哲学研究比较多元化，不仅受美国实用主义的影响，也开始形成欧洲大陆与英美并重的发展态势，例如，德国教育哲学开始进入台湾学者的研究视域。[2]台湾学者开始去欧美实现学历学位的需求。[3]20世纪70年代至80年代，台湾地区在教育哲学学术和教学方面均有不小的成就。一方面，教育哲学成为教师培训的重要科目，为教育教学服务的教育哲学教材密集问世。为了配合台湾九年师资的培育，教师需要修习"教育哲学"这门课程，贴近广大教育工作者进修需要的教育哲学就相应活跃起来，亲民的教育哲学教材也应运而生。另一方面，引进了英美分析哲学和反思研究方法论的欧洲大陆教育哲学。很多当时的台湾教育哲学学者都接受过分析哲学的专业训练；由于各种统计软件包的引进，教育研究一边倒地使用美国流行的实证研究范式[4]，教育哲学开始对研究方法论进行反思，欧洲大陆的诠释学、现象学、批判理论等被引进来，用来检讨科学主义和量化研究，教育研究于是也开始注重采用质性的、实践的研究模式。

到了20世纪90年代，台湾地区教育哲学的国际视野大大拓展，有关新实用主义、诠释学、结构主义、后结构主义、建构主义、女性主义、后现代主义的教育哲学等都成为台湾地区教育哲学研究的热门话题。还通过科研项目"人文社会科学史料典籍研读会：教育哲学学门"出版了系列研究成果[5]，该项目不仅展示了台湾地区教育哲学研究团队的合作研究能力，而且也为教育哲学的研究与教学积累了重要的基础文献。此外，台湾地区教育哲学也在努力走向本土化教育哲学的道路，如结合儒、佛、道思想的教育哲学，其著作已经达到一定的深度，但是多数台湾学者还是认为教育哲学的本土化程度远远不够。

中华人民共和国成立以后，全面学习苏联的教学计划和制度，而当时苏联是不设教育哲学这一学科的，理由是马列主义哲学即是教育学的哲学基础，教育学中又包含教育原理的内容，因而，"教育哲学"就没有单独开设的必要。教育哲学作为一门课程在高校停开，学者基本中断了教育哲学的研究和教学。一些教育哲学工作者只好转而从事教育基本理论的教学和研究。到了20世纪60年代，我国教育理论界开始进行自主性反思，并试图建立具有中国特色的教育学理论，此时有了一些介绍当代西方教育哲学流派的编译本出现。在"文化大革

1　梁瓯第．非常时期中国教育哲学的趋向[J]．教育研究，1938（81）：23-36.

2　王文俊更是直接师从斯普朗格，得德国新人文主义精神真传。

3　例如，贾馥茗1957年在台湾师范大学完成硕士学位，1958-1964年在美进修并获得博士学位。

4　邱兆伟于20世纪60年代末至70年代初在美国修读硕士和博士学位，受到严格的量化方法学训练，他是台湾地区教育哲学界里少数教育哲学派别与量化研究兼容并蓄的学者。（参见简成熙．台湾教育哲学的回顾与前瞻：1949-2005年[J]．教育资料与研究，2005（66）：8）

5　该项目于2001—2006年广集同道，研读赫斯特（P. H. Hirst）和怀特（P. White）主编的一套四册的《教育哲学：分析传统中的主要论题》，出版了系列的研究成果：《教育哲学述评》《教育与人类发展：教育哲学述评（二）》《民主社会中的教育正义：教育哲学述评（三）》《课程与教学哲学：教育哲学述评（四）》。于2008—2009年研读温迪·科利（Wendy Kohli）主编的《教育哲学的批判性对话》，出版《教育哲学：新兴议题研究》（2011）。

命”十年中，教育哲学研究和教学再次中断，直到20世纪70年代末，教育哲学研究和教学才又重新起步。

1979年，教育哲学在中国大陆的研究和发展进入了20世纪的第二个高峰期，其任务主要是建立以马克思主义为指导的教育哲学新体系，代表著作有黄济的《教育哲学初稿》（1982年）[1]和傅统先、张文郁的《教育哲学》（1986年）。这一时期的教育哲学专著和教材有数十种。一些学者致力于西方教育哲学流派的研究，另一些学者则在理论资源和研究方法上对西方有所借鉴，如运用现象学及解释学方法研究教育哲学等。20世纪90年代之后，对“中国教育哲学史”的研究也陆续展开，先后出版了一些著作，还出版了多套较有影响的教育哲学丛书。建立了专门的机构，如中国教育学会教育学分会教育哲学专业委员会[2]，组织和指导全国教育哲学科研的开展，推动全国教育哲学的教学、研究和人才培养（其历届年会主题见表1–1）。在教学方面，教育哲学在教育类专业（如小学教育、学前教育）中多为必修课程；在师资培训中，教育哲学也逐渐受到越来越多的重视。

公共教育哲学

相对于专业教育哲学或职业教育哲学家的个人教育哲学而言。不是仅仅对教育概念和命题进行专业的语言分析，而是更关注教育实践，以对话的方式对大众教育意识、教育生活和教育政策进行批判与分析。

表1–1　中国教育学会教育哲学专业委员会（教育哲学研究分会）历届年会主题（1991—2022）

届序	时间	地点	主题
第五届	1991年	华中师范大学	教育哲学(理论)与教育实验和教育实践的关系
第六届	1992年	湖南师范大学	当代教育观念的更新与教育哲学的理论构架
第七届	1994年	广东教育学院	时代精神与教育哲学
第八届	1996年	山东师范大学	教育现代化、人的主体性与主体教育、现代教育与人文精神
第九届	1999年	哈尔滨师范大学	世纪之交教育哲学的回顾和前瞻、后现代主义与教育哲学、关于素质教育的哲学思考、知识经济与教育
第十届	2000年	广西师范大学	教育与教育哲学的建设和发展、教学改革的哲学视界、教育理论与实践的关系
第十一届	2002年	内蒙古师范大学	知识经济与教育、知识经济与教育哲学
第十二届	2004年	东北师范大学	变革时代教育哲学研究的新视域
第十三届	2006年	北京师范大学	教育公平与社会变革
第十四届	2008年	上海师范大学	教育民主问题
第十五届	2010年	山东师范大学	教育理想与教育现实
第十六届	2012年	首都师范大学	实践、实践哲学与教育
第十七届	2014年	华东师范大学	正义、责任与教育：变革时代的教育问题
第十八届	2016年	河南师范大学	教育哲学的教学与研究

1　该书1985年重新修订命名为《教育哲学》，是新中国第一本教育哲学专著。
2　2021年，教育哲学专业委员会升格为教育哲学研究分会，成为中国教育学会的二级分会。

续表

届序	时间	地点	主题
第十九届	2018年	山西大学	教育评价与质量改进中的哲学问题
第二十届	2020年	湖南师范大学	中国传统哲学与现代教育
第二十一届	2022年	海南师范大学	新时代中国教育现代化的哲学探索

二、对教育哲学的不同界定

（一）国外：从哲学角度定义教育哲学

不同国家与不同派别的教育哲学研究者对教育哲学的界定是不一样的。大多数西方学者都是从哲学的角度来定义教育哲学的。这和教育哲学的从业者的学术背景是相关的，西方的教育哲学研究者大都有哲学背景。但对教育哲学的界定也时常需要根据研究对象来调整，对教育哲学的不同的界定意味着教育哲学拥有不同的使命、任务或功能。西方的教育哲学多是从哲学出发的，对教育哲学的界定可分为两种。

其一，用哲学的观点研究教育现象与教育问题的学问就是教育哲学。这是大多数教育哲学研究者的观点。杜威在他的代表作品《民主主义与教育》中指出："教育哲学不过是就当代社会生活的种种困难，明确地表述培养正确的理智的习惯和道德的习惯的问题，而我们能给哲学下的最深刻的定义就是，哲学就是教育的最一般方面的理论。"[1]美国现代教育哲学家奈勒（G. F. Kneller）在《教育哲学导论》（1964）中提出："正如普通哲学企图用最一般的系统方式解释实在，以达到从整体上了解实在一样，教育哲学则力图用指导选择教育目的与政策的一般概念来解释教育，以达到人们从整体上理解教育。正如普通哲学对各种不同学科的研究成果进行解释和协调一样，教育哲学则对教育有关的各门学科的研究成果进行解释。"[2]美国教育家法兰肯纳（W. K. Frankena）认为："教育哲学就涉及教育或教育过程的目的、形式、方法或结果这个意义上说，也许是教育学科的一部分；或者就涉及教育学科的概念、目的和方法的意义上说，教育哲学是元学科。"[3]英国教育哲学家彼得斯（R. S. Peters）在其《教育哲学》（1973）中指出，"近代教育哲学"完全被认为是"利用已建立的哲学分支，用与教育有关的方法将它们融合在一起"[4]。

1 [美]约翰·杜威．民主主义与教育[M]．王承绪，译．北京：人民教育出版社，2001：350.
2 陈友松．当代西方教育哲学[M]．北京：教育科学出版社，1982：28.
3 [美]W．K．法兰肯纳．关于教育哲学的一般看法[J]．张家祥，译．全球教育展望，1981（2）：62-65.
4 Peters R S．The Philosophy of Education[M]．Oxford：Oxford University Press，1973：1.

美国教育哲学研究的三种路径

（1）在一些被广泛使用的教材中，通常的做法是，从每一哲学体系，如唯实论、唯心论和实用主义的形而上学、认识论、价值的角度，提出基本的哲学假设，然后在这些哲学假设的基础上，再进一步讨论他们对教育目的、本质、内容及其他方面问题的意义。

（2）另一种研究路径则集中讨论教育中的学生、教育目的、课程设置、评价、惩罚等诸如此类的主题或问题，并从不同的哲学观来对其中每一主题或问题加以探讨。

（3）（杜普伊斯和高尔顿）将教育哲学置于教育保守主义和自由主义的大背景下进行研究。

——［美］杜普伊斯，高尔顿．历史视野中的西方教育哲学[M]．朱承，彭正梅，译．北京：北京师范大学出版社，2006：1．

日本学者也有持此观点的。日本学者细谷俊夫等编的《教育学大事典》（1978）指出：“教育哲学是教育学领域中的哲学部分，是对教育问题进行哲学探讨的学科。”日本学者下程勇青的《新版·教育学小事典》（1976）认为：“教育哲学是以哲学态度和哲学方法来考察教育的基本概念与基本原理，从而对教育现实以及教育科学的各个领域从根本上加以整体把握的一门‘原理’性学科。”[1]

《简明不列颠百科全书》的教育哲学定义是：“从哲学角度探索人类学习活动的规律，并用这些规律指导实践的一门理论学科。”[2]

其二，分析教育哲学主张运用分析哲学的观点对教育思想进行“清思”。这种观点明确了教育哲学的研究任务。例如，朗特里著的《英汉双解教育辞典》中提到：“教育哲学词条被如下阐释：‘哲学的一个分支，其内涵一是建立有关知识、认识与作为制度化社会活动的教育的思想体系；二是澄清教育概念的含义。’”[3]这个定义中的第一个含义凸显了教育哲学是哲学的应用学科，第二个含义则凸显了分析哲学的意蕴。美国女性主义者奈尔·诺丁斯（Nel Noddings）在她的著作《教育哲学》中指出，“教育哲学致力于分析和澄清教育中的核心概念和问题”[4]，此观点显然深受分析哲学的影响。著名的德国学者布雷岑卡（W. Brezinka）将教育的命题体系分为三种，即教育科学、教育哲学和实践教育学，他认为教育哲学就是有关教育学诸命题的认识论、教育的道德哲学[5]。

---

1 转引自黄济．教育哲学通论[M]．太原：山西教育出版社，2006：318.

2 中美联合编审委员会．简明不列颠百科全书（中文版）：第4卷[Z]．中国大百科全书出版社《简明不列颠百科全书》编辑部，译编．北京：中国大百科全书出版社，1985：353.

3 [英]德里克·朗特里．英汉双解教育辞典[Z]．赵宝恒，等，译．北京：教育科学出版社，1992：346-347.

4 [美]奈尔·诺丁斯．教育哲学[M]．徐立新，译．北京：北京师范大学出版社，2008：1.

5 转引自王坤庆．教育哲学：一种哲学价值论视角的研究[M]．武汉：华中师范大学出版社，2006：26.

（二）国内：从研究的对象和定位界定教育哲学

我国教育哲学学科发展历史不长，不同时期、不同地域的学者对于教育哲学的定义不尽相同。

1. 从研究对象来定义教育哲学

从研究对象的角度，教育哲学的界定大体可以分为两类。

其一，教育哲学是应用哲学的观点研究教育问题的学问，教育哲学是应用哲学。大多数教育哲学研究者认同此观点。近代学者以范寿康、陆人骥、吴俊升为代表。范寿康在《教育哲学大纲》（1923）中指出："凡是科学都有共通的假定及固有的假定，而所谓哲学实乃研究这种假定的科学，所以我们也叫它科学的科学。科学的教育学既是一种科学，当然也有根本的假定，而这种假定的研究，就非依赖这种哲学不可。为检察教育科学的根本原理及根本观念起见，哲学的观察实在是很紧要……教育哲学是应用哲学的一种，与经济哲学、政治哲学及法律哲学一样，是必要的而且是可能的。"[1]因此，研究教育学的假定的科学，称作教育哲学。陆人骥在其所著的《教育哲学》（1931）中指出："教育哲学是从整个人生经验上，调和教育价值，并批评教育理论与实施，以求得统一的态度及最普遍教育原理的学科。"[2]吴俊升在《教育哲学大纲》（1934）中指出："教育学乃是根据基本原则而制定的关于实施的原理。教育哲学乃是教育学所根据的基本原则的探讨与批判。教育学所研究的仅限于教育历程的本身，教育哲学则研究到影响教育历程的社会历程和人生历程。我们可以说，教育哲学乃是更深刻、更普泛的教育学"，"教育哲学乃是应用哲学的一种；把哲学的基本原则应用到教育的理论和实施方面，便是教育哲学"[3]。

当代学者以傅统先、张文郁、黄济为代表。傅统先、张文郁在《教育哲学》（1986）中指出："教育哲学是一门用哲学来探讨教育的理论和实践诸方面问题的学科。它是根据一定的哲学观点，并用历史的、逻辑的和比较的方法来进行研究的，它与哲学、教育学、心理学以及其他的一切科学有相互交错的联系，它是一门与多种学科相关的边缘学科。"[4]黄济先生在《教育哲学通论》（1998）中对教育哲学的定义做出了如下表述：①"对教育哲学的定义虽然如此分歧，但是其中却有一点是共同的，就是大家都公认教育哲学的研究对象，应当是用哲学的观点和方法来分析和研究教育中的根本理论问题"[5]；②"教育哲学应当是教育科学的概括和总结，应当给教育科学研究以理论上的指导，而教育科学的发展又给教育哲学提供

---

1 宋恩荣．范寿康教育文集[M]．杭州：浙江教育出版社，1989：6.
2 陆人骥．教育哲学[M]．上海：商务印书馆，1931：19.
3 吴俊升．教育哲学大纲[M]．上海：商务印书馆，1934：33—35.
4 傅统先，张文郁．教育哲学[M]．济南：山东教育出版社，1986：2.
5 黄济．教育哲学通论[M]．太原：山西教育出版社，1998：318.

了丰富的内容”[1]。此外，顾明远主编的《教育大辞典》（1998）指出：“教育哲学（Education Philosophy；Philosophy of Education）是教育科学分支学科，是教育科学中一门具有方法论性质的基础学科。对教育理论和教育实践中的一些根本问题进行哲学探讨，以为教育理论和教育实践的指导。具有概括性、规范性和批判性等特点。”[2]

其二，教育哲学是教人们哲学地思考教育和教学问题的学问，教育哲学既不是哲学，也不是教育学。它不能以《哲学概论》一类书籍为蓝本，不能成为哲学史的附庸[3]。这是我国著名哲学家、教育学家陈元晖先生的一贯主张。陈元晖先生说：“要有一本真正的‘教育哲学’，教育与哲学的结合，要使它成为混凝土，不是一堆沙石……教育哲学是教学生哲学地思考问题，所以不能不谈人应该怎样思考。”[4]他还说：“教育哲学如果是教人们哲学地思考教育和教学问题，就有它自己专门的对象。”[5]我国学者陈桂生先生认为：“从根本上讲，它应是对教育问题进行独特的哲学思考的产物。这种思考是从独特的视角考察教育问题，并对教育实践或教育理论陈述提供指导，同时它又是借关于教育的特殊研究对某种哲学思想加以检验。”[6]此外，《中国教育大百科全书》（2013）中说，教育哲学是“运用哲学基本原理和方法研究教育问题，或者从教育基本问题总结出哲学问题的一门学科。教育学与哲学的交叉学科，教育学的基础学科”[7]。

2. 从研究定位来界定教育哲学

到了20世纪70年代至80年代，我国台湾地区的教育哲学进入了繁荣时期，学者们对教育哲学的看法可以分为两类。

其一，从教育哲学的研究宗旨来定义。例如，詹栋樑在《教育哲学》（1990）中认为：“就一般的情形而言，教育哲学是阐明教育的意义与价值的学术。教育哲学是一种实用哲学，阐明教育的理论与教育的事实之存在和不存在的根据，用以确定完整教育的基础。”[8]陈照雄在《西洋教育哲学导论》（2001）中认为：“教育哲学可界定为实践哲学之一，从整体之人类经验中、民族文化与历史上，应用哲学之方法，来探讨教育的本质、目的、方法、内容与价值的学科。它综合教育科学、教育学与哲学相关之知识，对教育之整体做本质的、理论的与综合之探讨。”[9]温明丽在《教育哲学——本土教育哲学的建构》中认为：“教育哲学的主

1　黄济. 教育哲学通论[M]. 太原：山西教育出版社，1998：310.
2　顾明远. 教育大辞典[Z]. 上海：上海教育出版社，1998：794-795.
3　于伟，等. 教育学家之路[M]. 长春：东北师范大学出版社，2013：300.
4　陈元晖. 陈元晖文集：上卷[M]. 福州：福建教育出版社，1992：87.
5　于伟，等. 教育学家之路[M]. 长春：东北师范大学出版社，2013：289.
6　陈桂生. “教育哲学”辨[J]. 教育评论，1995（5）：5-8.
7　顾明远. 中国教育大百科全书[Z]. 上海：上海教育出版社，2013：1016.
8　詹栋樑. 教育哲学[M]. 台北：五南出版社，1990：27.
9　陈照雄. 西洋教育哲学导论[M]. 台北：心理出版社，2001：65-66.

旨不仅在于认同教育的理论和活动，更贵在反省和批判教育理论和实践。”[1]

其二，运用分析哲学的方法研究教育理论与教育实践。这种定义体现了分析哲学对教育哲学研究的影响。例如，陈迺臣在《教育哲学》(2001)中认为：“教育哲学是应用哲学的方法，对教育的语言和基本概念加以澄清，对教育的现象、问题做通全而深入的探索、反省及描述，并形成教育的一般性理论，如教育的基本原理、教育的本质论、教育的规范和理想等。”[2]

（三）本书关于教育哲学的看法

本书认为，教育哲学就是运用哲学的理论对教育理论与教育实践中的前提性问题进行批判的学问，主要包含以下三层含义。

> **教育哲学**
>
> 教育哲学就是运用哲学的理论对教育理论与教育实践中的前提性问题进行批判的学问。

第一，教育哲学是从哲学的角度对教育问题进行的批判与反思。这里说的教育问题既包括教育实践中的问题，也包括教育理论中的问题。

第二，教育哲学是教育理论学科中的基础学科，是对教育理论和实践中的根本问题的思考。这些根本问题包括：如何看待教育，如何研究教育，如何看待人、理性、知识、自由等教育中的永恒问题。

第三，教育哲学是人们从事教育工作的价值观和方法论。教育者和教育行政人员到底应持有什么样的教育观、教育目的观、教育实践观、课程教学观、儿童观和管理观？哪些行为和决策是合理的（合伦理、合心理、合法理等）？这些问题是教育哲学应关注的。

在这三种理解中，哲学家更倾向于第一种，教育理论家倾向于第二种，教育实践工作者倾向于第三种，当然，三种理解绝非决然相区隔。在“知识民主化时代”和“后专家时代”，教师也可以学习哲学，以自己的哲学审视教育，也可以将哲学用于教育理论研究。哲学家、理论工作者和教育实践者也不是一种截然的划分，因此，以某种方式来研究教育哲学亦不应有截然的划分。

> **知识民主化**
>
> 知识民主化，即大众可以通过信息网络获得原本为学术精英、某领域专家所垄断的知识。

1　温明丽．教育哲学：本土教育哲学的建构[M]．台北：三民书局，2008：59.
2　陈迺臣．教育哲学[M]．台北：心理出版社，2001：19.

第三节
教师学习教育哲学的意义与方法

学习目标

了解学习教育哲学的意义，掌握学习教育哲学的基本方法。

教育哲学不是高深莫测的学问。如果每个人都需要哲学，那么教师更需要教育哲学。在教育学科体系[1]中，教育哲学事实上承担着重要的使命。在基础学科、基本学科、分支学科、交叉学科、应用学科的教育学科大家庭中，教育哲学其实应和教育史、教育心理学乃至教育社会学一样，成为基础学科[2]。从教育哲学的基本内容中可以看到，它解决了多数教育学科的最基本的问题，或间接渗透在各种教育理论的争论中，教育哲学对于理解其他教育学科的内容是不可或缺的。此外，不可忽略的是，教育哲学有着鲜明的实践应用取向。这些都需要教师更多地明确教育哲学知识的意义，形成学习教育哲学的方法。

一、教师学习教育哲学的意义

对于教师来说，首先，教育哲学是一门理论学科，有着与其他理论学科相同的用处。理论有什么用是一个根本问题，简单来说，理论从三个方面是有用的：教育理论为思考教育问题提供思考框架，这种框架使对问题的思考不至于偏颇；教育理论为实践提供模式，任何理论都会提供一些原理和原型可供实践参照；理论为决策提供参考，理论、经验和不间断的分析比较是决策的三个主要依据。

其次，教育哲学作为人文学科，对教师有用。教育哲学和哲学一样，属于人文学科，人文学科是关于“应该”的，相对于科学仅仅是对“是”的追求和呈现。教育哲学的“应该”，并不仅仅是哲学家和教育哲学家规定的“应该”。通过哲学和教育哲学的研修，在具体情境中，“教师个体”才能决定到底“应该”如何。教育科学学科不是由国家和地方的教育政策法规规定“自上而下”地推广，就是经由教育专家“自上而下”地传达和讲授。教师自己需要什么样的教育哲学，需要自己去按照需要选择，即教育哲学对教育的影响是“自下而上”地达成的。教育哲学可以比附为艺术，由教师个体分别内化而自由表达、自我实现。教育哲学可以比附为中药方剂，依据教育问题和情境，各人所需各不相同（由于教师和教育的不同“体质”而有所不同）。

1　常常被称为教育科学体系，事实上不是所有的教育学科都是科学。如研究教育之形式的教育美学，研究教育领域中一切善与恶的问题的教育伦理学，都是更多使用价值规范而非科学描述的方式发展自己的知识。教育哲学也是这样的学科。

2　很多学者把教育哲学归为交叉学科，但教育哲学是一种特殊的交叉学科。哲学、心理学和社会学是和人最为密切的三门学科，相较于其他的学科是更为基本的学科。教育哲学作为教育人文学科的代表应该有更高的地位。

最后，教育哲学能给予教师什么？本书认为，哲学和教育哲学对教师意味着对于下列范畴的理解和关系的处理：好奇与想象、崇敬与批判、整体与前瞻、抽象与实在、理想与行动。教育哲学对于“教师”如同哲学对于“人”，教育哲学时常会“后置”到哲学中讨论问题，教育哲学对于教师有用首先是由于哲学对教师有用。教师的个体教育哲学是直接应用哲学而形成的。而普及哲学思想尤其是和教育密切相关的哲学思想亦是教育哲学的使命。

第一，哲学和教育哲学培养教师对于教育的好奇和想象力。教师是育人的职业，那就意味着教师首先要成为人，而非高级技术员甚至机器。好奇和想象力是人之为人的特征，也是哲学的重要属性。好奇是教师发展的驱动力，面对教育现象和教育问题保持新鲜感和抱有疑问是重要的。而想象力是哲学和艺术共有的，是一种将现象和问题陌生化或进行视角主义的“透视”而获得理解的能力。哲学的方式不是科学的方式，不仅仅通过实验实证来获得结论，哲学的方式是思辨的想象的甚至不一定是逻辑的方式，它基于“一切经验”来做判断。哲学讲科学而不限于科学，这对于“人”及其活动的理解是适切的，因为人本身不是逻辑的、理念的，而是活生生的、复杂的。

第二，哲学和教育哲学培养教师的崇敬感和批判精神。哲学是求真的事业，这是它和艺术的区别。对于教师个体来说，哲学就是他所坚信的东西。哲学是深刻的、谋求共识的、理性的。哲学能使教师形成对于真理的崇敬感，继而形成对人生、生命的崇敬感。哲学和医学一样是讲求人道的，而哲学和教育在“精神上升性”上保持一致。哲学和教育哲学使教师保有责任感。当今的教育者，需要面对价值虚无、意义危机、精神家园迷失的精神痛苦，如果没有对个体与社会、公民与国家、民族与人类、责任与理想等方面的责任的理性思考，是无法胜任教育者的工作的。伴随这种崇敬的是怀疑和批判的精神。教师需要具有终身教育和自主发展的意识，而批判反思就是支撑这种意识的核心理念，学习哲学和教育哲学能帮助教育者审视自己的教育生活，从僵化的教育程序中解放出来。

第三，哲学和教育哲学使教师形成整体与前瞻的思维。哲学是爱智慧，哲学的智慧意味着能够从整体、从长远、从他人乃至从宇宙来看问题。哲学和教育哲学能使教师联系地、运动地、辩证地看待教育现象和教育问题。例如，教育意味着宽容，教师的核心气质应该是宽容（这种宽容不是无原则的）。宽容是教育的条件，儿童处在发展中，是未成熟的，各种情况都有可能出现。教师应对儿童有耐心，这种耐心来自对作为类的人的整体把握，对人类命运的同情和关照，对人性的理解等。这样教师才能超越自我局限，真正推动儿童健康成长。对于教育在社会进步中的作用也是一样。教师应该彻底了解这是一个“什么时代、什么社会”，才能知晓“人应该往哪里走”。

第四，哲学和教育哲学能使教师理解抽象与实在。哲学是抽象的，尽管现代哲学走向具体，如身体哲学、时尚哲学、生活哲学纷纷涌现，但是哲学是概念的推演，最终仍是逻辑的表达，这种具体也是相对的。哲学的抽象是由于哲学不断地生成概念，或者称为构念、理念，在现实中未必是实存的，它们都是语词工具，但是，通过它们能把握住世界的共相。这种共相是存在于烦琐芜杂的现象和实在背后的。比如，“美”就是一种构念，只存在美的事物和美的感觉，美本身并不是一种实在。然而，美和自由、真正意义的休闲乃至信仰相关，这种抽象尽管和实在相距甚远，但是对于实在世界、实在人生的指导却是毋庸置疑的。没有哲学的抽象，人就只能看到具体，只从结果出发，只在乎可观测的能力及其表现，而无视人性及其魅力。对于教师，这一点很重要。

第五，哲学和教育哲学还能使教师更好地处理理想与行动的关系。学习教育哲学不仅可以让教育者以坚定的理想、信念从事自己的教育实践，更可以让教育者以理性的态度审视自己的教育价值观和教育生活。当下的很多教育理想是诗意的、浪漫的，把乌托邦完全建立在过去或未来，而偏偏不建立在现实和行动的牢固基础上，这对教育产生很多危害。理想和行动应该接洽而非脱离，理想无法贯彻于行动和行动盲目而无的放矢都是不够成熟的表现。对于教师来说，成熟意味着能够在理想和行动之间寻找一个合适的“度”，也即在理智和情感、科学和实用、共性和个性、传承和变革、同化和顺应之间寻找一个合适的“度”。这种“度”的寻找离不开哲学的辩证逻辑。

总之，哲学和教育哲学能够造就“更好的教育生活”。哲学和教育哲学似乎是无用的，但“无用之用有大用”。一方面，它们“间接发力”，使有哲学和无哲学的教师的思想和行为差别很大；另一方面，它们也在走向生活，以便能“直接发力”[1]，哲学也在经由对生活的深刻思考而直接作用于教育生活本身。哲学和教育哲学作用于生活的基本方式之一是调整教育生活中的种种观念。美国学者奈勒说：“无论你干哪一行业，个人的哲学信念是认清自己生活方向的唯一有效的手段。如果我们是一个教师或教育领导人，而没有系统的教育哲学，并且没有理智之信念的话，那么，我们就会茫茫然无所适从。”[2]教育生活中的大事小情都和哲学中的幸福享受、自由解放、主体命运、权力公正、真理建构息息相关，哲学和教育哲学提供了对于教育生活的基本理解。不经审视的生活是不值得过的，不经审视的个体教育观念也是必须进行批判的，这样才能保证教育生活的活力。哲学和教育哲学作用于生活的基本方式之二是改善教育研究。当代教师教育生活的重要一部分是教育研究。哲学和教育哲学所能提供的学术态度、思辨训练、批判意识等都对这种生活大有裨益。总之，从以上的分析中我们可以坚信一个结论，那就是对于一个从事教育教学活动的人来讲，对于一个身在教育生活之中的人来讲，教育哲学并不是选修课，而是必修课。

1　20世纪末哲学的转向是从大写到小写，从贵族到平民，从抽象到具体，从认识到存在，从规范到解放。（石中英．教育哲学导论[M]．北京：北京师范大学出版社，2004：23–28．）

2　转引自陈友松．当代西方教育哲学[M]．北京：教育科学出版社，1982：135.

二、教师学习教育哲学的方法

教育哲学并不是神秘的学科，也不是高不可攀的学科，而是充满睿智教育观点的、充满理智性趣味的学科。学习教育哲学就是要思考教育问题，挖掘思想前提，批判它、审视它、分析它。具体来说，有四个方法可以让我们比较快速地走进教育哲学的学术殿堂。

第一，和思想对话。学习教育哲学一定程度上就是学习教育哲学史，学习教育哲学不能仅仅学习一家一派的思想理论，而是必须把人类精神已经走过的路都“走一遍”，把人类的精神已经思想过的东西都“思想一遍”，然后我们才有资格选择或者开拓自己的路。历史上的教育哲学不是空白的，而是以“文本”的形式记录下来了，那些富有启发性的思想就凝聚在文本里。面向文本，不仅仅是面向外国那些优秀的教育哲学遗产，更重要的是向中华民族传统中寻求理论资源。所以，哲学家们的思想保存在他们的著作之中，学习教育哲学史也就是读书，读书就是和思想家对话。以“阅读渗透理论”的方式，实现“通晓思维的历史和成就”，在深厚的背景知识的前提下，超越文本，积累深厚的理论资源。“任何一种新教育理论，只有建立在人类已经达到的理论高度上，才可能比原有理论更高明”[1]，固守前人的研究思路继续下去是不会有所创新的，但是创新的源泉与机缘就隐藏在前人的教育理论中。

第二，有怀疑精神和批判意识。怀疑是一切知识的根源，没有怀疑不可能有真正的知识。所以，古希腊哲学家亚里士多德说，“吾爱吾师，吾更爱真理”。要想学习好教育哲学，首先就是要有怀疑的精神和批判的意识。在人类知识的各个学科中，哲学无疑是最有批判性的，哲学永远不会抛弃它那锋利的匕首。教育活动的发展有其构成自身的依据、标准、尺度，这些都是教育活动的根基，而教育哲学的批判就表现为对这些根基的批判。批判有批评之义，意味着对错误的思想、言论或者行为等进行系统的剖析，从而找寻出正确的答案。但是，批判有着更深刻的含义，那就是对现实永远不满足，力图发现现实的不合理之处，为理想的实现而不断地努力。

第三，进行教育反思和表达。对教育进行反思的方式有很多，其中，教育哲学的方式是很重要的一种，反思之外还要通过言语和文字表达出来。哲学的反思好比概念语词的“化学反应”，只有交流、表达才能建构起系统而深刻的认识，生成新的观念成果。通过反思和表达，教师才能真正具有教育哲学的公共知识和话语平台。“阅读—批判—表达—交流—行动”构成一个教育哲学作用于教育生活的螺旋，教师成为有意识的教师，教育生活方能在稳定中上升，而不是年复一年地“原地踏步”。

第四，在具体教育实践中贯彻和深化。传统的教育哲学往往来源于哲学的演绎，而今天的教育哲学发展的动力则来源于丰富多彩的教育实践活动。离开教育实践，想学好教育哲学是困难的。哲学发展已经从“天上”回到了“人间”，传统的形而上学式的教育哲学走向了

---

1 陈桂生.“教育学”辨：“元教育学”的探索[M]. 福州：福建教育出版社，1998：268.

历史的终结，而关注实践则成为传统形而上学的替代品，成为支撑教育哲学发展的动因。今天的教育哲学关注的是社会发展现实中的人的教育问题，面对这些问题，我们需要作出符合自己时代发展水平的回答。教师身处教育实践一线，对教育问题有着“切肤之痛”和最真实的想法，也最有利于在实践中探索并分析教育哲学的问题，发展出原生态的教育哲学。不是为了创造哲学而创造哲学，而更是为了创造自身和美好的教育生活。

本章小结

1．虽然到目前为止对于“什么是哲学”没有统一的答案，但是人们还是可以从六个方面了解什么是哲学：哲学从惊讶和疑惑开始；哲学是热爱智慧；哲学是人类把握世界的基本方式；哲学是历史性的思想；哲学是理论化、系统化的世界观和方法论；哲学是一种语言分析活动。总的来说，可以把哲学定义为“对各种人类经验的反思”或“对人类最为关注的那些问题的理性的、方法论的和系统的思考”。

2．基于国内外教育哲学史以及教育哲学不同界定的回顾，得出教育哲学的三种内涵或样态：教育哲学是从哲学的角度对教育问题进行的批判与反思；教育哲学是教育理论学科中的基础学科，是对教育理论和实践中的根本问题的思考；教育哲学是人们从事教育工作的价值观和方法论。

3．教育哲学是人文学科，事关“应该”和信仰，有着“无用之用”。哲学和教育哲学对教师意味着对于下列范畴的理解和关系的处理：好奇与想象、崇敬与批判、整体与前瞻、抽象与实在、理想与行动。在这些范畴的把握中教师走向成熟。

4．教师学习教育哲学的方法有四个：第一，和思想对话；第二，有怀疑精神和批判意识；第三，进行教育反思和表达；第四，在具体教育实践中贯彻和深化。

总结 >

Aa 关键术语

哲学	教育哲学	分析教育哲学
Philosophy	Philosophy of Education	Analytic Philosophy of Education

章节链接

在这一章，你读到……	在其他章节中，你将发现相关的讨论……
哲学的若干属性：惊讶、智慧、把握世界的方式、历史性、世界观和方法论	比较其他学科，体会哲学关注各章主题的独特方式。比如，第二章“教育是什么”对历史的回溯和概念的分析，第四章“儿童是什么”对于儿童和哲学的论述，第五章“教育目的”谈及的教育目的从哪里来的问题，第十章“班级”从空间角度对于班级功能的批判等
教师学习教育哲学的方法和意义	各章的批判性思考板块和体验练习模块能加深你对教育哲学意义和学习方法的认识

应用>

批判性思考

1. 教师是高级技术员吗？教育哲学能做些什么？

教师是高级技术员吗？在中国有“教书匠”一词，教书匠的隐喻是工场手工业时代的，而高级技术员则是现代工业社会的。如果教师教育或教师的自我发展仅仅强调教育知识和教育实践的技术，那么，教师就有成为高级技术员的危险。教师作为主体在“现实形态”上其实是具有个人意志和情感，具有自己的价值观和立场的。但是，事关教育吗？其次的问题是，这些情感、价值、立场是肯定性的吗？如果我们教育的目标是培养学生的个性、主体性、创造力，而教师在教育的个性化、主体创造方面却受到很多限制，这是否有利于人才的培养呢？教育哲学涉及的对自由、民主、公正、主体的讨论，能够在一定程度上解放教师，使教师在各种框架结构之内获得教育的生命活力吗？如果答案是肯定的，那么，仅把教育哲学当作一套理论来学习就可以了吗？

2. 教育理论学习中那些“违和”的事情。

“反身性”是哲学的一个重要特征，事物不能在一个不同的层次上自我反对。“违和”即是就这种反身性状况而言。如“任何认识都值得怀疑”的主张就是自反的，因为那意味着“任何认识都值得怀疑”的认识本身也值得怀疑，“我不能怀疑我在怀疑”也是如此，“我怀疑我在怀疑”就意味着我可能没在怀疑。在生活中，“教师的子女”经常会引用自己父母的教育话语，指责他们作为教师如何大谈教育，却在教育他们的子女时屡犯禁忌。此谓“违和”。成熟的教师就是更少在教育问题上“违和”。

体验练习

1. 哲学和其他学科是什么关系呢？哲学是前学科的批判说明活动吗？哲学是智慧的大集成而能统合各学科吗？哲学是学科中的学科而高于各学科吗？哲学是最具人文关怀的学科吗？哲学是对“认识不清的东西”的超前认识之学科吗？谈谈你对哲学、“作为学科的哲学”的理解，以及对哲学“用处”的认识。

2. 各种不同的教育思考和研究事实上都离不开哲学思辨。通过阅读葛剑雄《中国的教育问题　还是教育的中国问题》，看作者是如何将“中国的教育问题”界定为“发生在中国的，单纯是教育方面的问题”，如何将“教育的中国问题”界定为“并非单纯是教育的问题，是在中国的有关教育的各种问题，故而单独要求学校将教育办好是不可能的”，进而谈一谈哲学如何才能对教育工作者的教育观点和主张富有意义。

3. 试从身边的“榜样”出发，具体地分析一个优秀的教育工作者拥有哪些“教育哲学”。比如，他对于教育的根本性认识是什么，他的知识结构是什么样的，在工作中是否具有一种教育哲学的思维，他日常是否引证一些教育哲学家的言论，这些言论如何具体地影响着他的教育观念和行为等。

案例研究

我一直是在受着自己过去读过的一些哲学书的指导去进行教育、教学工作的。马克思主义哲学就是唯物的、辩证的，比如就唯物这一点来说，我刚到学校教书，也接触一些教法。语文教法、教育方法……但看了之后，我为什么能在很短的时间内就不怎么使用了呢?这就跟唯物的观点有关。因为唯物主义主张，一切真知都要来源于实践，而一切理论都要接受具体实践的检验，在实践当中检验你原来的认识。当你这个理论不怎么行得通的时候，就完全可以推翻原来的理论。当然多走了一步就可能变成实用主义，但是，如果认真地分析当时的时空条件的话，我想还不至于走到实用主义的边缘上去。所以，我感觉到，根据我这里学生的实际情况，像那样教效果不好，不好，就完全可以变一变方法。

另外，从哲学上看，不存在终极真理的问题，因为什么东西都是辩证的，都是发展的。适用范围很广的教学方法如果过了几个月、几年，脱离飞速发展变化的形势，它也会变为陈旧的东西，应该更新。

哲学上的另一个问题就是，日常生活中不自觉地受支配的就是辩证法三大原理——对立统一、质量互变、否定之否定。我也是不自觉地受它们支配的，言行、教学、每一课的教法，都离不开哲学上的时空范畴。任何真理都有它的时空界限，但我们也不要忙着批判。批判就好像破坏建筑物一样，尽管大家主张建筑建设，但会盖楼的人不多，扒楼谁都会。不要忙于说人家这个方法的短处，而应该尽可能地看到每一种方法的长处，在哪一个时空范围内，是可能为我所用的，是可能成为真理的。这种思想使我不愿意简单地否定某些事物，就连最不好的满堂灌、填鸭式，我想在那个特定的环境下，也会是合理的。

我感到现在最新的思想方式，看它的基本结构，看它的骨架是很重要的。系统论，追溯它的哲学上的渊源，就是全面看问题。赞可夫提出的最近发展区、高难度就是在哲学上谈的度，什么都应适度。我们教学如何才能适应学生此时此刻的心理，给他一个最佳的度，这就是以哲学的眼光来思考问题。

（摘自魏书生．教育与哲学[M]//余新平，赵立东．特级教师魏书生和欧阳代娜的教书育人之道．桂林：漓江出版社，1996：42-45．文字有改动。）

1. 魏书生这里用到了哪些哲学理论？属于什么派别？结合实际谈一谈你在教育实践中是如何学哲学、用哲学的，体会哲学和教育哲学对于教师专业发展的意义。

2. 魏书生最后谈到“度”的问题，“度”的哲学在中国的辩证逻辑中有很多体现，你能举出一些例子吗？结合实际说明如何在教育实践中坚持“度”的原则。

教学一线记事

在人民大道小学逸夫教学楼上，镌刻着这样三句话：

“我要成为最佳的我!”（学生的话）

“因为有了你，我才喜欢当老师!”（老师的话）

“全面发展打基础，个性发展有特长!”（校长的话）

这是对“主体教育”的高度浓缩。

20世纪90年代初，校领导班子经过认真分析和深入思考，认为教育改革和发展，必须重视培养学生的主体性。主体性是德、智、体、美、劳诸方面都得到发展的综合表现，抓住主体性教育也就抓住了素质教育的灵魂。中国面向21世纪的小学教育必须围绕这方面进行改革。

——实施“第一工程”，培养学习型、研究型教师。“没有主体性的校长，不可能带出有主体性的教师；没有主体性的教师，不可能带出有主体性的学生。”学校把师资队伍建设作为“第一工程”，选派优秀教师到北京师范大学、华东师范大学、北京舞蹈学院、中央美术学院等重点院校进修，汲取营养。学校把每周三定为“科研日”，每周六定为“学习日”，每月开展两次“主体漫谈”，要求教师每月至少写4篇札记。广大教师逐步确立了现代教育理念。

——调整课程结构，形成“三大板块”。1994年9月，该校根据国家义务教育课程计划，在不突破国家规定课时的前提下，按照“加强基础、发展个性、优化结构、促进发展”的思路，对现有课程结构进行调整，形成学校课程的“三大板块”：大小课相结合的学科课程、必修选修相结合的活动课程及融思想道德、科学文化、自然和人化自然为一体的环境课程。

——打开课堂的门窗，呈现“特色课堂”。课堂教学是发展学生主体性的主渠道。十多年来，学校每年都要举办“小学生主体性发展课堂教学策略研讨会”，邀请专家、学者亲临指导，使课堂教学异彩纷呈，不断显示出强大的生命力。

——从“秧田”到“茶馆”，让合作成为一种习惯。为改变突出教师权威、忽视课堂上同学交互作用的“秧田式课堂”，学校积极探索“茶馆式课堂”新型教学组织形式，课桌均摆成 T 形，不仅缩短了学生间的空间距离，便于学生沟通交流，更重要的是，构建了一个合作学习、开放式学习的空间。

——因为有了你，我才喜欢当老师。这是该校教师自己创造出来的“名言”。他们说，如同我们的每个手指头不一般长一样，每个学生都有与众不同的个性，也许这正是他们的可爱之处。差异是财富，面对有差异的学生，我们要实施有差异的教育，促进学生有差异地发展。

——追求发展，不追求分数；追求卓越，不追求完美。为了促进学生全面发展，学校对各科的考查内容、考查形式、考查方法和评价标准等进行了积极有益的探索，实施了学生综合素质评价上的“三变”：变一次集中考试为分项考核，变单一的分数评价为综合评价，变考试成绩单为素质发展手册。在《素质发展手册》中，各科教师的评语也一改传统教育思想影响下的“肯定—批评式”，取而代之的是一种全新的“赞美—激励式”。

[摘自陈伟民．人民大道现象：创造适合学生发展的教育[N]．中国教育报，2009-10-14（4）．文字有改动。]

主体教育是一种基于主体哲学对教育培养什么样的人以及教育活动的认识，是一种教育的观念或教育哲学思想。河南省安阳市人民大道小学仅仅是主体教育思想的贯彻者之一。除了主体教育，在一线学校还有各种“花样翻新”的理念、思想，冠之以生命教育、绿色教育、多彩教育、生态教育、森林式教育、阳光教育、幸福教育、兴趣教育、创新教育、童心教育，以及雅行教育、智趣教育，乃至与航天精神、和合文化等结合。这种文学式翻新的理念背后都需要有哲学和教育哲学作为支撑，对于很多学校来说，选择有哲学色彩的更有普遍性渗透力的概念，无疑是较好的一种选择。当然，任何哲学都是体制化、情境化的，对学校理念或文化的个性化设计必须建立在国家对公民核心素养的共性要求之上。

拓展 >

补充读物

1 赵敦华. 西方哲学简史：修订版[M]. 北京：北京大学出版社，2012.

此书为中国人写的西方哲学简明读本，可作为教育哲学学习的参考读物。

2 [美]约翰·杜威. 民主主义与教育[M]. 王承绪，译. 北京：人民教育出版社，2001.

该书的副标题为“教育哲学导论”，和柏拉图的《理想国》、卢梭的《爱弥儿》并称为教育学史上的三大里程碑式著作。杜威在书中全面阐述了他的实用主义教育理论，把民主的思想引入教育，就教育的本质、目的、内容、方法、教材等问题提出了独特的见解。

3 黄济. 教育哲学通论[M]. 太原：山西教育出版社，2005.

该书以马克思主义为指导，对中外教育哲学和教育哲学的基本问题做了全面的介绍，并力求做到“古为今用”和“洋为中用”，该书是学习教育哲学之初的基本读物。

在线学习资源

1. 于伟：“教育哲学”在线课程，https://coursehome.zhihuishu.com/courseHome/1000068230#teachTeam

教育哲学是教育学与哲学的交叉学科，主要从哲学视角出发对教育理论与实践中的前提性问题进行批判与反思，是人们从事教育研究工作的世界观和方法论。东北师范大学于伟教授主持的“教育哲学”课程荣获首批国家级一流本科课程。其中第一章和第二章讲述了什么是哲学、什么是教育哲学。

2. 哲学中国网，http://www.philosophy.org.cn/

该网站由中国社会科学院哲学研究所主办，涵盖各类哲学最新的研究成果和争鸣论辩。

第二章

教育是什么

本章概述

本章从“教育概念”的词源和陈述方式出发提出界定教育的基本方法，进而回溯了思想史中对于教育内涵的经典阐述，最后基于时代背景对教育的实然特质和应有意味做了描述性总结。

结构图

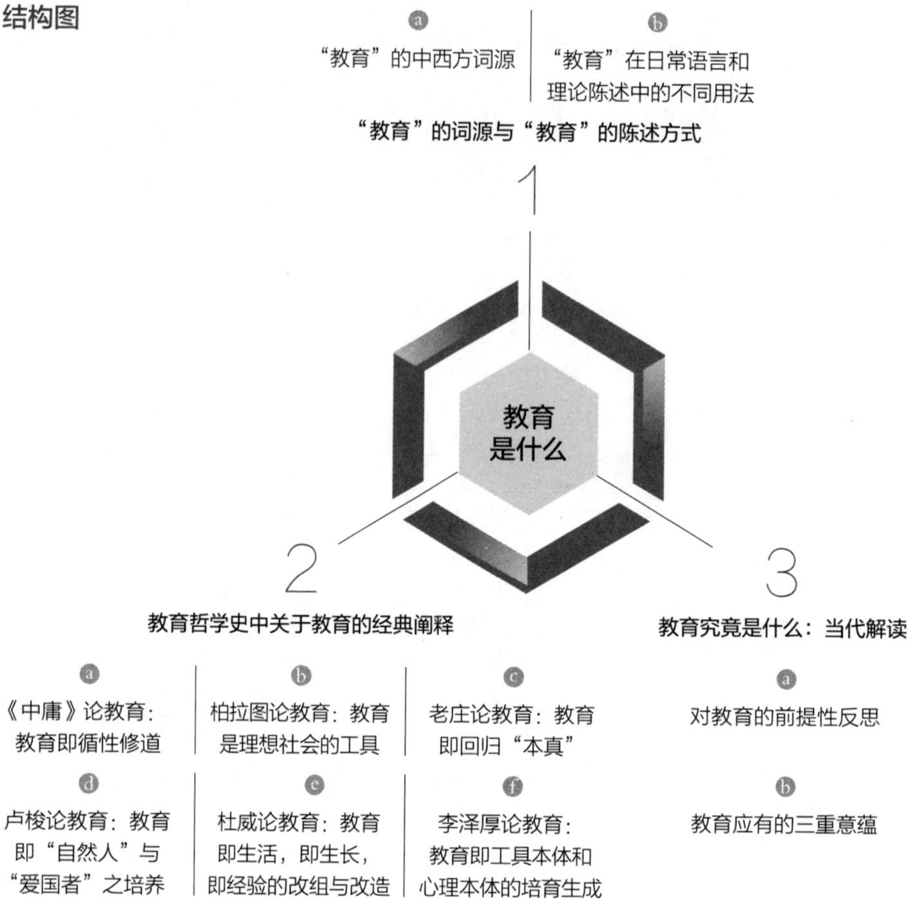

学习目标

学完本章，你应该做到：

1. 能够区分现实中的教育、有关教育的观念和“教育”的概念。
2. 对经典的教育阐释有所领悟，并能建立起对教育的个体化认识。
3. 在当代背景下把握教育的确定性内涵，了解各种教育及其背后的思想观念。

读前反思

自从有了人就有了人类社会，自从有了人类社会就有了教育。教育的产生与人的意识的产生有着直接的关系，只有人可以对实践对象进行有意识的改造。从这一点出发，我们今天所称的“教育”在学理上来说并不一定真的就是教育。思考以下几种情形，哪一种是教育，哪一种不能称为教育？

1. 我们坐在教室里的时候，老师有意识地向我们传递知识，我们有意识地聆听；
2. 老师使用灌输或者熏陶的方式想让我们熟识，有些内容我们并没有有意识地学习就掌握了；
3. 尽管榜样人物并没有有意识地去影响我，但我觉得和他们在一起真的很受教育；
4. 我的姨妈认为表弟在思想和行为上都有比较大的变化，受到了教育，而我觉得我只是和他玩了一个假期而已。

第一节
"教育"的词源与"教育"的陈述方式

学习目标

能够区分现实中的教育、观念中的教育和作为概念的"教育"。

教育有作为事态的教育和作为观念的教育之分，前者是实然的，后者是应然的。正因为如此，我们才会经常说现在的教育存在哪些问题，好的教育应当如何。然而一种普遍现实是，我们在讨论教育的时候，经常将二者混淆在一起，意识不到大家所说的教育不是同一个。事实上教育除了作为事态和观念，它还是一个概念、一个词，或者一个具有能指与所指的符号。下面的内容讨论的就是作为一个公共话语要件即作为一个词的"教育"，我们给它加上引号以示区别。

一、"教育"的中西方词源

（一）古代汉语中"教育"一词的由来

中国古代不但存在"教育现象"，而且有"教育思想"，甚至有"教育理论"。纵览今日之所谓"古代教育文献"，"教育"一词却难得一见。

"教育"一词最早见于《孟子·尽心上》："父母俱存，兄弟无故，一乐也；仰不愧于天，俯不怍于人，二乐也；得天下英才而教育之，三乐也。"[1]在不少人眼里，似乎仅有孟子一人提及"教育"。其实并非如此，很多先贤均在"教育"问题上进行过表达。

"所指"和"能指"

一个符号由"所指"和"能指"构成。"所指"就是符号意指什么，即概念或图形的内涵。"能指"是符号的形构，如果是文字也包括其字音。"所指"和"能指"的区分告诉我们，任何词语与其含义的关系都是"人为约定"的。

（1）"师道不立，儒者之学几于废熄，唯朝廷崇尚教育之，则不日而复。"[2]

（2）"如得其诚，愿预教育，然后天下之道可得而明，阿衡之心可得而传。"[3]

（3）"善教育者必有善学者，然后其教之益大。"[4]

（4）"学者不自勉，而欲教育者之俯从，终其身于不知不能而已矣。"[5]

1 金良年. 孟子译注. 上海：上海古籍出版社，2004：279.
2 （宋）程颢，程颐. 二程集. 北京：中华书局，1981：448.
3 （宋）范仲淹. 上张右丞书//影印文渊阁四库全书：第1089卷[M]. 台北：台湾商务印书馆，1978：631.
4 转引自王炳照. 中国教育思想通史[M]. 长沙：湖南教育出版社，1994：24.
5 转引自王炳照. 中国教育思想通史[M]. 长沙：湖南教育出版社，1994：219.

但遗憾的是，“教育”这两个字在后来的两千年间，没有成为思想家们论述教育问题的专门词语。而中国教育的历史久远，在历史中，我们都在用什么样的词来表达“教育”的意思呢？答案是“教”和“学”。

我们通过“教”和“学”的甲骨文的写法，寻找一下“教育”在中国文化历史当中的意涵。甲骨文“”（教）和“”（学）的写法当中都有相同的部分“爻”。关于这个部分有两种解释，一是指后来的《易经》中的“爻”，是占卜用的，其重要用途就是预测天地变化，祸福吉凶，显然它是人类成千上万年经验积累的结果；另一种解释是说“爻”是绳索的意思，绳子是生产工具，它同样代表着人类几千几万年积累的生产经验。无论如何解释这个符号，它都意味着人类成千上万年积累的生产和生活的经验。

“”这个符号代表小孩，“”代表巫师举起的右手。因为那个时代对天地、对世间万事万物最有研究的大概是巫师，也可以说最早的老师就是巫师。最大的巫师就是王，是部落里最有权威、最有学识的人，或者最有力量的人，人们非常信任、崇拜的人。“”上边的一竖，看似教鞭一类的东西，很难确切说它是什么，但比较公允的理解是，它是使人感到惧怕和敬畏的东西。

“学”和“教”的意思是很相近的。在中国历史上，很多重要的教育著作的篇名都带有“学”字，比如《学记》，如果用现在的话语体系来说那就应该叫“教育记”，但那个时代就叫“学记”。清末主管教育的部门叫学部，现在我们叫教育部，就说明“学”在相当长的历史时间里是指代教育的。

《说文解字》指出：“教，上所施，下所效也”“育，养子使从善也。”它的一个重要内涵就是要告诉年青一代“你不能做什么”“你要做什么”。从甲骨文以及古代思想家们的论述来看，我国古代“教”与“学”的基本含义是“学做人”“学做事”。

古代虽有“教育”一词，却不常用，究其原因，有以下两个方面。

其一，在古代社会，总的来说，行重于知，学重于教。关于修业、进德、学习、践行的言论尤其丰富，并且逐渐形成一套“以学为本”的话语系统。关于教学、指导、训练之类的言论却不发达，通常还依附在“以学为本”的话语系统中。古人即使在“使别人学”的意义上谈论“教”，也多从“学”的方面出发。他们所说的“教”，实际上常常指的是“受教”，即“学”。正如张载所言：“学与教，皆学也，惟其受教，即是学也。”[1]

其二，在古代汉语中，特别在古文当中，多用单音词，诸如“教”“诲”“育”“训”“授”“化”“导”。这种语言习惯妨碍了像“教育”这样的双音词的通行。古人偶尔也使用双音词，但偏爱于“教诲”“教导”“教授”“教养”“教化”“化育”“作育”“德教”“政教”“法教”诸词，

1　顾树森. 中国古代教育家语录类编：下册[M]. 上海：上海教育出版社，1983：114.

总之没有形成使用“教育”一词的习惯。

“教育”成为常用词，是20世纪初叶的事情。这种变化，与国人睁眼看世界、接触到西方近代教育思想、试图效法西方教育制度联系在一起。近代先驱在评价西学课程和近代学制，倡导教育改良或革新时，用语系统经历了从“旧话语”到“新话语”、从“以学为本”到“以教为本”的转换：根据记载，“教育”一词最晚在1901年开始通用于我国的翻译界，再经过翻译界的努力，这个词迅速地传播到了中国的知识界、师范学校乃至全国各地。到1902年，“教育”一词开始成为汉语系统中的一个常用词。也是在这一年，我国出现了以“教育”为题的专论，“旧话语”的代表人物梁启超，也撰有《教育政策私议》《论教育当定宗旨》等教育专论。也是在这一年，蔡元培等人在上海成立了“中国教育会”，成为以教育命名的社团。

（二）西文“教育”一词的用法及含义

现代汉语“教育”所对应的用词，英语为education，法语为éducation，意大利语为educazione，西班牙语为educación，德语为Erziehung。它们都源于拉丁语educare。educare意指“养育”“培养”“饲养”，该词又源于拉丁文educĕre，是“引出”之意，意思就是采用一定的手段，把某种本来就潜藏于人身上的东西引导出来，让其从一种“潜质”转变为“现实”。从词源上说，西文中“教育”一词含有“内发”之意，强调教育是一种顺其自然的消极活动，旨在把自然人所固有的或潜在的素质自内而外引发出来，成为现实的发展状态。难怪西方教育理念中“种子说”“展开说”“内发说”“自然主义”之类的观念根深蒂固，这一点大不同于中国的教育理念。

在纯中文语境中，像塑造、陶冶、训练、宣传、灌输、说教、规劝、训示、改造、教化、感化、涵化、濡化之类的“外铄性”活动，通常可以一概称作“教育”。这种用法在西文语境中却不常见。在西方人看来，教育虽然与上述活动有诸多相似之处，有诸多联系，却不完全是一回事，不能称之为“教育”，原因就在于西方的“教育”有“内发”之意。中国和西方在西方的“教育”一词用法和含义上的这种差异，给双方在教育问题上进行深层次的沟通和交流造成了困难。

西文“教育”一词虽然同源，但英语education在用法和语义上，与德语Erziehung不尽一致。原因在于，德语除Erziehung之外，另有Bildung一词。Bildung指文化知识和技能的授受活动。依照德国人的用语习惯，知识和技能的授受过程，与其说是“教育”活动，不如说是“教养”活动；像学校这样的机构与其说是“教育机构”，不如说是“教养机构”。

此外，在现代英语中，education尚有一种特殊用法。它既指教育事态，表达教育概念，又指各种关于教育的研究和陈述。前一种用法大致与汉语“教育”一词相对应，后一种用法则与汉语“教育学”一词相对应。

总之，“教育”的用法存在三种特别明显的国别差异：中文“教育”有外铄的意向，西文的“教育”有内发的意向，德语中把传授知识和技能的活动称作“教养”，不称为“教育”，汉语、英语、法语中没有德语意义上的“教养”。汉语的“教育”、英语的education、法语的éducation通常包含文化知识和技能授受之意；英语的education可能指“教育”，也可能指“教育学”。习惯于“教育”一词中文用法的人，在研读西文教育文献时，需要特别注意上述差异。

值得注意的是，education一百多年前来到东方，推动了最早出现于《孟子》之中的“教育”一词的流行。日本1868年明治维新，大量地引进西方的文化，education这个词也被引进到日本，日本人就用《孟子》里“教育”这个词翻译education。1894年中日甲午战争后，我国很多有识之士到日本留学，把“教育”一词引回到中国，在此过程中有一个人起了重要的作用，他就是王国维。王国维翻译了日本人写的《教育学》，而后自己也撰写了《教育学》。

二、“教育”在日常语言和理论陈述中的不同用法

（一）“教育”一词在日常语言中的用法

在日常语言环境中，无论是中国人还是外国人，脱口而出的“教育”均有规范性含义。

人们脱口而出的“教育”通常是指一个人或一群人以道德上可以接受的方式善意地对另一个人或另一个群体施加的积极的精神影响。在日常语言环境中，“教育”一词具有客观社会标准，人们用它表明某种肯定的价值判断。一个人认定某种影响或活动为“教育”，意味着这个人肯定和承认这种影响或活动在内容上是有价值的，在方式上是合乎道德的，至少在道德上是可以接受的。如果认为它的内容没有价值，甚至有害，或者认为它的方式在道德上不可接受，就不能称之为“教育”。

哲学家语录

真正的教育应先获得自身的本质。教育须有信仰，没有信仰就不成其为教育，而只是教学的技术而已。教育的目的在于让自己清楚当下的教育本质和自己的意志，除此之外，是找不到教育的宗旨的。因此，我们常听到的一些教育口号并没能把握到教育的本质，诸如学习一技之长、增强能力、增广见闻、培养气质和爱国意识、独立的能力、表达能力、塑造个性、创造一个共同的文化意识等等。

——[德]雅斯贝尔斯．什么是教育[M]．邹进，译．北京：生活·读书·新知三联书店，1991：44．

教育总是积极的，说“好教育”“有益的教育”“有价值的教育”纯属画蛇添足，而所谓

“坏教育”“有害的教育”，则是自相矛盾的说法。既然承认是“教育”，就已经承认它的好和有益，怎么又说这是“坏教育”，是“有害的教育”呢？“教育”与“道德”在日常语言中存在必然的联系，“教育”是一个带有肯定性质的评价词或规范词。由此可以推断，“教育概念”与“道德概念”在逻辑上存在必然的联系，“教育概念”暗含着肯定性的价值判断，是一个规范性概念，或者说是一个道德概念。

就实质而言，什么内容有价值？什么是道德上可以接受的方式？不同的人有不同的趋向、不同的标准、不同的判断。甲所承认的教育，乙未必认为是教育。然而，就形式而言，无论人们在价值观或道德观上有多大的分歧，大家都承认，教育必须包含有价值性的内容，必须使用道德上可以接受的方式。在教育问题上，人们之所以能够相互讨论、相互沟通、相互理解，是因为人们遵循“教育”一词基本的用法规则，在形式上拥有共同的“教育概念”，之所以又有意见分歧，是因为在实质上各自对教育持不同道德观念或价值观念。[1]

教育语言的分类：教育术语、教育口号与教育隐喻

美国教育哲学家谢弗勒（Israel Scheffler）在其代表作《教育的语言》中将教育的语言分为教育定义、教育口号和教育隐喻。教育语言是教育定义或教育术语，以概念、范畴的形式出现，概括性、抽象性强，是讨论教育方案、目的、方法和内容的语词工具（对教育定义的分类见下文）。教育口号往往是某一运动或思潮的关键思想和态度的符号，它强调态度的一致性，吸引新的支持者，为老的信仰者鼓劲，具有情绪色彩。如“好好学习，天天向上”“学好数理化，走遍天下都不怕”“素质教育”“教书育人”“远程教育，家门口的大学”，这些都是教育口号，简洁而具有价值导向性。相对于教育术语常为理论工作者所使用，教育口号是党政机关、教育行政部门及社会的表达形式，教育隐喻则通过类比近似者而进行传神表达，是教育理论—实践工作者如教师的创造。有些教育用语的喻体已经隐匿了，如“培养”“塑造”；有些教育用语的喻体则较为明显，如“雕琢”“外铄”“产婆术”“教育即生长”。正确认识不同的教育语言及其优缺点，有利于各种人群在教育问题上的彼此沟通。

（二）“教育”一词在理论陈述上的用法及含义

> **定义教育的方法**
>
> 教育有三种不同的定义方式，即约定性定义、叙述性定义和纲领性定义。

相对来说，“教育”一词在日常语言中的用法比较单纯，具有鲜明的规范性含义，在正式的概念文本陈述中的用法则要复杂得多，存在一个纵横交错的“用法网络”。“教育”及其同源词在文本陈述中的用法主要有三种，即约定性定义（stipulative

1　瞿葆奎．元教育学研究[M]．杭州：浙江教育出版社，1999：108-124.

definition)、叙述性定义(descriptive definition)、纲领性定义(programmatic definition)。[1]

1. 教育的约定性定义

约定性定义是指作者所下的定义,它一般规定一个概念或词语在某种特定的语境中按照某种特定的方式和意义理解。这个概念或词语在这种语境中始终表示一种约定的意义。比如我们假定教育是"通过有目的的教和学来保存其文化的某些方面,而创造和维护的那种社会制度",这就是一种约定。也就是说,不管其他人或其他时间所用的"教育"一词是什么意思,我们这个时候约定的"教育"一词就是这个意思。这种定义一旦给出,就要求作者在其后的整个讨论中始终如一地按给定的方式来应用这一概念。约定性定义的实际意义取决于特定的语言环境,人们往往要在特定的语言环境中才能理解一个概念的含义。[2]

2. 教育的叙述性定义

与约定性定义相反,叙述性定义不避烦冗,它不为节省言辞、简洁约定、方便讨论,而是通过回溯既往各种用法以"澄清意义"。它最终给出的可能是各种用法的概要说明,这种定义不排斥而恰恰要影射原有的各种用法。叙述性定义比约定性定义在不同的语境中具有相对的一致性和意义的稳定性,如"灌输"往往被界定为:以单向的方式向学生传递知识和思想观念的方式。这个概念的叙述性的定义无论在教学理论还是在德育理论中,其意义是相对一致的。

教育家语录

在人类中间,每一代成人把自己所承受,所获得的技术、知识、道德、信仰,殷勤地传递于后一代来者,使其成为自己所特有的社会成员。这就是所谓的教育。

——张栗原.教育哲学[M].福州:福建教育出版社,2008:3.

3. 教育的纲领性定义

纲领性定义是一种指向实践计划(practical program)或实践纲领的定义,它一般与某种行动原则的假设有关,从语言的形式上看,纲领性定义一般隐蔽或明确地包括"应当"的成分。它或隐或显地告诉人们事物应该成为的样子,因而,它是教育中常见的定义。教育中的词语的定义往往是讨论新的教育方案、新的教育方法、教育目的和教育内容的工具。纲领性定义没有约定的用途,这可能恰恰是倡导要有不同于以往的用法。它也不同于叙述性定义,不是陈述各种不同的用法,而只是秉持自己的认识,认为定义应该如何才是有助于实践的。比如近年来许多学者和教育工作者提倡的"教育就是唤醒",就是一种纲领性定义。它是在

1 [美]伊士列尔·谢富勒. 教育的语言[M]. 林逢祺,译. 台北:桂冠图书股份有限公司,1994.
2 郭元祥. 教育逻辑学[M]. 北京:人民教育出版社,2002:94.

文化教育学与生命教育思潮的影响下确立的，是对国家新课程改革以来以生为本的教育导向的呼应：教育不应当是灌输式的、填鸭式的、银行储蓄式的，而应当尊重学生、以学生为中心，唤醒其生命自觉。

第二节
教育哲学史中关于教育的经典阐释

学习目标

领悟经典的教育阐释，建立起对教育的个体化认识。

如前所述，哲学对某一主题的探讨是与时俱进的，在不同时代对同一问题会有不同的解答。这就意味着，对一个问题的追问，不是如历史研究一样只需要弄清楚一个时间点在某个社会空间里到底发生了什么，而是要将以往对于同一问题的主要解答方式作为思考之基础。所以有"哲学就是哲学史"之说法。理解教育，应该回到传统与当代对于教育的经典表述。

一、《中庸》论教育：教育即循性修道

《中庸》是中国教育哲学的第一著作。《中庸》本是《礼记》中的一篇，在朱熹《四书章句集注》之后，和《大学》《论语》《孟子》并称为"四书"。《中庸》在其开篇就以命、性、道、教四者共同托举出一个文化的场域，它把命、性、道、教联通起来，既关涉文化的创造，又关照了个体的生命。将《中庸》作为儒家教育著作中的教育哲学著作是有其理由的，它回答了个体生命如何打开命、性、道、教的通道这一问题。

《中庸》认为教育即"循性修道"。《中庸》开篇提出，"天命之谓性，率性之谓道，修道之谓教"[1]，表达了中国人关于天命、人性和教育的看法。这是从"教"的前提的角度提出了"教"从何而来和"教"的根据。天赋予人的禀赋是"性"，遵循天性而行动称为"道"，从道入手，修饰品节，这就是教化。这里可以看出思孟学派的核心思想，子思门人传及孟子，孟子就发展出了"存心养性""修身立命"的性善论的教育学说，即人先天具备善端，后天的教育就是要扩充和完善这种善端。《中庸》承接孔子认为道德的最高标准就是能够做到中庸，即待人接物、为人处世有分寸，能做到不偏不倚、无过无不及，教育和学习是达到

1　（宋）朱熹. 四书章句集注[M]. 北京：中华书局，1983：17.

这一道德水准的手段。做到中庸或中和的一个重要的心理条件是“诚心”，即“自诚明，谓之性；自明诚，谓之教。诚则明矣，明则诚矣”[1]。以诚心明白事理就是天性，从内在天性出发才能认识外部世界（后来为心学所强调）；由明白事理而能诚心，通过外部世界的求索以及接受教育才能做到诚心（后来为理学所强调）。《中庸》还提出了著名的学、问、思、辨、行的“为学次序”。“循性”之“性”为天所命定，后来的理学就将这种“性”发展为“天命之性”即“天理”（相对的是人的浑浊的“气质之性”）。

《中庸》的思想作为教育哲学重要的一方面在于其着力点在“教育形式”上。按照形式和内容的二分法，教育内容好比语文、数学等各学科知识，而教育形式是教育理论和实践关照的对象（当然，教育内容也有其“形式”问题，比如教育内容的选择、编排、呈现等）。教育形式主要指教育的本质、方法、手段、过程设计、实践艺术——教育哲学作为教育理论学科，它的重点不是直接进行哲学教育（否则就成了哲学通识），而在于对这种“教育形式”的哲学探讨。《中庸》即以“道不远人”“诚心”这样的思想，将教育理解为“儒学内容”的“自我修为”，将“学习”提到“教育本体”的层面上。《中庸》相对于哲学和教育的一般理论而言，更是教育哲学。

对于教育的理解还有文化上的不同。在中国古代社会，教育主要是道德教育，总体上是行重于知、学重于教的。[2]而且，中国古代使用的“教”字本来就和今天不同，相对于使别人学习，“教”更是君子贤人自己修业进德的一种方式，教是学的一种方式，教的根本在于教育者的修道，修道的过程就是立教的过程。立教与修道是同时展开的、内在联系在一起的活动。对个人的生命发展来说，实现命、性、道、教的相互贯通就是要做到智、仁、勇三达德，修道的君子在身、家、国的通达中达到平天下的理想。

二、柏拉图论教育：教育是理想社会的工具

柏拉图的著作较多，其教育思想主要反映在《理想国》和《法律篇》中。在《理想国》中，柏拉图阐述了自己的教育主张。《理想国》是最早的乌托邦思想的集中反映。在柏拉图理想的国家中，将神的最优创造物即人分为三个等级：哲学家、军人和劳动者。其中，哲学家是奴隶主国家的最高统治者，是神用金子做成的，拥有智慧和理性。军人是奴隶主国家的保卫者、社会秩序的维持者，是神用银子做成的，拥有勇敢和意志。劳动者包括手工业者和农民，是神用铜铁做成的，具有节制的品质。处于社会最下层的奴隶不属于以上三个等级，只是一种会说话的工具而已。三个等级的人应各司其职，各尽其才，国家才能维护正常的

1 （宋）朱熹. 四书章句集注[M]. 北京：中华书局，1983：32.
2 瞿葆奎. 元教育学研究[M]. 杭州：浙江教育出版社，1999：110.

运转。“正义”是这三个等级的人所共有的品质，即做好自己分内的事，不可越级行事，否则，社会就会处于混乱不堪的境地。显然，这是为奴隶主贵族专制制造的理论依据。[1]

《法律篇》对教育的论述主要是通过文艺教育的争论来展开的。文艺教育需要有好的音乐和好的创作，但什么是好的必须由教育者来判断，而不是由受教育者来判断，更不能屈从于大多数观众的举手表决。文艺教育要“弘扬主旋律”，培养孩子们正确的审美观、价值观，形成“旋律”和“和声”，使整个国家就像一个“合唱队”。[2]总之，在文艺教育方面，柏拉图推行的是一种“音乐贤人政体”，主张由有鉴赏力的人来指定优良与低劣的艺术标准。他绝不赞同体现自由主义色彩的、由观众决定的艺术标准，柏拉图将秉持这种艺术标准的政府贬为“邪恶的剧场政府”。在国家与教育的关系上，柏拉图认为，教育是实现理想国家的手段。教育是培养哲学王即国家的统治者的唯一途径。通过教育所培养的哲学王才具有处理公共事务的能力，才能不自私。教育的作用就是促使哲学家通过艰苦的灵魂锤炼能够克服种种诱惑，尽心努力地发展理性的能力，关注善的理念，这样才能全身心地为城邦谋福利。各个阶层的人的品质是需要教育来培养的。在柏拉图的理想国家中，只有少数精英能够成为哲学家，其他人必须在社会各个岗位上履行自己的职责，因此在这个意义上，教育的作用就是：根据资质智力水平将每个人分配到不同的岗位上。如同杜威所讲，“这个国家就能够进行一种教育，对个人进行筛选，发现他们合适干什么，并通过一种方法，给每一个人分配与他的禀赋最适合的工作。如果每个人只是做分配给他的事情，从不逾越这种界限，那么，社会整体的秩序和统一就能得到维持”[3]。所以柏拉图非常重视教育在维持社会秩序方面所起的作用。

教育家语录

一个受过适当教育的儿童……对任何丑恶的东西，他能如嫌恶臭不自觉地加以谴责，虽然他还年幼，还知其然而不知其所以然。等到长大成人，理智来临，他会似曾相识，向前欢迎，因为他所受的教养，使他同气相求。

——[古希腊]柏拉图．理想国[M]．郭斌和，张竹明，译．北京：商务印书馆，2002：108．

总之，柏拉图在其哲学观、认识论、人性论和社会政治观的基础上建立的教育理论体系，重点强调教育的政治意义，主张国家控制教育。教育应当由国家负责办理，由国家进行严格的控制，教育的内容应根据国家的利益来规定。教育是改造人性的手段，通过适当的教

---

1 刘新科，栗洪武．中外教育名著选读[M]．北京：中国人民大学出版社，2008：278．
2 [古希腊] 柏拉图．柏拉图全集：第3卷[M]．王晓朝，译．北京：人民出版社，2003：406-426．
3 [美]杜威.民主·经验·教育[M]．彭正梅，译.上海：上海人民出版社，2009: 83.

育，可使人“成为有理性的人”。教育就是建立和巩固“理想国”的工具，是一种决定个人在社会中位置和使其接受这种位置的方法。

三、老庄论教育：教育即回归“本真”

老聃与庄周都没有纯粹的教育哲学论述，其教育思想是用现代术语对其教育观点进行抽离和演绎而形成的。用现代术语表达，教育即回归“本真”或教育即“本真人”的培养。具体观点如下。

“本真人”直接就是老聃的“教育目标”。“修之于身，其德乃真”[1]，唯有以道修身，身化于道，他的德才会真实，便从异化了的“私、妄、昧”的“俗人”，向“公、正、明”的真人——真正的人复归，成为“道大，天大，地大，人亦大。域中有四大，而人居其一焉”[2]的宇宙中居四大之一的人（天人合一的人），并“修之于天下”，由真人成为圣人。

教育回归本真，换句话说就是“尚自然”。“人法地，地法天，天法道，道法自然。”[3]自然，就是宇宙万事万物最根本的总的规律，总的特征。自然，就是它自己就是这样（自己如此），它本来就是这样（本来如此），它究竟就是这样（究竟如此），不受外力的影响，自然而然，不期然而然，不能分析解释，不能追问究竟。自然是最高的准则，是最根本的终极的规律。自然，是道的最根本、最高、最本质的本性。而“道法自然”就是说道的本质是自然的。我们所做的一切都要效法自然，即效法自然的客观规律。在教育领域内，就是一切按照教育规律办事，唯教育规律是从。

老子提倡俭啬、朴素。“我有三宝，持而保之。一曰慈，二曰俭，三曰不敢为天下先。”“俭故能广。”[4]“俭”为老子三宝之一，可见其分量的重要。以俭为宝，心俭不奢，心俭自足，心俭自广，心俭自乐，知足常富而不辱，知止常安而不殆，以俭养德，心不贪求，自得其乐，而不乐欲人之所乐。心俭欲寡，虚静自至。“治人事天，莫若啬。”[5]因此，开展勤俭节约教育，艰苦创业，亦是很重要的教育内容。

老子提倡涤除玄览。“涤除玄览，能无疵乎？”[6]因此，老子告诫我们育人要从根本处，即人的心灵入手。有道是：育书先育人，育人先育心。加强心灵的自我革命，转“私”为“公”，转“妄”为“正”，转“昧”为“明”。涤除者，去私除妄也。“善为道者，要涤之除之，务使无私无妄，心无染污，一私不留，一妄不存，一尘不染，一相不着，心灵纯美，心

1 陈鼓应. 老子今注今译[M]. 北京：商务印书馆，2003：271.
2 陈鼓应. 老子今注今译[M]. 北京：商务印书馆，2003：169.
3 陈鼓应. 老子今注今译[M]. 北京：商务印书馆，2003：169.
4 陈鼓应. 老子今注今译[M]. 北京：商务印书馆，2003：310.
5 陈鼓应. 老子今注今译[M]. 北京：商务印书馆，2003：288.
6 陈鼓应. 老子今注今译[M]. 北京：商务印书馆，2003：108.

光发现，乃能‘玄鉴’无遗，无所遁形。”[1]加强人的心灵革命，这是德育，是第一位的工作，是一切教育的切入处、基本点。转“私、妄、昧”为“公、正、明”，转“假、恶、丑”为“真、善、美”，教育使命完成矣！

庄子继承老子“道法自然”的理论，认为“道”之于人即是“德”，亦即是人性。道本自然、虚静，故而人性也自然、天放。何谓“天放”？简言之，“天放”就是顺应天性的意思。庄子又说：“性者，生之质也。”[2]可见，人性是自然素朴、不受文饰的，是因顺天道、不待师教的。所以，庄子的人性论可称为“自然人性论”。依此理论，仁、义、名、位、利、欲都是人为的、后天的，因而不能将它们视为人的本性。

大体说来，庄子的“真人”有如下几个方面的独特品格。

一是恬淡而虚静。庄子一生过着贫困的生活，以庄子自己为原型的理想真人，在品格上也是生活恬淡而灵魂安宁的，《天道》篇写道：“水静则明烛须眉，平中准，大匠取法焉。水静犹明，而况精神！圣人之心静乎，天地之鉴也，万物之镜也。夫虚静恬淡寂寞无为者，天地之平而道德之至。”[3]这都是强调真人的虚静品格。

二是安时而处顺。庄子说：“生也死之徒，死也生之始。孰知其纪？人之生，气之聚也；聚则为生，散则为死……通天下一气耳。”[4]可见，在庄子的眼中，生与死犹如太阳朝升暮落一样自然，所以，生不足喜，死不足哀。故真人也视“天地为室”“以死生为一条”，而对死生、毁誉、成败、美丑皆能安之若命，泰然处之。从根本上说，安时处顺就是“无为”，就是纯任自然，就是“不逆寡，不雄成，不谟士……不知说生，不知恶死……翛然而往，翛然而来而已矣”[5]。

三是无情又无己。真人“有人之形”而“无人之情”。何谓“无情”？无情并非无感情，真人也会“喜怒通四时”。无情只是“言人之不以好恶内伤其身，常因自然而不益生也”[6]。简言之，真人是绝弃了情欲之情而因任着天性之情的人。真人“无情”，故能不因情伤性；“无己”，故能不因己束性。无情又无己，则“形如槁木，心若死灰”，如是则能养性，能全性。

四是逍遥以自适。若真人之逍遥则心无所待——无待于青山绿水，无待于形康体寿，无待于功名利禄，怡然神旷，悠然自得，如“入无穷之门，以游无极之野”[7]，“吾与日月参光，吾与天地为常”[8]，“登高不慄，入水不濡，入火不热”[9]。这是一种无任何负累的、人与天（道）

1　黄友敬. 老子传真[M]. 福州：海峡文艺出版社，1998：72.
2　陈鼓应. 庄子今注今译[M]. 北京：商务印书馆，2007：713.
3　陈鼓应. 庄子今注今译[M]. 北京：商务印书馆，2007：393.
4　陈鼓应. 庄子今注今译[M]. 北京：商务印书馆，2007：646.
5　陈鼓应. 庄子今注今译[M]. 北京：商务印书馆，2007：199.
6　陈鼓应. 庄子今注今译[M]. 北京：商务印书馆，2007：193.
7　陈鼓应. 庄子今注今译[M]. 北京：商务印书馆，2007：329.
8　陈鼓应. 庄子今注今译[M]. 北京：商务印书馆，2007：329.
9　陈鼓应. 庄子今注今译[M]. 北京：商务印书馆，2007：199.

完全融为一体的绝对自由的境界。

四、卢梭论教育：教育即"自然人"与"爱国者"之培养

让–雅克·卢梭是法国著名启蒙思想家、哲学家、教育家、文学家，是启蒙运动最卓越的代表人物之一，其教育思想带有明显的自然主义倾向。卢梭认为教育应该适应并为儿童天性的自然发展准备条件，不是以人为的方式干涉他们的自由，教育应该脱离社会文化的樊笼。卢梭为人熟知的话是："人是生而自由的，但却无往不在枷锁之中。"[1]在卢梭看来，自由意味着："一个人一旦达到有理智的年龄，可以自行判断维护自己生存的适当方法时，他就从这时候起成为自己的主人。"[2]人的自然本性（天性）是自由，他后来的不自由是由于不良的社会环境造成的。卢梭设想的教育对象——爱弥儿，到12岁的时候还不知道什么是书，他从来不背诵课文、寓言。儿童的发展方向由他们的天性（自由）来决定，不是由作为教育者的成人来决定的。卢梭曾说："自由是最大的善。那就是我的基本准则，把它应用于儿童和童年，而且所有的教育原则皆来自于它。"[3]卢梭充分肯定了教育的作用，他说："我们生来是软弱的，所以我们需要力量；我们生来是一无所有的，所以需要帮助；我们生来是愚昧的，所以需要判断的能力。我们在出生的时候所没有的东西，我们在长大的时候所需要的东西，全都要由教育赐与我们。"[4]

卢梭的儿童自然发展理论包含两方面的自然规定：一是儿童自然发展的内在自然规定，包括儿童发展的自然法则和自然权利，即儿童的自然发展和教育应与自然界发展和谐一致，与儿童身心发展水平相一致。教育应以儿童为出发点，注重个性的发展。二是儿童自然发展的外在自然规定，就是儿童的教育环境自然化，世界之外无书籍，事实以外无教材。让儿童到大自然中去学习有关大自然的一切知识，强调大自然对儿童的存在和发展的影响。重视建立一种爱的母子关系，树立一种自然的教师形象，强调在感觉经验基础上的儿童自然发展。因此，他要求尊重儿童的自由，让儿童享有充分自由活动的可能和条件，并在教学过程中采取自然的、自由的教学方法以适应儿童的身心发育水平和个别差异。卢梭的教育思想被认为是新教育和传统教育的分水岭，对19世纪末到20世纪初欧洲"新教育运动"以及美国的"进步教育运动"[5]产生了深远的影响。

那么，自然人和国家公民之间是什么关系？卢梭也不得不提出一个教育方案，契约制

1 [法]卢梭．社会契约论[M]．何兆武，译．北京：商务印书馆，1980：19.
2 [法]卢梭．社会契约论[M]．何兆武，译．北京：商务印书馆，1980：9.
3 [法]卢梭．社会契约论[M]．何兆武，译．北京：商务印书馆，1980：69.
4 [法]卢梭．爱弥儿：上卷[M]．李平沤，译.北京：商务印书馆，1985：3.
5 新教育运动产生于19世纪末20世纪初的欧洲大陆，是以改革传统教学理论和方法为目的的教育革新运动，后传入美国，由于其理念与美国的进步主义相通，在美国形成了进步教育运动。

的民主必须是由受过教育的人来统治的。卢梭说："我们有的是物理学家、几何学家、化学家、天文学家、诗人、音乐家和画家，可是我们再也没有公民了。"[1] 在卢梭的眼里，人、公民并不是同一的。在卢梭这里，对人的教育和对公民的教育只能是二选一。然后在进行人的教育和公民的教育之前，必须首先进行自然的教育。为了实现卢梭在《社会契约论》中的那个理想共和国中的理想的人，也就是理想社会的公民状态，必须让人慢慢地成熟和长大，经过一个漫长的时期。卢梭把教育分成自然的教育、物的教育和人的教育，为了实现政治理想，必须让自然的教育统领物的教育和人的教育。"在卢梭看来，人若要成为人，就必须回到黄金时代里的那种人作为自身的自然和家庭的自然关系中，从而实现人作为人的自然的单纯性；人若要成为公民，就必须回到斯巴达城邦里那种人彻底否定自身的自然以及一切自然关系的政治形态中，实现人作为公民的社会的单纯性。那么，这是否意味着现代若要获得德性，实现自然的或社会的'好'，就必须在'人'与'公民'之间做出或此或彼的选择呢?"[2]

卢梭认为，在当时的社会条件下，人的教育和公民的教育是不能同时实现的。柏拉图的理想国家完全是需要教育来维护的，只是柏拉图无法回答我们如何以教育来建立一个理想国家，我们能做的只是以教育维持一个理想国家的运转。卢梭也面临着这样一个矛盾，卢梭的教育理想是培养公民，而培养公民的前提是人生活在他"社会契约论"式的国家里，然而现实却是专制主义的，卢梭的教育理想和社会理想出现了落差。教育与国家的关系在卢梭那里于是就演变成人的教育和公民的教育是否能够统一的问题。在二选一的情况下，卢梭选择的是人的教育，而人的教育就是人成为公民的预备。卢梭想要做的就是通过肯定个体自然的方式来建立人与公民的关系，从而在当时黑暗的社会中为培养一个孤独的漫步者而努力。

或许只能说，卢梭所要培养的自然人实际上是社会的自然人。人们经常引用卢梭的话："出自造物主之手的东西，都是好的，而一到了人的手里，就全变坏了。"[3]这句话经常被人引用作为卢梭性善论的依据。但实际上，卢梭所说的这句话并不能表明性善论，只能说明人存在着自然本性，这种自然本性如果不加以维护就会变坏。而《爱弥儿》中的公民教育就是要培养真正的爱国者，"正是教育把一个国家的形式赋予人的心灵，并进而形成他的观点和趣味，使得他们不但由于必要，而且由于性向和情感而成为爱国者。一个孩子应该从一睁开眼就观望着自己的祖国，直至死亡。每一位真正的爱国者都应该从母亲的乳汁中汲取对祖国的热爱之情。这种热爱之情就是他存在的意义。他除了自己的祖国什么都不去想。他活着只为了自己的国家。就他个人而言，他算不了什么。如果他的祖国不存在了，那他也就不存在了，即使活着，也是生不如死"[4]。卢梭认为，人的本质是自然人，这种自然人具有的是潜在

1 [法]卢梭．论科学与艺术[M]．何兆武，译．北京：商务印书馆，1959：32.
2 [法]卢梭．论科学与艺术[M]．何兆武，译．北京：商务印书馆，1959：41.
3 [法]卢梭．爱弥儿：上卷[M]．李平沤，译．北京：商务印书馆，1985：1.
4 [法]卢梭．爱弥儿：精选本．彭正梅，译．上海：上海人民出版社，2007：216.

性，而不是终结性。“人没有任何限定，他是自由的动物。但正是这种素质引导他脱离了他原始的满足而走向了文明生活的苦难之深渊，但也给予了他掌握自己和自然的能力。”[1]

五、杜威论教育：教育即生活，即生长，即经验的改组与改造

杜威是美国著名的实用主义哲学家、社会学家和教育学家，早期机能主义心理学和美国进步主义教育运动的重要代表[2]。杜威一生始终坚持“教育即生活”的教育哲学观，认为教育是生活的过程，而不是将来生活的准备。在这种观念的指导下，他提出了“教学应以学生为中心而不是以教材为中心”的教学思想。他非常重视儿童生活的价值，认为儿童的教育过程实际上就是他的生活过程。他指出，学校必须呈现现在的生活通，即对于儿童来说是真实而生机勃勃的生活。像他在家庭里，在邻里间，在运动场上所经历的生活那样。那么，什么是生活呢？生活就是发展。不断发展，不断生长，这就是生活。

学校既然是社会生活的一种形式，就应该遵守社会生活的有关规则，也就是社会的民主性。应在学校中建立教师与学生的平等交往，教师是这个交往群体中经验丰富的一员，以一个领导人的身份出现，带领大家共同努力，去获取人类宝贵的知识财富。杜威指出，当学生们组成一个班级，而不是组成一个社会团体时，教师必定大部分是从外部发挥作用的，而不是作为人人都参与的交换过程的指导者。当教育是以经验作为基础时，那么，教育经验便被看作一种社会的过程。这时情况就发生了根本的变化，教师失去了外部的监督者或独裁者的地位，而成为团体活动的领导人。可见，在杜威的教育观念中，教师在教学活动中的地位并非在“师道尊严”的位置上，而是在符合社会规范的形式中与学生共存，并起着带头人的作用。

既然学校是社会生活的一种形式，就应该与社会融为一体，向社会开放，并与社会的其他各种组织建立起联系，相互影响、相互促进、共同发展。那种把学校看成是独立王国，置身于社会之外的思想和做法是相当失策的。

在学校与社会建立紧密联系的基础上，学校还应担负起指导儿童社会生活的责任，而不仅仅是传授科学文化知识，不能把学校生活和社会生活完全割裂开来，那是不能允许的。为此，他提出“教育即指导”的命题。

---

1 [美]斯特劳斯，等. 政治哲学史[M]. 李洪润，等，译. 北京：法律出版社，2009：565.

2 鲜为人知的是，他也是实用主义美学的创立者和美国传播学的奠基人。由此可以思考综合的理论背景对于教育研究的意义。

教育家语录

哲学具有两重任务：一方面要根据当前的科学状况，评判现有的目的，指出哪些价值由于掌握新的资源已经过时，哪些价值因为没有实现的方法只是感情用事；另一方面要解释专门科学的成果对将来社会事业的关系。这两方面的任务要有所成就，没有在教育上相应地指出什么应该做，什么不该做，那是不可能的……教育乃是使哲学上的分歧具体化并受到检验的实验室。

——[美]约翰·杜威．民主主义与教育[M]．王承绪，译．北京：人民教育出版社，2001：345.

同时，杜威明确指出，作为社会生活中的一个重要组成部分，教育还具有特定的价值，它不是社会用以达到某种目的的手段和工具，它就是社会过程本身。因此，在我们的教育活动中，就必须充分尊重儿童的个性，充分尊重儿童每一个发展阶段的个性，只有这样，才能真正体现教育的内在价值，摆正教育与社会之间、学生与教师之间、儿童与成人之间的非对立关系。简而言之，就是要把儿童与社会看成是相互作用、相互影响、相互促进、相互适应的辩证关系。一方面，社会要积极适应儿童、满足儿童的社会需要；另一方面，儿童也必须主动地适应社会，为今后改造社会打下良好的基础，两者的关系是辩证统一的。学校的任务，就是要在教育过程中来平衡和协调儿童的个人因素与社会因素的关系，即不以儿童为中心，也不以社会为中心，而是把它们看成是一种事物的两个不同方面，在互动中共同发展。

教育还是经验的改组和改造，生长的理想即归结为教育是经验的不断改组和改造这样的观点。教育始终有一个当前的目的，只要一个活动具有教育作用，它就达到这个目的，即直接转变经验的性质。婴儿期、青年期、成人生活，在经验的任何一个阶段，真正学到的东西，都能构成这个经验的价值。这样我们就得到一个教育的专门定义，即教育就是经验的改造或改组[1]。这种改造或改组，既能增加经验的意义，又能提高指导后来经验进程的能力。

经验的意义的增长是和我们对所从事的种种活动的相互关系和连续性的认识的提高相对应的。活动开始是一种冲动的形式，这就是说，这样的活动是盲目的。这种活动不知道它在干什么；就是说，不知道它和其他活动有什么相互作用；一个具有教育或教学意义的活动，能使人认识到过去未曾感觉到的某些联系。一个儿童伸手去碰火光，烫痛了，从此以后，他知道某个接触活动和某个视觉活动联系起来就意味着烫和痛，或知道光就是热的来源。这样，在和这些事情的关系上，儿童的活动就获得更多的意义，当他们必须做这些事情时，对于正在做什么，他们知道得更清楚。同时，能设想一些结果，不只是让结果自行发生。

另外，有教育作用的经验也能增加后来的指导或控制的能力。我们说一个人知道他在做

1 [美]约翰·杜威．民主主义与教育[M]．王承绪，译．北京：人民教育出版社，2001：86.

什么，或者说他能设想某些结果，这当然就是说，他更能预料将会发生的事情。因此，他能预先准备，以便获得有益的结果，避免不良的后果。这样，一种真正的教育作用的经验，一种有教育意义和足以提高能力的经验，一方面与机械般的活动不同，另一方面与任性的活动有别。对于这种无目的的、杂乱无章的活动，人们往往为之皱眉蹙额，看作故意捣蛋、漫不经心或无法无天。而事实上，这种活动是爆发性的，由于不能适应环境而发生。无论何时，人们在外来的命令下行动，或者按别人的指示行动，没有他们自己的目的，看不到这个行动与其他行动的关系，他们的行动就是任性的行动。一个人可以通过做一件他所不了解的事情而学到东西；甚至最明智的活动，有许多是我们无意中做出来的，因为我们有意识地想做的事，有极大部分关联并没有被发觉或预料到；我们能学到东西，是因为在行为结束后看到了以前没注意到的结果。

经验作为一个主动的过程是占据时间的，它在后一段时间完成它的前一段时间，它把经验所包含的，但一直未被察觉的联系显露出来。因此，后面的结果揭露前面的结果的意义，而经验的整体就养成对具有这种意义的事物的爱好或倾向。所有这种持续不断的经验或活动是有教育作用的，一切教育存在于这种经验之中。

还有一点要指出，经验的改造可能是个人的，也可能是社会的。进步的社会力图塑造青年人的经验，使他们不重演流行的习惯，而是养成更好的习惯，使将来的成人社会比现在进步。长时期以来，人们表示要有意识地利用教育，使青年人在不应产生社会弊病的道路上开始，以消除这些显著的社会弊病。同时，他们还设想使教育成为人类实现更好希望的工具。但是，我们无疑还没有实现教育作为改进社会的建设性媒介的潜在功效，也还远没有实现使教育不仅阐明儿童和青年在当下社会的发展，而且阐明未来社会的发展，这些儿童和青年将是这个未来社会的成员。[1]

六、李泽厚论教育：教育即工具本体和心理本体的培育生成

李泽厚是中国当代最重要的哲学家和美学家之一，他对教育有很多直接论述。李泽厚对教育的认识或许可以概括为：教育是工具本体和心理本体的培育生成，心理本体特别是情本体的形成理应成为教育的使命。

工具本体和心理本体是人和动物的根本区别所在。制造和使用工具，体现为工具本体，在物质没有极大丰富的时期，人只能以自己为工具，心理本体只能有适当的发展。心理本体是人性的世界、人类独特的世界。人是生物性和超生物性融合的动物。所谓超生物性，即认识、意志（伦理）、审美，就是真、善、美，或者说是认知、情感和意志，这三个世界的人化是

1　王承绪，赵祥麟. 西方现代教育论著选[M]. 北京：人民教育出版社，2001：3-46.

历史演化的结果。尽管人和动物有共同之处，但还是有很大差异，这个差异是由劳动、社会和历史形成的。怎么形成的？积淀！认识是理性的内化，意志是理性的凝聚，美是理性的融合，美是最高境界。这个过程也可以概括为“历史建理性，经验变先验，心理成本体”，这个“心理”是哲学意义上的“心理”，是人类的文化心理结构，不是心理学上的“心理”。

心理本体中情本体尤为重要。人的工具本体解决的是人“如何活”的问题，而心理本体关注的是“为什么活”和“活得怎样”的问题，也即人生的意义和境界问题——历史本体论提出情本体的思想解决人生的意义与境界问题（情本体哲学是接着康德、马克思、海德格尔和种种后现代思潮提出的，它以中国传统为基础，却是世界性视角，或者说是中国眼光、人类视角）。情本体论是后哲学或后马克思主义哲学，它重视审美尤其是新的天人合一。西方的狭义的形而上学是排斥情感的，似乎谈情感就不是哲学。广义的形而上学包括对情感和信仰的思索，如果不称哲学而称思想的话，中国思想的特点就是讲情感。情本体的提出要解决的是命运、人性、偶然的问题 。对人生的眷恋、珍惜、感伤和了悟能够替代空洞而不可解决的“畏”和“烦”，替代由它而激发出的后现代的“碎片”和“当下”。人总要寻找信仰，并且终将会寻找宗教之外的“所信”，情本体为之提供了一条出路。

什么是教育？李泽厚认为，由于社会向均一化、民主化转型，经济基础已经到达一定程度，政治制度日趋完善，人的自由时间开始增多，精神需要和文化需要愈益突出，充满平淡无奇、和平民主的“散文生活”[1]即将开始并将无限延伸下去。在这样的未来社会中，意味着“精神世界支配、引导人类前景的时刻将明显来临……从而‘心理本体’将取代‘工具本体’，成为注意的焦点”[2]，人的发展问题，也就是人性塑造的问题将成为21世纪（甚至以后）最重要的问题之一。

显然，彼时的教育，不能仅仅理解为职业或技能的训练与获得，而是研究如何培育人的教育。李泽厚认为，现在的教育使得“现在的人在工作时几乎只是机器的一部分，人被电脑统治了，人从这种工作机器中逃脱出来，便进入了一种纯粹物质的求欢和感官刺激之中；人又变成了动物，于是，这实质就是一个‘异化’了的世界”[3]。李泽厚倾向于人，反对和担忧人的“异化”，他认为真正的教育是人文教育、心性教育，未来的教育能重新探求和确立人的价值，帮助人健康成长和自由发展，从而使每一个人真正实现自己。

同时，李泽厚也超越了以“理性”为顽固性倾向的近现代教育。继而，李泽厚指向“情本体教育”，并以培育“新感性”为未来情本体教育的旨趣。他认为，唯有在教育中重新确立“感性”的合理性地位，才能为个体人精神世界的丰富乃至这一教育目标的完满提供理论依据。这样的新感性，是基于历史本体论之上的，不同于以往对感性的理解，它是实现了情理交融的“新感性”；以这样的“新感性”为基础的人性教育，达到“真正发现和发挥每个

1　[德]弗里德里希·黑格尔. 美学：第三卷（下册）[M]. 朱光潜，译. 北京：商务印书馆，1981：40.

2　李泽厚. 实用理性与乐感文化[M]. 北京：生活·读书·新知三联书店，2008：167.

3　李泽厚. 世纪新梦[M]. 合肥：安徽文艺出版社，1998：451.

人潜在的能力，实现身心健康、愉悦地发展自身的目的”[1]。

于是，“情本体教育”培养出来的是处于完善教化状态的人，是未来社会秩序的具备良好公民素质基础的人。这个过程，使感性在“情本体教育”中的地位得到了尊重，对个体的“情”的尊重，是人的自然化。因而，“情本体教育”的提出，为丰富人的精神世界的教育提供了基础性和根本性的论断。

总之，在李泽厚的教育思想中，“美”占据着重要的位置。美学是其学术体系的出发点，“美学教育学”和“情本体教育”是其关于教育论述的重要支撑。此外，李泽厚对“科教兴国”的口号，也提出了独到的见解。“兴国”，必须先要“兴人”，先立人再谈立国；只谈体育、智育的教育，是功利主义倾向的；兴人，必需人文教育。着眼于民族与人类的前途，文学、艺术等那些看似“最没有用”的人文教育，恰恰是最重要的。“无用之用”，却正是百年大计。[2]

第三节
教育究竟是什么：当代解读

学习目标

在当代背景下把握教育的确定性内涵，了解各种教育及其背后的思想观念。

如果说上述诸位思想家是从各自的时代和站位来解读教育的话，我们只能将之作为参照，而不能将之与当代教育严格对应。换句话说，理解当代教育尚需当代思考。哲学问题总是对同一问题在不同社会历史条件下的反复追问，所以，哲学问题往往是宏大问题、根本问题，而非情境问题、具体问题。对于教育是什么的教育哲学追问也是如此。要基于历史认识，也要结合当今现实。

一、对教育的前提性反思

现代教育对传统“教育概念”提出了挑战。传统上“教育”就是“有目的地培养人的活动”，狭义上即学校教育，是按照一定社会的要求和个体发展的规律，有目的、有计划、有组织地扩充人的认识，提升人的境界，增进人的体能，调动人改组改造自我经验，以培养一定

1 于伟，栾天．历史本体论与走向情本体的教育[J]．教育学报，2011（4）：36−45.
2 杨斌．李泽厚论教育·人生·美：献给中小学教师[M]．上海：华东师范大学出版社，2011：22.

社会所需要的人的实践活动。但是，从教育哲学角度看，依然需要从前提的角度做进一步反思。

Web2.0时代

相对于Web1.0时代，Web2.0时代又称为自媒体时代，信息的生产者、传播者、消费者合而为一。日常交互性是这一时代的主要特征。相对于将人与人联系起来的2.0时代，现代媒体真正成为人脑延伸的Web3.0时代也正在成型。

其一，教育的“目的性”问题。教育可以是无目的的或者有间接目的的吗？隐性课程、远程教育、泛在教育这些词汇表明，教育不一定就具有目的性。隐性课程的提出，将环境的创设提上教育日程，强调无形的教育。以往我们可能不承认受到光辉形象的影响是教育，因为拥有光辉形象的个体并没有“有意识”地对受教育者施加影响，但是在日常语言中，我们也会说“他受教育了”。而远程教育中，除了背后对学习者的监管和考核，“教育”绝大程度上依赖受教育者的自主，我们很难称一个在电脑屏幕前看授课视频的人是在“接受面对面的教育”，由于没有现实互动，我们更愿意将之和读书看报一样归为是“学习”。泛在教育强调Web2.0时代、新技术媒体时代的“教学相长”，学习和教育的边界变得模糊，没有纯粹的教育和纯粹的学习，仅仅是共在而已。师生之间是平等交互的，知识是在日常生活中的需求中创生的。教育目的服从学习的目的而变得间接。未来社会，随着生产力的发展，这种间接性还会增加，教育或许会回到“为其本身”的状态，和生产、生活、休闲融为一体。

其二，教育作为一项专门的育人活动，“培养什么人、怎样培养人、为谁培养人”是根本问题。“不管什么时候，为党育人的初心不能忘，为国育才的立场不能改”[1]，这体现了当代教育实践的立场问题，如果培养出来的人才不能认同自己的国家，不能献身和服务于自己的国家发展，显然后果十分糟糕。“在实现大同世界之前，所谓社会责任感，应该主要指作为国家公民的社会责任感。”[2]因此，在世界教育交流普遍化、各种教育价值观传播的进程中，我们要看到“培养人”背后的立场问题。实际上，每一个国家的教育都是培养自己的接班人。为谁培养人这个方向性问题从来也没有过时，培养社会主义的建设者和接班人只能通过国家教育来实现，杜威说过：“公共学校是人类最大的发现。其他社会机关是医疗的和补救的。这个机关是预防的和解毒的。”[3]就我国现实来讲，其预防和解毒就体现在培养的是对国家忠诚、关心国家、认同国家的人，这样才能为社会的安定繁荣发展提供基本的保障。全球化使得爱国忠诚更加重要，在这个越来越令人困惑、越来越充满冲突的世界里，也许我们需要爱国主义获得更多的“我们感”（认同感），为了获得认同感更需要扎根于我们本国，让每一个受教育的个体的思考判断中、情绪情感中都嵌入认同感。

1　人民日报评论员．全力培养社会主义建设者和接班人：论学习贯彻习近平总书记全国教育大会重要讲话［N］．人民日报，2018-09-15.

2　陆有铨．教育是合作的艺术[M].北京：北京大学出版社，2012: 100.

3　[美]杜威．人的问题[M]．傅统先，邱椿，译．上海：上海人民出版社，1965: 34.

教育家语录

我国还有许多必须“赶”和“超”外国的领域。不依靠目前的受教育者，我们还能指望谁呢？我觉得，个人的发展，在方法论的意义上，怎么强调都不过分，如果将它作为全部的目的，会造成许多理论上、实践上的问题。

——陆有铨.教育是合作的艺术[M].北京：北京大学出版社，2012：5.

其三，对于“教育概念”，人们很难形成一致性理解，“教育具有绝对唯一的本质”变得越来越艰难。在日常语言和学术语言、广义的教育和狭义的教育（学校教育）、“实然的教育”和“应然的教育”、作为名词的教育和作为动词的教育之间，也经常出现彼此搅扰、混淆不清的情况。我们不可能找出一种统一的、具有普遍性意义的概括。这是因为，教育一词的意义在于一种语境的建构。而语境是指一大批人所共同持有的话语规则，随着规则的改变，其意义也发生着变化。就像我们之前所展示的“教育”一词在中外语言中，用法和含义的差异，以及之前我们所列举的哲学家、教育家所谈论的他们心中的“教育”各不相同一样，即使是坚持一种本质论立场，现实中的教育活动也是在不断变化的。这种变化不仅表现在外在的组织建构上，而且还表现在思想观念上。若要真正认识这些变化中的一致性与差异性，还必须诉诸人们主观的认识水平与认识方式，而这样一来，又将问题还原到人们的话语层次上了。在话语层次上，唯一能保持不变的，只是“教育”这一个词而已[1]。就“词”而言，也许可以通过定义的方式使人们在说话时保持一个共同的且公认的出发点。但经过多少代人的努力，就这一点也没有能够达到。从描述性定义的方式，也同样找不到一个公认的全面的定义。更不用说如果定义中塞进了不同的价值观念和解释框架，那么分歧更是无穷无尽了。

二、教育应有的三重意蕴

界定“何为教育”不易，不同的界定由于不同的历史、社会背景以及不同的立场而相互冲突。但为什么不容许它们并存呢？这也同样是交流所需，各有道理，各为所用。如果非要抽离共性，或许只能得出“家族相似”，也即泛泛地概括不同界定的重合部分，所得出的不是唯一的、绝对的定义，而仅仅是“教育”的若干属性、特质或意味。

立足于人类社会发展以及国家整体行为，在常规教育（往往是学校教育）内部，在教育学学科内部，或许可以概括出“教育”具有如下几方面特质：教育是人类社会特有的传递经验的方式；教育是一种复杂的社会历史现象；教育是培养人的一种社会活动；教育是现代人

1 周浩波. 教育哲学[M]. 北京：人民教育出版社，1999：117.

生存发展的重要工具。然而，这些对于教育特征的表述是“一般化的”或“科学化的”，更多描述的是“是”的状态，而不涉及“应该”。我们从哲学出发——不是从“认识”，而是从“本体”出发，从人类活动的“真、善、美”的本质力量出发对教育进行再思索，那么，教育“应该”具有“提升性”的特质，这种“提升性”在今天这个时代，可以概括为如下三个层面。

（一）教育意味着启蒙

启蒙，意思就是走出蒙昧，走出被监护的状态，勇于用理性思考。启蒙是一个过程，它始终与人类心智发育、成长的历史相伴随，是人类自我反省和不断进步的一个推动力量。在人类走向文明的漫长过程中，启蒙通常不是自然而然就能实现的，教育是实现启蒙不可或缺的途径。无论就群体抑或个人而言，人类没有哪一个活动比教育对人的启蒙影响更深。个人的判断力、想象力和实践力，都来源于个体的心智。而心智的健全和精神的养成，除了天生的特质之外，多半是教育发挥的作用。具有理性精神的人并不是自然意义上生成的，人非天生地具有理性精神，理性只有在理性的实践生活和教育中才能获得。因此，无论是对群体来说，还是对个体来说，教育都意味着启蒙，帮助个体学以成人，实现理性能力的发展。这就意味着理性的人只有通过教育和自我教育才能生成。理性作为一种精神品质，其获得和发展是一个教育性的过程。因此通过教育，把人从无知、非理性、迷信等状态中解放出来，如此教育就意味着启蒙。

教育家语录

要有良好的理性思考能力，亦即有能力建构和评价那些可以用来支持和批判有待探讨的信仰、判断、行动的各种理由。

尊崇理性探讨的结果的性向，愿意使其实际信仰、判断、行动与理性的结果一致。

——[英]Curren R. 教育哲学指南[M]. 彭正梅，等，译. 上海：华东师范大学出版社，2011：396.

（二）教育意味着“使人向善”

许慎在《说文解字》中说：“育，养子使作善也。”养育孩子的重要方向就是促使其向善的方向发展。教育活动指向了个体的人格陶冶和境界提升，并因此促进人类文明的发展，因此教育有着追求善、使人向善的特征。捷克著名教育思想家夸美纽斯提出教育是“使人有效率地从事现世生活并为来世生活作准备。”他认为，人人具有知识、德行和虔信的种子，但这个种子却不能自发地生长，需要凭借教育的力量。“只有受过一种合适的教育之后，人才能成为一个人。”[1]教育的首要任务是培养品德，教人辨别是非、善恶，正确地行事。教育是培养人的活动，这种培养不是工业生产中的零件加工，而是类似农民种庄稼，因此教育的善意味着为儿童的发展提供条件、帮助和支持，而非制造人的发展。

（三）教育意味着“类”经验的传承

人类个体不能纯粹依靠先天的遗传实现生存。人一来到这个世界上就必须通过接受教育和学习来认识这个复杂的世界。人是类存在，这决定了人不同于其他生物并超越了物质遗传的制约。人通过语言和其他自己创造的物质形式（如工具、产品），把个体的经验保存和积累起来，成为“类”经验。人类教育传递的正是人类社会共同体积累的类经验，不只是个体的直接经验。这些经验不是本能的产物，而是人类智慧的结晶。人类有语言和文字，借助语言文字的信息载体功能，人类的经验不仅可以存在于个体系统之中，也可以存在于个体意识之外，脱离每个个体而独立存在；不仅可以获悉感官所及范围之内的经验，而且可以超越时间的限制和空间地域的阻隔，从过去到现在，从宏观到微观，全社会全人类的所有财富都可以为人类所掌握。人类的经验可以实现社会遗传，就在于人接受了教育。

教育家语录

有组织的正规的教育的基本功能是将人类学会的最重要的知识编制到每一代人的生活经历中去。

——[美]巴格莱.教育与新人[M].袁桂林,译.北京：人民教育出版社，2004:156.

本章小结

1. 古代汉语中“教育”出自《孟子·尽心上》“得天下英才而教育之，三乐也”，《说文解字》中“教”为“上所施，下所效”之意，“育”解释为“养子使作善”。古代中国“教”和“学”是互用的，教学相长，但教育偏向于一种“外铄性”活动。在西方，education的词缀“e-”意思为“引出”，完全的“外铄”不能称为“教育”，“教育”有“内发”之意蕴。当我们从国外引入教育学，将education译为“教育”时，西文中原有的“教养”的含义丧失了。

---

1 张焕庭.西方资产阶级教育论著选[M].北京：人民教育出版社，1996:4.

2. “教育”一词在日常语言中有规范性含义。“教育”通常是指一个人或一群人以道德上可以接受的方式善意地对另一个人或另一个群体人施加积极的精神影响。人们遵循“教育”一词基本的用法规则，在形式上拥有共同的“教育概念”，之所以有意见分歧，是因为在实质上各自对教育持不同道德观念或价值观念。在学理上，按照分析教育哲学，教育有三种不同的定义，即约定性定义、叙述性定义和纲领性定义，分别偏向于主观、客观和实践。

3. 教育哲学史中对教育的经典阐释有:《中庸》的教育即循性修道；柏拉图的教育是理想社会的工具；老庄的教育即回归“本真”；卢梭的教育即“自然人”与“爱国者”之培养；杜威的教育即生活，即生长，即经验的改组与改造；李泽厚的教育即工具本体和心理本体的培育生成。

4. 教育作为实践活动有时代性、丰富性的特点，简单以理论去框定教育实践是不合适的。因此，应该意识到任何一种教育的言说都有其前提设定。尽管如此，就当代教育发展来说，教育意味着启蒙、使人向善和“类”经验的传承。

总结 >

关键术语

教育 Education	自然人 Natural Man	情本体 Emotional Noumenon	启蒙 Enlightenment

章节链接

在这一章，你读到……	在其他章节中，你将发现相关的讨论……
对教育的前提性思考	在第三章中有关于学校是什么的讨论，在第八章中有关于翻转课堂的讨论，在第十章“班级”中有关于班级空间的讨论等

应用 >

批判性思考

1. 如何看待“上学不等于受教育”的观点?

美国畅销书作家约翰·泰勒·盖托2008年所著的《大众教育的武器——一位学校教师通过强迫义务教育黑色世界的旅程》(*Weapons of Mass Instruction: A Schoolteacher's Journey through the Dark World of Compulsory Schooling*),由生活·读书·新知三联书店翻译为《上学真的有用吗》出版。该书指出“上学”不等于“受教育”,人们不是为了获得知识的碎片,而是要培养独立人格和思辨精神,以最终成为一个完整的、能够把握自己命运的人。要努力寻找真正的自己,发现自己的潜能。盖托还明确地表示了他对互联网带来的改变教育的机会的期望,号召大家用互联网和开放市场的力量,结合民间的实践,来真正改变教育现有的陈旧模式。对于这些你如何看?

2. 我们什么时候会感慨“那简直不是‘教育’”,教育存在本质与异化吗?

很多时候我们会由于现实教育的“恶”而感慨“那简直不是‘教育’”,那么,什么是“教育”呢?教育存在一个唯一的本质吗?如果“教育”意味着每一个“具体的教育”所具有的共性和本质,那么,那个“恶”的教育现实是这个“教育”的异化吗?应该如何处理“异化的教育”和“本质的教育”的关系?

体验练习

1. 著名教育思想家、教育改革家,中国基础教育的“活化石”吕型伟依据自己从教七十年的体会,把教育归结为三句话:“教育是事业,事业的成功在于奉献!教育是科学,科学的探索在于求真!教育是艺术,艺术的生命在于创造!”这三句话被很多的中小学作为学校墙面标语,也被很多教师作为自我砥砺的话语。通过教育哲学的学习,你现在如何看待这三句话?

2. 19世纪德国哲学家、心理学家、教育学学科的创立者赫尔巴特在其《普通教育学》中写道:“我想不到有任何‘无教学的教育’,正如在相反方面,我不承认有任何‘无教育的教学’,至少在这本书内是如此的。”[1]你是否赞成他的观点?他是在哪种意义上谈“教育”的?除了教学内容,教学的组织形式和管理中存不存在“教育”?

3. 当代德国教育哲学家博尔诺夫在其《教育人类学》中吸收存在主义哲

---

1 张焕庭.西方资产阶级教育论著选[M].北京:人民教育出版社,1979:267.

学思想，提出“非连续性教育”的思想。在人类生命过程中，非连续性成分具有根本性的意义，教育相应地必然具有非连续性的形式。比如“遭遇”和“危机”乃至青春期都是造成教育非连续性的因素。也可以说，不仅“意向性”教育，而且“功能教育”，即环境的无意识、无心的影响塑造都对成长中的一代有作用。请谈一谈这些观点对你有何启发。

案例研究

最近，聆听了北京一位学者的讲座——“教育经常需要一种随机”，这使我想起了记忆中的一件往事。1998年，我参加中国中学校长代表团访问德国时，中国驻德大使馆一位官员对我们说了这么一段话：“人需要盐分，但不能叫人直接吃盐，教育尤其如此。”虽然已十多年过去了，我仍时刻铭记。如此简单却又深刻的话语，又一次引起了我对“教育是什么”的深深思考。

……

教育究竟是什么？对国家和民族来说，教育是未来的钥匙。

教育究竟是什么？对学校来说，教育首先应该是一种氛围。

教育究竟是什么？对教师来说，教育是爱，是责任。

教育究竟是什么？对家庭来说，教育是性格与习惯的奠定，是家庭文化泡菜式的浸染。

（摘自沈茂德．总在想，教育是什么[M]//沈茂德．教育，真的不能简单：一位校长的教育叙事．南京：南京师范大学出版社，2010：75-81.）

1．“教育经常需要一种随机”，“人需要盐分，但不能叫人直接吃盐，教育尤其如此”，硬性安排的、强迫的教育为什么背离了教育的本真？如何做才能离理想的教育更近一点？

2．教育可以从国家和民族、学校、教师、家庭出发来界定，是否也可以从学生乃至教育场域之外的人出发来界定？想一想对于他们来说教育是什么。

教学一线记事

教育就是要保护天性、尊重个性、培养社会性

（一）保护天性

天性离不开人所具有的生理维度。天性是哲学术语。天性于儿童身上最为彰显，今天儿童之天性与过去的儿童天性是不同的。儿童从远古走来。从生物

学上来讲，人类是不断进化的。祖祖辈辈人的经验变成了今天的个体先验地具有的东西。天性即可理解为一个时代的个体先天具有的认知能力、情意模式与行动本能。天性在人生的前几年或许有可塑性，然后就固定下来。天性是个性与社会性发展的基础。

天性基于人的自然性，是素朴无华的，所谓天性自然。如同人的内驱力，可以导向善，也可以导向恶，天性也有好有坏。保护天性是保护天性中肯定性的那部分。只有理解天性才能保护天性，理解天性也就是理解人的自然性所具有的潜力与限度。在理解天性的基础上保护天性，使之充分发展，同时不至于超越限度，这是教育要思考的事情。天性有回归的问题，回归天性其实是一种螺旋上升，有些类似于人的自然化。人复归于天性，或者复归于自然。与其说是天性或自然性，不如说是一种精神性、神性。这种精神性与神性就在人的天性之中：人天生是文化的动物、自由的动物，人有综合、超越的特质。人的个性和社会性离散了人的天性，而又是人的天性能够最终使之复归于一。这应是教育要保护天性的另一理由。

（二）尊重个性

个性主要体现为人的心理维度。人的个性是有生理基础的，人的个性也无不是有其社会基础的。人的个性更多体现为他的精神面貌与心理特质。培养自由全面发展的人必然要求尊重人的个性。自由全面发展是全体发展、全面发展、自由发展、充分发展、和谐发展与个性发展。

教育重视个性、尊重个性也是时代所需。新自由主义与社群主义观念的融合，以人为本理念的提出，教育民主化的不断推进，催生了差异化教育的需要。从社会层面看，一种独异性社会的转型正在发生，教育需要为受教育者赋值而让他们具有高辨识度。而随着后物欲时代的来临，教育者主体也不再满足于基本需求的满足，开始适当地追求发展性需要：相对于养家糊口，他们开始追求成功；相对于成为标准件，他们开始追求独一无二。综合起来，个性化教育、个性化教学已是时代趋势。

（三）培养社会性

社会性是人的社会维度。人不可离开社会而独活，人生下来就是社会人，任何个人的都不可能不是社会的。人生之意义离不开其社会关系，人总要给自己寻找一个社会位置，获得某种社会认同。教育是加速个体社会化的过程，促进社会发展和社会文化的传承与创新，也是教育的基本职能。教育应培养人的社会性，教育自身就是一种社会性活动。美好生活、美好教育、美好社会，都离不开对于受教育者社会性的塑造。

培养社会性是教育实现立德树人根本使命的必然要求。中国是社会主义国家，也是有着深厚儒学文化传统的国家，团结协作、合作共享、帮扶互助是我们的价值观。在当代，就事业发展、科学发现而言，单凭个人实现伟大而卓绝的成就的时代已经过去了，协作创新是必由之路。就社会伦理与个体幸福而言，个体不仅要促成与自然环境的关系和谐、与自我的关系和谐、与理想信念的关系和谐，而且要促成与各种社会要素的关系和谐：家庭、师长、同学、同事、朋友、陌生人、集体、国家、政府、相异的文化族群等。就文化活动而言，悦耳悦目、悦心悦意、悦志悦神的独自休闲固然重要，悦友悦群也不可或缺，所谓各美其美、美美与共。如果说立德树人是教育的根本使命，社会性培养也就是教育的根本任务，离开社会性培养，立德树人的根本使命将无以达成。

（摘自：于伟. 教育就是要保护天性、尊重个性、培养社会性[J]. 中国教育学刊，2017（3）：79-82. 文字有改动。）

拓展＞

补充读物

1　于伟. 从书斋走向田野：率性教育行思录[M]. 北京：北京师范大学出版社，2022.

这本书是于伟教授担任东北师范大学附属小学校长的里程记录与反思，他提出了率性教育的哲学理念，开展了有过程的归纳教学、率性德育等实践，思考了儿童观和教育观。

2　陈桂生.教育学究竟是怎么一回事：教育学辨析[M].上海：上海教育出版社，2020.

第一部分以历史的和比较的方式，对教育学的核心概念“教育”做了详细的考察：交代了教育的本义和延伸义，对教育给出了新的界定，更有作者对于教育学的新思考。第二部分是马克思主义理论与方法研究教育学的若干成果。

3　康永久.教育学原理五讲[M].北京：人民教育出版社，2016.

一本接近课堂实录又不乏深度的“有意思”的书，充满了论辩色彩。用了近百页的篇幅来讲教育的概念、定义、本质、根本问题及其出路，其中包含着作者对于教育的十分独特的理解。

第三章
学校是什么

本章概述

本章对学校本体进行了反思，从教育哲学角度探讨了学校是什么，学校的使命是什么，学校的使命能否完成、由谁完成，学校如何发展以及发展成什么样等议题。

结构图

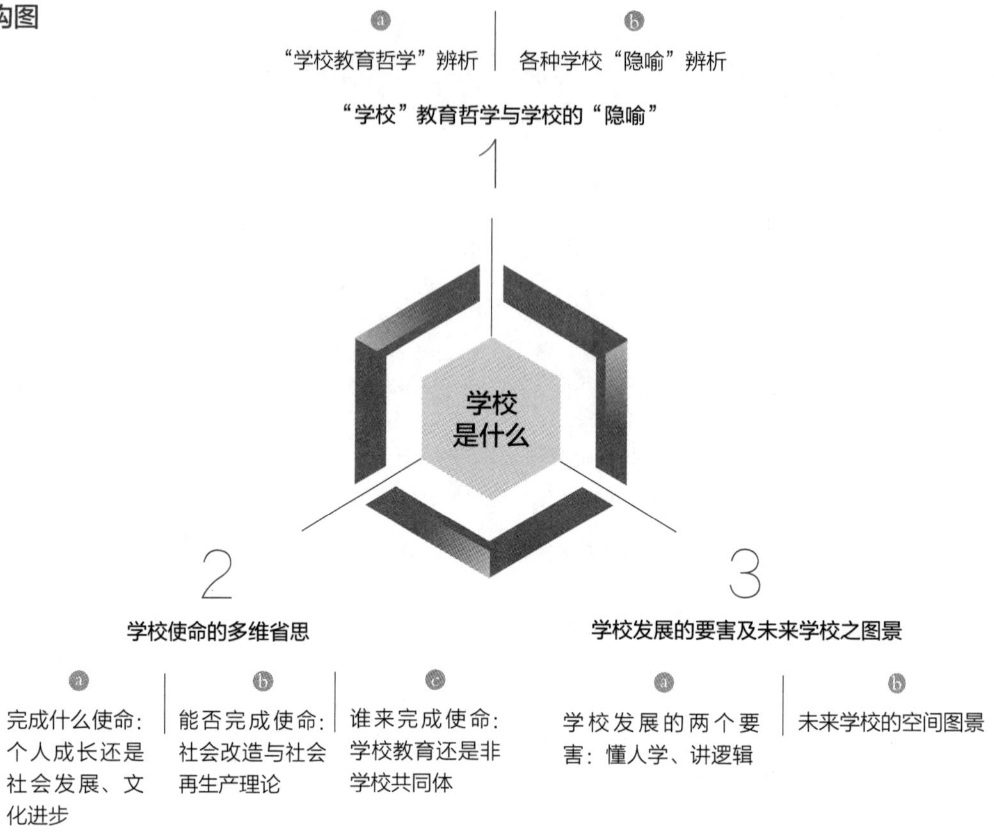

学习目标

学完本章，你应该做到：

1. 了解不同的学校观，并意识到它对于教育者的具体影响。
2. 能够利用相应思想资源，对不同的学校观念进行辨析。
3. 了解学校观念的发展趋势，结合现实，形成自己合理的学校观念。

读前反思

阅读本章之前，请回忆一下你曾经就读过的那些学校——幼儿园、小学、初中、高中、大学，然后尝试回答以下问题。

1. 学校和学校教育有何区别？“学校是什么”是否是一个毋庸置疑的无意义的问题？
2. 教育哲学应该如何应答“学校是什么”这一问题？和学校教育学、教育管理学、教育社会学的应答方式有什么差异？
3. 对于学校理解上的差异会怎样影响校长、教师及学生的教育观念与教育行为？

第一节
“学校”教育哲学与学校的“隐喻”

学习目标

理解不同的学校教育哲学及其差异，了解当下的学校“隐喻”及人们对这些“隐喻”的认同与接受，能够分析学校“隐喻”与时代背景的关系。

什么是学校？如果你拿这个问题去问老师和学生，他们大概会比较惊讶，学校就是学校啊，“学校是教书育人的地方”“学校是培养人才的地方”“学校是学习的地方”，学校对师生而言常常只是个无须反思的功能场所；如果你去问校长，他大概会把他的教育理念嵌入其中：“学校是生命成长的园地”“学校是塑造灵魂的地方”“学校是让学生有各种发展可能地方”。如果你翻阅字典或者学校教育学的书籍，你会发现学校是一个主要承担育人功能的组织机构；如果你企求于教育哲学给出答案，你就会发现一般的“教育哲学”很少对这个问题作出追问——于是我们也就无从获得启发。看来学校确实是一个有待讨论的范畴。

一、“学校教育哲学”辨析

（一）“学校”的辨析

人们热衷于讨论教育是什么，很多时候讨论的又是学校教育是什么，学校（实体）仿佛只是一个无关紧要的附着物；就像我们热衷于讨论人性是什么，讨论真善美是什么，而身体就像是一个无所谓的附着物。所以我们对于学校的日常表述中，学校只是个“地方”——它不是地方又是什么呢？

正因为学校是实施教育的地方，所以和教育一样，人们对学校会有三种不同理解，即作为理想观念的、作为现实事态的和作为词的学校。人们时常对学校会有一种理想化的理解，学校是“一方净土”，是“圣洁的地方”：净土、圣洁之地都是对学校的观念形态的理解，指的是学校应当如何。然而人们有时候又说某个学校不像个学校，反思学校真的是一方净土吗，学校可能是一方净土吗。这时候人们是将学校作为一种事实、一个事态来理解。最后，学校还是一个词，英语为school。

当学校是一个词的时候，我们发现中文的“学校”可以做集合名词、个体名词、集体名词来理解。有时候学校是一个集合名词，作为学校的集合体来使用，指所有学校，如“当代学校教育观念变革”；有时候学校是一个个体名词，作为整体的构成分子即一所所学校，如“某所学校的办学理念”；还可以向下作为一个集体名词来理解，即理解为一所学校的师生员工的总和，如“别的学校都在拼命学习，这个学校在跳舞”。

这里尝试给学校下个定义（什么是学校）。首先，学校总得有个地方，即使它不仅仅是个地方——随着网络或开放学校的出现，这个“地方”称为“空间”可能更为合理，空间可以是虚拟的。“学校”的意指总是离不开“空间”这个要素：学校离不开一个物质空间或虚拟空间，扩展开来也可以看作一个精神互动的文化空间，从根本上来说是一个教育实践的社会空间。其次，学校总是由作为主体的人（主要是管理者、教育者、学习者）来参与的，这个“主体”时常是微观具体的，有时候则会变得宏观抽象，或者是中观的、可代表的，这个“主体”时常也会扩展到行政人员、家长与利益相关单位。学校不能没有人，否则就是废墟与空壳。最后，学校总是离不开一个运行系统以及具体的教育活动：学校承载的是制度化教育，而非零散的与临时安排的非制度化的教育；系统与运行规则即“学校制度”，有计划、有目的、有组织的教育活动即“学校教育”，这些是“学校”的下位概念或平行概念。综合起来即学校是在教育系统内，由管理者、教育者、学习者等多种主体参与，按照共同制定的规章制度开展系列教育活动的社会空间。

（二）“学校教育哲学”辨析

学校教育哲学是个有歧义的词，当下学校教育哲学主要指的是“学校的教育哲学”（含义1，英文为education philosophy of a school/the schools或school philosophy）而非“有关‘学校’的教育哲学”（含义2，英文为education philosophy of school）或“有关‘学校教育’的哲学”（含义3，英文为 philosophy of school education），将来可能还会有为学校成员的教育哲学或与学校成员一起做的教育哲学（含义4，英文为education philosophy for/with school participants）。

含义1即今天欧美与中国香港地区、澳门地区的学校教育哲学，类似于中国内地的“办学理念”[1]，是学校共同体智慧的结晶，包括对学校及其存在价值、精神使命的追问，学校的发展目标与定位，学校的育人愿景与发展思路等。学校教育哲学或办学理念实际上是一种地方性知识。尽管表达为school philosophy，试图成为一种普遍性认识，但更多时候只是education philosophy of a school，即使有普遍性也是一种相对的普遍性。学校教育哲学依赖于对学校本体的哲学即含义2的认识，在更加抽象、概括、结构化的水平上去认识“学校是什么，学校做什么，学校如何去做”这些价值性问题，能够使学校教育哲学更易接受、更具特色、更可持续、更具有借鉴意义。学校教育哲学的提炼需要在校长与教师群体、共性与个性、传承与创新、整体谋划与具体落实之间取一平衡。

本章讨论的内容是含义2，即“学校”教育哲学，本书整体讨论的是含义3，即“学校教育”哲学。含义3包含了含义2，含义3范围更广，是利用教育哲学或哲学的眼光去审视学校

1. 张福建. 论当代中小学办学理念的特点[J]. 当代教育科学，2003（13）：48-50.

教育相关的核心范畴：教育、学校、校长、环境、发展、理念、管理、教师、学生、课程、教学、德育、班级、育人、评价、研究、团队、合作、成绩、文化与特色等。刘铁芳的《什么是好的教育——学校教育的哲学阐释》，给出了对于教育、学生、教师、教学、学校、校长应当如何的理想设定（含义3），其中专章讨论学校应当是家园而不仅仅是学园，学校是安顿师生、彰显生命、激扬青春、提升生命的场域，指涉个体生命的完整生成与意义孕育（含义2）。[1]

未来或许有含义4“意义上的学校教育哲学”，是面向学校教育工作者及其他参与者的学校教育哲学，其目标在形成个体化的教育哲学。含义3 可以看作是education philosophy for school participants，但是它还不够切近，还比较一厢情愿，更多是作为师资培训教材或者自主学习的内容。对应于儿童哲学（philosophy for Children, P4C），即有一种形态的学校教育哲学（含义4）。学校教育哲学是基于学校参与者的教育哲学，是为了学校参与者的教育哲学，是与学校参与者一起探究的教育哲学，更是学校参与者自己创造的教育哲学，强调思维、团体、探究、哲学四大核心要素：与学校参与者讨论教育哲学要在探究共同体中、在“苏格拉底式”对话中进行，时常运用一些刺激物创设讨论情境，围绕具体的教育问题展开。进一步说，学校教育哲学不是学科意义的哲学，而是教育生活意义上的哲学，是学校参与者生活中自然拥有的一部分；学校教育哲学是为了让学校参与者更好地展开教育生活，并不是为了学习外在的教育哲学学科。这种学校教育哲学帮助学校参与者更好地理解学校，对于师生即意味着更加美好的教育生活。就主题而言其范围也是较为广泛的，不限于对于学校本体的理解。

综上，本章所要呈现的是含义2意义上的学校教育哲学即“学校”教育哲学，即对学校本体进行追问的教育哲学：学校是什么；学校从哪里来；到哪里去；学校做什么；学校如何发展。其中“学校是什么”是最为核心的问题，决定着学校做什么以及如何发展。

二、各种学校“隐喻”辨析

对“学校是什么”的最为简洁的表述是给出一个隐喻，给出一个类比名词或一个修饰语加中心词的短语。在有关教育问题的表述中使用隐喻司空见惯，尤其是实践教育学。其优点是通过比较能够让我们迅速地把握住一个东西的某些特征；其弊端是较为含混，“如果这种在形象中所包含的比喻果真被认为描述了该对象的基本特征，那么它也可能导致我们错误的认识”[2]。相对于较为中性的学校定义，隐喻具有一定的情感色彩、价值色彩，因而能够成为

1　刘铁芳．什么是好的教育：学校教育的哲学阐释[M]．北京：高等教育出版社，2014：191，231.

2　[德]沃尔夫冈·布列钦卡．教育科学的基本概念：分析、批判和建议[M]．胡劲松，译．上海：华东师范大学出版社，2001：10.

教育哲学反思的对象。下面即对若干常见的学校隐喻加以辨析，以增进对于学校的理解。

（一）学校的自然隐喻与农业隐喻

学校的自然隐喻与农业隐喻的共同点在于将个体视作宇宙中的生命体，学校就是学生自我发展的场所。持有学校自然隐喻和农业隐喻观念的人，在人性论上是积极的，他们选择相信学生的天性良善与自然学力，努力为学生创造适宜的外部环境。他们重视学生的身心活力，将学校视为自然环境、生态系统，这种思想更多受到自然教育与生命教育传统的影响，具有人本主义乃至浪漫主义的色彩。

隐喻

隐喻是指用通常（字面）意义上表示某种事物、特性或行为的词来指代另一种事物、特性或行为，其形式不是比较而是认同。

学校的自然隐喻是较少的，学校是一种人为之物，也只能比附为人工开拓的场所。将学校比喻为自然场所的情况，往往是以社会为学校的情况，学生需要在没有人为干预的情况下去进行自我历练。陶行知在《生活教育之特质》中将（社会）学校比喻为森林，“马路、弄堂、乡村、工厂、店铺、监牢、战场，凡是生活的场所，都是我们教育自己的场所，那末，我们所失掉的是鸟笼，而所得的倒是伟大无比的森林了”，“整个中华民国和整个世界才是我们的真正的学校咧”。[1]蒋勋在乡愁诗歌《少年中国》中将学校比附为大地山川：“我们隔着迢遥的山河，去看望祖国的土地，你用你的足迹，我用我游子的乡愁。你对我说，少年的中国没有学校，她的学校是大地的山川；少年的中国也没有老师，她的老师是大地的人民。”[2]

相比之下学校的农业隐喻是比较盛行的，教育是农业，学校是农场。“教育是农业”的隐喻较早来自叶圣陶，叶老事实上是接着吕叔湘在说。他认为比喻毕竟是比喻，教育和种庄稼都要尊重成长的规律，但教育较之种庄稼更复杂，除了要满足生理生长的需要，还要陶冶品德、启迪智慧、锻炼能力，直至学生全面发展，成长为合格的社会主义建设者。[3]“教育是农业”这个观念由于叶老的影响力而被相当多的教育工作者和理论工作者所认同。他们在阐述教育是农业的时候，同样都伴随着对于教育“工业化”的批判：受教育者是人，不是待加工的无生命的原材料；教育活动更像是栽培活动，受教育者有生长的内在力量。如果教育是农业，那学校就是农场，教师就是种植者，而校长是农场负责人。教师需要在适当的时候耕种、松土、施肥以及浇灌；校长要根据农场中生命体成长和种植者的需要，提供一些促进农场发展的良好条件和有力工具。[4]和农业隐喻相似的还有将学校比喻为花园的说法，教师是园丁，学生是花朵，学校就是花园。相对于农场，花园比喻可能更显“优雅”，实际内涵是

1　陶行知．中国教育改造[M]．北京：商务印书馆，2017：218.
2　王立平．百年乐府：中国近现代歌词编年选[M]．上海：上海音乐出版社，2018：20.
3　叶圣陶．叶圣陶教育名篇选[M]．朱永新，编选．北京：人民教育出版社，2014：54.
4　罗建河，杨茹．学校隐喻背后的管理观念解析[J]．教育学术月刊，2013（3）：87-89.

类似的。

教育家语录

最近听吕叔湘先生说了个比喻，他说教育的性质类似农业，而绝对不像工业。工业是把原料按照规定的工序，制造成为符合设计的产品。农业可不是这样。农业是把种子种到地里，给它充分的合适的条件，如水、阳光、空气、肥料等等，让它自己发芽生长，自己开花结果，来满足人们的需要。

吕先生这个比喻说得好极了，办教育的确跟种庄稼相仿。受教育的人的确跟种子一样，全都是有生命的，能自己发育自己成长的；给他们充分的合适的条件，他们就能成为有用之才。所谓办教育，最主要的就是给受教育者提供充分的合适条件。

——叶圣陶．叶圣陶教育名篇选[M]．朱永新，编选．北京：人民教育出版社，2014：54.

学校的自然隐喻和农业隐喻有其优长也有其局限。相应观念的持有者相信儿童天性是教育的依据，教育要遵循自然法，这是不可违背的，这是西方自夸美纽斯、卢梭，中国自王守仁、李贽以来的一个金规玉律。[1]自然主义教育学使我们注意到儿童自身对于学校教育的限制，但其局限就是时常过多地使用隐喻。

事实上学校的自然隐喻和农业隐喻都包含着一个教育的成长隐喻——“教育即生长”：教育要满足儿童需要，发挥儿童潜能，要实施适宜每个学生特殊性的个性化教学，孩子能够自我指导、自我实现。教育即生长使人们意识到教育应当和生长一样成为一个连续性的增长的过程，应当关注每一个儿童。但这种隐喻没有规定生长的性质，生长可以是良性的，也可以是邪恶的。

隐喻有时候能让思维清晰，有时候也会产生误导，使人“受到自然主义的诱惑”——成长隐喻规定的只是前提而不是结论：我们不能忘记从“是”不能推出“应当”，比如“儿童天性爱玩”（是）不能推出“教育就要教他们如何更好地去玩”（应该）。将成长隐喻推得太远会形成自然主义的教条，从而屏蔽教育的其他可能。注重儿童自身的特质需要提倡：人的主体性的发挥是有限的，教育不和学生的自然相结合，必然会归于失败。[2]但是过于重视自然，又会让人们忽视教育自身的内在价值，比如21世纪以来我们遵循不能强迫儿童的原则，但最后还是出台了《中小学教育惩戒规则（试行）》（2020）。

1　刘晓东．天性为教育立法：兼评“打破儿童的自然成长”[J]．湖南师范大学教育科学学报，2016，15（3）：33-40.
2　谭维智．一个批判的思想者：陆有铨先生教育思想管窥[J]．国家教育行政学院学报，2006（3）：8-17.

（二）学校的工业隐喻与商业隐喻

学校的工业隐喻与商业隐喻的共同点是将学校以及人才作为社会发展的工具或手段，学校就是制造“标准化零部件”的地方，学生是被外在塑造的。学校忽略了道义，而更多去迎合利益，成为企业；学生与教育服务成了产品，是挣钱的门路，在批量生产的局面下，个性化发展与创新成了问题。学校的工商业隐喻时常作为“学校现实比喻”的形象出现，受到的批判比较多，而学校的农业隐喻时常作为“学校理想比喻”的形象出现，每每成为一种意识形态正确。暗中认同学校是企业的人，受到实用理性、功利主义教育传统的影响比较大。

学校的工业隐喻将教学比喻为工厂、企业。“在工厂中，教室就是车间，教学就是车间生产，教学计划是生产计划。相应地，在教室从事教学工作的教师也就理所当然地是生产线上的工人，学生就是等待加工的产品，学校毕业生是准备出厂的成品。学生质量即产品质量的检验依靠的是考试，质量的等级划分与标志就是学生的考试分数，学生留级等于回炉再造，对学生重复的习题训练被视为生产的计件制管理。将学生按照考试分数划分不同的等级：优等品（比如“三好学生”）、合格品、危险品、残次品和废品。”[1]学校成为企业，其做法是引进企业的管理模式，实施考勤制度，鼓励个人与团队竞争，在教学、科研、育人工作上实行严格的量化管理；在校际展开竞争，想尽办法挖学生、挖教师，扩大“宣传”力度，吸引家长。[2]对取得成绩的教师给予优厚的奖励，对于成绩不好的教师谈话提醒或不予聘用。

学校的商业隐喻把学校比喻为学店、商超。学店的提法较早来自夏丏尊《教育的背景》（1919）：人、境遇与时代、教育者的人格当为教育的三大背景，而现在学校教育是学店式的教育，教育者与被教育者的中间只有知识的接受，毫无人格的接触。[3]20世纪80年代以来，在市场经济的背景下，学店譬喻又被提起，“学校成了超市、商店，校长成了老板，教师成了店员，学生成了顾客，课程、教育是店里货架上摆放的商品，或者教育成为一种教师、管理者服务下的消费过程，孩子上学成为家长到学校的一种消费”[4]。类似还有学校是码头、车站、空港的说法，言称学校将不同的教育旅客转接到不同的职业领域去。

教育家语录

我意现在有许多号称贤明的校长教师，都可列在这一等内。他们心目中的教育，可以三语括之：课功，任法，尚严。课功是指注重事功而言。如设备求其完善，学业成绩求其优

1 罗建河，杨茹．学校隐喻背后的管理观念解析[J]．教育学术月刊，2013（3）：87-89.
2 罗建河，杨茹．学校隐喻背后的管理观念解析[J]．教育学术月刊，2013（3）：87-89.
3 商金林．中年人的寂寞：夏丏尊[M]．南京：江苏凤凰文艺出版社，2018.
4 郑富兴．关于学校形象若干隐喻的分析[J]．当代教育科学，2006（17）：3-7+17.

良，毕业生愿升学与能升学（能考入大学专门）的，求其多，体育成绩于求优良之外，更求其能胜人：都是所谓课功。事功昭著于社会，教育者之责便已尽了。因为要课功，便须讲效率，便不得不有种种法则以督促之。法则本身是没有力量的，于是必假之以权威。权威有鞭策之功；于是愈用愈爱用，而法则便成了迷信了！在任权信法的环境中，尚严是当然的。因为尚严，所以要求整齐划一；无论求学行事，无论大小，差不多都有一个定格，让学生们钻了进去。

——朱自清．朱自清散文精选[M]．湘一，主编．北京：北京联合出版公司，2016：270．

学校之所以成为工厂、企业、学店、商超，是历史发展阶段的原因。学校追求效率和利益是现代性的产物，连学校都是现代性的产物。我们可以批判现代性但却不能终结现代性，只能去改良它。要想从被物质奴役走向自由全面发展，应当去抵制学校完全遵循市场的逻辑：学校完全市场化会消解国家教育事业的整合功能，造成国民的分化，削弱学校的专业权威，造成教育精神之失落。[1]但学校和市场局部地、间接地发生关系是不可避免的，只能在相对意义上控制。然而学校和市场的对立也并非不可扭转：在一个逐渐文化化的社会中，工厂、企业、学店、商超发现，过分追求标准化、模式化、高效率，也未必能挣得到大钱。当市场趋向柔和的时候，学校也就难以找到一个僵硬的榜样了。市场被迫要走向人本，学校也不能损害到生命体的基本需求。

（三）学校的社会隐喻与政治隐喻

学校的社会隐喻与政治隐喻更多在社会关系中去理解学校，学校有利于社会关系的维持和政治的稳定，但有时候恰恰反过来破坏这种关系，造成社会的割裂和政治的动荡。学校的社会与政治隐喻有正面的也有反面的，取决于学校职能履行的好坏。这不同于前两类隐喻，一类常为人们所褒扬，另一类常为人们所贬抑。学校的社会隐喻与政治隐喻观念的持有者，受到功能主义、浪漫主义、保守主义、国家主义、功利主义等不同教育传统的影响。

首先，学校满足学生的安全需求，是庇护所。学校有保护学生的职责。当学生在学期间遇到侵害的时候，学校能够给学生提供必要的支持与保护。即使学生不在学的时候，学校也肩负着学生校外安全指导与教育的责任。但学校不仅仅是庇护所，学校要鼓励学生在自我历练中获得成长；遗憾的是许多家长希望学校做完美的庇护所，这对教育者是一种束缚。学校有时候被批评庇护了不该庇护的人，残忍的学生、无良的教师等，这时候说学校是庇护所就是反话了。庇护所作为一种社会机构，应当给予弱者以保护而非相反。

其次，学校是摇篮，是家园、家庭。“学校是摇篮”强调了学校的人才培育者角色，比

1　郑富兴．关于学校形象若干隐喻的分析[J]．当代教育科学，2006（17）：3-7+17．

如福建船政学堂是“中国近代海军的摇篮”，东北师范大学被誉为“人民教师的摇篮”。而将学校比喻为家庭或家园则是一种基于同构论的浪漫主义观念，问题是学校成为家园可能只是一种情感期冀。学校在近代以来取代家庭而成为儿童专门的教化者，自此似乎就成了一个异化的机构，学校家庭化的期盼从来没有停止过——但它不可能是家庭。学校不像家庭那样关爱儿童，很难做到珍视每个孩子，其权威也不能在爱的基础上建立起来。（公立）学校毕竟是一个缺少志愿性的社会组织，它能保证它的公益性就不错了。而希望学校成为家庭的人，他们头脑中的家庭毕竟是一种理想型，现实的家庭（教育）事实上多么让人揪心，[1]学校肯定不能成为那样的家庭。学校家庭化作为一种追求，是象征化的，每每是一种幻象；折中一下我们通常会说“学校是我们第二个家”或者使用自带抽象色彩的“家园”来形容学校。

刘铁芳认为，好的教育不仅是理智的，而且是生命的，不仅是学园，而且是乐园，更是家园；学校成为家园，一个基本的要素就是爱，爱总是意味着一种关注，个体朝向某人、某事物，对某人、某事物充满期待；它又不仅仅是关注，任何爱都包括一种价值性的期待、一种激励与促进，爱让个体真实地活在师生—生生亲近的关系结构之中；学校还应该有足够的安全感（像家庭一样），使人可以感受到问题并解决问题，并能容忍质疑、争议和不同意见；爱和安全感的获得作为一个前提，能够使学生接受学校的引领，蓬勃向上。[2]

最后，学校是个小社会的说法也是比较盛行的。相对而言，学校是象牙塔，小社会是象牙塔中存在的现实和理想的对立。学校断断离不开社会，也绝不可能成为一个纯粹的桃花源，学校必然是小社会。我们在使用小社会一词的时候常常意指学校过多受到社会不良方面的影响。说学校是小社会会遭到舆论压力——学校怎么能够培养实利主义的、钻营的人？也有人在肯定意义上使用小社会，意指你不要变得世故，但你要经历磨炼、学会交往，这样才能面对更大的、更有竞争性的社会；社会有好有坏，学校也有好有坏，学校不是单纯的庇护所，而是孩子学会成长的地方。

政治隐喻方面，对学校的批判比较多，学校常被形容为警察局、军营、监狱或者是官场。有些人的确在行动中贯彻着这种认识，但在意识层面却不敢宣扬。学校是警察局，大概是基于一种人性恶的假设。警察局曾经有着劳动教养制度，也是一个矫正教育的机构：如果假设学生都是缺少教养的，校长和老师就会像警察一样对待儿童。对于学生的严加看管再向前推就是军营和监狱。法国哲学家福柯在其《规训与惩罚》（1977）中把学校和军营、监狱指认为现代社会典型的规训机构，于是学校是军营、是监狱的说法就多了起来。他基于边沁的全景敞视建筑发展出全景敞视主义，认为权力通过一种更经济的、更轻盈的方式已经作

1　更多人承认自己是“失败的父母”，家庭结构、媒体环境变化给家庭教育带来挑战，家庭教育缺少指导。（见教育部关心下一代工作委员会《新时期家庭教育的特点、理念、方法研究》课题组．我国家庭教育的现状、问题和政策建议[J]．人民教育，2012（1）：6-11．）

2　刘铁芳．什么是好的教育：学校教育的哲学阐释[M]．北京：高等教育出版社，2014：230-233．．

用到社会的毛细管的位置。[1]在福柯那里，学校、医院、军营、精神病院、社区都成了“监狱”，整个社会就是一个大监狱，监狱的诞生的过程就是现代性产生的过程。然而，“为他人而自律”不一定产生自规训权力，也产生于社会教化和道德良心，法律、道德、纪律都是每个人生存所必需。[2]所以，学校不是监狱，而监狱也可成为学校。在现代化的初期，学校即作为监狱的对立面。雨果讲“谁开启一道学校的门，谁就关闭了一座监狱”，马克·吐温说“你每关闭一所学校，你就必须开设一座监狱”。现在已经很少有人将学校和监狱并提，学校不是至善的，但也不宜和监狱类比。学校存在的问题是我们经过努力可以不断改进的。

“学校是官场”是从教育者的角度对于学校的批判，是由于中国传统文化中的官场文化，以及体制上对行政管理的借鉴造成的。近年来，教育的去行政化得到推进，纪检监察体制的完善改变了官场，也改变了学校。存在于学校的官僚主义、形式主义问题得到了遏制。其中网络平台也在社会正义的实现中发挥了作用。

此外，在肯定性的认识上，有些学校会将半军事化管理作为吸引家长的一个正面因素，表示当下学生的自我管理是个难题，学校会尽最大力量减少学习无关的外在干扰，通过他律培养学生的内在自觉。但很多时候学校管理的问题是学生数量太多导致的，学校学习军营也算是一种现实化的选择。

更为正面的表达有学校是社会发展的助推器，教育是社会发展的平衡器、稳定器。这些表达更多地是从国家和社会而非教师与学生的角度出发的，经济社会发展的助推器更多指的是高等院校、中等职业学校等直接产生经济社会效益的学校类型。教育是社会发展的平衡器、稳定器更多指的是公共教育，也即广大公立中小学所承担的教育。

（四）学校的文化隐喻与精神隐喻

学校的文化隐喻有：学校是知识的海洋/殿堂/集散地、书籍的城堡、不关门的图书馆等。知识靠学校来传承，书籍是知识的主要载体，学校是传递知识、活化书籍的主要场所。学校的文化隐喻道出了学校的一种本体职能：保留、筛选、传递、创新文化。学校的文化隐喻当下提得不是特别多了。网络已经作为知识的提供者给予学校很大的冲击，学校转而将增加体验、培育智慧作为其主要使命。

学校的精神隐喻，包括学校是净土、圣地、绿洲、象牙塔，是童话世界、梦幻城堡、幸福花园、世外桃源，学校是一道风景、一个希望，是人类的灵魂归宿、精神栖所等。学校的精神隐喻代表着人们对于美好教育生活的向往，这种超越性的形象能够成为学校师生员工的一种理想愿景。随着市民社会的发展与学校教育的世俗化，

---

1 [法]米歇尔·福柯. 规训与惩罚：修订译本[M]. 刘北成，杨远婴，译. 北京：生活·读书·新知三联书店，2012：218-256.

2 谭维智. 一个批判的思想者：陆有铨先生教育思想管窥[J]. 国家教育行政学院学报，2006（3）：8-17.

学校的精神隐喻开始变得暗淡。马克思主义教育学家杨贤江在1930年即从历史的、阶级的视角，对教育神圣、教育清高的教育观进行过彻底的批判。[1]今天，过度的理想主义已经被作为一种思维幼稚的表现，人们认定过度的理想主义者最终会四处碰壁，乃至沦为犬儒主义者。理想是必要的，但细枝末节的想象没有必要，未来是什么样无可逃避，重要的不是对未来的美好憧憬，而是解决阻碍理想实现的具体矛盾。然而没有理想追求的生活该是多么琐碎乏味，理想之上寄托着生活的意义，是我们乐观向前的不竭动力；精神失落造成的内心空虚才真正恐怖。所以，从教育事业出发要把握好理想和现实之间的张力。

综上，隐喻帮助我们理解学校，但都只是形象地描摹了学校的某种属性。我们以种种方式说到学校，只是因为我们以种种方式想到学校，学校同人一样是个多面体：有物质层面，有实利层面，有社会层面，有精神层面。我们理解事物离不开隐喻，但又不能把隐喻推得太远。

第二节
学校使命的多维省思

学习目标

对于学校使命及其重要性有更为清晰全面的认识，明了当代学校的重大使命，了解学校使命的限度。

关于学校使命的论证浩如烟海，我们只能浮光掠影地审视、点到为止地辨析，借以明了“学校是什么”“学校应该做什么”。对于学校使命的理解常常包含在我们对于学校是什么的界定中：“学校是……的地方”，中间的修饰语即学校的使命陈述。从教育哲学的角度出发，我们更多聚焦于学校的使命应该“是什么”的观念，而不是学校事实上“干什么”。学校对于学生是考试学习的地方，对于老师是上班领工资的地方，对于家长是监督教育孩子的地方，对于社会是培养和提供劳动力的地方等，这些认识都过于具体而没有太多的价值判断。我们需要追问的是：学校的使命应该是什么，学校的使命能否完成，应该由谁来完成？

1 罗建河，杨茹. 学校隐喻背后的管理观念解析[J]. 教育学术月刊，2013（3）：87-89.

一、完成什么使命：个人成长还是社会发展、文化进步

（一）学校的使命陈述及其问题

学校的使命似乎不能成为一个教育基本理论问题，然而在现实中的问题丛生却是显而易见的。比如，存在结构性偏失，学校会更多围绕个体成长而忽略公共职能；在促进个体成长上，偏重成绩提升、知识技能掌握，即使重视人格培养也倾向于习惯养成、多才多艺等外显的方面等。

> **学校使命**
> 关于学校是做什么的哲学化表达。一所学校的学校使命是学校办学理念的必要构件，决定着学校的办学定位和目标愿景。

在办学理念中，更多的学校会将促进学生全面发展的导向作为使命陈述的主要依据，如“为学生的发展奠基”。多数学校突出全面发展、终身发展，其次还有整体发展、和谐发展、个性发展、持续发展、适性发展、健康发展等，但是可能忘记了全面发展的人的教育目的中暗含的社会维度，忘记了促进人的全面发展最终为的是克服脑体分工、消除阶级对立、实现共产主义这一社会愿景。学校教育培养的是社会主义建设者和接班人，而非旁观者乃至反对派、掘墓人。[1]有些学校将促进学生的终身幸福/成功卓越作为学校的使命，这是偏狭的，国家强调以人为本、以学生为本，不意味着学校使命就只是服务于个人。使命表述有一般与特殊的维度，同样是促进学生全面发展，每个学校可以根据学校特色有个性化的表达。但在特色化表达的时候，可能“教育与社会”的维度就无意间遗失了，只剩下“教育与人”的维度了。一个重要影响因素是，学校的办学理念可能主要是表达给家长的，他们更关心子女成才而忽视学校的社会功能。

国内若干学校的办学理念/使命

清华大学附属小学：为聪慧与高尚的人生奠基

东北师范大学附属小学：保护天性，尊重个性，培养社会性

上海市实验小学：小学校，儿童幸福之始

山东大学附属中学：共享生命成长

石家庄市第四十中学：一切为师生发展

中国人民大学附属中学：尊重个性，挖掘潜力，一切为了学生的发展，一切为了祖国的腾飞，一切为了人类的进步

陕西师范大学附属中学：为学生可持续发展奠基

1　本书编写组．习近平总书记教育重要论述讲义[M]．北京：高等教育出版社，2020：92.

江苏省前黄高级中学：为幸福人生奠基，对民族未来负责
上海交通大学：传承文明、探求真理、振兴中华、造福人类

当下很多关于“学校是什么”的表述都仅仅关注个体成长的一方面，如学校是个幸福的地方，学校是学生快乐成长的地方，学校是允许学生犯错误的地方，学校是生命的园地，学校是自适应学习的地方，学校是心灵自悟的地方，学校是让学生有各种发展可能的地方，等等。有些涉及了社会关系，体现了外部规束，但最终目的还是寻求个体发展，如学校是师生共生的场所，学校是孩子寻找同伴的地方，学校是教师创新思维的摇篮，学校是良好习惯的助推器，学校是学生养成教育的主阵地。这些表述尽管体现的是学校的某些属性，但还是反映了学校服务个体的使命。

学校的社会与文化使命在办学理念中呈现得很少，但学校毕竟有促进社会发展、文化传承与创新的基本职能，有关学校的社会与文化使命的表述还是不少的。其中有些是对国家号召、社会舆论的响应，有些是教师、校长、学者有意识的呼吁。前者如学校是进行系统道德教育的阵地，学校是践行社会主义核心价值观的主渠道，学校是推进课改进程的细胞，学校是法制教育的主阵地，学校是消防安全教育的主阵地，学校是在校学生监护责任的受托人，学校是宁静与安全的绿洲；后者如学校是未来社会关系的构建者，是保护传承少数民族文化的重要阵地，学校是性别教育的主要场所，学校是传承体育文化的沃土。也有人从“学校社会”出发，指出学校是家校合作的主导者，学校是良好教育生态的建设者。强调学校的文化使命的办学理念还有学校是文化场，学校是文化浸润的地方，学校是文化发展的先行者，等等。

可见，学校确实有促进社会发展、文化进步的使命，所以先需要对学校的社会与文化使命有一个结构化的认识。比如学校要促进经济发展，要推动政治进步，要建立文化自信，要促进社会和谐，要弘扬生态文明，这可以说是一个社会使命的结构。

学校的社会与文化使命是学校公共性的体现，公共性是现代学校制度的核心价值：学校应当增进国家认同与社会团结，维护社会公平正义，促进优秀文化的传承与创新。在学校办学理念或使命陈述中不能仅仅关注个体发展，而应涉及社会与文化发展。

（二）在新时代学校有哪些使命

如前所述，本章在一般意义上讲学校是什么，学校做什么。中国特色社会主义进入新时代。自2017年以来，以新时代学校使命为主题的研讨会有很多，这表示人们意识到学校要应对新时代而不断变革。既然是新时代，学校就首先应当在使命表述中回应时代要求，要将个人成长与社会发展、文化进步贯通起来。

办好人民满意的教育是学校的使命。坚持党对教育工作的全面领导是办好教育的根本保

证，而为人民服务是党的根本宗旨——新时代要坚持以人民为中心发展教育，增强人民的获得感。我国现阶段社会主要矛盾是人民日益增长的美好生活需要和不平衡不充分的发展之间的矛盾。学校要解决这个矛盾，就是要坚持教育为人民的立场，不断促进教育发展成果更多、更公平地惠及全体人民，以教育公平促进社会公平正义。[1]维护教育公平是学校的公共使命。

立德树人是学校（教育）的初心与使命。党的十八大提出要将立德树人作为教育的根本任务。习近平总书记在全国教育大会（2018）上强调："要把立德树人融入思想道德教育、文化知识教育、社会实践教育各环节，贯穿基础教育、职业教育、高等教育各领域。"[2]教育是国之大计、党之大计，关乎党和国家的前途命运，学校当牢记教育立德树人的初心与使命：德育为先，培养人格健全、全面发展的社会主义建设者与接班人，为国家培养有用之才、现代公民，统谐个体的个人价值与社会价值。

传承中华优秀传统文化，服务中华民族伟大复兴是学校的使命。培养担当民族复兴大任的时代新人，要立德树人，要培养和践行社会主义核心价值观，要促进人的全面发展，亦要传承优秀民族文化，树立民族文化自信。传统和现代不是截然对立的，传统更好地活在当代需要以学校为代表的文化系统尽心竭力。

全面提高教育质量是学校的使命。20世纪末全球范围内兴起质量运动，质量管理已从事后检验、事前预防迈入强调质量的持续改进的新阶段，这使教育的全面质量也成为政治家与社会大众的重要议题。[3]同样，对于中国当下的学校来说，片面追求升学率也已不符合"学生为本""办好人民满意的教育"的全面教育质量需求。这从中国政府十多年来出台的一系列关于学校教育质量的文件可见，如《教育部关于全面提高高等职业教育教学质量的若干意见》（2006）、《教育部关于全面提高高等教育质量的若干意见》（2012）、《中共中央 国务院关于深化教育教学改革全面提高义务教育质量的意见》（2019）、《国务院办公厅关于新时代推进普通高中育人方式改革的指导意见》（2019）、《义务教育质量评价指南》（2021）等。全面教育质量不是考高分数的全面质量，而是全面培养人的全面质量，这从强调科学教育、综合实践活动、体育、美育、劳动教育的各类文件可见。

综上，新时代背景下，办好人民满意的教育是学校的个体使命，立德树人是学校的政治/社会使命，优秀传统文化的继承是学校的文化使命，各种使命你中有我、我中有你、不可分离。

1 本书编写组. 习近平总书记教育重要论述讲义[M]. 北京：高等教育出版社，2020：131-154.
2 中共中央党史和文献研究院. 十九大以来重要文献选编：上[M]. 北京：中央文献出版社，2019：653.
3 [美]撒丽斯. 全面质量教育[M]. 何瑞薇，译. 上海：华东师范大学出版社，2005：推荐序.

二、能否完成使命：社会改造与社会再生产理论

（一）社会改造理论

改变人生是学校的个体发展使命，但学校教育只是在学期间尝试提升个体人格的社会行动，它时时有失败的可能。学校尽可能保证个体能够获得一定的生活品质，但学校对于个体的幸福也仅限于“奠基”，学校很难承诺学生在未来必然获得幸福。学校只能尝试增强学生获得幸福的能力，比如强健体魄、良好德行、全面的知识技能、一定的自我发展能力、自我悦纳的心理特质等。但学校不能为命运这类东西打包票，学生未来的人生命运是不可预测的。

学校的个体发展使命的达成具有不确定性，学校的社会使命、文化使命能否完成也具有不确定性。使命表达永远只是愿景，它们是理想的教育观念，这种观念是基于教育的现实的：由于对现实的理解不同，所以有不同的教育观念和学校观念；但这种观念却引导我们，因为观念是行动的先导。鉴于前文所言学校的社会使命在使命陈述中较为弱化，现实中个体使命与文化使命相对来说完成得也更好，所以，这里只就学校的社会使命能否完成作出分析，附带涉及个体使命与文化使命。

学校的社会使命达成表现在它在社会变革中产生的功效，学校改造社会不能不提及实用主义、改造主义、国家主义等教育思潮。这些教育哲学流派都假设学校能够改造社会并能发挥积极的作用。所有思潮在中国都有传播，影响或大或小。这里基于不同思潮的相关观点，结合中国当下实际，以马克思主义教育理论为指导，反思学校能否完成社会改造之使命问题。

1. 实用主义教育思潮

众所周知，实用主义教育思潮在五四运动前后传入中国并向纵深发展，中华人民共和国成立后受到批判，20世纪80年代以来相关研究又繁荣起来。实用主义教育思想也直接或间接影响了1922年的学制改革。

教育家语录

我们往往从个人主义观点去看学校，以为它不过是师生之间或教师和儿童的父母之间的事情。因此最令人感兴趣的当然是我们所熟悉的个别儿童的进步，他的体格的正常发展，他的读、写、算能力的提高，他的史地知识的增长，态度以及敏捷、守秩序和勤劳的习惯的改善——我们正是从这类标准来判断学校的工作。但是，眼界需要扩大。最贤明的父母所希望于自己孩子的一定是社会所希望于一切儿童的。关于我们学校的任何其他想法都是狭隘的、不恰当的；如要那样做就会破坏我们的民主，社会通过学校机构把自己所成就的一切交给它的未来的成

员去安排。社会所实现的关于它自身的一切美好的想法，就这样希望通过各种新的可能途径开辟给自己的未来，这样，个人主义和社会主义是一致的。

——[美]约翰·杜威．学校与社会·明日之学校[M]．赵祥麟，任钟印，吴志宏，译．北京：人民教育出版社，2005：25．

就学校改造社会的主张来说，在实用主义教育思想家中首推杜威，他也是实用主义教育思潮的引领者与核心人物。杜威受到进化论以及黑格尔哲学的影响，坚定地将学校教育视为民主社会的希望：他主张学校是培养批判性思维的地方，通过批判性思维技巧的掌握，学生可以避免在年少时先入为主。[1]他甚至和马克思一样忧心于工业制度（以及建立其上的教育）对人的发展形成的负面影响，“一种人能够过理性的生活，因而有他们自己的目的，另一种人只能过欲望和劳动的生活，需要他人给他们提供目的”[2]。

杜威视学校为社会改良的机构。杜威在《我的教育信条》（1897）中解释什么是学校，学校当为儿童呈现简化的社会现实生活，而不能只是学习脱离现实的知识以为未来做准备；学校既然是社会生活的一种方式，就不应当完全由老师来控制，教师只是帮助学生适应现实生活；家庭是社会生活的一种形式，学校要加深、拓展学校生活和家庭生活的联系。[3]在《学校与社会》（1899）中，杜威提倡学校教育回归生活，重视传统家庭提供的那些教育要素，模仿社会增加共同的、生产性的活动因素。通过不同形式的主动作业来获取有益的直接经验与间接经验。这样学校就能打破学校知识精英化的格局，促进知识的民主化，从而满足社会的基本需求。“当学校能在这样一个小社会里引导和训练每个儿童成为社会成员，用服务的精神熏陶他，并授予有效的自我指导的工具时，我们将拥有一个有价值的、可爱的、和谐的大社会的最强大的并且最好的保证。”[4]在《明日之学校》（1915）中，杜威批评学校课程忽视民主社会的需要和理想，只是培养儿童为个人的生存而斗争，然后通过一点“智力”的修养满足个人的享受，从而使生存斗争变得柔和。“公立学校的第一任务是教儿童在他发现自己所在的这个世界里的生活，理解他在这个世界上分担的责任，使他在适应社会方面有个良好的开端。”[5]社会化的学校才能使学校发展社会精神和兴趣：学校像社会、像家庭且与他们充分合作，才能给予儿童更好的训练，而一般公立学校的僵化制度不是要将学生留在校内而是要将他们推出门外。学校要激发学生对于社区与家庭的责任感，要与当地的利益和职业密切联系，要成为一个社会的中心。学校具有天然的优势来改良社会。

1　[美]乔尔·斯普林格．脑中之轮：教育哲学导论[M]．贾晨阳，译．北京：北京大学出版社，2005：32.

2　[美]约翰·杜威．民主主义与教育[M]．王承绪，译．北京：人民教育出版社，2001：278.

3　[美]约翰·杜威．学校与社会·明日之学校：第2版[M]．赵祥麟，任钟印，吴志宏，译．北京：人民教育出版社，2005：5-8.

4　[美]约翰·杜威．学校与社会·明日之学校：第2版[M]．赵祥麟，任钟印，吴志宏，译．北京：人民教育出版社，2005：38.

5　[美]乔尔·斯普林格．脑中之轮：教育哲学导论[M]．贾晨阳，译．北京：北京大学出版社，2005：32.

以杜威为代表的实用主义教育思想家，认定学校可以改造社会未免过于积极乐观。在崇尚自由主义的西方世界中，学校不过是个人获取社会地位的工具，是掩饰阶层分化的手段。但在中国，这些观点反而具有许多的启发。民国时期不少教育家在某种意义上践履了杜威的思想。今日，实用主义教育思潮仍能为中国当下的教育实践所“抽象继承”，这反映出其所具有的跨越时空的蓬勃生命力。

2. 改造主义教育思潮

改造主义是从实用主义及进步主义中分化出来的一种教育思潮，它更为激进地主张学校应该改造社会。改造主义产生于20世纪30年代的美国。1929年的经济危机使一部分教育学者从儿童中心的进步主义教育运动中走出来，开始强调社会改造的教育。代表人物为康茨（George S. Counts），其《学校敢于建立一个新的社会秩序吗？》（1932）一书强调学校要成为一个根除贫穷、战争和种族主义的全新社会的中心。这一时期的美国出现了运用马克思主义改造社会的主张［布拉梅尔德（Theodore Brameld）在《社会战线》发表的《卡尔·马克思和美国的教师》］，包括康茨本人在当时也被误认为是马克思主义者，他去过苏联并提倡民主集体主义。[1]但事实上他们对共产主义并没有什么热望。康茨只是赋予学校以政治性，要求学校在社会改良中发挥积极角色甚至主要角色。康茨要求学校对儿童强行灌输美国的人文与社会传统，以此来唤醒民众，在强行施教上他受到过不少的批评，这让人想到中国的墨家教育思想，他们代表小生产者，希望统一视听，认为好的思想必须耳提面命地告知大众，具有强烈的政治使命感。康茨的思想在后世有比较大的影响，尤其对于批判教育学如弗莱雷、吉鲁、阿普尔、麦克拉伦等人。[2]而在同一时期的中国，不能不让人联想到晏阳初、梁漱溟、卢作孚等人通过改造乡村教育来改造社会的具体实践。其实也包括毛泽东，他们受到世界范围内所共享的若干思想观念的共同影响，都有着一种“大教育观”“大学校观”。

20世纪50年代改造主义的代表人物是布拉梅尔德。布拉梅尔德批评要素主义、永恒主义的保守性，批评进步主义以及杜威对于经验和过程的过度重视（忽视目的、轻视结果），主张学校要为解决文化危机尽心竭力；在布拉梅尔德等后来的改造主义者看来，全世界的学校应该是对地球上的人和他们的文化进行改造的动力。[3]布拉梅尔德批评当时流行的学校课程是过了时的鸡蛋筐式的课程，是一个不相连贯的教材的大杂烩，认为课程应该是实现未来社会变化的运载工具；与康茨不同，布拉梅尔德反对灌输，但主张学校教师可以坚持基于民主协商与科学研究的正当定见，在此基础上社会一致是可能的；学校是改造社会的工具，应采用民主的管理，学校教师要成为学生的榜样或示范，鼓励学生树立社会理想与信念，为学生

1　孟峰印．学校敢于建立一个新的社会秩序吗：康茨的改造主义教育思想研究[D]．上海：华东师范大学，2012：62.

2　孟峰印．学校敢于建立一个新的社会秩序吗：康茨的改造主义教育思想研究[D]．上海：华东师范大学，2012：70-75.

3　陆有铨．现代西方教育哲学[M]．北京：北京大学出版社，2015：125-126.

走出学校到社会中学习创造条件。[1]

改造主义的理想社会不是人民当家作主的社会主义社会，而是一个符合西式民主的资本主义社会。在某种意义上，这种社会改造不过是社会改良，所谓的社会一致不过是一种梦想。改造主义夸大了教育目的对于教育手段的指导作用。对于社会主义中国来说，中华民族伟大复兴归根结底靠人才，不是说教育直接投身社会，而是通过培养人才来改造社会，这才是学校的合理定位。

3. 国家主义教育思潮

国家主义教育思想在西周以及古希腊即已出现，但现代国家、民族国家的国家主义教育思潮在18世纪末的欧洲诞生，20世纪初形成规模，并在20世纪末再次复兴。国家主义教育思潮和民族建设与现代化建设是相关的：国家兴办学校，通过制度化教育建立起民族认同，并最终推动现代化建设，这是世界上大多数国家近代以来走过的道路。广义的社会即国家范围内的大社会，因而问题即从学校促进社会改造转变为学校促进国家建设。

国家主义教育思潮20世纪早期在中国兴起，核心代表人物是余家菊。余家菊认为国家不仅意味着土地、人民与主权，也是国民的心灵成分和心理归属。他提出国家主义教育的基本精神：国家主义教育培养自尊精神与独立气概；国家主义教育发展国性而阐扬国光；国家主义教育陶铸国魂以奠定国基；国家主义教育主张维护国权以延续国脉。基于国家主义的教育精神，余家菊厘定了国家主义教育的宗旨，提出教育国家化的具体政策建议：教育应由国家办理或监督；教育应保卫国权；教育应奠定国基；教育应发扬国风；教育应鼓铸国魂；教育应融洽民情。[2]20世纪20年代中国民族主义高涨，在国家主义教育思潮的影响下，中国人民发起了轰轰烈烈的收回教育权运动。

之后，国家主义的教育理想就一直支配着中国学校教育的发展，只是不同历史时期性质和内容有所不同。在国家面临严重危机和生死存亡之际，国家主义教育理想主张“教育救国”；在国家陷入军阀割据、内部分裂的危险时，国家主义教育理想主张“教育建国”。[3]

（二）再生产理论与“抵制”理论[4]

1. 各种再生产理论

与社会改造相反，有些资本主义思想家对于学校的社会改造功能持悲观态度，认为学校教育不过是再生产了社会结构。这些思想家的思想由于使用了马克思主义的相关概念而被笼统地概括为“新马克思主义”：尽管其“新”是应用了若干具有方法论意义的马克思主义概

1　陆有铨. 现代西方教育哲学[M]. 北京：北京大学出版社，2015：134-142.
2　转引自石中英. 20世纪教育中的国家主义：回顾与讨论[J]. 教育学报，2011，7（6）：3-13.
3　石中英. 20世纪教育中的国家主义：回顾与讨论[J]. 教育学报，2011，7（6）：3-13.
4　参见陆有铨. 现代西方教育哲学[M]. 北京：北京大学出版社，2015：235-254.

念和一些西方马克思主义的理论观点，实质上与马克思主义相去甚远。“新马克思主义”颠覆了传统自由派对于资本主义学校教育社会职能的认识。后者认为学校的职能是社会整合或控制、实现变革、甄选与分类、社会角色分配、维持社会的平等化。“新马克思主义”通过对后三种职能进行实证性研究，有力地反驳了传统自由派的观点：资本主义下的学校传授的是适应资本主义经济制度模式必需的知识价值、行为规范；它们是狭隘的、等级性的、压迫性的，把学生变成适应等级需要的工具与商品，无视个体的身体需要与具体欲望，失去了学校应有的批判的、文化的功能；知识被学校变为商品，大众遭受着广泛的文化剥夺，只有少数英才才占有与优厚经济报酬和较高社会地位相联系的知识。“新马克思主义”的再生产理论可以分为以下几种模型。

其一是经济再生产模式。代表人物为塞缪尔·鲍尔斯（Samuel Bowles）与赫伯特·金蒂斯（Herbert Gintis），二者在《资本主义美国的学校教育》中研究了学校在社会经济结构中的作用，以及学校通过训练将学生统合到社会经济结构中的方式。他们通过大量的调查资料发现学校根据不同阶级、种族、性别的区分为不同的人群服务，塑造相应的个性品质，学校教育和社会经济结构、阶级结构等是对应的。其二是文化再生产模式。代表人物是布迪厄，他将文化、阶级与社会统治联系起来考察学校教育。布迪厄认为学校是相对自主的机构，不应该将学校直接和社会政治经济挂钩，学校是在公正而中立地传递文化的幌子下，微妙地再生产现存权力关系的；学校在证明统治阶级文化合理性及其再生产中发挥重要作用，通过符号暴力贬低、排斥、削弱其他阶级的文化；学校通过贬斥工人阶级及下层集团的霸权课程，再生产中产阶级与上层阶级的支配地位。其三是霸权国家再生产模式。这一派别普遍采纳葛兰西的霸权理论，葛兰西认为国家由政治社会（依循暴力和镇压的逻辑）与市民社会（依循赢得同意的逻辑）构成，统治阶级依靠国家暴力机关，通过操纵、控制意识形态和文化影响来制造同意、行使霸权。其代表人物是迈克尔·阿普尔（Michael W. Apple），具体观点为：学校以科学至上、要竞争、要占有、要有良好的消费构成与生活信仰等“意识形态”（文化霸权的核心）浸染学生；通过学校的知识传授来对学生进行分拣，国家政策干预实际上最大限度地加强了不平等的经济所需要的人力与知识的有效生产。

2. “抵制”理论

再生产理论由于过度强调结构的力量而被人所诟病。保罗·威利斯（Paul Willis）、安吉拉·麦克罗比（Angela McRobbie）、迪克·赫伯迪格（Dick Hebdige）、亨利·吉鲁（Henry Giroux）等为代表，发展出了一个以“抵制”命名的教育理论。“抵制”理论的理论家和文化研究、后结构主义有直接或间接的联系，强调个人在压迫性结构中的能动作用。“抵制”理论认为学校是相对独立的机构，可以为学生对抗性行为和反主流文化的形成提供场所；学校不仅是一个培养熟练劳动力的经济结构，也是相对独立于资本主义市场经济控制之外的政治、文化与意识形态社会场，时常有意无意地挑战支配性的思想文化与意识形态。工人阶级和其他下层阶级与集团的文化不仅是社会文化再生产的产物，也是自生产的结果。然而需要指出的是“抵制即合作”：富有抵制精神的学生对资本主义学校及其社会基础的抵制，最终造成的却是对资本主义体制的确认，完成了与资本主义体制的合作。

（三）学校促进社会改进的中国理论

中国学校教育使命的完成显然不能简单移植西方理论。以上理论在中国的具体语境下只能称为“可资利用的理论假设”。理论形成的社会语境与历史脉络是不同的，在新时代背景下，需要新的理论来解决学校教育的问题。以习近平同志为核心的党中央回答了教育是什么、为什么和怎么做等问题，形成了教育本体论、价值论和实践论的基本范畴和理论体系。[1]

学校教育改进社会，首先要做到保障教育的社会主义属性。教育是提高人民综合素质、促进人的全面发展的重要途径，是民族振兴、社会进步的重要基石，是人类传承文明与知识、创造美好生活的根本途径；培养什么人，是教育的首要问题；教育工作的根本任务是培养社会主义建设者和接班人；办好教育的根本保证是加强党对教育工作的全面领导；确立科学的教育评价导向，坚决克服唯分数、唯升学、唯文凭、唯论文、唯帽子的顽瘴痼疾，从根本上解决指挥棒问题。

学校教育改进社会，在工作上要做到“九个坚持”，落实“九个要求”。坚持党对教育事业的全面领导；坚持把立德树人作为根本任务；坚持优先发展教育事业；坚持社会主义办学方向；坚持扎根中国大地办教育；坚持以人民为中心发展教育；坚持深化教育改革创新；坚持把服务中华民族伟大复兴作为教育的重要使命；坚持把教师队伍建设作为基础工作。要在坚定理想信念上下功夫；要在厚植爱国主义情怀上下功夫；要在加强品德修养上下功夫；要在增长知识见识上下功夫；要在培养奋斗精神上下功夫；要在增强综合素质上下功夫；要树立健康第一的教育理念；要全面加强和改进学校美育；要在学生中弘扬劳动精神。

中国教育在马克思主义指导下形成了中国特色的实践哲学、行动哲学。在这一教育哲学指导下，我们正确处理了教育与国家、社会的关系，保证了教育的基本性质和人民的基本权益；正确处理了学校教育、家庭教育、社会教育的关系，通过家校社协作保障教育的社会支持、扩大教育的社会效益；正确处理了个体全面发展与社会全面进步、文化全面振兴的关系，与教育相关的社会要素及教育内部各要素之间更为和谐。

近年来国家坚持人民至上，将人民的幸福与发展作为“国之大者”，对教育进行了大刀阔斧的改革。从社会发展角度，改革推进了教育普及、教育公平，提升了教育质量、教育服务能力，使人民文化水平和经济收益不断提升，使自然环境与城乡环境不断得到改善，使科技更加进步、文化更加繁荣，使社会治理水平不断提升，社会主义政治文明达到新高度。相

1　冯建军．论新时代中国特色社会主义教育理论体系[J]．清华大学教育研究，2021（5）：1-14.

比于实用主义、改造主义、国家主义理论，马克思主义指导下的中国特色教育理论具有鲜明的社会改革导向和实际的社会改革成效，也在一定程度上解决了新时期社会的主要矛盾，打破了各种再生产理论的“魔咒”：这体现着中国共产党科学认识论、实践论的伟大力量，在其指导下，不断坚持经验总结与理论创新，中国必然会从教育大国顺利迈向教育强国。

三、谁来完成使命：学校教育还是非学校共同体

（一）仅靠家庭不能完成使命

近年来国家出台了一系列关于家庭教育的政策文件，包括《教育部关于加强家庭教育工作的指导意见》(2015)、《关于指导推进家庭教育的五年规划(2016—2020年)》(2016)、《全国家庭教育指导大纲(修订)》(2019)以及《中华人民共和国家庭教育法(草案)》(2021)。家庭教育工作、家庭教育事业的提法越来越多，这标志着国家将把家庭教育纳入国家管理范围。

随着高等教育的普及化，而今的父母普遍具有较高的文化素养，这是家庭教育崛起的重要内生因素，他们具有较高的信息素养和学习能力，他们将推动精致化教养时代的来临，培养出自由全面发展的、富有创造力的智能时代的“新儿童”。他们信科学、不盲从，他们的观念与日俱新，他们对家庭、对社会更具责任感；他们将和学校、社区达成密切合作，推动家校合作迈上新层次，他们将成为不可忽略的教育主体。

内外因素造成了“家庭教育的崛起”。不是“家庭教育事业”而是“家庭教育本体”的崛起。即每位家长都能树立正确的儿童观、教育观、人才观，都能掌握科学的育儿理念与方法，都能和学校、社区建立良好的合作关系，都能培养出身心健康、头脑聪慧、社会关系和谐、精神自由的下一代——从国家的角度来讲，即为担当民族复兴大任的时代新人。家庭教育的崛起离不开中华民族复兴的大背景，家庭教育的崛起反过来又能促进中华民族复兴伟大使命的完成。

崛起的家庭教育能够完成本应由学校完成的使命吗？家庭独立完成这种使命的可能性比较小。像约翰·洛克那样害怕国家滥用权力，而将人才培养的责任寄托于家庭教育而非公共教育的想法，已经不合乎现实。家庭自身已经比较国家化，家庭对于公共教育或公立学校的依赖已然形成。因此，对于当下更多的中国家长而言，就是要在国家的大力扶持下，综合利用好各种文化与教育资源，努力提高个人文化教育素养，成为知识整合与转化的主体，提高子女的教育质量，为培养高素质的下一代国民恪尽职守。

（二）非学校共同体的力量

如果单靠家庭不能完成个人发展、社会改造与文化传承与创新的使命，是否有别的非学

校教育的组织单元能够促进这一使命的完成呢？这不能不提到非学校共同体的力量。按照马克思主义教育学的设想，教育最终会实现家庭教育、学校教育向社会教育的汇流。教育最终会回到在生产生活中实施的状况。如果教育和生活是一体的，便不会存在今天所谓学科本位、教师中心造成的诸多问题。这不能不使我们想到20世纪70年代的去学校化社会的思想。

教育家语录

学校告诉我们：学是教的产物。学校的存在本身便导致了对学校教育的需要。而一旦我们学会对学校提出需要，那么我们的所有活动往往都会求助于各种专门机构。一旦自学的价值得不到认可，那么所有非专业性活动的价值均会遭到质疑。……其实，学习是他人操控越少越好的一种活动。大部分的学并不是教的产物，而是不受束缚地参与到富有意义的情境之中的结果。大多数人都是在身心“投入”时学得最好，但学校则要人们把自己的人格与认知的发展看成学校精心计划与操控的结果。

——[美]伊万·伊利奇．去学校化社会：汉英双语版[M]．吴康宁，译．北京：中国轻工业出版社，2017：47-48.

去学校化社会思想以伊万·伊利奇为代表。伊利奇将马克思主义教育学、批判教育学等作为理论武器，对学校进行了无情的批判，揭示了现代学校的种种异化：“学校不仅是一种新的世界宗教，而且也是全世界发展最快的劳动市场。”[1]学校所带来的价值制度化影响了整个社会，人将自己托付给学校这类社会机构，然后丧失了人本来具有的能力，如学习。在所有虚假的公共事业中，学校最危险，因为它彻底是操纵的、控制的。学校消除贫困是不可能的，平等的学校教育是荒谬的。学校如同教会，一方面收藏社会神话，又将社会神话中的种种矛盾制度化，还通过仪式再生产和掩盖神话与现实的不一致。伊利奇激进地认为，人所知道的大部分知识都来自学校以外。

要以非学校的社会来取代学校，学习网络是理想的教育形式。要建立一个每个学习者能够自主自律地享有资源的教育网络。改变依赖学校的状况，创造人与环境的新型关系：向希望学习的人提供其一生中任何时候都可以利用的资源；使所有希望与他人分享自己知识的人都能找到想从他那里学习知识的人；向所有希望向公众提出问题的人提供相应的机会。事物、模型、伙伴、长辈是儿童学习的全部四类资源，学习网络也有四种：“教育用品”的咨询服务、有技能交流、伙伴之间的切磋和专职教育家的咨询服务。[2]

非学校共同体是对学校异化反思的产物，但就全部国民而言，非学校共同体显然是一种

1　[美]伊万·伊利奇．去学校化社会：汉英双语版[M]．吴康宁，译．北京：中国轻工业出版社，2017：56.
2　单中惠，杨汉麟．西方教育学名著提要[M]．南昌：江西人民出版社，2004：646-647.

乌托邦。如同非指导性学习一样，它照顾到了个人，实现了人的解放，但并非所有的儿童都有较好的控制力和突出的能动性。在当下的生产力发展阶段，依靠没有固定模式的非学校共同体是不能让人放心的。

（三）以学校教育为主体的四育统筹

学校教育在人的发展中居于主导性地位，这是国内普通教育学的一个共识，人的自由全面发展唯有借助学校教育（尤其是其中的公共教育部分）方能实现。学校教育的主导离不开三育统合。三育统合是教育发展趋势，也是历史发展趋势。国家把学校、家庭、社会协同育人写入了《中共中央关于制定国民经济和社会发展第十四个五年规划和二〇三五年远景目标的建议》，正是基于对这一趋势的明确判断。而学生主体、学生中心、以学定教等理念其实是将学生的自我教育也纳入其中。

自我教育是一个需要辨明的概念。自我教育是否可能？在今天这个时代，自我教育是现实存在的，也是可能的。人类的活动分三种，即游戏、学习与实践。实践是改造对象的活动，教育活动是一种改造对象的实践活动。接下来的问题是，有没有学习实践指向自我教育？有些学习活动能否从学习中分化出来而成为实践活动？这要看学习的分类。学习有低级的学习即适应、模仿、练习，同时但学习也有高级的学习如自主学习、探究学习、创造性学习。在高级的学习阶段，学习是能够以改造自我为目标的。而今天能够将自我对象化的工具手段催生了自我教育实践的大量产生。比如目标管理、时间管理软件，这便是一种能够将自我对象化的工具。工具起到一种将自我对象化的作用，就像在原始社会人们通过工具将世界间离化、对象化一样。如果自我教育成立，则自我教育可以将家庭教育、学校教育、社会教育统合起来。

由于婴幼儿以及青少年缺少强大的自我来统合其他类型的教育，所以在受教育的阶段，更加专业的学校教育就起到了这样的作用。学校会联合家庭和学校，促进个体的能动自觉，最终实现社会、家庭和个人所期望的发展目标。学校教育为主体的四育统筹，这是实现个人发展、社会改进、文化传承创新使命的当代路径。这一点在下文还会得到进一步印证。

第三节
学校发展的要害及未来学校之图景

学习目标

明了学校发展始终要以人为中心，讲求逻辑，能在对未来学校图景的展望中树立起个人志向。

学校是什么与做什么内在规定着学校该如何发展。如果学校被定位为应考机构，则学校就会加强管理、鼓励竞争、做好服务；如果学校承担着民族复兴的使命，学校就会引导师生关心国家大事、参与社会建设。在现实中，学校发展是一个复杂的事情，教育哲学只讨论根本的问题。从价值理性出发，学校发展实践要有一个善的目的指引，办学的人学基础是一个要害问题；从工具理性出发，学校发展实践要有一个合理的方式，办学的逻辑、范式是一个要害问题。懂人学、讲逻辑，加上实践中不间断地分析、比较、决策，最后才能会办学，即拥有发展学校的实践智慧。

一、学校发展的两个要害：懂人学、讲逻辑

（一）办学校要懂人学：兼论人学四维

教育是培养人的活动，学校教育是教育的主导形态，学校是专门培养人的机构，学校要想明白为谁培养人，培养什么人，怎么培养人，谁来培养人这些实践教育学问题。而人是什么，人如何发展，人走向何处，这些“人学”或“人的哲学”问题就值得思考了，它们是教育学的前提问题。

对于“人”的分析，不同的教育学教科书有不同的表述。教育学的教科书是学校校长、教师一般教育知识、思想与信仰的来源，对其人学知识体系有较为重要的影响。不同的教育学教科书（以及教育原理教科书）对于人的理解不尽相同，以人的发展的各个方面的表述为例，其结构性差别如下：

（1）叶澜的《教育概论》：一般来说，人们都承认，人性包括自然性和社会性两大方面，这两大方面在每人身上的表现则又体现在共同性与差异性的统一（差异性也被称为个别性）。[1]

（2）柳海民主编的《教育原理》：人的特性包括人的自然属性、社会属性和精神属性，

1　叶澜．教育概论：第2版[M]．北京：人民教育出版社，1999：185.

三者构成了人性的完整结构，在总体上相互联系、彼此促进、共同发展。[1]

（3）杨兆山主编的《教育学——培养人的科学与艺术》：个人的发展包括身心两个方面，身体的方面包括肌体的正常发育和身体素质的健康成长两个部分，心的方面（不单指心理，而是与身相对的精神方面）包括心理过程和道德情操两个部分，人的精神、心理和身体不可分离，是统一的。[2]

（4）全国十二所重点师范大学联合编写的《教育学基础》：个体发展就内容而言，不仅有生理上的成熟，也有心理上的社会性和个性的成长；不仅有身心整体的发展，也有身与心各自作为一个子系统内部的完整发展。[3]

（5）王道俊、郭文安主编的《教育学》：人的发展是整体性发展，大体可以分为三个层面，一是生理发展，二是心理发展，三是社会性发展；三者相互独立又密切联系，共同促进人的体、智、德、美及实践能力的全面发展。[4]

就人的特性而言，柳海民在叶澜的自然性、社会性两重性基础上增加了精神性，王坤庆对此有更为充分的论证。[5]柳海民、王坤庆两位学者事实上是对"社会性"进行了重建，将社会窄化为社会关系，然后将精神性从社会性中拿了出来，在这种窄化中却遗漏了心理属性。在论证中人的心理属性事实上已经浮了出来，只是无处安放：柳海民指出人的意识、思维、想象、目的性是精神属性，接着讲能动性、创造性、主体性、价值定向性是人的精神活动的特征；王坤庆则声称当代心理学研究表明人经历了生物进化、心理进化，在走向精神进化。如何在心理学的身心二分和哲学的自然性、社会性二分基础上论证精神性是个问题。杨兆山意识到了心理和精神的区别，将心理与精神合并为心的方面与身体相并立，不谈社会性应该是考虑到维度不同：身体、心理、精神（道德情操）都是个体内的构件。冯建军（章节撰写者）在《教育学基础》中将个性与社会性归于心理和身体相并立，这个社会性如果理解为外部约束的内化，和道德情操内生为精神似乎也是一体二面。涂艳国（章节撰写者）从个体内的生理、心理推到个体间的社会性，但他后面似乎又在做体、智、德、美和实践能力的对应，然而不认为有必要将精神（个体与群体之上）对应于美。

五本教科书对于人的发展的具体方面或人性的构成的观点是不尽统一的。对五者加以综合可以得出，人有身体、心理、社会、精神四个层面。自然性和身体能够对应，自然性作为属性指的是人有身体，依赖自然物质世界，有自然欲望，有生死。这个身体也可以外展出人的无机身体即自然环境、物质世界。心理层面是人的知情意行这些心理过程：相对于和身体

1　柳海民．教育原理[M]．长春：东北师范大学出版社，2000：214−218.
2　杨兆山．教育学：培养人的科学与艺术[M]．长春：东北师范大学出版社，2006：114.
3　全国十二所重点师范大学．教育学基础：第3版[M]．北京：教育科学出版社，2014：36.
4　王道俊，郭文安．教育学：第七版[M]．北京：人民教育出版社，2016：27−28.
5　王坤庆．关于人性与教育关系的探讨[J]．教育研究与实验，2007（3）：1−6.

的关系，它和社会层面与精神层面过于纠缠不清。社会层面可以理解为人的社会历史实践，在实践中人的心理属性即个性与社会性逐步形成。而精神层面是文化的层面，不是简单的心理感知，而是让人成为符号化、精神性的存在的过程。四个层面是层层超越的关系，心理层面是超越身体的、生理的层面，社会层面又是超越个体身心的层面，精神层面超越所有其他层面。这很容易让人想到马斯洛的需求层次理论，人的需求恰好可以对应于四个层面而划分为生理需求、心理需求、社会需求、精神需求。只是心理和社会需求融合在安全、归属与爱、被尊重三种需求中了。

让我们从思想史上寻求更多的证据来确定身体、心理、社会、精神是一个胜过身心二元结构的结构，这里将人学分析的四维结构简称为“人学四维”。身心二元是一种过时的认识，现在没有人会认为身心不存在关系，二者是相互依存的。当下师范院校的教育学院和体育学院是分离的，没有人要求教育学院的老师懂得体育与健康。师资训练中关于身体的课程比例很少，多数师范院校仅开设儿童卫生保健或者生理解剖学、（婴幼儿）保育学，有些学校还开设营养膳食课程。在教育学教科书的架构中更很少有体育和身体保健的位置，教育学由于学科分化而在通论性教程中做了太多的取舍和节省。[1]在近来的教育研究中，还在揭示有关学生身体的教育真相。[2]所以，也难怪办学校的人头脑中没有给学生身体留太多位置，只认为身体能正常运转就行了。

我们所熟知的各种思想结构为什么是这样的而不是那样的？比如真善美，显然不是像红绿灯一样仅仅是约定俗成的（事实上红绿灯可能也有其内在的色彩心理学原理）。各种思想结构冥冥中也应有其合理的内在原因而使它们成为那样的结构。这就使我们有兴趣去寻求不同思想中的共同结构并给它一个合理的解释。人学四维，来自理论史的归纳，也来自人的自然限制。人有四维结构，如果忽略其中一个，人就不能成为完整的人。确定人有四维，我们会发现真善美、德智体美、知情意行、脑身心其实都有这样一个结构，只不过侧重不同。

1. 人的精神属性：健真善美

真善美倾向于人的精神属性，对应于人学四维，可以扩展为健真善美。真善美这种人类本质的规定，是不是有其必然性？为什么是真善美，可不可以是真美、善美或真善？比如赵汀阳认为美可以推出善。他谈到假恶丑是人之常情，今天的规范伦理把人弄坏了，离开真和美，善是没有意义的。[3]赵汀阳是把善狭义为枯燥无味的规范伦理然后取消它，其实真和美的品质是内在的、个我的、静态的，善却体现在动态的关系互动之中，这样，善其实也不可

1 中国人自编的最早的两本教育学谈论身体的篇幅是比较多的，王国维的《教育学》（1905）在教育人类学篇同时设教育人体学与教育心理学两章，在教育方法学篇中又将卫生与训练、教授并置。缪文功的《最新教育学教科书》（1906）在关于教育学与教育的总说之后的第一章即为“养护”，包括养护的要义、目的、方法、营养、呼吸、运动、衣服、神经五官、身体锻炼共十节。之后为教授、训育与教育之种类三章。

2 熊和平. 学生身体与教育真相[M]. 杭州：浙江大学出版社，2014.

3 赵汀阳. 论可能生活：修订版[M]. 北京：中国人民大学出版社，2004：227.

或缺。从柏拉图到康德，从孔子到冯友兰，真善美被分别来讲，而且没有统一的认识，也没能实现三者之间的统一；三者在19、20世纪之交引入中国，后经蔡元培、毛泽东、冯契等人成为一个相对定型的结构而为国人所熟知。[1]休谟《人性论》中的知识、道德、情感三分，康德的三大批判，黑格尔将真与善统一于艺术（美），这些西方哲学家的观念对我们的影响应该是比较大的。[2]

真善美三个维度定型后，还要加上身体维度才算完整。古希腊人只是在思想上将身体视作思想的障碍，因为灵魂不朽而身体短暂，灵魂纯洁而身体肮脏，灵魂引致善而身体带来恶；事实上他们也承认，健康的体魄是成为完人所不可或缺。[3]在之后的西方哲学中身体走过了这样的历程：文艺复兴时期，身体摆脱中世纪所受的压制，但哲学的主要目标在于摧毁神学，启蒙运动时期身体成为感性的事实但它对理性无能为力，马克思赋予身体物质基础的地位，最后在尼采与福柯那里体现为积极的活力生产与被动的权力改造而成为哲学的中心。中国古人重视身体在道德认知中的作用，对于身体在闻见之知中的作用也时有强调。相对于西方的身心对立，在中国哲学中，身心统合一直是主调；尽管“小体”（身）时常要去成全“大体”（心），但对于身体感、身体行动、身体观的认识是一以贯之的；身体从未离场，只不过有一个先秦挺立、宋明退隐、明清复归的变奏而已。[4]再来观察今日，人们对身体活力、身体经验、身体美学的追求已然达到了一个前所未有的程度。人性是社会的、历史的、发展的，在此背景下，将人性结构从真善美发展为健真善美难道不是合情合理的吗？

健真善美分别归于身体、心理、社会、精神四个层面，而美是最终归宿，因为健真善美本就倾向于精神属性。美学作为哲学皇冠上的明珠、哲学的巅峰为人所公认。除黑格尔之外，李泽厚也将真和善统谐于美，乃至将美学作为第一哲学。尽管古希腊将真视为核心，但哲学不断分化嬗变，最终存在论、实践论、生命哲学、文化哲学取代了本体论、认识论、语言哲学而成为今日哲学的主潮。这些哲学类型也都是具有超越性和统合性的，与美学更为逼近。至于善，尽管中国哲学将善视为核心，但像维特根斯坦、赵汀阳一样将伦理学归于美学的也不在少数，美学是统领的。在人工智能时代，创造性和情感将成为人类弥足珍贵的东西，二者都与美相关。

2. 人的社会属性：体智德美

德智体美（遵循习惯表述）倾向于人的社会属性。从亚里士多德灵魂三分到洛克提出体育、德育、智育三育，从蔡元培的五育并举到毛泽东的德智体全面发展，从《中共中央、国

---

1 单纯．“真善美”探源[J]．浙江社会科学，1999（6）：120-128.

2 刘志山，余其铨．哲学与真善美的互动与交融：解读西方哲人的真善美理念[J]．现代哲学，2001（4）：110-113.

3 解忍，张晓丽，李晓栋．断裂与融合：古希腊身体力与身体理矛盾初探[J]．河北体育学院学报，2018，32（4）：25-31.

4 张再林．作为“身体哲学”的中国哲学的历史[J]．西北大学学报（哲学社会科学版），2007（3）：52-63.

务院关于深化教育改革，全面推进素质教育的决定》到《中华人民共和国教育法》，德智体美已成为一个固定话语结构。德智体美指向人的社会属性不仅仅是由于紧跟着“社会主义的建设者和接班人”，而且全面发展内部就隐含着一个社会维度。所以，德智体美是社会对于学校人才培养的一个总要求，德智体美也是倾向于人的社会属性的人性表达。

正是意识到全面发展的社会意义，才会有德智体美劳。德智体美劳是五育的简称，德智体美则是内在素养。实际上五育是不可分割的，五育的分割会造成教育活动的形式化。德智体美四种素养在劳动教育中体现得最为显著，所以教育与生产劳动相结合成为我国教育方针所规定的“教育的基本途径”。其最终目的是要打破脑体分工和阶级对立，实现共产主义远景目标。

德智体美更多表达的是人的社会属性，一个明显的证据就是将德排在首位。社会意义上的道德指的更多是人际关系、人与国家和集体的关系、人与政治信仰的关系中的道德，这也是道德的主体部分：道德事实上讲求的是一种关系和谐，除了人和社会的关系还有人和自我、自然与宗教偶像的关系。德育是首要的，立德树人是教育有核心使命。

按照人学四维之次序，体智德美与健真善美有对应关系，这种对应是比较明确的。二者合起来，也印证了人学四维的合理性。教育作为一种社会活动也是求真善美的过程，如前文将对真善美的追求作为教育的根本规定性：教育意味着启蒙（智育），意味着善（德育），意味着学会“在”（美育）。总之哲学是精神的灵光，哲学探讨真善美，真善美必然是倾向于精神的，有时过于偏向精神而忽略了身体。

3. 人的心理属性：行知情意

知情意行（遵循习惯表述）倾向于人的心理属性，知情意行本就是四种基本的心理过程。德育工作者常说，知情意行要相统一。知情意行也是一个严谨自洽的结构，某种意义上《大学》中的格物致知、诚意正心、修身齐家治国平天下的八条目正是知情意行的逐次展开的过程。如果是这样，知情意行，行更为根本，毕竟道德最终体现于行为。但知情意行首先是心理学术语，不过为德育所借用，知情意行本是中性的，与道德无关。一般的认识过程与道德认识的掌握过程不能混淆，一般认识过程是“从感性认识到理性认识到实践”；关于道德认识过程，从较早的心理学教科书［如陈大齐的《心理学大纲》（1918）］到今日之普通心理学，都将一般的认知、情感、意志作为大框架，将行为作为心理的外在表现贯穿其中。

在知情意行中，知置于首位，在心理学的教科书中，认知的部分占据了最大篇幅，以至于情感与意志的部分显得比较薄弱。在心理学研究中认知的研究也最为兴盛，情感与意志的研究更多是应用研究。

行知意情和哲学之健真善美有着内在的对应。如蔡元培在《真善美》一文中写道“无论何人，总不能不有是非、善恶、美丑之批评，这因心理上有知、意、情三作用”，[1]这是将真善美对应于知意情。所以知对应健真善美之真，对应德智体美之智。今天日趋发达的认知科学、学习科学、神经科学，显示出心理学在知识探求上的作用。意对应于善和德、人的道德完成尤其需要意志的参与，康德将有道德视为服从内心道德律令的过程。在西方哲学史上，很长一段时间内幸福和道德是对立的，道德行为难免伴随着较大的自我牺牲。最后，情和美相关，如艺术总是情感的对象化形式，美学是研究人的感性发展、情感抒发与自我完善的学问。事实上情意很难分割，如李泽厚便把悦志悦神作为审美感知的最高境界，认为极致的美涤洗灵魂、砥砺德行，美某种程度上是情感自由也是意志自由。最后行对应于健与体，行为最为依赖身体，不似其他都可以是观念的、内心的活动。

4. 人的身体属性：身脑心气

倾向于人的身体属性的方面可以概括为身脑心气。身体自是身体，而脑肩负着心理认知的功能，心是社会感受的“器官”。至于精神，在身体方面的体现是“气”。我们经常说精气神，精神是靠气来撑的。教师上课凭一股精气神，课后有时候就会比较疲累。精神化的符号也会增加人的力量，比如某种社会头衔——这个人携带着一整套的功能系统，作为行走的“功能系统”使他超越有限的自我而具有能量。气在中医力量中时常指的就是能量，一气贯通、布乎四体。[2]精气神需要全身来协助，身体不好自然没精神，心脏不好能量也会不足，文化系统所赋予的精神能量（狭义的精神指的是神经系统）就更重要了。

身、脑、心经常并置，常见的次序是身心脑，如身心脑协调一致，也有脑身心合一的说法，这种次序也是很有意味的。在医学上，身体不外指的是人的躯体，心是心脏，脑是大脑。身心脑是一个递次上升的概念，现代医学宣称脑死亡是一个人真正死亡的标志。脑在人的身体中居于最高的位置，也是人的本质即理性所寓居的地方。心脏是一个提供能量的关键器官，也是一个最能使人意识到其存在的器官，情志不舒首先在这个脏器上表现出来。心脏停了不意味着最终的死亡，迅速的干预可以使心跳恢复。身体居于外围，是骨肉皮囊以及其他的脏器。这些组织不可或缺，但人们常认为，如果不是罹患癌症这样的顽疾，大病小疾的大多都能治好。身心脑的排序说明人最注重要害器官，脑身心的排序其实也是一样的，不说脑心身不过是由于脑心身比较拗口且身心是一个惯用组合。这种排序说明了文化、观念造成的人对基础身体组织的基本无视。其实，唯有重视更为基础的“身”才能心情舒畅、聪明智慧，而不应当以过载的感受、过载的信息坑害它。

气是一个突破口，能够说明何以儿童在精神性上超越成人。精神性是成人需要尊重儿童的因由，成年人在身体、心理、社会层面都要超越儿童，唯独在精神性上成人不如儿童：随

1 蔡元培. 蔡元培选集[M]. 沈善洪,主编. 杭州：浙江教育出版社，1993：182.
2 李辛. 儿童健康讲记[M]. 成都：四川科学技术出版社，2015：217.

着孩童逐渐长大，他/她精气日足、筋骨日强、聪明日开，但这个精气在发展为成人后日益变得运行阻滞，打通壁障、内通本源变得越来越困难。气是求“通”的，身心一体、“宇宙大和”只有在儿童那里才有。儿童精力过剩，于是儿童需要游戏，成人要工作、要学习，年岁高了才能获得一些可贵的闲暇而在一定程度上复归于儿童。

身体对应心体（脑心气/知情意），心理健康某种意义上是心体健康，脆弱的神经、心脏与思想病相互塑造，心理不健康也是“气人”的（使社会关系中的另一方出现认知矛盾、情志不舒）。思想教育、道德教育、政治教育、美育最终解决的都是这个心体的假恶丑问题。最后求得“通”，情意相通，自我畅通，乃至一种如云水之气逍遥然浮游的美学化状态。[1]如果说美感是一种精神（心理/文化调节）能量（身体/心力支持）的自持的（社会/意志控制）释放感（精神/情感自由），则可以推出美同精神以及气一样是超越的、统整的、自由的、绵延不绝的。[2]而所谓自我实现的心流体验（结果），也毋宁说是气流体验（过程）。

人学四维及相关范畴对应表如3-1，这是一个有解释力与建设性的模型。

表3-1 人学四维及相关范畴对应表

	身体	心理	社会	精神
倾向精神	健	真	善	美
倾向社会	体	智	德	美
倾向心理	行	知	意	情
倾向身体	身	脑	心	气

在教育方面，国家所倡导的“四有新人”，即有理想、有道德、有文化、有纪律，恰好符合精神、社会、心理、身体四个维度，其中有纪律表现在行为上遵守纪律；习近平总书记倡导的“四有好老师”即有理想信念、有道德情操、有扎实学识、有仁爱之心也是如此，其中仁爱之心表现在教育是一个身体活儿，教师要有爱心、责任心、耐心、细心，仁爱之心是从行动中体现出来的，有仁爱之心的老师也是形象化的、具身的。更新的表述是“教育要培根铸魂、启智润心”，好的（学校）教育就应培养终身运动者、责任担当者、问题解决者和优雅生活者，以孩子健全而优秀的人格赢得未来的幸福，造福国家社会。因此，我们可以尝试给出一种“家校社自”共通的教育指向，那就是身心健康、头脑智慧、关系和谐、精神自由！

具身

身体和心灵不可分离。心灵锁在身体之中，任何时间它都占有一个特殊的空间，面向一个具体的方向。身体也不是无谓的载体，它参与认知、感受与表达，身体参与在信息传播中有着重要的作用。

1　杨兆山. 教育学：培养人的科学与艺术[M]. 长春：东北师范大学出版社，2006：114.
2　熊和平. 学生身体与教育真相[M]. 杭州：浙江大学出版社，2014.

可能会稍显附会的观点是，心理、社会、精神分别对应着自然科学、社会科学与人文学科三类知识体系，这印证着所有学科归根结底都是人学，其终极关怀都是人；从这一结构出发，身体学或行动学科应该独立为一个学科类型，在范式或知识型上不同于其他三种；就教育学学科而言，教育卫生学/实践教育学，教育心理学（教育技术学）、教育社会学（教育史学）、教育哲学应成为基础学科，打破今天师资培训以教育学、教育心理学、教育技术学、师德修养与政策法规作为主修学科的局限；从教育类型出发，家庭教育、学校教育、社会教育、自我教育（网络/共同体教育）分别对应着人学的四个维度：家庭对身体最为关注，有养护的职能；学校重点在发展心智能力；社会形塑人的各种关系；经由网络和松散的共同体学习，个人的志趣和信仰得以形成。

人学对于学校办学之所以重要，是由于人（学生）是最终的目的。人学四维能够使我们在人才培养中找到一种平衡。很多学校将智育和德育作为学校中心工作，将学习能力和意志培养作为核心使命，认定学校就应该这样发展，却没有意识到这并不是全部工作，对于这样的学校是不是需要“叩其两端得其中”，把身体和精神重视起来，不要透支学生的身体，重视学生的学习体验，让学习成为杜威所谓的“一个经验”，一个完满的、整体的、连续性的经验。

学校应该重视“人学”，其中的人也包括教育者。以教师为例，教师也需要发展，如果教师不完善，学生也很难完善。教师教育也是教育，也当重视“人学”。同样，教师不是工作的机器，如果没有健康的身心素养和至高的精神追求，而只是承受着无尽的心理压力和社会压力，迟早要出问题。学校要像关心教师的专业生活一样关心教师的日常生活，帮助教师形成较好的工作状态：最近关于教师的研究证明，那些职业认同度高、工作态度好、对学校工作感受好的老师感觉到的工作压力较小，能在工作和家务中投入更多的时间，而且有丰富的业余生活。“一样行样样行”的老师不是工作狂的老师，而是发展比较均衡的老师。不能一味强调教师的奉献，教师职业道德不能只是对学生、学校和社会的道德，也包含教师自爱的个体道德。教师教育的相关文件也时常遗漏教师身心素养，忽视教师的身心保健问题。这是一个值得关注的事情，如果政策上弱化，教师本人没有意识，学校再不关注，对于国家教育事业的良好发展来说肯定是不利的。

（二）学校发展要讲逻辑：四种逻辑思维

哲学是对反思的反思，通过观念反思哲学为人们提供的思维方式。当我们提到某某思维的时候其实是不尽相同的：思维1是对某观念、某物或某行为活动表示重视，某某是思维对象或思维内容，某某思维是有某某意识或“想着某某”的意思，比如学校发展要有资源思维；思维2是具有某种特质的思维，某某是思维的方式，有较为成型的心理模式，如果修饰词可以名词化会同时有需要被重视的含义，比如说学校发展一定要有创新思维，即首先思维要有创新特质，其次要重视创新，可以发展出创新思维心理学。思维1还有人本思维、教育思维、战略思维、合作/协作思维。思维2还有批判思维、模型思维、系统思维、直觉思维、创感思维等。

教育生态学：学校是个开放系统

开放系统观将学校视为一个开放的社会系统，这一系统具有如下特点。其一，在开放系统观看来，社会组织的发展是与环境互动的结果。环境向组织输入人员、物质与资金，组织通过其转化过程生产出产品或服务以满足环境的需求，环境继而向组织提供反馈以促进转化过程的改进。对学校系统而言，输入的是自然与社会环境、人力资源、资本资源、学校使命、教育政策、课程内容、教学方法与设备等，产出的是学业成绩、工作满意度、出勤率、整体质量等。其二，学校这一开放系统受外部社会以及政治因素、历史因素的渗透性影响。为持久地生存下去，学校必须积极适应外部因素变化，如果适应不够主动就会逐渐趋于僵化乃至消亡。其三，就系统内部而言，学校自身又分为个人系统、文化系统、结构系统与政治系统，即学校是由一群认知与动机方面存在差异的个体组成的；学校是依靠成员的共同目标、共享价值而工作的文化系统；学校是结构化的，存在多个履行不同职能的部门以及各种正式或非正式的规范；学校中的社会关系不可避免地渗透着权力关系。其四，学校组织的核心是教—学过程。上述四个子系统彼此互动，作用于教—学这一核心，只有在四个子系统关系和谐的情况下，整个系统才能保持较高的效率。

——[美]韦恩·K. 霍伊，塞西尔·G. 米斯克尔. 教育管理学：理论·研究·实践[M]. 范国睿，译. 北京：教育科学出版社，2007：17-29. 文字有改动。

相关的学校发展思维论述已较多，这里另行列举一些并加以阐释，这些思维可以概括为逻辑思维，属于思维2。学校决策不能拍脑瓜子，学校变革不能怎么样都行，逻辑思维很重要。揭示逻辑思维及其使用方式能够让我们有意识地、批判性地应用它们。

在考虑学校该如何发展的过程中，我们会不自觉地使用结构化思维、连续性思维、递次思维与逆式思维四种逻辑思维。其中结构化思维分析发展相关的各种要素；连续性思维将各要素联系起来予以优化；递次思维在一个线性维度上进行推演；逆式思维在一个线性维度上反向思考。结构化思维在结构中思考问题，能够使学校平稳发展而不至于走偏，优化结构是学校规范发展第一步。连续性思维是一种系统思维，能够让整体的各个部分优化谐一，不至于条块分割、彼此对立、七零八碎。递次思维揭示结构中各要素的传导关系，每个环节都需要予以巩固、强化、完善。逆式思维有利于创新，特色发展离不开逆式思维，所谓“以奇养正、奇正相生”；逆式思维有利于激发活力，平衡系统压力，减少组织内耗。四种思维彼此联系，不可分割。

上文所述的人学四维相关的范畴就是一个结构。在结构中要素之间是连续的，真善美的统一，德智体美的不可分离，知情意行和谐统一，身心脑合一这些都是经常被论证或提倡的，人才培养忌讳割裂地看问题。递次思维的例子是，学校为学生营造好的物质环境，提供丰富营养的膳食，满足学生安全感、归属感、价值感的需求，就可以导向学生求知审美、自我实现的教育生活。"叩其两端"是一种结构化思维下的逆式思维，养成教育塑造好身体、文化铸就真精神，培养学生求知、处事、共同生活这种日常工作就变得容易起来。这些工作每个学校都在做，但是有些该做的事情没做，反而影响了正在做的事情。

学校教学改革中，可将教学、科研、育人、社会服务、文化建设视为一个结构。教学改革仅仅改教学是很难取得好的效果的，通过综合治理改革实现教学变革要顺利一些，那就要五位一体、协同攻关；以科研、育人、社会服务、文化建设促教学改进。反过来，教学也会促进其他工作的开展，这是连续性。将社会问题引入课堂教学中加以研究攻关，最终形成一种文化氛围实现综合育人，体现的是递次性。文化建设往往是学校核心任务的外围工作，通过社会服务打破课堂学科本位的面貌，通过文化建设激发师生的内在自觉，也能反过来推进核心任务的圆满完成，这是逆式思维。

学校发展是在具体时空当中的发展，有一个空间位置和一个时间序列，学校发展是复杂的、受多方面因素影响的；学校发展在现实场景中发生，也在各种文本、话语与观念中展开；所有利益相关者都在历史地参与学校发展，他们的主体选择不断建构着学校的各个方面；对学校及其使命的理解，塑造了每个人的行为动机，无数的行为动机汇成河流，勾勒出了学校的发展方向。

二、未来学校的空间图景

（一）学校成为开放性空间

对于未来我们说不了太多，尤其对于遥远的未来我们只能通过科学幻想和科学的预测来说明。哲学对于未来能够做些什么？哲学做价值判断，它关注的是"我们的未来"中的"我们"是谁、从哪来、到哪去。[1]谈未来不能不限定时间线，这个未来是我们可见的未来，可见的未来对于我们才有意义。哲学判定未来靠的不仅是细密的论证，更是整体经验之上的直觉。直觉显示，未来学校将成为开放性空间、高技术空间和独异性空间。

学校开放表现在各个方面，如教育决策争取更多利益相关方参与，教育服务向不同人群开放，教育主体多元化，课程内容从套装教材走向广泛经验，学习资源延伸到家

1　参考陈嘉映在首届未来哲学论坛（2018年11月23日至24日）上的发言纪要。

庭、社区与网络，教育活动跨校、跨地区、跨国界互动与联合，学校外部空间与内部场馆向社区开放，等等。学校开放成为历史潮流的原因如下。

内卷化

指一种社会或文化模式在某一发展阶段达到一种确定的形式后，便停滞不前或无法转化为另一种高级模式的现象。该效应包括无发展增长，资源禀赋有限，“高水平”下的停滞或低水平重复，长期性总体性单一过程等特征。

第一，终身教育要求学校开放。终身教育是世界各国教育的发展趋势，终身教育是为任何人在任何地方提供任何教育的国家教育系统，学校作为制度化的教育机构会成为终身学习者重要的服务方。追忆往昔，人类的教育事业日趋发达同工业化社会的来临是同步的。19世纪市民阶层崛起，诞生了教育全民化的观念，一百多年里取得了无与伦比的成就，教育将继续从全民走向全时空。而终身教育理念普及与系统实施，使封闭的公共教育（学校）发挥的作用受到了质疑，无数证据表明人可以在学校之外获得同样有效的发展；如果说学校的意义不会减弱，那么前提是它必须作出改变。[1]这种改变即走向开放。

第二，学校变革要求自身开放。变革的反面是“内卷”，体现为部分学校的自我封闭，在地理位置、社会空间、政策扶持、资金设施受限的情况下，仍旧坚持僵化的治理模式，形式主义、官僚主义、功绩主义盛行，办学成效得不到提升。学校“内卷”在某种意义上是个现代化现象，一方面学校教育较之古代与近代社会，在教育的目的、内容、方式、评价、环境上都有极大的提升，但又陷入了理性的牢笼与主体性的泥淖。总而言之，学校不开放，不想办法获得更多的资源，迎接挑战、提升能力，就很难蓬勃向上；学校开放逼迫封闭、死气沉沉的学校回到一个社会自然，继而获得生机与活力。当然，在这个过程中，学校需要平常心，正视国家与个体的生存逻辑，反思学校教育的有限性，方能重获自由灵魂。[2]

第三，未来的学校将逐步实现家庭、学校、社会与自我教育的融合。教师作为开放教育的指导者、组织者将居于更加重要的地位，三育统筹或四育统筹能力将成为教师的必备素养。以往提及教育每每就是学校教育，以至于不做说明的情况下时常会有误解。而在未来，学校会成为引领地方发展的文化中心，发挥更大的作用。在互联互动的背景下，学校的影响力也不再限于本地区，具有相同特点的学校会跨地区合作，学校间跨地区的扶持互惠行为也会更加频繁。学校和国家、个人、社区、社会的关系会被一种新型关系所取代，这种新型关系能够满足各方发展的需求。当然学校开放也会面临各种发展中的问题，比如学校正常教育教学秩序的重整，社会对于学校安全、学校权益的保障等。

1　[美]劳伦斯·A．克雷明．公共教育[M]．宇文利，译．北京：中国人民大学出版社，2016：序言．

2　于伟，王澍，杨进．困境与突破：中国学校教育精神的现代性分析[J]．陕西师范大学学报（哲学社会科学版），2009，38（5）：100-104.

（二）学校成为高技术空间

媒介即信息，物质即思想，方式即意义：回溯过往，学校教育史可以以技术史、传播史的方式被重新书写。[1]文字的产生催生了学校，人类需要专门的场所来保存与继承文明成果；纸张的发明创造了自学机会，教育规模由之而扩大、教学形式由之而更新，学校采用“大都授”的形式或由高业弟子代为教授，非注册的及门弟子和函授也多了起来；活字印刷、古登堡印刷术改变了教育世界与精神世界，永世流传的典籍成为学校重要的教育内容，但也埋下了个人主义和瓦解权威的种子；信息技术、Web2.0时代进一步降低了学校的地位，教师变成了学生的伙伴和引领者而不再是知识的唯一源头，各种类型的网络学校不断颠覆着我们对于传统学校的认知；而今天的高科技，则更令我们对于未来学校教育的变化有无限想象与期盼。

随着社会的快速发展，未来的学校成为一个高技术空间是毋庸置疑的。虚拟现实技术（VR）、增强现实技术（AR）、混合现实技术（MR）的出现，使学校成为一个极大扩充学生经验的地方，世界将以更为便捷的方式在学生面前展开。在抽象经验之外，感知的经验和做的经验变得越来越接近实际经验，这对于学生情意素养和实践创新能力的培养是十分有利的。高技术会进一步打破学校与家庭、社区的边界，打破城乡与地域的边界，学校将彻底成为一个开放空间，异质的教育资源会根据人才培养的需要有序地组织起来。同时学校也会成为社会信息中心，学生的社会情怀培养与自由发展选择会变得更有保证。高技术的环境也包括校园中的人工智能产品与物联网设施，学生会在学校的日常教育生活中适应与运用它们，并在此过程中形成应有的现代科技素养与国家认同。最后，大数据技术将促进数据定向的学校变革，促进个体发展的全面协调与持续改进。

另外，我们也需要审视与反思高科技带来的问题、困惑及不良体验。其一，人是不能作为试验品的。高科技背后的利益集团有时候会罔顾这一点。将高科技应用于学校应该是渐进的、合理的应用。但有些时候，学校会成为各种高科技（产品）的实验室、竞技场。其二，对于科技的迷恋会使人忘记教育的目的性、整体性、直接性。高科技的显在性、直观性容易使一些教育工作者成为“小玩意儿爱好者”、技术耽迷者。体制性推进更会给人一种“教师专业化就是掌握先进教学流程与技术手段”的错觉。而优秀的教师不应是技术熟练者而应是反思性实践者。没有科技手段能适用于所有的教育目标、教育主体与教育内容。或者说教育技术学、教育方法学、教育行为学都应统辖在教育美学之下。科学基础应服务于师生的良好体验与全面发展的自由经验。其三，高科技的应用应该合乎教育伦理。如监视教师的课堂、监测学生的注意力这类行为，都会引起公众的非议。换位思考，人不是机器，将人关在绝对理性的牢笼里会让人发疯。怠惰、懒散亦是人之常情，自我调节是师生应有之权利。留出空

1 郭文革. 媒介技术：一种“长时段”的教育史研究框架[J]. 教育学术月刊，2018（9）：3-15.

间、张弛有度才能抵达教与学的自由境界。其四，高科技的应用会进一步拉大校际差距，使强者愈强、弱者愈弱。如何利用高科技促进教育公平正义也是一个值得深思的问题。

知识在地：学校空间的数据化

知识在地不是知识的地方化，而是知识的就地悬浮。人们在地解决问题，并将所生成的知识结论就地悬浮，这将带来地理空间的数据化。比如学生要认识校园中的植物或想知道怎样调试一个智能设备，只需要在地检索就可以，以前的学生或已将问题的答案在地悬浮。知识在地化将知识定位在具体的物理空间中以供他人参考。知识在地的实现需要发达的语音整理技术、云存储技术。

知识在地化可以结合眼动检索技术。在在地知识大量生产的前提下，基于数字眼镜、眼动类聚检索技术，在任何地点都可以即时“检索”到可能需要的一切知识。你需要哪些方面的知识，哪些知识就会向你涌来，供你眼动筛选。目光所及之处，相似的知识发生类聚，不相关的知识从视野中逸出、走向边缘。在类聚的信息中，新的关注点产生新的类聚，直到个体获得他想要的知识或信息。知识悬浮的时代，头戴设备取代手机与其他穿戴设备，信息与人脑无缝衔接。在某一地理位置上经过知识综合产生的新知识可以选择就地悬浮。知识就“悬浮在那里”，后来者只需要“看到它们”就行了。

知识在地化促使知识情境化，学用结合会推动学校教育变革。储备“套装知识”或学习“惰性知识”的必要性降低了，学校里面甚至不再有考试（如果要考试，就不得不像先行清除桌面小抄一样先行清除在地悬浮的知识）。学校教育对于个体的意义将被重构，家庭生活、生产劳动、社会实践和教育教学的结合度将达到历史新高度。不可避免地走向开放之后，学校作为一种预备机构会提供各种社会设施供学生演练。学校的每个空间、每件事物都会是一个数据云团。学校将成为最大限度实现个体自由发展的地方，无限地扩充个体经验，使学生的全面个性充分和谐地发展。个体真正成为知识的自我整合者，自我教育作为新生的教育类型统合家庭、社会与学校教育，一个教育生态化的时代也终将会来临。

（三）学校成为独异性空间

独异在中文语境中意为标新立异、与众不同，独异化意味着学校将从一个标准化空间走向一个有文化风格和美学特质的空间。这种独异化不同于前现代的差异化，它是在熟知你我基础上的独一无二；这种独异化和现代的标准化也不相冲突，标准化或者说理性化、类型化、规范化与程序化，是其基础或背景。学校的标准化自工业时代开始，成为教育均衡化发展的标志；但随着后工业社会的来临，人民对于美好生活的期待越来越多，学校空间也因之而逐渐变得特色独具。

独异性的空间会产生独异性的客体、独异性的主体、独异性的集体与独异性的时间或事件。[1]独异性的空间已经不再是一个具有某种相似功能的空间，而已经成为一个人们所铭记、感怀的独一无二的“地方”——这个学校不只是“在教育系统内，由管理者、教育者、学习者等多种主体参与，按照共同制定的规章制度开展系列教育活动的社会空间”，而且成为广泛激发情感、弘扬道德善、有诸多传说与文化厚度、形象有力而超然有趣的独一无二的培养人的地方。独异性空间呼唤独异性的客体、主体、集体与活动。

独异

独异处在普遍的特殊和独特之间。普遍的特殊合乎一种普适性逻辑，这种特殊为普遍秩序所塑造；独特则位于社会讨论范围之外；独异在社会规则秩序之内，又不完全合乎普适性逻辑。独异性是在社会文化中被制造出来的与众不同，独异性的社会单元是有其内在厚度的自复杂体。

客体方面，每个学校都倾向于为其中的主体提供更好的舒适装置与设施。学校会尽力装扮与丰富学校，观察每一个角落，进行合理性论证；为所挑选的每一件器物赋值，选取最合乎要求那一个；在精挑细选之外更亲自去生产、创制物品；应用物品，获得体验性数据并不断予以改进。

主体方面，学校被主体选择也反过来塑造主体，不同的空间决定着谁在那里，有什么样的适宜性表现。[2]不同学校有不同的场景与风格：有些学校是本土化的，注重传统与坚守；有些学校是国际化的，注重开放与包容；有些学校是企业化的，注重效率与竞争；有些学校崇尚理性，注重学术与文明；有些学校现代而酷炫，有些学校优美而迷人；有些学校和周边浑然不分，有些学校凌然独立、卓尔不群；有些学校谨慎克制，却也大方得体；有些学校中规中矩，有些学校力求领先；有些学校注重成绩，有些学校寻求公平，有些学校则富于表现。学校如人，人如学校：人有真善美健的个性追求，学校亦然；有人讲“要有多少好东西才能造就一个人”，独异性的学校即是一样好东西，它造就独异化的个体。

独异性社会转型在学校方面的体现

经济对社会的发展无疑有引领作用，但从普通向独异的转化早已在别的领域发生，比如在教育领域。学校已经不能像20年前那样，只要按照国家规定的大纲教课就行了。每所学校都得有点与众不同，也都想要有点与众不同，必须并且也愿意精心打造自己的教学特色，还会帮助学生（及家长）安排特有的发展道路。而每个孩子在家长眼里，至少在有知识或有眼光的家长眼里都是有特殊天赋和特色的人，要把这些都发掘出来。

——**资料来源：**[德]安德雷亚斯·莱克维茨．独异性社会：现代的结构转型[M]．巩婕，译．北京：社会科学文献出版社，2019：2．文字有改动。

1　[德]安德雷亚斯·莱克维茨．独异性社会：现代的结构转型[M]．巩婕，译．北京：社会科学文献出版社，2019：33-66.

2　[加]丹尼尔·亚伦·西尔，[美]特里·尼柯尔斯·克拉克．场景：空间品质如何塑造社会生活[M]．祁述裕，吴军，等，译．北京：社会科学文献出版社，2019：46-52.

集体和活动方面，独异性的空间成为独异性的集体和活动的前提条件。首先，有着共同的叙事和想象而自愿加入集体的人形成了新共同体——在学校中通过项目教学可以凝聚出这种新共同体。其次，新共同体成员共同的、小众化的游戏经验与持续的、深入的情感分享带来了更多的心理时间、巅峰时刻，也铸就了独异化的活动与事件。独异化的集体和活动离不开独异性的空间平台和独异性的个体支持。

对作为独异性空间的学校的反思是：其一，独异性可能会成为机械独异性，类似于那种无个性的个性，为个性而个性；其二，独异性可能沦为一种审美功利主义，从而忘却了人才培养的最终目的即自然人与公民的生成培育，真善美健应协调统整起来。在环境美学、生活美学思潮之下，社会美的研究应该汲取中国传统美学的营养，借由一种辩证逻辑来合理把握学校空间的独异化问题。

总之，学校在未来的几十年会以不可预想的速度发生变化，这些变化将进一步理顺、强化学校的功能。我们国家2035年的远景目标是基本实现社会主义现代化，人均GDP达到中等发达国家水平。通过三个五年规划，我们将逐步逼近我们的目标，跻身创新国家前列，综合国力和综合影响力世界领先，社会充满活力而和谐有序，这一切都将在每一所学校反映出来。对于教育从业者来说，要努力传承、创新、勤勉、超越，将个人宏愿与国家和学校的教育图景结合起来，充分实现个人价值。

本章小结

1. 我们可以给学校下个规范定义，但对于学校的哲学理解各有不同。本章对之于“学校”这一本体的理解做了反思，梳理了学校的自然隐喻与农业隐喻、工业隐喻与商业隐喻、社会隐喻与政治隐喻、文化隐喻与精神隐喻。隐喻比较形象地“定义”了学校，但又都不是那么精准，乃至存在着误读学校的风险。

2. 学校使命陈述包含着对学校是什么、做什么、怎么做的理解。当下学校亦存在异化的状况。学校重视提升学生学习成绩的同时，自身存在的社会使命与文化使命的认识仍有待加强。这是个现代性问题，需要每位教育参与者加以反思。

3. 学校能否改造社会？在教育哲学思想史上，实用主义、改造主义、国家主义思潮致力于改造社会，给出了自己的方案。持有各种再生产理论的学者过多强调了社会结构的作用而遭到“抵制”理论的反对。相对于西方资本主义国家，中国有截然不同的方案。今天我们比历史上任何时期都更接近中华民族伟大复兴的目标，学校应当为中华民族伟大复兴而培养社会主义新人。

4. 学校没必要孤立地去完成使命，家庭和社会都是学校的亲密战友，学校最终还要激发学生自我教育的热情。去学校化运动将学校视为一个异化的机构，家庭的崛起则使学校成为一个雇佣部门。在一个统合的社会里面，各种教育力量才不会四分五裂。

5. 办学校需要理解人，理解人需要从身体、心理、社会、精神四个维度出发，不宜有偏颇。办学校需要讲逻辑，结构性思维、连续性思维、递次思维与逆式思维使一个学校能够合乎社会发展趋势而保有特色。

6. 基于直觉的省思，未来学校会成为开放而有活力的教育机构，成为高技术空间，成为具有独异性的社会组织。在中国，学校是为人的自由全面发展而生的，在未来，会成为奠基人生、完成信仰之地。

总结 >

关键术语

学校 School	学校使命 School mission	学校发展 School development

章节链接

在这一章，你读到……	在其他章节中，你将发现相关的讨论……
具体一所学校的学校使命	第二章“教育是什么”中“教育应有的三重意蕴”
作为“社会空间”的学校	第十章“班级”中“作为场域的班级”

应用 >

批判性思考

1. 学校实然是什么？学校应该是什么？有没有不是学校胜似学校的地方？

请先阅读南开大学历史学院李冬君教授《学校是什么》一文的摘录。

“学校”，在古希腊语中意味着“闲暇”。古典时期的“闲暇”，是一个非同寻常的文明概念，我们知道在古代的地中海区域，先后存在过发达的米诺亚文明和迈锡尼文明，这些文明并不缺少那些丰富的物质享受，在感官娱乐方面也曾竞得时尚风流，然而它们却始终不曾拥有过真正的精神性的“闲暇”——作为自由化的生活方式的“学校”。

“学校”既是一种生存状态和生活方式，也是一种生存空间和思想空间。

因此，“学校”无处不在，在广场、在剧场、在会场和体育场。它是战士的基地，也是思想者的摇篮。在摇篮里成长起来的，不仅有真理和形而上学，还有法律和民主政治，一如基地里的战士们，不光拥有野蛮人一样的体魄和勇气，还有公民所独有的自由思想和意志。

［摘录自李冬君. 学校是什么［N］. 新京报，2013-08-05（C08）.］

“学校”不必非得在学校。古希腊的“学校”是“爱智”的地方，是思想的、休闲的空间。就此而言，“学校”可以是任何有实际教育效力的非形式化教育开展的地方，这些地方都可以“像个学校”。这可以成为一种“学校隐喻”吗？这和本章的学校隐喻有什么区别？将这些地方界定为学校合理吗，对我们又有何启发？

2. 前有另类理念学校在美国，后有另类学校教育在中国，如何看待那些拥有另类教育理念的学校？

比如北京十一学校、成都市东蜀华育小学、包头市第二十九中学等。了解这些学校的办学理念，分析一所与众不同的学校是否有他们对于学校、学校使命的与众不同的理解。这些学校对于学校的理解到底是另类的还是合乎主流趋势的？它们何以被称为另类？

体验练习

1. 学校的自然隐喻与农业隐喻、工业隐喻与商业隐喻、社会隐喻与政治隐喻、文化隐喻与精神隐喻，这些隐喻是否和人学四维是对应的？办学校是否最终基于某种人学假设？当下的学校的人学假设存在哪些问题？

2. 基于教育哲学的思维方式，你对学校的未来还有哪些构想？

教学一线记事

“我们班的男生小喜学习落后、打扰同学，有时候还会抢同学的东西……”在近日题为“反思教育实践中的困境”的第三期教育行动研究工作坊成果汇报会上，北京交通大学附属小学教师张东云说，最初在遇到刚上一年级的小喜时，将他比作“空降到课堂的外星人”，决心要用自己多年的教育经验帮助他、改造他。但是，她的管教、纠正、单独辅导等努力都不见效果。

2019年，张东云进入了教育行动研究工作坊学习。该工作坊由北京教育科学院德育研究中心主办，是面向全北京市中小学教师的研究方法研修课程，结合行动研究范式，由专家带领学员一边学习研究方法，一边进行研究实践，通过研究处理日常工作中的困惑与难题。在工作坊，老师们不断分享自己的教育苦恼和困惑。远离集体的“怪”小孩，爱打闹的小王，等等，一个个影响班级整体进步的“问题学生”，成为班主任老师心中的“痛点”。老师们讲述着教育教学中真实的师生关系和互动细节，专家们从理论层面指导分析。实践与理论之间碰撞出了思维的火花。

经过专家指导和主动探究，张东云说：“我突然发现，小喜需要的不仅仅是帮助，他更需要被理解、被夸奖、被尊重。”随着讨论日渐深入，感触日渐丰富，张东云进入了小喜的“世界”——他是一个能反复研究肥皂水如何能吹出大泡泡的“科学迷”，还是一个热心服务班级的“盛米饭专家”……

[摘自张东.教育科研引领教师走出实践困境[N].中国教育报，2020-11-05(7)．文字有改动。]

1. 结合案例，谈一谈学校如何指导教师将教学、科研等不同的教育生活部分“连续”起来，克服不同工作之间的割裂与内耗。

2. 分析教师是在什么样的学校体制生活中才逐渐形成了一副“坚硬的外壳”的，以及学校在教师管理上采取什么措施才能培养出有生命活力的学生。“管理者—教师—学生”，这里面是否有一种递次逻辑？

拓展 >

补充读物

1 陈桂生．常用教育概念辨析[M]．上海：华东师范大学出版社，2009．

《教育学》时常就是学校教育学或者基础教育学，命名为“教育学”时常名不符实。或者说教育学已经很难将关于“教育”的一切学问做一个基础的介绍，所以往往所用的概念忽大忽小、不尽统一。这本名为“常用教育概念辨析”的著作同陈桂生先生其他的著作一样，具有分析教育哲学的色彩，理智冷静、条分缕析。阅读这本书可以消除我们在思考、讨论学校教育问题时产生的概念分歧。

2 石中英．穿越教育概念的丛林[M]．北京：教育科学出版社，2019．

石中英教授是一名杰出的教育哲学学者，这是他为一线教师、校长和管理者所写的一本教育短论集。学校不能在办学理念上强求一致，然而也不能为了强调差别生造概念，玩弄概念游戏。教育哲学的研究对于一所学校是必需的，否则就容易产生价值上的失序。

3 黄武雄．学校在窗外[M]．北京：首都师范大学出版社，2009.

教育家黄武雄的这本书追问“孩子为了什么去学校”，追问“受教育与不受教育有什么差别?”“知识是什么?”“学校要不要存在?”“抽象与想象相互矛盾吗?”等一系列问题，对学校的使命做了深刻的思考。他将扩展经验和发展抽象能力作为学校的主要任务，这两件事情使孩子与世界联结，从特殊经验到普遍经验再回过来刻画特殊经验，人只要肯与世界互动，维生与创造就是自然能达成的事情了。

在线学习资源

“好的学校教育如何可能”：爱课程网

湖南师范大学刘铁芳教授的线上课程，围绕如何激发学生对于美好事物的欲求这一教育的灵魂性问题，对学校教育的六个关键要素（教育、学生、教师、教学、学校、校长）进行了哲学省思。在第五讲中刘铁芳教授提出，好的学校应该是家园。这个线上课程被整理成著作，即前文引用的《什么是好的教育——学校教育的哲学阐释》。

第四章
儿童是什么

本章概述

本章从哲学的角度讨论儿童观，主要分析了四个方面的问题：第一，儿童的思考与人类的思考之间的关系；第二，从儿童观的角度分析人类的创造力是如何形成的；第三，图像社会的特点及相应的儿童教育问题；第四，儿童可教的人性假设及其教育实践立场与策略。

结构图

学习目标

学完本章，你应该做到：

1. 了解儿童在什么意义上是哲学家，如何对儿童展开哲学教育。
2. 了解什么是儿童的创造力，掌握培养儿童创造力的基本原则。
3. 分析图像社会的特点及其相应的儿童教育问题。
4. 分析教育现象背后的人性假设，掌握儿童可教的前提依据，利用哲学理论分析评价教师展开教学的人性假设的合理性。

读前反思

案例1：一次马修斯与家人旅行，在爱丁堡看到一艘帆船。导游说，“印加城号”建造于1846年，但没多久就在一次惨烈的海战中沉没，1981年打捞上岸，经过一番复杂的修整与建造，最终百分之八十五的木料都被替换过了。导游说这一切工作都很值得，至少它是目前能够航行海上的最古老的横桅帆船。马修斯把这次经历做成了一个故事的开头，带到了圣玛丽小学，有孩子认为：“如果他的甲板、船身几乎全部换新，那么它就是新船而不是旧船，它只是依老船的样子重建的新船。”那么经过修整的能在海上航行的新船是否是原来的“印加城号”？马修斯带着这个问题与孩子们展开了丰富的讨论。

而这个哲学问题还有另一个版本。事情起源于一艘战功赫赫的战船——忒修斯之船。这艘船在几百年的服役过程中不断替换自己的零部件，诸如烂掉的木板、撕裂的船帆。于是，在公元一世纪，古希腊人提出一个问题：当它把自己身上原本的零件全部换掉一遍之后，它还是那艘忒修斯之船吗?如果是，但它已经没有最初的任何一根木头了；如果不是，那它是从什么时候不是的?”这个问题还有其他的版本，例如当一个乐团里的创始成员全都换过一遍，这支乐团还是当初的乐团吗？[1]

——带着这些问题，与一群孩子讨论，相信你能发现孩子们思考的亮点。

案例2：马修斯在《哲学与幼童》的开篇中说了这样一个片段：“蒂姆（大约6岁）正在忙着添锅子时问他的爸爸：‘爸爸，我们怎么知道这不是在做梦呢?’”[2]马修斯认为蒂姆的困惑含有典型的哲理。蒂姆提出的问题对一个极其平常的概念（清醒状态）带来了疑问。这样一来，就使我们大多数人对平时确信自己理解的事物是否真正理解产生了怀疑。疑心我们是否真正知道自己有时是清醒的，并非终生都处在梦境之中。[3]

——六岁的儿童是如何提出如此深刻的哲学问题的?

案例3：在一次数学课上，教师运用输球和赢球的计分方法，让学生学会了正负数的加法。学完之后，一个学生站起来说：“老师，我都会算了，我想到一个问题：所有有理数加起来等于多少?”接着他自己答道：“有正5就有负5，加起来等于零，有正3就有负3，加起来也等于零，所以，所有的有理数加起来等于零。”不

1　案例来源：根据马修斯《与儿童对话》和部分网络信息整理。
2　[美]马修斯. 哲学与幼童[M]. 陈国容，译. 北京：生活·读书·新知三联书店，1989：1.
3　[美]马修斯. 哲学与幼童[M]. 陈国容，译. 北京：生活·读书·新知三联书店，1989：2.

知道这个老师如何应对，但这位同学一不小心就讲到深刻的哲学上去了。这种思维，能否说是对老子揭示宇宙的实际起点（或是思考起点）时说的“无，名天地之始”[1]，做了小小的印证。数学家的“零”，道家的“无”，佛家的“空”，物理学家的“守恒”，化学家的“不灭”，理学的“中庸”，物理学中的黑洞、反物质……那样一种思想方法，同所有有理数加起来等于零是有联系的吧。学生自学之后获得的东西不仅仅是知识，学生的想象力如此丰富。[2]

——面对这样的对话，我们不禁要思索，为什么儿童这样思考问题，儿童的思考为什么这么贴近哲学的思考，由此我们不得不分析“何为儿童”。

1　陈鼓应. 老子今注今译[M]. 北京：商务印书馆，2003：73.
2　郭思乐. 以生为本的教学观：教皈依学[J]. 课程·教材·教法，2005（12）：14-22.

第一节 儿童观与哲学教育

一、儿童是个哲学家

学习目标

了解儿童在什么意义上是哲学家，如何展开儿童哲学教育。

儿童的思考是不是哲学的思考，这个问题与对哲学的看法有关。哲学是世界观、方法论，哲学属于反思的学问，这些说法都把哲学当成高度抽象的理论。从这个角度说，儿童的思考不是哲学的思考，但哲学思考除了具有抽象性的特征之外，也具有原始性的特征，如神话和童话中都存在着哲学的思考，儿童的思考没有经过反思，也没有经过经验和知识的洗礼，这就属于原始思考。儿童提出的问题很多都具有哲学的意味，如为什么轮子是圆的？有没有方的轮子？什么是热和冷？儿童对这个世界充满了好奇，而对世界的好奇就是哲学的起源，伟大的思想家亚里士多德就曾经这样说过。从这个角度说，儿童的思考非常接近哲学的思考。而意大利哲学家、心理学家皮耶罗・费鲁奇有本著作叫《孩子是个哲学家》，著作的副标题就是：让儿童自由发挥自己的天性。他认真研究了儿童的哲学思考，还提出向儿童学习。在某种意义上可以说，儿童是个哲学家。书中有这样一个情节："一日早餐，四岁的儿子突然发问：'爸爸，整个人生会不会是一场梦？'父亲回答：'若有一天，突然发现爸爸、妈妈、朋友、玩具都不见了，而你躺在床上，那就是在做梦。'精彩的是孩子接下来的话：'那说不定连床也是梦'——孩子真成了哲学家。"[1]

当今时代，"儿童与哲学"成为越来越多研究者思考的问题，"儿童哲学"一词的出现与使用也越来越频繁。从目前的研究看，"儿童哲学"至少有三个方面的含义。第一是成年人对儿童的哲学思考展开探究，典型的代表人物就是美国儿童哲学家马修斯和意大利哲学家、心理学家皮耶罗・费鲁奇，他们收集分析了许多儿童的哲学思考，并从哲学的角度展开了分析。第二是对儿童这一生命存在或者是人类的童年这一特殊历程展开哲学分析，历史上的洛克、卢梭、福禄贝尔、杜威、蒙台梭利作出了卓越的贡献，提出了许多儿童教育哲学的主张。第三就是儿童哲学教育，以美国著名教育哲学家李普曼为代表，他与他的诸多追随者开展了一场Philosophy for Children（P4C）运动，把哲学带到了基础教育中。因此，在本节中，需要注意不同语境中不同研究者使用这一概念时候的核心含义。

1　[意]皮耶罗・费鲁奇．孩子是个哲学家[M]．陆妮，译．海口：海南出版社，2002：8.

（一）儿童被称为哲学家的前提：儿童对世界的建构与成年人不同

日常生活中，成年人与儿童的对话，有许多让成年人感觉有意思，儿童经常会说出成年人意想不到的话语，这些话语就蕴含着深刻的哲学意蕴。而儿童之所以能够说出这些不一样的话语，在于儿童的思考具有原始性和直接性，没有经过经验的“污染”，他们对这个世界打破砂锅问到底的好奇体现了他们对这个世界独特的“认识”。而儿童对这个世界的好奇与哲学的起源又有相似之处。柏拉图认为，惊讶是哲学的开端。亚里士多德也提出，古往今来的哲理探索，都开始于表达对自然万物的惊讶。儿童就具备哲学家们说的这个本事，儿童来到这个世界总是问非常多的“为什么”。儿童的求知欲望，他们对游戏的喜爱，还有他们的自由状态，都非常适合哲学问题的产生。儿童赤条条地来到人世间，很少沾染尘世间的世俗风气，他们是这个世界的新鲜体验者，不仅如此，儿童还在一定意义上消除了二元论世界带来的矛盾，因为他们直接地体验着这个世界，这个时候，儿童的思考就非常接近哲学的思考，他们对这个世界的最初惊奇和哲学家对这个世界的惊奇情绪存在相同之处。

案例研究

许多月亮

美国作家瑟伯写过一个故事《许多月亮》，故事的大概意思是，小公主想要天上的月亮，希望国王把月亮摘下来给她。国王询问了很多人，但是每个人对月亮的描述不同，而且也都无法把月亮摘下来。小丑知道后，心想，既然每个人对月亮的描述不同，那何不问一下小公主的想法呢？小丑问了小公主，小公主用大拇指打量了一下月亮，说：“月亮是圆的，金色的，比我的拇指头大一点的。”三个形容词，是她对月亮的三个感受。小丑于是请工匠用金子打造了一个圆的、比小公主拇指头大一点的金色月亮项链，挂在她的脖子上。故事接下来的发展才是真正的重点所在，也就是何以会有许多月亮。小公主开心了，可是，国王还在担心，因为，等到晚上月亮出来了，小公主就会知道月亮并没有被摘下来。没有别的办法了，小丑再度询问小公主：“月亮已经被摘下来了，可是，为什么天上还有一个月亮？”小公主笑着说：“连这个你也不知道，牙齿掉了会再长出新的。月亮被摘下来之后，原来的地方还会长出新的月亮啊！”这就是儿童对这个世界的建构。他与成年人的世界如此不同，这使我们不得不思考，儿童头脑中的世界到底是什么样子的？儿童头脑中的世界为我们成年人带来了什么样的世界观呢？更深一层说，有多少哲学的思考呢？

资料来源：蓝剑红．许多孩子，许多月亮[M]．北京：东方出版社，2011：1-2．文字有改动。

当代的一些儿童研究者也提出了新的儿童观，儿童年纪越小，就越是神秘难解。而普通的成年人很少会记得自己五六岁时候是什么样子。因此，人的童年是非常值得研究的。“近三十年来，我们对于儿童的科学理解经历了一场大革命。过去我们总认为儿童是不理性的、自我中心的、是非不分的。他们的思考是经验的、具体的、即时的，而且是有限的。事实上，心理学家与神经科学家发现，儿童不只比我们认为的学得更多，而且还想象得更远、关心得更广、体验得更深。就某些方面而言，儿童其实比成年人更聪明、更富有想象力、更关心他人，甚至更有自觉。因此，新近的研究并不把漫长的童年当成未成年时期，儿童并不是有瑕疵的成年人或者未开化的人。事实上，孩童与成人是两种完全不同的人。他们的心智、大脑与意识形态形式虽然同等复杂且同样强劲有力，却是非常不同的两套系统，以符合不同的演化功能。人类发展比较像是毛毛虫蜕变为蝴蝶的质变，而不是纯粹增长的量变——尽管儿童在这个历程中看似是由活力十足、四处漫游的蝴蝶，转变为在成长之路上缓缓前行的毛毛虫。丰子恺作为我国著名的儿童漫画家，也提出了独特的儿童观。丰子恺从纯粹的艺术观和趋向于佛理的角度提出了自己的儿童观，他说：“你的一生只有一跳，你在一秒间干净地了结你在人世间的一生，你坠地立刻解脱”，“你是完全的天真、自然，清白，明净的生命”，“你的以一跳了生死，绝不撄浮生之苦，不更好吗？在浩劫中，人生原只是一跳。我在你的一跳中，瞥见一切的人生了。”[1]所以，儿童是天生的哲学家并不是过分的说法。

教育家语录

儿童是人，完全值得拥有人在道德和智识两方面应当享有的尊重。他们现在是什么，将来会成为什么，均应得到尊重。其实，我们应当向儿童学习，让儿童丰润我们的生命，更显而易见的是，儿童在向我们学习，让我们丰润他们的生命。对儿童的眼光和儿童的感受形式敞开胸怀的父母和老师有福了，他们得到的是成人生命所匮乏的天赐厚礼。

——马修斯. 童年哲学[M]. 刘晓东，译. 北京：生活·读书·新知三联书店，2015：170.

（二）儿童的某些思考天生具有哲学的意味

马修斯在《童年哲学》一书中指出，并不是小孩子或者某些小孩子做起哲学来比所有的大人都强，孩子的哲学所拥有的清新、迫切、自然天成，既值得我们为他喝彩，又有助于领略成人哲学或哲学本身的特质或意蕴。所以，儿童的思考更接近人类的思考，哲学是研究人类存在的学问，儿童不经意间就提出了人类存在必须思考的问题。马修斯在《哲学与幼童》

1　丰子恺. 阿难[M]//丰子恺. 丰子恺散文精选. 武汉：长江文艺出版社，2013：71.

中对蒂姆的困惑给予了进一步的分析。

"蒂姆（大约6岁）正在忙着添锅子时问他的爸爸：'爸爸，我们怎么知道这不是在做梦呢?'蒂姆的父亲有点不好意思地说，他不知道。同时问蒂姆他对这个无法回答的问题是怎么想的? 他又添了几下锅子，回答说：'噢，我并不认为一切都是梦，因为人在梦里，不会追问这是不是梦。'"[1]

儿童自身的解释与哲学家的解释异曲同工。马修斯说："在伯特兰·罗素的近代经典著作《哲学的问题》里，他讲到关于蒂姆的梦时是这么说的：说整个生命是一场梦，这种假定在逻辑上并不是没有可能性，但在我们梦中出现的所有事物，虽然不是没有逻辑的可能性，却没有理由假定说那是真的。实际上，以我们拿生活里的事实做假设，较之常识做假设更为简单，常识是独立于我们的客体，作用于我们是产生感觉的原因。"[2]

案例研究

儿童提出的功利主义问题

马修斯还在《哲学与幼童》一书里举了一个很生动的事例："伊恩（6岁）感到懊恼的是他父母朋友的三个孩子霸占了电视；他们不让他看他喜欢的电视节目。'妈妈，'他用沮丧的口气问道，'为什么三个人的自私比一个人的自私好?'"马修斯的这个例子让我联想到哈佛大学哲学教授迈克尔·桑德尔在哲学课上所举的一个例子。一辆电车刹车失灵，如果直行，尽头有五个工人在工作，如果拐到另一个岔道，尽头只有一个工人在工作。桑德尔教授问道："如果是你，会怎么做?"结果多数学生选择了把电车开向岔道。6岁的伊恩和哲学教授桑德尔提出的问题，都与功利主义哲学相关。在桑德尔教授的课堂上，那些大学生所思考的问题，未必比伊恩的思考更切中功利主义哲学的要害、更有论辩力。

资料来源：朱自强. 解密儿童书中的儿童哲学[N]. 中国教育报，2012-04-12（10）.

二、儿童哲学教育[3]

1969年，李普曼创作了哲学小说《聪聪的发现》，1974年再版，同年IAPC（Institute for the Advancement of Philosophy for Children，儿童哲学促进协会）成立,宣告了儿童哲学教育的诞生。目前，距离《聪聪的发现》的创作完成已经走过了半个世纪，李普曼开创的这一事业也已经

1 [美]马修斯. 哲学与幼童[M]. 陈国容，译. 北京：读书·生活·新知三联书店，1989：27.
2 [美]马修斯. 哲学与幼童[M]. 陈国容，译. 北京：读书·生活·新知三联书店，1989：27.
3 主要参考李墨一，王澍，于畅.李普曼的儿童哲学教育实践取向探析[J].外国教育研究，2019（5）:30-40.

遍及世界各地。

（一）儿童哲学教育的缘起

李普曼认为，学生应该学会概念化的、推理性的、普遍化的和研究性的思考，推理和判断有助于学生从错误中鉴别出真理、从不正确中鉴别出正确，提高学生的知识迁移和解决问题的能力。而学校教育中，更多的是对学生记忆的训练，片面强调知识的学习，但记忆属于低水平的思考，忽视探索过程的教学导致了学生理智性思考训练的不足，学生在思考过程中不会使用逻辑、推理、论证、类比等，导致学生在从事社会活动时欠缺相应的能力。在社会发展进程中，若是人们缺乏理性思考，会导致汉娜·阿伦特所说的不反思、无作为的“平庸之恶”。理智性能力的缺乏直接影响了儿童长大以后从事社会活动的质量，在面对危机的时候如果缺乏理智性的思考将陷入更为糟糕的境况，只有有理智能力的人通过反思才能不断地警醒，拥有清晰的判断力和行动力。

教育家语录

学校生活中最令人难忘、最能促进思维活动的是什么呢？应该说不是自修、听课、也不是演讲、测验，而是探讨与自己关系重大的问题的课堂讨论。

——[美]M. 李普曼. 教室里的哲学[M]. 张爱琳，张爱维，译. 太原：山西教育出版社，1997：26

如果儿童是个哲学家，那么对儿童个体进行哲学教育是否可能呢？儿童比成年人更容易接近世界的真相，“一如儿童洞穿‘皇帝新装’的把戏，尽管儿童的哲学表达比成人稚嫩，但他触及的哲学问题深度很可能是不亚于成人的。所以，对儿童开展哲学启蒙教育并非不可思议，恰恰是根植于儿童的哲学天性”[1]。因此，儿童学习哲学是可能的，通过哲学学习可以培养儿童思考的兴趣，引导儿童对这个纷繁复杂的世界进行探究。研究对儿童的哲学教育不得不提到美国著名的儿童哲学教育家李普曼（Matthew Lipman）教授，1974年，他创立了“儿童哲学促进中心”（Institute for the Advancement of Philosophy for Children，IAPC）开展儿童哲学的教材出版、教师、训练等工作，儿童哲学课程就这样诞生了。李普曼在哥伦比亚大学教授逻辑课程的时候发现大学生的思考技巧非常薄弱，于是开始着手发展适合学龄儿童的思考技巧的教材与教学方法，以弥补在教育过程中常被忽略的思考训练。他带领他的团队编写了儿童阅读的课本，包括以日常语言进行对话的，有角色、有剧情的小说，还编写了教师手册，每一本教材都配备一份巨大的教师手册，手册中标示教材内所蕴含的主要概念，并设计

1 李庆明. 儿童如何学哲学[N]. 光明日报，2014-03-18（14）.

了各种活动、游戏和讨论计划，用来练习操作所获得的概念和思考技巧，供教师在引导讨论时使用。李普曼教授认为，儿童哲学课程进行的方式是由教师带领团体讨论，让孩子以合作的方式一起思考他们所关心或有兴趣的问题，形成探究团体。儿童哲学期望通过成员间的合作及互相帮助，培养儿童推理、判断与创造的能力，同时教导儿童尊重他人的价值观、合理地评断他人的意见。儿童哲学更希望能让儿童养成随时反省以及检视自己思想的习惯，为自己的思考寻求意义。

（二）儿童哲学教育的目标与内容

对李普曼来说，哲学教育的目的并不是帮助学生学会哲学，“不是要把儿童培养成为哲学家或决策者，而是要帮助他们成为更有思想、更有创见、考虑周到、通情达理的人”[1]。哲学这个理性的学问有助于学生理智能力的养成。如果一个人不能在童年阶段建立起批判性的思考能力，那么长大之后也难以有后续的发展能力，因此应该在儿童阶段通过学习哲学发展儿童的批判性思维。通过儿童哲学教育，儿童的批判能力、反思能力、逻辑能力都获得改善。所以儿童哲学教育的目的是培养更有思想、更能反思、更会理性思考的个体。为了践行自己的教育理想，李普曼加入了蒙特克莱尔州立大学，开始推广儿童哲学教育。李普曼认为，批判性思考能改善理性能力，社会需要理性的公民，理性的公民必然拥有批判性思考的能力。几乎所有的儿童哲学教育研究者都承认，儿童哲学教育以加强沟通与合作的方式消除了不平等的权力关系，对话促进了平等关系。李普曼在《教育中的思考》这本书里，提出了创造性思维（Creativity Thinking）、批判性思维（Critical Thinking）、关怀性思维（Caring Thinking）的3C目标，后来经过其他儿童哲学研究者的补充与拓展，加上了合作性思维（Collaboration Thinking），这四个C的目标都与社会对公民的要求高度相关。为了实现这一目标，李普曼编写适合儿童的哲学教材，他带给幼儿园和小学一、二年级的教材是《爱菲》，帮助孩子对事物进行区别和联系，促进孩子学会比较；三、四年级的孩子的教材是《思思》等，帮助学生学会推理技巧的实际应用，五、六年级的学生学习《李莎》《苏琪》，可以进行伦理和美学方面的探究，高中学生学习的《马克》则会帮助他们探究社会与政治。在每一个年龄阶段，李普曼都运用了与孩子同龄的哲学小说，充分利用学生在阅读这些小说时对角色产生的代入感，组织学生对相关问题进行讨论。实际上，李普曼认为，仅仅是成年人与儿童的对话不能发展儿童的思维，而恰恰是儿童之间的同伴对话才能激发儿童真正的思考。儿童在彼此对话的过程中，若想与同伴进行有效的对话交流，必须倾听彼此观点，对于困惑之处需要进一步追问，最后还需要寻找立场、表明观点、给出证据、作出评价，这都是对儿童理智能力的考验，这些思维方式都有助于儿童成为社会的合格公民。

1　[美]M. 李普曼. 教室里的哲学[M]. 张爱琳，张爱维，译.太原：山西教育出版社，1997：16.

（三）儿童哲学教育的形式

对于采用什么形式培养理智性的人，提升培养批判性思考能力的问题，李普曼选择回到苏格拉底的“产婆术”进行回答。苏格拉底在和年轻人对话的时候从不模仿他人，而是通过独立思考进行判断。为了能够激发学生的学习热情、发展他们的判断力，李普曼提出把教室转变为探究共同体，“探究共同体”一开始被皮尔士严格限定在科学探究领域中，是在认识论意义上提出来的，但李普曼赋予了其在教育情境中的道德意义。在探究共同体内，学生们通过同伴对话实现了思维能力的提升。李普曼说，“学校生活中最令人难忘、最能促进思维活动的是什么呢？应该说不是自修、听课，也不是演讲、测验，而是探讨与自己关系重大的问题的课堂讨论”[1]。在这一点上，李普曼明显继承了心理学家米德和维果茨基的思想，儿童单独一人解决问题的能力和与老师同学一起解决问题的能力是不一样的，缜密的思考必然经受得住逻辑与经验的检验，这种检验往往发生在孩子们之间的对话进程中，所以儿童哲学教育的最基本形式就是讨论与对话。儿童个性的成长并不是教育者通过知识的传递实现的，而是在与他人的互动和交往过程中实现的。在具体的实践形式上，李普曼和夏普（Ann Margaret Sharp）2003年提出的模式有五个步骤，第一是文本的提供，帮助学生进入讨论的哲学故事中；第二是日程表的构建，学生就讨论的问题和组织做一个日程表；第三是加强交流，学生们讨论哲学问题直到达成一致或者转移到另一个话题；第四是使用练习和讨论计划，加深和拓展学生的探究；第五是鼓励进一步的回应，包括自我的评估、个人的哲学反思等。[2]在这一模式中，李普曼提供了配套的哲学小说故事和教师指导手册。在这一过程中，学生实际上是在运用杜威提出的反省思维在思考，只不过思考的并不是经验世界里的问题，而是哲学世界里的问题。在李普曼看来，个人理智性能力的提升是由于集体言语、思想内化的复杂过程而产生的，通过探究共同体的讨论，每个人思维方式都得以调整，进行了自我纠正和改善，进而实现了整个学生群体的发展。

案例研究

一节团体探究课的流程

团体建设——坐下来让每个人都能看到对方，并达成一致的讨论规则。

1　[美]M. 李普曼. 教室里的哲学[M].张爱琳，张爱维，译.太原：山西教育出版社，1997：24.

2　Gregory M. Precollege Philosophy Education，What Can It Be? The IAPC Model[M]//Goering S, Shudak N J, Wartenberg T E, Philosophy in School—An Introduction for Philosophers and Teachers.New York: Taylor &Francis Group, 2013：72.

介绍课程——分享课程的目的，并达成一致的规则，使用放松练习或思维游戏来确保注意力集中。

分享一个刺激物——呈现一个故事、一首诗、一幅画或其他促进思考的刺激物。

留出思考空间——让孩子们思考这个刺激物的奇怪、有趣或不寻常之处，并与一个同伴分享他们的想法。

邀请提问——邀请孩子们问他们自己（或同伴）写在黑板上的问题，这些问题会被讨论，而其中一个问题会被选择用来探究。

引导讨论——让孩子在彼此想法的基础上回答所选的问题，教师带领孩子探究原因、例子和其他观点。

跟进与回顾——引入一个活动来拓展思考和回顾讨论。

资料来源：[英]Fisher R. 教儿童学会思考[M]. 冷璐，译. 北京：中国轻工业出版社，2020：75.

三、哲学视角下的儿童观与教育观[1]

儿童观是人们对儿童的根本观点与态度，是人们对儿童成长、成熟的理性或非理性认识。儿童观是教育研究与儿童研究的基本问题，它在一定程度上决定教育观的形成与发展。关于儿童观的研究，其视角是多样的。例如，政治学视角下的儿童观把儿童当作国家统治的工具、政治上的接班人；经济学视角下的儿童观把儿童当作经济增长的动力；文化学视角下的儿童观把儿童置身于成年人世界之外的安全地带等。

（一）哲学视角下的儿童观

儿童哲学的含义中有一个重要的组成部分：如何在哲学上看待儿童，即儿童观问题。从问题的角度看，哲学在特定的历史时期反思过去的儿童观。例如，在西方，儿童观经历了“儿童是小大人”“儿童生而有罪”“儿童的发现”“儿童的世纪”等转变，对应古代、中世纪、启蒙时代与现代社会。从对象的角度看，哲学关心儿童的哲学思考，研究儿童的存在。例如，儿童属于泛灵的存在，泛灵在哲学上的解释意味着主体与客体不分。从方法的角度看，哲学一方面采取对话的方式了解儿童的哲学思考，或者帮助儿童进行哲学思考；另一方面，它依靠自身视角反思儿童观。由此可见，从哲学的视角研究儿童，它的特点是宏观性，是站在人类历史发展的角度和人类哲学的高度思考儿童问题。列维·布留尔曾在评价孔德方法论的时候指出哲学视角的特征，他说：“奥古斯特·孔德（Auguste Comte）在其《实证哲学教

1 主要参考王澍，侯洁. 哲学视角下儿童观研究的特征及其教育启示[J]. 教育科学研究，2017（4）：24-29.

程》(*Cours de philosophie positive*)中，在划分生物学与社会学之间的研究任务时，明白地表示了这种见解。他的著名公式——‘不应当从人出发来给人类下定义，相反的，应当从人类出发来给人下定义’，意味着如果把研究对象局限于个别的人，就不理解高级智力机能。”[1]布留尔认为孔德的观念是“卓有成效”的，“但实际上，这不是社会学，而是历史哲学”[2]。从这一点看，把儿童的存在上升为人类存在的高度属于哲学视角。

儿童是更接近类本质的存在，能够帮助成年人更好地认识自己。蒙台梭利曾经说，“成人应该敬畏儿童”；毕加索也说，“终生向儿童学习，是我成功的秘诀”。明朝的李贽看到当时社会的腐败，心道不古，之所以如此，在他看来，全在“失却童心”。一个人从童年走向成年，会获得许多东西，但也会失去许多东西，例如单纯。老子说，“知其雄，守其雌……为天下谿，常德不离，复归于婴儿”[3]。可见，老子向往童年的样态。长大可能让孩子失去最简单的快乐。一个玩具可以给孩子带来一整天的快乐，而成年人则由于物价上涨愁容满面。孩子初生牛犊不怕虎，勇往直前，而成年人则想太多，总也迈不出第一步。所以，孩子具备许多值得学习的品质，这些品质是成人丢失了的财富，我们需要向孩子学习，向童年致敬。如何看待人类的童年，如何看待儿童，影响着人类对自身的判断。认识自己是人类哲学的永恒主题，如何认识自己的问题与认识儿童的问题紧密联系在一起。

（二）儿童观下的教育观

第一，可以把儿童当作镜鉴，成年人要向儿童学习。成年人的知识是分化的，因为一旦进入学校教育，知识学习就开始出现各种不同的领域，进而产生分化，从小学到大学，知识的分化程度越来越细致。基于这种情况，我国基础教育课程改革的一个重要价值取向就是整合，希望学生学习的知识不要那么早分化。但是，随着年级的升高，年龄的增长，社会分工的细化，知识的分化是不可避免的，整合课程只是在一定程度上延缓分化过程或起到对分化的知识学习的补充作用。相应地，儿童的学习具有整体性，教育活动是分领域的，二者之间如何实现协调？这是给成年人向儿童学习的机会。当成年人习惯从分科视角思考事物时，儿童以他们的心智进行着整体的思考。儿童成长过程中出现的各种问题未尝不是人类社会面临的种种问题。康德在讲启蒙问题时说过，所谓启蒙就是让人走出蒙昧状态，所以康德认为一个孩子不做坏事不见得在道德上是令人尊敬的，因为孩子还不具备理性能力。那么，如何看待儿童的蒙昧状态？从哲学角度看，儿童哲学研究者不能无限度地提高儿童的地位，而是当人类遇到困惑时回头看儿童的生存状态，寻找解决问题的思路与方法。老子说的“复归于婴儿”就是经历风浪后的样态，是对生活本身的超越。因此，当人类产生困惑时，回望儿童可

1 [法]列维·布留尔. 原始思维[M].丁由，译. 北京：商务印书馆，1985：7.
2 [法]列维·布留尔. 原始思维[M].丁由，译. 北京：商务印书馆，1985：7.
3 陈鼓应. 老子今注今译[M]. 北京：商务印书馆，2003：183.

以找到一些解决问题的契机。

第二，尊重儿童，满足儿童发展需要。了解儿童的目的是什么？是为了拥有更美好的未来，是为了实现人类可持续的美好生活。儿童不仅需要养育，还需要精神成长，而游戏就是儿童成长活动的外在体现，成人需要通过游戏让儿童内在的精神成长力量生长出来。无论从哪个角度看，哲学家都倾向于把儿童当成有内在力量的人，因此教育活动就是把潜藏在儿童内部的某种东西引导、启发、唤醒出来。儿童与成年人不同，他们可以处理问题，但他们只可以成功地处理他们所在的那个世界的问题，这涉及对儿童的假设。在相当长的一段时间里存在着这样一种假设，即儿童是不成熟的、被动的，反对儿童过早地进入成年人的世界里。作为成年人，只要我们俯身下来，用我们的心与儿童对话，我们将更加了解儿童，了解自己。从卢梭开始，到蒙台梭利、杜威、皮亚杰、维果茨基，这些伟大的思想家在研究儿童的时候都强调，我们要遵循儿童的内在成长规律。借用维果茨基的概念，儿童的大纲与教学的大纲之间要根据儿童成长的内在自然实现二者之间的动态平衡。儿童观决定教育观，教育活动中的因材施教、循序渐进的原则是用来遵循的，而不是出发点。教育活动的出发点只能是儿童，因此需要了解儿童的内在自然，理解儿童的存在方式，这才是教育活动得以展开的前提和基础。

案例研究

天命之谓性，率性之谓道，修道之谓教，学校汲取了其中的教育智慧，于2014年将办学理念深化为“率性教育”，倡导保护天性、尊重个性及培养社会性。学校以立德树人为根本任务，结合当前形势下教育教学改革中存在的完美主义、功利主义、“一刀切”等问题，强调站在儿童的立场、尊重儿童成长的规律、因材施教，重视用中国智慧、解决中国问题、培养中国儿童，让儿童的差异显现出来，让儿童在获得知识技能的基础上，形成正确的世界观、价值观和人生观。

资料来源：于伟. 童心同行，率性而歌：东北师范大学附属小学与中华人民共和国共成长[J]. 人民教育，2019(10)：28.

思考：儿童是个哲学家的心理学支撑

当代儿童心理学理论认为，孩子与成人间的分工反映在心智、大脑、日常活动，甚至是意识经验中。婴儿大脑似乎具有特殊本领，使他们格外适合想象与学习。相较于成人大脑，婴儿大脑的确有更加高度的联结，也有更多可资利用的神经通络。当年纪渐长、经验日增后，我们的大脑会“剪除”不太有效、较少使用的神经通路，并强化经常使用的那些。假如你浏览一张婴儿大脑图，它看起来会像是古老的巴黎，充满许多蜿蜒曲折、四通八达的小路，无法运作得和成人大脑一样快速、一样有效。

第二节
儿童的创造力及其教育

学习目标

了解什么是儿童的创造力，掌握培养儿童创造力的基本原则。

在中国基础教育实践中，关于创造力不足的评论是比较多的。基础教育工作者经常抱怨是大学的入学考试即高考制约了他们的教育教学，而大学教师则抱怨中小学没有培养出学生进一步发展的动力，没有培养出学生应具备的好奇心、质疑能力、探究能力等。对基础教育的诸多批判可以集中在一个问题上，即如何培养儿童的创造力。

一、如何理解儿童的创造力

创造力（Creativity）

个体产生新奇独特的、有社会价值的产品的能力或特性。

创造力是指产生新思想、发现和创造新事物的能力，是人类特有的一种综合性本领。从结构的角度看，创造力是知识、智力、能力及优良的个性品质等复杂多因素综合优化构成的。从教育哲学的角度分析儿童的创造力要面临的问题是，儿童的创造力是怎么来的呢？

第一种观点认为，创造是人之为人的本质力量，即创造是人的本能，是与生俱来的本领。“创造是一种与生俱来的能力，每个人都有创造的能力，就像小孩子生下来就会吸奶，就会走路一样。”[1]创造的本质是对现实的批判。对现实的不满让个体去寻找改变的途径，去思考用新的事物代替原来的事物，这就产生了创造。创新、创造活动开始于在批判中产生的问题，发现了问题就要想办法解决问题，这就有了新的创造。

第二种观点认为创造力是先天与后天的合体。创造力是一个先天的礼物，有的人的礼物大些，有的人的礼物小些。但这并不意味着创造力不在后天的生命中发展。打个比喻，先天的创造力就好像是个盒子，天生的能力有大有小，好像盒子有大有小。当你有意识地去培养、发展你的创造才能，你的创造能力就会装进更多的东西。当你能够充分认识自己的能力，并发挥到极致，你的创造力的盒子就是满的。可能有的人天生就带了个比你的大得多的盒子，但这并不重要，重要的是你后天的努力，努力培养自己的创造力，你的创造力盒子就会装得更满。一个装满了的小盒子，要比一个空荡荡、轻飘飘的大盒子更有分量。这个比喻非常恰当，后天的教育对创造力的获得具有非常重要的作用。

1　陆有铨．教育是合作的艺术[M]．北京：北京大学出版社，2012：136.

案例研究

美术教学中的创造力

美术教师怎么教儿童绘画呢？达·芬奇和梵高的画有什么区别？达·芬奇的画是写实，讲究技巧，而梵高的画技巧很少，表现的是创造力。不发挥学生创造力，美术教学就是照着画，发挥创造力，就是给学生情境，让学生去画。黄矿岩的美术老师给学生一个情境，让学生进行绘画创造。美术老师的要求是：你放学回到家，到了厨房，发现家里来了一个外星人，你的作品要表现外星人在干什么，为什么去厨房。黄矿岩作品的主人公是自己的美术老师，图片的基本含义是：美术老师喝醉了，进了厨房，发现镜子里的自己以为是一个外星人。这就是创意，也是创造力的表现。

资料来源：[美]黄矿岩．我的七个美国老师——我在美国的中学课堂[M]．[美]黄全愈，陈彤，译．北京：中国人民大学出版社，2010：173．文字有改动。

无论如何，后天的教育与创造力的形成密切相关。创造力的发展与基础知识、基本技能和基本理论的掌握相关，更与学习欲望、学习兴趣、好奇心、质疑意识、探究能力相关。“学习伊始，孩子就应该感受到发现世界的喜悦，他会发现，他所学到的东西，能够帮助他理解在他的生命中所发生的一系列事情。”[1]学生有了学习的欲望与热情，才会对未知世界有探究的兴趣，才愿意提出问题，才能实现创造力的增长。学生是等待着被启迪灵性的人，而不是被无限灌输知识的器皿。孔子说“君子不器”，如果学校教育要培养君子，就不能把学生当作一个器皿，因为一个器皿的用途是有限的，更是被动的，而真正的人是通过自己的能力不断地提升自己，教师就是给予他这种神力的人！

关于创造性，国际上有三个定义。第一，创造性是过程；第二，创造性是一种产品；第三，创造性是人与人之间的个体差异。我们对创造性的定义是：创造性是根据一定的目的，运用一切已知信息，产生出某种新颖、独特、有社会意义或个人价值的产品的智力品质。这个定义已被大家所接受，成为中国心理学界常说的“一般认为”。这个定义包含过程、产品和智力品质三个内容，把世界上所有创造性的定义都包括进去了。

国际上和我们自己的研究表明，智力是创造性、创造力、创新的必要条件，但不是充分条件。在一定程度上，创造性的实质是主体对知识经验或思维材料高度概括后集中而系统地迁移，进行新颖的组合分析，找出新异的层次和交结点。

创造性人才的心理结构，是“创造性思维+创造性人格”。创造性思维至少有五个方面：

1 [英]怀特海．教育的目的[M]．庄莲平，王立中，译．上海：文汇出版社，2012：3.

发散思维与聚合思维的结合；分析思维与直觉思维的统一；灵感的出现；思维加想象；新颖、独特、有意义的活动。

资料来源：林崇德. 学生发展核心素养与创造性[N]. 人民政协报，2019-10-09（010）.文字有改动。

二、如何培养儿童的创造力

教育家语录

儿童的创造力是千千万万祖先，至少经过五十万年与环境适应斗争所获得而传下来的才能之精华。发挥或阻碍、加强或削弱、培养或摧残这创造力的是环境。教育是要在儿童自身的基础上，过滤并运用环境的影响，以培养加强发挥这创造力，使他长得更有力量，以贡献于民族和未来。

——华中师范学院教育科学研究院，主编. 陶行知全集：第三卷[M]. 长沙：湖南教育出版社，1985：522.

在培养儿童的创造力方面，学校教育可借鉴以下措施。

第一，要鼓励学生提问。

进行创造首先就是要发现问题，因此，学校教育首先要鼓励学生提出问题。我们看一堂课是不是很好，其中很关键的一点就是学生是否提出了有价值的问题，学生提出了有价值的问题能为课堂增色不少。因为学生的问题使得课堂有了生成性，因为生成意味着无限的可能，是未知的、有挑战性的；生成意味着学生能提出有价值的问题，而糟糕的教学方式就是把学生教得都没有问题了。教师不能解答所有的问题，却实实在在扼杀了学生问问题的欲望。

案例研究

课堂教学“三顾茅庐”

教师在课程的最后让学生提问，其中有一个学生的提问特别有意思：为什么只有刘备请诸葛亮？诸葛亮是个人才，为什么当时曹操和孙权没有请诸葛亮呢？这个问题问得好。学生的答案是，诸葛亮相当于一个刚毕业的本科生，没有什么卓越的成绩，曹操手下人才济济，谋士众多，不会相中诸葛亮这样的“应届生”，而在孙权那里，人才都是自产的，不引进人才，所以诸葛亮只好设好了局（有同学认为，前两次刘备没见到诸葛亮而碰到了他的朋友，这都是为他的出场造势的，朋友就是“托儿”！）等着刘备“三顾茅庐”了。谁也无法想到一个初中生居然问出了如此有意思的问题。这就是创造力的体现。

资料来源： 东北师范大学附属中学胡欣老师讲课记录。

第二，要鼓励学生尝试新的方法。

杜威的教学方法被称为问题解决法，也是培养学生创造力的方法之一。在杜威的理论中，所谓创造，就是用别人没有想到的方法，应用于日常所见的事物。新奇的是操作，而不是所用的材料。教师要鼓励学生用不同的方法学习和寻求问题的答案。新的方法的尝试是对结果的另一种达成途径的探索，新的方法要求学生投入更多的思考，同时也能促进学生更大程度地参与创造的过程。

案例研究

李吉林老师的情境教育

为了发展儿童的想象力，我自己也常常在想象中设计教学。记得我带领孩子们观察时，思量的题目都是别有儿童情趣的：“萝卜娃娃看到了田野”“菜花儿比赛”。春天清晨听到小鸟的叫声，我会想到“小鸟是黎明的歌手”；秋夜听到蟋蟀一阵阵颇有节奏的叫声，在我心里给它一个“秋夜的琴师”的美称。连我在车上，看到田野上的瓜果都是南瓜、香瓜……我不知道为什么都是金黄色的，竟然想了好几天，就用儿童的语言回答自己的提问：“因为它们是太阳的孩子。”为了儿童，我设计课时，自然而然地也能做到“美美地想，乐乐地做，天天有收获”，使自己的内心世界与精神状态是那样的纯美。

资料来源： 李吉林. 40年情境教育创新之路带来的6个甜果子[J]. 人民教育，2018（24）：26. 文字有改动。

第三，要培养健全人格。

“创造活动中，非智力因素发挥着很大的作用，学校教育培养学生的健全人格就是培养创造性人才。”[1]从结构的角度上看，创造力是知识、智力、能力及优良的个性品质等复杂多因素综合优化构成的，是一种综合性本领，那么，拥有健全的人格也即拥有了进行创造的品质潜力，要培养创造力就要从形成具有创造性的良好人格品质入手。健全人格的培养不仅需要理性因素，还需要非理性因素，在创造的过程中可能会面临着各方面的压力，即便创造成功也未必得到社会承认，因而创造是一项充满风险的事业。创造首先是想创造、敢创造，然后才是能不能创造的问题，所以非理性因素在创造过程中非常重要。想创造、敢创造，最后才有付诸创造的可能，所以兴趣、意志力等优良的个性品质对培养创造性人才有着重要作用。

1　陆有铨. 教育是合作的艺术[M]. 北京：北京大学出版社，2012：130.

教育家语录

真正的学习，就是儿童个人的创造性活动。只有当学习过程中的脑力劳动触及了学生的情感，只有当真理的获得使他感到是他个人努力的结果时，学生才会感到自己是一个能进行创造的人。

——［苏］苏霍姆林斯基．帕夫雷什中学[M]．赵玮，王义高，蔡兴文，纪强，译．北京：教育科学出版社，1983：61．文字有修正。

第四，要有基础知识和基本技能。

任何创造都不是凭空形成的，都是在前人的基础上进行批判而来的，后天的教育与创造力的养成密切相关，任何发明除了始于自身兴趣之外还要有其发明的价值意义。在今天，想要进行创造就要掌握基础知识和基本技能，充分利用前人积累的知识和经验，才会有新的有价值的突破。

第五，要有正确的价值观的引导。

反人类、反社会进步、反科学的任何发明创造都必须加以制止。人的创造力往往是想不想、敢不敢的问题，然后才是能不能的问题。“创造必须以符合人类社会的共同利益、共同价值观为前提。创造的过程其实就是价值选择的过程。在正确的动机下产生正确的东西，正确的东西在使用的过程中也要有正确价值的引导。”[1]每个个体都是社会中的一员，如果没有价值约束，那么，有不良动机的人就会毫无顾忌，在他们的创造性得到充分发挥之后，会危及社会的公共安全和利益，这种创造性是必须加以遏制的，学校教育要给学生以价值引导，使学生的创造性得到合理的发挥和运用。

第三节
图像社会中的儿童[2]

学习目标

分析图像社会的特点及其相应的儿童教育问题。

把思想的历史展开，我们会发现，古代的哲学追问本质；到了近代，哲学关注我们怎样认识世界；而当代，出现了哲学的语言转向。然而，当哲学家在思考什么能够成为这个时代的哲学特点的时候，提出了一个新的概括，即“图像转向”。图像在某种意

1　陆有铨．教育是合作的艺术[M]．北京：北京大学出版社，2012：130.
2　本节内容主要参考王澍．图像社会学校教育目标的审视[J]．东北师大学报（哲学社会科学版），2008（4）：157-161.

义上，成为我们这个社会的一种标记。“我们大都习惯了只是以连续放出图像符号的方式来消费媒体，而且这也是我们在日常生活中所学到的，我们整日消费的媒体大都只是些连续不断的图像符号”[1]，年青一代就是在这样的图像环境下成长起来的。我们从早到晚受到图片的侵袭，我们已经进入了“图像将取代文字的统治地位”的视觉情境之中，我们不得不分析“图像转向”以及在图像社会生活中成长起来的儿童以及他们的教育问题。

一、世界正在进入图像时代

今天的儿童生活在一个被图像包围的时代里，不仅日常消费品与图像密切相关，学校里的教科书也是图文并茂的。“20世纪70年代和80年代出生的儿童，甚至于未满一岁就会熟悉显像管上发生的活动，不管他们是否懂得这些现象的含义……电子媒介在他们的生活经历中占据主导的地位。”[2]卡通漫画、电视电影、网络视频……这些对于今天的儿童来说并不陌生，儿童越来越熟悉这种图像化的信息呈现方式。可以说，当今人类的经验比过去任何时候都视觉化和具象化了。

图像社会

也被称为图像革命或读图时代，是指在电子媒介时代，文化脱离了以语言为中心的理性主义形态，日益转向以形象为中心，特别是以影像为中心的感性主义形态。

（一）图像化呈现方式的哲学意蕴

信息的图像化呈现方式改变了文字在知识问题上的核心地位，其结果是我们在一个受到模型/符号控制和支配的社会里生活。哲学家海德格尔提出了世界图景的概念，提出“世界图景……指的并不是一幅关于世界的图画，而是作为一幅图画加以理解和把握的世界”[3]，从这个意义上讲，图像化呈现方式意味着后现代社会的来临。文化脱离了以语言为中心的理性主义形态，日益转向以形象为中心，特别是以影像为中心的感性主义形态。视觉文化，不但标志着一种文化形态的转变和形成，而且意味着人类思维方式的一种转换。感性地位上升，感性呈现出的符号性、意义性、社会性的特点，日益在我们的生活中占据统治性地位。这也就意味着称得上知识的判断不一定都是客观有效的或者普遍必然的，现象背后的本质和真理可能已经淹没在图像、拟像、符号中，这些被认定为真实存在的东西可能不再是真实的了。图像社会“不是回归到天真的模仿、拷贝或再现的对应理论，也不是更新的图像‘在场’的形而上学，它反倒是对图像的一种后语言学的、符号学的重新发现，将其看作是视觉、机

1 [奥] 卡塔琳娜·迪茨，格哈德·弗里得里希. 不引人注目的人注定会失败：图像社会的新游戏规则[M]. 肖培生，黄甫宜均，杨建培，译. 郑州：河南人民出版社，2002：1−2.

2 [美]威尔伯·施拉姆，威廉·波特. 传播学概论[M]. 陈亮，周立方，李启，译. 北京：新华出版社，1984：166−167.

3 转引自[美]尼古拉斯·尼尔佐夫. 视觉文化导论[M]. 倪伟，译. 南京：江苏人民出版社，2006：5.

器、制度、话语、身体和比喻之间的复杂互动”[1]。“利奥塔说，在这场与西方思想史几乎同样古老的战争中，他要站在假象、无序、混沌的一边，要捍卫眼的立场，图形世界的立场”[2]。不仅如此，图像地位的上升意味着人们给视觉以价值优先性，“观看（看、凝视、扫视、观察实践、监督以及视觉快感）可能是与各种阅读形式（破译、解码、阐释等）同样深刻的一个问题，视觉经验或‘视觉读写’可能不能完全用文本的模式来解释”[3]。可能的原因就是人们关注到了理性的缺点，理性唯本质、唯文本，疏离了与当下、与人的关系，正所谓科学世界侵入了人们的日常生活世界。因此，强调图像不是为了形式，而是为了复归人本，回归生活世界，把我们的注意力集中于日常生活中的视觉经验。

案例研究

从文本叙事向图像叙事的转变

不同年龄段、不同职业背景和不同文化背景的人在“读图”的过程中受到西方社会思潮的影响。例如《变形金刚》《美国队长》《肖申克的救赎》等影视作品，把美国式的自由、民主、个人英雄主义等思想嫁接到电影的叙事过程中，并以鲜活的图像元素展示出来，不论是儿童还是成年人都容易被其图像化的叙事方式所“感染”。这种结合了“故事性”“兴趣性”和“思想性”的叙事方式正是西方进行意识形态渗透的主要方式，在我国社会主义意识形态建设的过程中需要高度警惕。

资料来源：马殿师．论当代西方社会思潮传播方式的图像化转向[J]．中共济南市委党校学报，2017(3)：116．文字有改动。

（二）图像化呈现方式的心理意蕴

医学上认为人的大脑神经系统中有三分之一的神经用于视觉，所以视觉是人获得大量信息的重要途径。图像的呈现方式意味着观看，用视觉去感知事物。从人的心理机制来看，图像的呈现方式对于人来讲，并不是被动地全部接收，它始终是一种积极、主动的行为选择，“感受和其他知觉一样具有认知性”[4]。而图像时代，在人的中央神经系统的视觉化特征越加明显的情况下，心理学提出了新的观点，即人的神经系统在很大程度上，也许不再承担理性的生活基础。似乎不得不对“人的本质是理性”这个命题加以重新审视，人的神经系统开始对

1 [美]W. J. T. 米歇尔．图像理论[M]．陈永国，胡文征，译．北京：北京大学出版社，2006：7.
2 [法]让-弗朗索瓦·利奥塔．话语·图形[M]．谢晶，译．上海：上海人民出版社，2012：2.
3 [美]W. J. T. 米歇尔．图像理论[M]．陈永国，胡文征，译．北京：北京大学出版社，2006：7.
4 [美]安东尼奥·R. 达马西奥．笛卡尔的错误：情绪、推理和人脑[M]．毛彩凤，译．北京：教育科学出版社，2007：4.

客观对象的形式结构及其视觉影像产生强烈的反应，不再善于把杂乱无章的感觉形象上升为明晰的理性形式，而是善于把理性化的主体结构还原为感觉与幻象，视觉可以始终呈现出一个清晰、稳定的视觉图像。[1]而电视上播出的所有事件完全缺乏历史背景或其他相关的背景知识，并且以如此支离破碎和连篇累牍的方式播映，结果是这些新闻像缺乏明显特征的溪流一样从我们的头脑中洗刷过去。这是电视的催眠作用，它使人们的理智和情感变得迟钝了。[2]

图像已经深深地嵌入了我们的生活，深深地影响了我们的生活，有必要把图像社会对年青一代的影响加以清晰化，以作出应对。

二、图像社会对儿童的影响

在图像社会中，图像对人的生活产生了非常重大的影响，各种各样的图像侵入了人们生活的各个方面。儿童就是在这样的环境下成长起来的。

（一）图像产品成为年青一代的消费产品中的主要类别

人要实现个体的生存和种族的繁衍，离不开经济产品的生产与交换。丹尼尔·贝尔在《后工业社会的来临》一书中指出，在后工业社会里，人类社会面临的基本矛盾发生了变化。在农业社会和工业社会，人类社会的主要矛盾是人与自然的矛盾，物质生产是人类主要的活动。但是社会生产力发展中对技术的应用和更新提高了生产能力，促进了经济增长，进而引起了整个社会生活的变化。新技术的应用降低了商品的成本，使下层社会成员也能享受低价高质的生活用品，从而有可能从根本上解决生活资料匮乏的状态。所以在后工业社会里，服务业居于经济发展的主要地位，人们的文化需求和精神需求上升，与图像有关的经济产业日益成为重要产业。工业化时期，温饱的需求更高，精神需求和文化需求的产品市场很小，与图像密切相关的感性也就无法上升到较高的位置上，图像只能处于形式和附属的地位。然而在理性工业化完成后，感性日益成为支配国际文化创意产业发展的思想主流，感性并不仅仅是纯粹的自然性、生物性存在，也是一种社会性存在，图像变得越来越重要。现代社会中，与感性有关的产业创造出越来越大的价值。韩国的电视剧、日本的动漫、美国的电影等图像产品都是举感性大旗获胜的。图像产品成为当代重要的经济产业，而年青一代就是消费这些产品的主力军。文化衫、电影电视剧、娱乐节目、选秀、电子游戏这些与图像有关的产品大多是年青一代在消费。而且这种消费并没有停留在人们需要这个层次上，也就是说不仅仅满足人的精神需求和文化需求，而且让受众在视觉享受中形成对物形象的崇拜，从而

1 [英]E. H. 贡布里希. 艺术与错觉：图像再现的心理学研究[M]. 林夕，等，译. 杭州：浙江摄影出版社，1987：59-60.
2 [美]尼尔·波兹曼. 童年的消逝[M]. 吴燕莛，译. 桂林：广西师范大学出版社，2011：127.

激发他们的消费欲与购买欲。图像消费并不仅仅是消费品的改变，更意味着生活方式的转变，即成为消费社会的一分子，也许“图像社会造就了对简单刺激做出反应的消费者”[1]。

案例研究

暴力动画片对5～6岁幼儿攻击性认知的启动效应

暴力动画片是由一系列暴力图片构成的有语音和画面的传播媒体，充斥着凶杀、绑架、抢劫、色情、诈骗、斗殴和冲突之类的情节，利用血腥场景和暴力画面渲染凶残和恐怖气氛。儿童在暴力动画情境下，由于感官受到暴力刺激，可能引发强烈的认知加工和兴奋的情绪体验，产生攻击性。攻击性是指个体蓄意伤害他人的不良行为，包括身体攻击、言语攻击和心理攻击。

大部分幼儿在观看暴力动画片后，攻击性认知显著增强，教育者应禁止幼儿观看含有暴力画面和内容的动画片，以免动画片中的暴力元素使幼儿产生攻击性认知。男孩(特别是5岁左右)、高攻击性特质幼儿在观看暴力动画片后，攻击性认知显著增强，动画片制作商、幼儿教师、家长和政策制定者应特别予以关注，以更好地预防、干预和减轻幼儿的攻击性行为，共同促进幼儿身心健康成长。

资料来源：张骞. 暴力动画片对5～6岁幼儿攻击性认知的启动效应[J]. 心理发展与教育，2020(3)：265，272. 文字有改动。

（二）图像社会影响了年青一代的认知方式

传统的生活方式、习惯等正在被图像解构，而新的生活方式正在悄悄地走进我们。年青一代喜欢通过图像阅读获得知识、感知事物。通过图像呈现知识的方式不是没有道理的，图像环境不仅契合了人的视觉思维，而且也契合了人的神经系统。与图像有关的感性因素是人体的自然因素，人类生活的本质和基础在很大程度上表现为本能冲动、感性意识、习惯行为。在图像环境下成长起来的儿童习惯图像化的叙事方式，讨厌纯文本阅读。中小学的课内外读物都是图文并茂的。图像化叙事方式的优点在于，图像是形象的、简化过的信息，便于记忆、不容易混淆，而且其中充满乐趣。对于儿童来说，图像会比排列在一起的信息链更能够让他记忆深刻。有些人担心，伴随大众文化的传播，图像产品让人越来越沉迷其中，变得过分追求低级趣味，从而滋生出人的浮浅俗气的娱乐需要。然而，通过观看获得信息，并对信息作出判断，“并不是在眼睛观看完毕之后由理智能力做出来的，它是与‘观看’同时发

1 [奥] 卡塔琳娜·迪茨，格哈德·弗里得里希. 不引人注目的人注定会失败：图像社会的新游戏规则[M]. 肖培生，黄甫宜均，杨建培，译. 郑州：河南人民出版社，2002：10.

生的，而且是观看活动本身不可分割的一个部分”[1]。所以，儿童的“观看”不是完全被动的，而是需要儿童调动很多感官功能的。例如，儿童玩的游戏不是傻瓜游戏，需要用自己的聪明才智去猜测、去假设，必须花心思去谋略，需要人的速度、胆识、谋略、智慧，它培养了使用者自己寻找和发现规则、通盘规划的管理技能。与游戏相比，通过阅读获取知识是一种被动的状态，只能按照作者已经设定的叙述路线进行理解，不能脱离作者的叙述安排。但是游戏不一样，儿童面临的是一个全新的未知领域，需要他不断地摸索和发现，从这个意义上讲，游戏是一种主动的学习。或许我们可以这样假设，一个阅读童话的儿童就一定比一个通过操作实现游戏通关的人想象力更差吗？大众文化充斥的这个社会里，即使是纯粹的娱乐，也需要人付出思考力，电视电影都不再采取线性的叙事方式，可能是多条线非线性展现，不具备相应思考能力的人可能是看不懂的。从这个意义上讲，一方面大众文化容易让人沉迷、缺乏崇高的理想追求；但另一方面，它也提高了年青一代的智力水平。[2]

（三）图像的传播方式改变了人与时空之间的关系

视觉与听觉、触觉不同的地方在于时间的连续性，在眼睛张开或瞥视的瞬间，也就“展现了空间中共同存在、在深度上排列有序、在不确定性的距离中连续存在的物质世界”[3]。传统的图像遵循的原则是独立于外部现实、尊重外部现实，因此，图像是内在一致的。然而，视觉图像并不是固定不变的，它与外部现实之间的关系一直是变动的。随着现代信息技术的发展，“当时播图像凌驾于其他再现的事物时，就产生了一种荒谬的、虚拟的形象，结果，真实的时间凌驾于真实的空间之上，虚拟性凌驾于现实之上，并进而改变了关于真实的概念”[4]。人与时空不再是同步的。传统上，由于人与时空之间的线性关系，人无法对时空实现逆转。图像社会就不一样了。“后现代图像的虚拟性似乎在不断地逃脱我们的掌控，制造了一种视觉危机，而这种危机远不只是一个地方性的问题，与此相反，后现代主义标志着一个时代，在这个时代里，视觉图像以及那些并不必然具有视觉性的事物的视觉化在戏剧化地加速发展，以致图像的全球流通已经达到了其自身的极致，通过互联网在我们讨论图像社会对我们生活的影响的时候，图像已经成为一种资源高速运转。”[5]人与时空之间的关系不再像传统那样有序，而是愈加复杂多变。图像“向我们的日常生活的全面渗透，视觉中心主义的全视机器已变成了日常生存中的一种梦魇式的存在。无所不在的看与无所不在的被看相互交织

1 [美]鲁道夫·阿恩海姆．艺术与视知觉：视觉艺术心理学[M]．滕守尧，等，译．北京：中国社会科学出版社，1984：3.
2 [美]史蒂夫·约翰逊．坏事变好事：大众文化让我们变得更聪明[M]．苑爱玲，译．北京：中信出版社，2009.
3 [法]雅克·拉康，让·鲍德里亚，等．视觉文化的奇观：视觉文化总论[M]．吴琼，编．北京：中国人民大学出版社，2005：5.
4 [美]尼古拉斯·尼尔佐夫．视觉文化导论[M]．倪伟，译．南京：江苏人民出版社，2006：8.
5 [美]尼古拉斯·尼尔佐夫．视觉文化导论[M]．倪伟，译．南京：江苏人民出版社，2006：9.

在一起，主体在无所遁形的可见性下成为异形的傀儡”[1]。不仅如此，图像社会导致成年人与儿童之间的区别消失。在文字时代，儿童和成年人之间的区别在于是否会阅读，因为儿童必须经过长时间的训练才能掌握读、写、算的基本技能，才具备阅读文字的能力，但图像社会所提供的恰恰是各种各样的图片，在阅读图片方面，儿童和成年人的能力差异就不那么明显了。“在文字世界里，做成人意味着有机会了解用非自然符号整理和记录下来的文化秘密。在文字世界里，儿童必须变成成人。但是，在没有文字的世界里，儿童和成人之间就没有必要明确区分，因为不存在什么秘密，文化不需要提供训练就能被人理解。”[2]这也就是尼尔·波兹曼说的童年消逝的原因。卢梭在《爱弥儿》中提到过，阅读是童年的祸害，因为书本教我们谈论那些我们一无所知的东西。卢梭认为，儿童学会了阅读就意味着童年的结束，那么在现今这个图像社会，儿童的阅读不是阅读文字，而是读图，甚至这种读图已经延伸到3岁以前的婴幼儿时期。

三、图像社会的儿童教育

图像社会的教学和它以前的学校教育在方式上存在不同之处，可以做一个简单的比较，如表4-1所示。

表4-1　图像社会前后的教学方式比较

	图像社会以前的教学方式	图像社会的教学方式
时间	20世纪80—90年代	21世纪
传播技术	印刷传播	网络传播
文本特点	文字文本、少量的插图	网络文本、图像文本、视频、文字文本
教学手段	口授、粉笔、黑板	多媒体教学
教学媒介	纸质的讲义和教材	网络资源、专题学习网站、参考教材
教学模式	教师讲授、课堂讨论	混合式教学模式，建立学习共同体
可利用的教学资源	纸质典籍	纸质典籍、视频、图片

“人们不再认为教育应该建立在缓慢发展的铅字上，一种建立在快速变化的电子图像之上的新型教育已经出现在我们面前。”[3]虽然学校教育已经把图像当成重要的教学资源纳入了学校教育体系，但学校教育不能仅仅停留在这个表面运用资源的层次上。无论是精华的哲学思想还是庸俗的大众媒体的产生，都让我们无法逃避图像社会的变化，简单地对图像潜入采

1　[法]雅克·拉康，让·鲍德里亚，等. 视觉文化的奇观：视觉文化总论[M]. 吴琼，编. 北京：中国人民大学出版社，2005：10.
2　[美]尼尔·波兹曼. 童年的消逝[M]. 吴燕莛，译. 桂林：广西师范大学出版社，2011：20.
3　[美]尼尔·波兹曼. 娱乐至死[M]. 章艳，译. 桂林：广西师范大学出版社，2009：124.

取抑制的策略是不会起作用了，我们有必要作出深度应对。

（一）培养儿童感性能力，应对图像产业的经济挑战

曾几何时，瑞典教育家爱伦·凯（Ellen Key）对于19世纪末20世纪初欧洲新教育运动的意义曾经作出一番估计，认为新教育运动将是“儿童世纪”的开始。然而，在20世纪行将结束的时候，我们回顾已经过去的百年的教育历程，却得出这样的结论：20世纪不是儿童的世纪。不仅如此，20世纪末的所有教育改革都毫不例外地和国家的政治、经济目标密切地联系在一起，世界上许多国家都把教育发展作为新世纪发展的战略重点，颁布了教育改革的计划[1]，把教育作为富国强民、参与国际竞争的重要手段。中国在全球化的今天，学校教育也必须满足国家、社会以及个人的发展需要。感性并不仅仅是纯粹的自然性、生物性存在，也是一种社会性存在。基于图像时代的种种变化，学校教育目标有必要给予回应，那就是注重感性能力的发展，培养具有感性能力的人才。今天的经济发展中，感性产业成为新的产业，具有重大的经济价值和政治价值。从经济上讲，感性产业输出已经成为国际贸易中的重要组成部分，如电影、电视剧、动画片等。从教育要促进社会的发展、满足国家的需要来看，学校教育有必要调整一下教育目标，不是让儿童在感性生活中放任自流，而是把感性上升到能力的角度加以审视，把儿童的先天的感性状态转变为一种感性能力，以应对后现代社会中巨大的图像产业发展的挑战。人的认识的发展，从层次上是从感觉到知觉，然后会有记忆和思维。感性开始于感觉，但终点不会是感觉，而是形成一种能力，这种能力不是肤浅的、片面的，只能认识现象、不能指导人行为的，而是理性的，担负了认识世界、改造世界的任务。学校教育要恰当引导儿童的感性，形成他们的感性能力。

（二）培养儿童的整体分析能力和辨别能力，应对图像社会的政治挑战

图像之所以能构成社会的标志，在很大程度上与人类传播技术以及媒体发展有很大的关系，信息技术使得图像的传播成本降低，人们可以从互联网的各个角落里搜寻到自己想要的信息。而图像社会带给人的信息具有虚拟性，时空顺序的非线性排列让人难以作出正确的判断，如有些广告“不是向人们传递信息、阐释事实，而是故意隐蔽一些东西、歪曲一些事实、捏造一些假象以此来混淆视听，达到其诓世愚民的目的，这样，我们现在经常提起的‘大众媒体墙’就形成了”[2]。所以现在“眼见为实”也不一定是正确的。不仅如此，从政治上讲，输出的图像产品从来不是单纯的产品，这些图像都有价值观输出。有很多人惧怕图

---

1 例如，美国20世纪80年代以来发表一系列的改革文件，包括《2061计划：为了全体美国人的科学》《美国2000：教育战略》《2000年目标》等；英国颁布了《1988年教育改革法案》；日本发布了《面向21世纪的日本教育发展方向》等报告。

2 [日]小森阳一. 21世纪大众媒体墙与“心脑控制社会”问题[J]. 广东外语外贸大学学报，2007（4）：5-10.

像，图像的力量很有可能“最终毁掉创造者和操作者”[1]。有研究者指出：“日本对图像学的规律，尤其是动漫等高科技视觉产品的规律，认识得很透彻。他们已经明白，图像产品的威力比原子弹大，拿它对付别国，不需要亡国，就可以灭种。比如，他们可以通过游戏，故意把关公设计成可以用钱收买的，把西游记篡改得不伦不类，诸如此类，改写中国的文化基因，让中国文化串种……麻生太郎外相在‘文化外交的新构想’演讲中明确提出，日本应大力开展‘动漫外交’……‘你们所做的事情已经抓住了包括中国在内的许多国家年轻人的心，这是我们外务省永远也做不到的事情’……”[2]因此，我们必须警惕这种图像输出中的价值观输出，年青一代是这些图像产品的主要消费者，我们必须重视这种价值观输出对年青一代的影响。因此，学校教育必须引导年青一代对社会生活中的各种图像保持一种警醒，培养年青一代对图像的整体分析能力，而不是放任他们盲目地接受；要让他们在感受图像的时候，能够作出恰当的分析、辨别、判断、选择成为一个积极的建构者，而不是一个图像的被动接受者。这也就意味着，感性不能只是一种状态，应体现为一种能力，而这种能力同样需要人的理智性思考。

（三）培养儿童的视觉思维能力，应对图像社会的思维变革

实际上，与图像密切相关的视觉也是有思维过程的，离不开抽象、推理、分析、综合等。许多人有这样一种看法，认为在诱惑性的电视文化中成长起来的新一代，长于图像感知而拙于线性逻辑推理，其理性思维能力已经很薄弱[3]。或许这个判断在某种意义上是恰当的，但是与图像有关的视觉过程不应该被认为是没有思维的。阿恩海姆提出了“视觉思维”的概念，认为“知觉活动在感觉水平上，也能取得理性思维领域中被称为‘理解’的东西，任何一个人的眼力，都能以一种朴素的方式展示出艺术家所具有的那种令人羡慕的能力，这就是那种通过组织的方式创造出能够有效解释经验的图式能力。因此，眼力也就是悟解能力”[4]。读图也会“学而不思则罔，思而不学则殆”[5]，儿童有必要养成思考的习惯。学校教育有必要运用与视觉有关的手段，以视觉作为突破口培养儿童的思维能力。让学生参与到图像的产生、使用、理解与解释的过程中去，以此激发儿童的想象力、领悟力、分析力、判断力等。

尼尔·波兹曼说：“400年来占据绝对统治地位的印刷术利大于弊。我们现代人对于智力的理解大多来自印刷文字，我们对于教育、知识、真理和信息的看法也一样。随着印刷术退至我们文化的边缘以及电视占据了文化的中心，公众话语的严肃性、明确性和价值都出现了

1　[斯]阿莱斯·艾尔雅维茨．图像时代[M]．胡菊兰，张云鹏，译．长春：吉林人民出版社，2003：25.
2　姜奇平．Web2.0之读图时代[J]．互联网周刊，2006（Z1）：115.
3　肖绍聪，刘铁芳．从文学书到图画书：读图时代的教育思考[J]．河北师范大学学报（教育科学版），2005（2）：13.
4　[美]鲁道夫·阿恩海姆．艺术与视知觉[M]．滕守尧，等，译．北京：中国社会科学出版社，1984：56.
5　杨伯俊．论语译注[M]．北京：中华书局：18.

退步，这就是我希望说清楚的。但是，对于同种情况下可能出现的好处，我们也应该保持坦诚的态度。”[1]这可能是面对图像时代我们持有的恰当立场。

第四节
儿童可教的人性假设与教育

学习目标

分析教育现象背后的人性假设，掌握儿童可教的前提依据，利用哲学理论评价教师展开教学的人性假设的优劣。

一、儿童可教的理论观点和实践立场

（一）儿童可教的人性假设

儿童是否可教，这是个哲学问题。一般来说，在学习问题上，大多数哲学家都认为儿童是可教的，只不过在具体的人性假设上他们的观点存在不同。

传统教育学的代表人物赫尔巴特认为，儿童可教的前提假设是人有可塑性。赫尔巴特是主知主义者，持有的是知识人（观念人）的假设。赫尔巴特在《普通教育学》开篇就明确了教育学的基本观念，即学生的可塑性。“教育学却也不能假定可塑性是无止境的，心理学则可防止这种谬误的发生。儿童的不定型是受其个性所限制的；此外，通过教育使儿童定型，这是受环境条件和时间制约的。成人的定型过程在其内部延续着，而教育者对此是无能为力的。”[2]现代教育学代表人物杜威认为，儿童在操作中学会知识，是个实验主义者，持有的是经验人的假设。杜威说：“如果人性是不变的，那么，就根本不要教育了，一切教育的努力都注定要失败了，因为教育的意义本身就在于改变人性已形成的那些质朴的人性思维、情感、欲望和信仰的新方式。”[3]“若把这个问题看成实际的而非理论的问题，那么，我想，正确的答案是：人性的确改变。”[4]教育人类学家武尔夫也认为：“通过教育来增加个体的力量被认为是人类生活的目标。这些力量包含器官和非器官的差异，并且显示了所有的生物属性。这些力量在每个个体间的表现是不相同的，教育需要他们，同时他们也构成了可教育性。”[5]人性不仅可教，如

1 [美]尼尔·波兹曼. 娱乐至死[M]. 章艳，译. 桂林：广西师范大学出版社，2009：27.
2 [德]赫尔巴特. 赫尔巴特文集：教育学卷一[M]. 李其龙，等，编译. 杭州：浙江教育出版社，2002：188.
3 [美]约翰·杜威. 人的问题[M]. 傅统先，邱椿，译. 上海：上海人民出版社，1965：155.
4 [美]约翰·杜威. 人的问题[M]. 傅统先，邱椿，译. 上海：上海人民出版社，1965：150.
5 [德]克里斯托夫·武尔夫. 教育人类学[M]. 张志坤，译. 北京：教育科学出版社，2009：37.

果没有教育，人性也不完善。德国哲学家卡西尔提出，“人是符号的动物”[1]。“没有了符号表示，人的生活将像柏拉图有名的比喻中那些地洞中的囚人的生活一样。人的生活将限制在他的生物需要和实际利益的范围以内，他将永远找不到那个从宗教、艺术、哲学、科学各个不同方面为他开启的通达‘理想世界’的进口。”[2]因此，只有通过教育，人性才能完满，人类才能脱离野蛮的蒙昧状态。

教育家语录

在本质上，人，即便不是善的，但无论如何也不会是恶的，人有仁慈的潜能，每一个人，在不受骗子或傻子迷惑的时候，最善于鉴别自己的利益和价值；在总体上，每一个人都倾向于奉行自己的理解力所提供的行为法则。

——[英]以赛亚·柏林．自由及其背叛[M]．赵国新，译．南京：译林出版社，2005：136-137.

（二）人性可教的实践立场

在电影《放牛班的春天》中有一个镜头，马桑斯大叔被打伤了，校长采取了惩罚的方式对待学生，马修老师也认为打伤马桑斯大叔是不对的，他采取的措施是让打伤马桑斯大叔的学生去照顾马桑斯，为什么两个成年人的做法不同？根源在于他们对人性假设的认识不同。校长的人性假设是邪恶的，所以采取了惩罚的方式；马修老师的人性假设是善良的，所以让学生去照顾马桑斯大叔。所以，虽然教育工作者必须得承认人性是可教的，但不同的人性可教的立场也会带来不同的教育行为。因此，教育者要遵循一些关于人性可教的基本原则。

第一，坚信人是可以被教化的。

俗语当中有句话，常常是教师从事教育活动中感到无力的一句口头禅，即“朽木不可雕也”，意思是总有一些学生是不可教的。但恰当的立场应该是，在教育者眼睛里，不存在“不可雕也”的“朽木”，每一个个体都是一块有用的木头。

案例研究

电影《蒙娜丽莎的微笑》中的教育观

电影《蒙娜丽莎的微笑》讲述了20世纪50年代美国卫斯理女子学院的凯瑟琳老师和学生

1　[德]恩斯特·卡西尔．论人[M]．刘述先，译．桂林：广西师范大学出版社，2006：37.
2　[德]恩斯特·卡西尔．论人[M]．刘述先，译．桂林：广西师范大学出版社，2006：55.

之间发生的故事。20世纪50年代，美国女性的社会地位表面看来有了明显提高，然而在如卫斯理女子学院这样的著名女子大学里，教师们教授学生，仍是一切围绕将来的好姻缘打转，并不鼓励她们主动获取自己感兴趣的知识，也不注重培养她们的心理素质。美丽成熟的凯瑟琳大学毕业后，怀揣理想和热情来到该学校担任艺术史教师，因想散播自由的种子碰壁连连。然而，因为风趣、率直、热情、渊博，凯瑟琳很快赢得了学生们的喜爱，她鼓励学生们独立思考，过独立的生活。这种思想与学校的传统格格不入，形成了两种不同的教育思想，即以凯瑟琳老师为代表的改革力量和以卫斯理女子学院校方为代表的保守力量。这两种力量的教育实践背后的人性观完全不同。

保守力量认为，对人性的教化机制是当学生犯错误的时候采取惩罚的方式，同时伴有指责、批评、情感上的厌恶等。对于一切异于学校传统和现行体制的行为都给予否定，一切有悖于传统和现行体制的好奇心、兴趣、爱好都必须遭到遏制。因此，在引导人性向善的进程中，这些力量采取的方式是控制，不能允许有任何违背规定的行为，必须把违规的行为和思想拉回预定的轨道。保守力量坚信既有的方式是被传统证明有效的方式，害怕违反传统的行为带来糟糕后果，任何有悖于现行体制的思想、做法都必须给予遏制甚至消灭才能真正帮助人性的完善。

改革力量基于人性的生成需要引领的假设，认为对人性的教化机制是引导、肯定、承认。体制之中的现实与传统的教育力量总是认为人是有意识的，而改革的力量则进一步认为人是有自我意识的，“在意识和自我意识之间有一种流行的区别：意识符合某些经验诸如疼痛或愉悦的经验，自我意识指的是作为一个对象的自我的识别和出现”[1]。电影中的老师激发了学生的自我意识，开始追问自己想要什么样的生活，学生们的自我意识逐渐觉醒。教化学生不是简单地要求学生接受共同体的约束，而是要求学生参与会话。在交流对话中，学生的自我意识被唤醒，学生知道了怎样去选择、追求自己想要的生活。凯瑟琳老师潜在地认为，对人的教化不是一项确定性的活动，即使教育者把关于人性的全部知识掌握住，教育过程以及过程中所产生的结果依然是不确定的。因此，必须尊重受教育者的主体性，唤醒他们的自我意识，帮助他们学会对自我负责。凯瑟琳老师采取的方式是引导与鼓励，放弃了教材上的刻板观点，鼓励学生大胆地讲出自己的想法，鼓励学生基于自己内心去选择生活道路。

案例来源：王澍，等．论教育学的人性假设：基于成长电影的分析[J]．四川师范大学学报（社会科学版），2011（5）：131-134．文字有改动。

第二，对人的教化结果并不是完全确定的。

真正的教育过程是帮助人成长的过程，是一个合作的过程，而合作的活动意味着不能是

1　莫雪．20世纪心理学名家名著［M］．广州：广东高等教育出版社，2002：1091.

“完全生产”的，合作活动的特点就在于“帮助完成”。教育活动无法确保某种教育结果一定会发生。教化人性并不是进行雕刻或雕塑，不是单靠人的操作就能完成的，而是需要师生双方的合作。

教育家语录

语文课堂不能只是教师发光，不能只是教师训练自己的口才与思维，还要让每个学生都有锻炼与提升语言能力、思维品质、文化素养的机会。因而，每个学生都应是发光体，能够奏出动听的学习母语的乐曲，教师是这支交响乐中的首席。课堂里缺少生命的涌动、思想的活跃、情感的充沛、语言的奇妙，怎么可能有吸引力、感染力？怎么可能获得莘莘学子的钟爱而让他们进入语文宝库的探索？

——于漪．把教育信仰写进课堂[N]．中国教师报，2018-12-26（010）．

第三，以丰富的人性观认识儿童。

儿童是丰富的，不能简单地看待儿童表现出来的人性特征。在一些教育实践中，成年人往往误解了儿童的本来心性进而造成了诸多的教育错误。例如，性善论、性恶论都是单一的人性假设，虽然他们都带来了比较理性的教育原则，但教育实践的丰富性要求教育者不能简单地把儿童看成是善良的或者邪恶的。儿童是复杂的个体。正是由于把儿童看得简单了，才出现了教育上的标签化处理。我们几乎可以在学校教育中到处可见这样的现象：在我们的评价体系中，落后于别人的孩子慢慢开始故意违反纪律，并一点一点扩大违规的程度来试探教育者的反应，当自己的调皮捣蛋让教育者气急败坏而不得不关注自己的行为、思想乃至时刻盯着自己时，很多孩子的心里是得意的甚至是自豪的，从他们在事后做鬼脸或哈哈大笑或向其他人大声宣扬的行为中就可以很明显地看出来。他们机敏地发现，自己只有用此方式才能得到足够的注意与关照，而违反规则又与自己天性中的自由、不服管教天然契合，同时还能让那些已经适应规训的“好学生”刮目相看。这些“好处”与教师不得不分离出大量注意力关注他们的做法又强化了他们故意违反规则的心理。需要注意的是，尽管表面上看起来，这些孩子在故意违反规则，其实却是用调皮的小聪明换取教育者注意的手段而已，他们的内心还是希望得到教育者的认可与赞许的。他们挣扎于继续违规还是服从规则的矛盾中，小心翼翼地观察教育者的反馈。偶得一个小小的赞美就会让他们马上回到服从规则的队列里，而持续的惩罚会将这些孩子向相反的路径上越推越远。因此，教育者要建立人性的丰富性的观点，学生其实是复杂的，简单对待是会犯教育错误的。

二、认识世界的方式与儿童教育

人是如何认识世界的，这属于认识论问题。认识论是探讨人类认识的本质、结构，认识与客观实在的关系，认识的前提和基础，认识发生、发展的过程及其规律，认识的真理标准等问题的哲学学说。认识论的核心问题是：我们是如何认识世界的？我们是否能够认识世界？我们思考问题的能力是从哪里来的？例如，我们思考问题的逻辑思维能力是从哪里来的？我们把握普遍性的能力是从哪里来的？我们头脑中的概念是如何形成的？作为教育者必须知道，学习者是如何获得你要教的那个观念的？在哲学史上，认识论的主要流派有理性主义认识论、经验主义认识论、实用主义认识论等。

儿童认识世界的方式

儿童认识世界的方式是多种多样的，从哲学的角度讲，认识的方式主要有：理性主义认识论、经验主义认识论、实用主义认识论、建构主义认识论。

（一）理性主义认识论与儿童教育

理性主义认识论（rationalism）是建立在承认人的理性可以作为知识来源的理论基础上的一种哲学方法，认为理性高于并独立于感官的感知。理性主义认识论承认客观世界的存在，但认为人对世界的认识总是以主观心灵的存在为基体的，因此特别强调心灵的作用。笛卡儿的“我思故我在”，斯宾诺莎的“真观念”，莱布尼茨的“天赋观念论”都属于此类。

理性主义认识论与儿童教育有着紧密的联系。理性主义认识论认为，理性是人类认识和思维的基础，在人类从经验中获取知识的过程中，理性发挥着重要的作用。因此，在儿童教育中，理性主义认识论强调教育的目的是培养儿童的理性思维能力，使其能够从经验中获取知识，并通过客观、逻辑的分析和推理，获得深入的理解和解决问题的能力。在儿童教育中，理性主义认识论也倡导以知识的积累为基础，注重培养儿童的学习兴趣和创造力，培养他们的批判性思维和批判性精神，使儿童具备自主学习和自主思考的能力，以应对未来的挑战。

案例研究

逻辑推理游戏

逻辑推理游戏是一种训练儿童逻辑分析能力的有趣和有效方法。这些游戏通常要求孩子们使用逻辑推理和分析的思维方式来解决问题和达到目标。例如，谜题游戏、数学游戏、迷宫游戏等都可以帮助儿童训练逻辑分析能力。这些游戏可以指导孩子们进行逻辑推理，学习判断、推论和分析问题的能力，同时提高他们解决问题的能力和抽象思维的能力。这些游戏还可以增强孩子们的集中和注意力、耐心和毅力，并且提高他们的自信心和创造力。通过逻辑推理游戏的训练，儿童可以不断提高自己的思维能力，为以后的学习和生活打下坚实的基础。

其中一个适合儿童的逻辑推理游戏是“数独”。数独是一种利用逻辑推理技巧回答问题的智力游戏，能够帮助孩子们提高逻辑分析和演绎能力，同时增强他们的数学思维和解决问题的能力。在数独游戏中，玩家需要填充一个9×9网格，每行、每列和每个3×3的子网格内要填入1～9的数字且每个数字都只能出现一次。游戏会提供一些已经填好的数字，玩家需要根据已有的数字和规则，通过逻辑推理填出整个数独的完整数字。这个游戏强调逻辑推理和分析，要求孩子通过观察、推理和试错的过程，找出每个数字的正确位置。数独游戏锻炼了孩子的注意力、专注力、耐心和动手能力。数独的难度是可以适应不同年龄段孩子的能力要求，从易到难，慢慢提高孩子的思维水平。

（二）经验主义认识论与儿童教育

经验主义（empiricism）是一种认识论学说，认为人类知识源于感觉，并提出以感觉的领会为基础。在经验主义学说的发展过程中，它反对理性主义的天赋观念论，反对理性主义主张唯有理性推理而非经验观察才提供了最确实的理论知识体系。经验主义的代表洛克将讲演分为外部经验和内部经验，即感觉和反省。如果认为人类知识源于感觉，那么儿童获得知识的第一步是感觉，因而恰当的教育方式是重视儿童学习的感官经验和感官感受，重视儿童成长的环境，重视成年人对儿童的监管与引导。

案例研究

儿童的心灵是白板，教学要讲究直观性

物理教学中，教师讲授压强的概念，可以让同一个人分别穿平底鞋和穿细高跟鞋站入沙坑中，观察脚陷入的情况是怎样的，这样，就能使学生对压强大小的决定因素先有一个初步的、感性的认识。

几何教学中，教师讲授圆的定义，结果上课铃一响，老师拿着一串钥匙，有长长的绳，就开始摇，学生们都特别好奇，老师这是干什么啊，但是很快学生就明白了老师在显示圆的轨迹。如此直观，学生怎么可能归纳不出来圆的定义呢？

（三）实用主义认识论与儿童教育

在经验主义认识论和理性主义认识论争论的过程中，还出现了超越二者的实用主义认识论（pragmatism），以美国的实用主义哲学为典型代表。实用主义认识论主张，人的知识既不是主观的，也不是客观的，人在与环境的互动过程中获得了知识。“如果学习是在个人与环境的交互作用中发生，那么，正如杜威所倡导的，最有效的方法就应该是问题解决法。”[1]杜威提出，反省思维包括五个阶段：困惑、问题、假设、推理和检验。相应的，教学的过程就是让学生经历这五个阶段的思考过程，实现学习。

案例研究

《白雪歌送武判官归京》语文教学中两种导入方式，哪个更好？

白雪歌送武判官归京

岑参

北风卷地白草折，胡天八月即飞雪。
忽如一夜春风来，千树万树梨花开。
散入珠帘湿罗幕，狐裘不暖锦衾薄。
将军角弓不得控，都护铁衣冷难着。
瀚海阑干百丈冰，愁云惨淡万里凝。
中军置酒饮归客，胡琴琵琶与羌笛。
纷纷暮雪下辕门，风掣红旗冻不翻。
轮台东门送君去，去时雪满天山路。
山回路转不见君，雪上空留马行处。

第一种方式，直接告诉学生今天学习一首古诗，大家先自由朗读，问学生关于学古诗有什么问题，然后再让学生齐读，问题是：这首诗的主题是什么？学生回答是关于离别的。

第二种方式，先跟学生说一些离别的诗句，“桃花潭水深千尺，不及汪伦送我情”；“劝君更尽一杯酒，西出阳关无故人”；“悄悄的我走了，正如我悄悄的来；我挥一挥衣袖，不带走一片云彩”。然后引出今天要学习的那种离别的方式。

两种导入方式，哪个方式更有效？

第一种导入方式非常朴素，让学生自己获得了结论，而不是直接告诉学生诗歌的主题，之后在教师教学过程中让学生去比较不同的离别诗都以什么为载体表达离别之情。第二种导入方式虽然有很多的诗句引入，体现了教师知识的广博性，但直接告诉学生这首诗是关于离别的，就不是让学生通过自己的体验获得对知识的感知，而成为一种来自教育者的演绎。

这首诗能够体现离别的有两个地方：一是题目；二是后八句。前八句是写雪景，九、十

1 [美]杰拉尔德·古特克. 哲学与意识形态视野中的教育[M]. 陈晓端，主译. 北京：北京师范大学出版社，2008：8.

句是过渡，后面的是送别。如果学生不读完整首诗歌，很难确定主题，所以让学生自己阅读，自己体验更加合适。

（四）建构主义认识论与儿童教育

认识与存在的关系问题，即认识同客观实在的关系问题在20世纪80年代后期有了新的解答，人们提出了建构主义的观点，它提供了关于学习的新观点，对教学观、评价观等产生了广泛的影响。从建构主义的视角看，知识并不是世界的反映，也不是对世界的描画，而是包括了人的行动模式、概念和思想，人的知识是人自己建构的经验实在。

建构主义有很多理论渊源，维柯的新科学、康德的哥白尼式革命、杜威的经验自然主义都与建构主义渊源甚深，但是最直接的理论来源是心理学上的建构主义。其一是皮亚杰的建构主义理论。他认为学习是个体自我建构，个体思维的发生过程，是儿童在不断成熟的基础上，在主客体相互作用的过程中获得个体经验与社会经验，从而使图式不断协调、建构（平衡）的过程。其二是维果茨基，他认为，学习是一种社会建构，强调认知过程中学习者所处的社会文化历史背景的作用，重视活动和社会交往在人的高级心理机能发展中的地位。他认为，人的高级心理机能是在社会的交互作用中发展起来的，或者说人的高级心理活动起源于社会的交互。高级心理机能的实质是以心理工具为中介，受到社会历史发展规律的制约。“无论是在社会历史发展过程中，还是在个体发展过程中，心理活动的发展应被理解为对心理机能的直接形式，即‘自然’形式的改造和运用各种符号系统对心理机能的间接形式，即‘文化’形式的掌握。”[1]当代的极端建构主义者恩斯特·冯·格拉塞斯费尔德主张，内有一个主体能够超越其个人的经验，知识是由认识者积极建构的，而不是消极接受的。他反对真理的符合论，认为人类知识只能是进化的而不是逐渐接近真理的。[2]

在教育的基本主张上，建构主义提出人与动物不同，动物是可以被训练的，但儿童不能，教育儿童首先意味着激发儿童的学习思维。教学应该让儿童自主探究、自主发现与自主建构，教师则是儿童建构的帮助者，为儿童的正确建构提出一些建议，而不是向学生提出正确的建构路径。因此，教学不是灌输，而是进行问题解决。“教师必须始终怀有这样的信念，相信学生是能够独立思考的。”[3]教师要了解学生，要激发学生的思考，要促进学生之间的讨论。“一般来说，倘若中小学生和大学生们能理解为什么掌握的知识是有用的，这就更能使他们产生学习动机。”[4]

1　[苏]维果茨基．维果茨基教育论著选[M]．余震球，译．北京：人民教育出版社，2005：2.
2　[美]恩斯特·冯·格拉塞斯费尔德.激进建构主义[M]．李其龙，译.北京：北京师范大学出版社，2017：2.
3　[美]恩斯特·冯·格拉塞斯费尔德.激进建构主义[M]．李其龙，译.北京：北京师范大学出版社，2017：295.
4　[美]恩斯特·冯·格拉塞斯费尔德.激进建构主义[M]．李其龙，译.北京：北京师范大学出版社，2017：288.

教育家语录

教与训是两种实践，他们在方法上是不同的，得到的结果也是迥异的。我经常提到这一点。可是最近我才发现在这方面我同康德也是一致的。康德提出“人或者能仅仅被训练、驯服和机械地教授，或者真正被启蒙。我们训练狗、马，我们也训练人。……用训练还不曾有过效果，而关键首先是儿童学习思维。这导致了从中产生所有行动的原则。”

——恩斯特·冯·格拉塞斯费尔德. 激进建构主义[M]. 李其龙，译. 北京：北京师范大学出版社，2017:289

本章小结

1. 儿童能够提出许多哲学问题，分析这些哲学问题会发现儿童是个哲学家。

2. 对儿童的哲学教育是可能的，如李普曼多年来推行对儿童的哲学教育，编写了诸多的儿童哲学教科书和教师指导用书。

3. 儿童的创造力是先天与后天的合体。后天培养创造力的措施是鼓励学生提问，鼓励学生尝试新的方法，培养学生健全人格，掌握基础知识和基本技能，以及正确价值观的引导。

4. 赫尔巴特认为人性可教，因为儿童具有可塑性；杜威也认为儿童可教，因为人在与环境的互动中获得经验。

5. 人性可教的实践立场是：人是可以被教化的，对人的教化结果并不是完全确定的，以及以丰富的人性观对待儿童。

6. 人认识世界的方式是多种多样的，从哲学的角度认识的方式主要有：理性主义、经验主义、实用主义、建构主义认识论。教师要根据学生认识世界的方式教育儿童。

总结 >

关键术语

儿童	创造性	人性
Children	Creativity	Humanity

章节链接

在这一章，你读到……	在其他章节中，你将发现相关的讨论……
关于什么是哲学	在第一章“什么是教育哲学”中会有更加深入的了解
关于儿童教育的观点	在第二章“教育是什么”中会有更加深入的了解
儿童认识世界的方式与教育	在第七章“学习”中有相关的讨论与分析

应用 >

批判性思考

1．你相信儿童是个哲学家吗？赞成对儿童进行哲学教育吗？

并不是所有的人都赞同对儿童进行哲学教育，英国哲学家约翰·怀特对儿童哲学就持有批判态度。怀特认为，问题本身并不能决定自己是否具有哲学的性质，只有问题背后的情境才能决定，这种情境旨在断定一个问题是否引起个体对日常普通概念的质疑。他同时指出，提问者的意图对问题本身的哲学性也有重要影响。儿童提问题是为了学会使用概念，而哲学家则不是，他们已经知道如何使用概念，他们感兴趣的是从更高的层次重构概念，但儿童却旨在知悉各种不同的概念，包括猫、河流、计算机等，因此，两者的意图是截然不同的。

但是这种比较仍是在儿童与从事学术事业的学院派哲学家之间展开的，其答案当然是否定的，由此表明怀特仍将哲学视为一种学术，而非个体的生活形态，这和儿童哲学的理念是大相径庭的。儿童哲学的研究者们并不否认在儿童（特别是幼童）所从事的哲学活动中很大一部分是概念游戏，也不否认儿童需要掌握超过哲学范畴的概念，并学会把他们应用到生活中去，但这些都只是冰山的一角而已。一方面，儿童们确实能够表达出真实的困惑，诸如“我是谁”“世界从何而来”等问题。这些问题绝不是随意发出的疑问，他们也能够利用身边的各种信息及自身的经验进行思考。在教学实践中，笔者发现孩子们并非仅仅关注概念的理解与应用，且能质疑既有的概念或命题，如有孩子质疑“地球是圆的”并进行了有效论证；关于公平与自由等抽象概念，孩子们也能够对常见定义进行有力的批判。注重理论思考的专业哲学家绝非哲学家的全部，做哲学并非只有一种形态，儿童可以按照自身特有的方式迈步在哲学之路上。

（摘自高振宇.儿童哲学论[M].济南：山东教育出版社，2011：4-41.文字有改动。）

2．有人认为，创造力是天生的，后天的教育只能保护人的创造力，教师是无法培养学生的创造力的，而且教师这个职业本身就缺乏创造力，缺乏创造力的教师如何能够培养出有创造力的学生呢？对此，你有什么看法？

体验练习

1. 分析下面儿童话语中的哲学观点。

马修斯在《哲学与幼童》中举了这样一个例子。五岁的克利斯汀正学阅读。她学认音节并把它们读出来，从而学会认词。有次她对爸爸说："我们有字母，我真为此高兴。因为如果没有字母，也就不会有声音，要是没有声音，也就不会有词，如果没有词，我们就不能思考，如果我们不能思考，也就不会有这个世界。"

2. 观看电影《放牛班的春天》，分析校长和马修老师的人性观及其教育方式。

案例研究

阅读以下案例材料，并利用有关儿童的相关哲学理论思考以下问题。

1. 怎样看待儿童看似幼稚的趣语？
2. 如何与儿童进行交流才能发挥他们的想象力？

某六岁小朋友学习退位减法，在计算"21−7"的时候说："如果十位的2不肯借，怎么办？"

某3岁幼儿追问他的妈妈："第一个妈妈是怎么来的？"

某9岁儿童问："既然每个人生下来之后都在未来某个时候会死，那么活着还有什么意思呢？"

教学一线记事

轻轻地捧起，柔柔地摊开——呵护儿童心灵胚胎（节选）

顾城有一首著名的诗，其经典的语句是："黑夜给了我黑色的眼睛，我却用它寻找光明。"儿童来到这个世界上，学习文化知识，发展心灵也需要经历一个在黑暗中寻找光明的过程。没有这样的过程，儿童心灵难以真正地发展起来。如果我们打乱了这个次序，我们就会造成一些早熟的果实，它们长得既不丰满也不甜美，而且很快就会腐烂：我们将造就一些年纪轻轻的博士和老态龙钟的儿童。儿童心灵的胚胎期正是儿童蒙昧的、原始的自我探寻的最好时期。儿童是有他特有的看法、想法和感情的；如果想用我们的看法、想法和感情去代替他们的看法、想法和感情，那简直是愚蠢的事情。在心灵胚胎期，儿童最应做的事情有以下几件。

第一，自由生活着，并探寻着。苏霍姆林斯基明确指出："儿童就其天性来讲，是富有探索精神的探索者，是世界的发现者。"丰子恺在《给我的孩子们》中就曾这样赞叹道："你们每天坐火车，坐汽车，办酒，堆六面画，唱歌，全是自动的、创造创作的生活。"我们应该给儿童充分的时间和空间，给儿童充分的尊重和支持，让他们自由地生活，自由地探寻。探寻着去生活，充分地生活。这样的生活，儿童必然有所发现、有所感悟、有所思考、有所想象。比如，一位儿童发现他家养的小白兔看见他吃稀饭，忽然不吃东西了，眼睛盯着他手里的稀饭，好像很想尝一尝，他便把稀饭给小兔子尝了一口，发现这个小兔子吃得津津有味。作为教师听了孩子的介绍，是否可以这样引导："你怎么知道小兔子吃得津津有味呢？你再试一次，仔细观察一次，把这个'津津有味'记录下来，好吗？"儿童去探寻生活，除了这样的事先无目的的寻觅之外，还可以进行有意识、有目的的探寻。比如，一位美国女教师给学生布置了一道作文题："找出自己将来希望从事的职业。针对这未来的职业写一份报告，而且每个人都要访问一个现在正在从事那行业的人，写一份访谈报告。"这是一种设计了的探寻生活的方式，只要适合儿童，比第一种更为有效。

第二，大胆涂鸦着，并探寻着。低年级的儿童学习完全可以采取"涂鸦式"，即用自己喜欢的方式，或色彩、或线条、或文字、或歌声、或言语来表达自己所感知的世界。著名作家肖复兴在儿子肖铁6岁之前就开始辅导作文。他让肖铁对着录音机说话，说后和他一起听，并且告诉他这就是作文。后来，肖铁对"作文"兴趣大增，对着录音机说个没完，简直觉得自己就是一个作家了。这无疑是一个丰富儿童原初意象，让儿童大胆涂鸦的典型例子。儿童大胆涂鸦是发展心灵的好形式，目的在于培养儿童表达的兴趣和习惯，让他们自由发展心灵，不设任何框框，真正做到想说就说、想写就写、想唱就唱、想做就做。在这样自由涂鸦的过程中，只要我们稍加点拨，儿童就会尝试着用各种方式去学习，去探索未知的世界。

第三，创造着，想象着，并探寻着。我们不要给儿童思维、想象等设边界，让他们放胆去创造、去想象，一定会收到意想不到的效果。想象，往往孕育着创造的萌芽。要开发儿童创造的潜能，发展他们的想象力便是一把金钥匙。因此要创造空间，让儿童创造着、想象着、探寻着。有一个故事讲的是：某小学走廊里陈列着一幅很有趣的画，那是一个由孩子的脚印组合而成的画面。每当有来宾参观学校时，校长总是很自豪地向来宾介绍说，这是一个学生在脚上涂了油彩，用力踩出来的。他认为这个孩子的思维方式不一般，创造力不可估量，就把画郑重地陈列在这里，旨在倡导一种创造精神，鼓励所有的孩子都有自己独特的思维方式。

——刘云生. 心根课堂：让教育随学生心灵起舞[M]. 重庆：西南大学出版社，2012：165-167. 文字有改动。

拓展 >

补充读物

1 [德]贝蒂娜·施蒂克尔. 诺贝尔奖获得者与儿童对话[M]. 张荣昌，译. 北京：生活·读书·新知三联书店，2003.

本书内容主要是儿童提出问题后，由诺贝尔奖获得者进行回答。孩子们问为什么1+1=2？为什么有男孩和女孩？我们为什么必须上学？天空为什么是蓝的？……能够精妙回答这些问题的人，自然就是诺贝尔奖获得者，因为他们是他们所研究的那个专业的顶尖人物。

2 高振宇. 儿童哲学论[M]. 济南：山东教育出版社，2011.

本书详细论述了儿童哲学的发展历程和实践样态，全面揭示儿童哲学作为一个学术领域和学校课程的基本面貌。该著作分析了什么是儿童哲学、儿童哲学的国内外现状、怎么教儿童哲学、用什么教儿童哲学四个方面的问题，最后得出结论，提出建议。

3 张斌贤、于伟主编的辑刊《新儿童研究》(广西师范大学出版社出版)

该书系儿童学研究领域的专业辑刊，内容主要包括儿童史学、儿童哲学、儿童社会学、儿童文学等方面的内容。一大批国内外儿童学领域的专家学者在此书发表了最新的研究成果。这些作者以发现儿童的伟大天性，捍卫儿童权益，助力儿童幸福成长为己任。

在线学习资源

于伟：“教育哲学”在线课程

http://coursehome.zhihuishu.com/courseHome/1000068230#teachTeam

教育哲学是教育学与哲学的交叉学科，主要从哲学视角出发对教育理论与实践中的前提性问题进行批判与反思，是人们从事教育研究工作的世界观和方法论。东北师范大学于伟教授主持的“教育哲学”荣获首批国家级一流本科课程。其中第五章讲述了认识论与教育，涉及卢梭和洛克的儿童观。

第五章

教育目的

本章概述

本章从哲学的角度讨论了教育目的的相关问题，主要包括：第一，介绍了教育目的的内涵、结构和思考教育目的问题的多维性；第二，分析了教育目的确立的基本哲学理路；第三，对当前“全面发展的人”的教育目的和新课程改革提出的核心素养进行了哲学反思，并探讨了互联网对儿童幸福的影响。

结构图

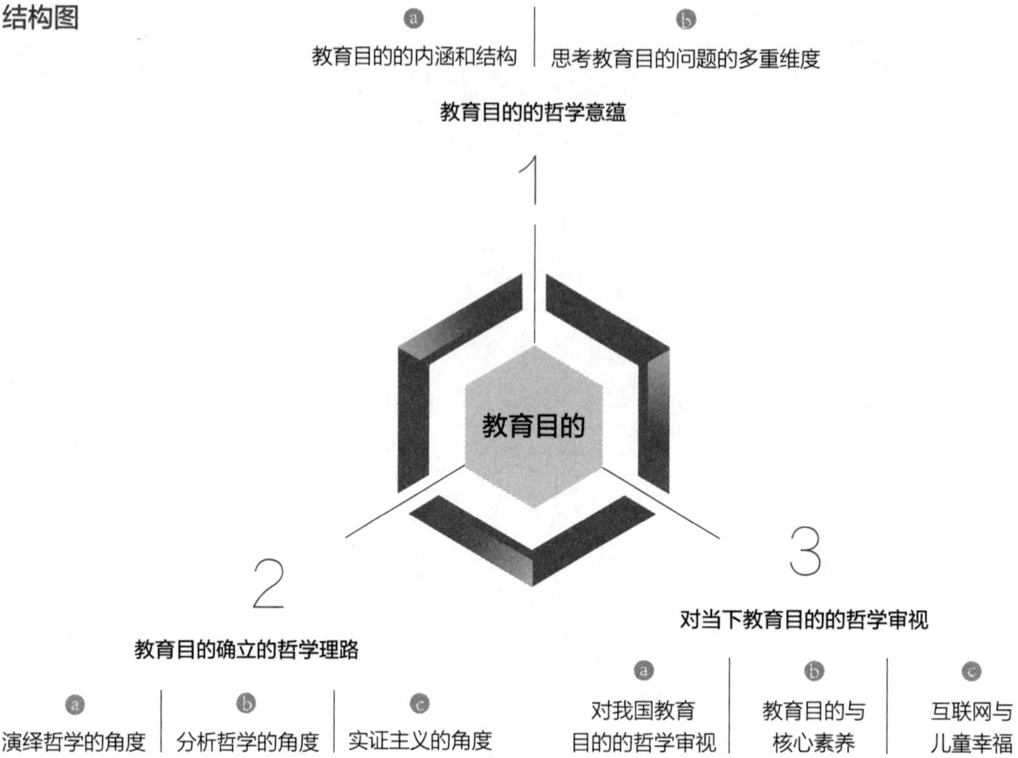

学习目标

学完本章，你应该做到：

1. 了解教育目的的内涵和结构，熟悉确立教育目的的多重维度。
2. 了解确立教育目的的基本哲学理路，能分析各种教育目的的哲学前提。
3. 掌握“培养德、智、体、美、劳全面发展的人”作为国家教育总目的的意义和缘由。
4. 理解新课程改革提出的学科核心素养的哲学依据。
5. 能深入分析互联网对儿童幸福的影响。

读前反思

请思考，开展一系列教育活动的指挥棒到底是什么？

1. 作为教师的你，想一想当你还是一位学生的时候，你对自己有没有规划？你为什么如此规划自己呢？你的老师对你有没有规划？他们为什么对你有这样的规划呢？
2. 未来，当你真正成为一位教师时，你有没有想过你在实施教育时的目的是什么？你将如何调整内容、方法、手段与评价而不断向这个目的靠近？
3. 想一想，为什么长久以来我们都把“培养德、智、体、美、劳全面发展的人”作为教育的目的？新课程改革以来，教师们常常挂在嘴边的核心素养，你是否知道它的依据是什么？

第一节
教育目的的哲学意蕴

学习目标

了解教育目的的内涵和结构，熟悉教育目的确立的多重维度。

教育目的说起来简单，却也是一个复杂的范畴。当我们说起教育目的，说的是否是同一个“教育目的”呢？教育目的对于教育行为的必要性何在呢？这就要对教育目的本身做一番细致的分析。在此之后，我们才能建构起教育目的的存在意义，知晓自己所持有的是否就是教育目的，是在哪个层面上的教育目的。继而才能讨论“应该”持有什么样的教育目的，受什么样的教育目的引导的问题。

一、教育目的的内涵和结构

（一）教育目的的内涵

1．哲学视野下的“人的目的”

何为目的？《辞海》对目的的解释是：“人在行动之前根据需要在观念上为自己设计的要达到的目标或结果。人的自觉能动性的表现。目的贯穿实践过程的始终。它的产生和实现都必须以客观世界为前提，同时还受一定历史条件的制约。目的是通过主体运用手段改造客体的活动来实现的。目的有正确和错误之分，只有符合客观规律和历史发展趋势的目的，才能实现。”[1]

目的性作为人类活动的根本属性之一构成了人类活动与动物活动的基本差别，马克思主义哲学对此有系统而经典的论述。“蜘蛛的活动与织工的活动相似，蜜蜂筑蜂房的本领使人间的许多建筑师感到惭愧。但是，最蹩脚的建筑师从一开始就比最灵巧的蜜蜂高明的地方，是他在用蜂蜡建筑蜂房之前，已经在自己的头脑中把它建成了。”[2]“动物只是按照它所属的那个种的尺度和需要来构造，而人懂得按照任何一个种的尺度来进行生产，并且懂得处处都把内在的尺度运用于对象；因此，人也按照美的规律来构造。”[3]“动物仅仅利用外部自然界，简单地通过自身的存在在自然界中引起变化；而人则通过他所作出的改变来使自然界为自己的目的服务，来支配自然界。这便是人同其他动物最终的本质的差别。”[4]人的存在是一种具有目的性的生命活动，人的有目的性活动是“使自己的生命活动本身变成自己的意志和

1　夏征农，陈至立．辞海：第六版[Z]．上海：上海辞书出版社，2009：1618.
2　马克思恩格斯选集：第2卷[M]．北京：人民出版社，1995：178.
3　马克思恩格斯全集：第3卷[M]．北京：人民出版社，2002：274.
4　马克思恩格斯选集：第4卷[M]．北京：人民出版社，1995：383.

意识的对象”[1]的活动，也就是把“目的”变成现实活动。

不仅人对自然界的加工和改造的活动，人类的社会历史活动（包括教育活动）也同样彰显出人类活动的目的性特征。“在社会历史领域内进行活动的，是具有意识的、经过思虑或凭激情行动的、追求某种目的的人；任何事情的发生都不是没有自觉的意图，没有预期目的的。”[2]人的历史是人类有意识地通过自己有目的的对象性活动创造的历史。在教育领域中则表现为，每一次教育的发展和进步都是人类不断努力的结果，如义务教育制度从加尔文提出到被世界大部分国家确立与推行的历史，就是无数关心教育发展的人的艰辛奋斗的血泪史，甚至一些个体为此付出了自己宝贵的生命。[3]

马克思主义哲学从作为“类属”的人出发来思考人的目的问题，还可以从具体的个体心理出发来考察人的目的：人的目的和人的意识、需要、动机和能动性是相关的。首先，意识是目的的前提。人所独有的意识是人使用和制造工具，进而产生与世界间离的结果，唯有人能够将世界和他人对象化。不是所有的意识状态都是目的状态，目的是对需要的一种意识，是意识状态的一种。目的伴随意识，以活动过程本身为目的时，人可能处于一种前意识或半意识的状态，以活动之外的目的为目的，人则是“有意识的”。其次，如上文对目的的概念表述，目的的基础是人的需要。目的是需要的外在化，需要是内在的、属人的，需要指向一种“行动结果”，这样，“行为结果”也就成了目的。有需要不一定就产生目的，只有需要被明确表述出来并加以追求才形成目的。再次，目的作为一种定向，当个体具备了较为充分的实现条件时，就会激发相应的心理意志而形成动机。最后，动机和能动性的区别是，动机可以描述为“有条件要上”的心理过程，能动性则可以描述为“有条件要上，没有条件创造条件也要上”的实践过程。能动性是人的需要、目的、动机等意向性的综合。

目的有正确和错误之分，正确的目的能够保证人的生存发展。人是理性的动物，人的目的性和人的理性是不可分割的，理性孕育出人类行为的目的性并维持其“正确”。理性首先是一种根据、理由与依据。而这种根据、理由与依据的标准，就是人类活动的目的性。“作为一种推理或认知的能力，‘理性’不仅关涉到知识的获得，而且关涉到行为目的的正当性与合理性辩护”[4]。遵循正确的目的行事就是“合理性的”。人类活动的目的性保证了人类的生

---

1 马克思恩格斯全集：第42卷[M]. 北京：人民出版社. 1979：96.

2 马克思恩格斯选集：第4卷[M]. 北京：人民出版社，1995：247.

3 中国普及义务教育的梦想始于清朝末年，距今已有百年历史。1904年清政府在《奏定初等小学堂章程》的《学务纲要》中明确指出：“初等小学堂为养正始基，各国均认为国家之义务教育。”该章程还明确提出：“此项学堂，国家不收学费，以示国民教育国家认为义务之本意。”这是我国历史上第一次由官方明确提出“义务教育”的概念，被认为是近代中国义务教育的正式发端。普及义务教育是中华民族复兴的百年梦想。怀着这一梦想，中国人民进行着艰难的世纪接力。然而，由于政治腐败、经济落后、民不聊生，旧中国无力也无法把有志者的呼唤和人民的愿望变成现实，普及义务教育只是一句空话。经过新中国近40年的努力，义务教育制度才在中国大地确立，无数人付出了艰辛的努力。参见翟博. 人类教育史上的奇迹：来自中国普及义务教育和扫除青壮年文盲的报告[N]. 中国教育报，2012-09-09（004）.

4 石中英. 教育哲学导论[M]. 北京：北京师范大学出版社，2002：195.

存与发展。因为人的目的反映人的需要，当客观现实不能满足人的要求，不符合人的愿望时，人们就会产生新的需要，为了使自己重新恢复到一种新的平衡状态，就会按照自己的需要去改造当前的现实对象，创造出适合自己需要的新的现实对象，这样人们就必然要提出某种对象性的活动目的。正是人类活动的目的性保障了人类社会的延续、发展与超越。

教育家语录

教育所追求的目的取决于一个社会及其子群体认可的人格理想。从社会的角度看，教育首先是确保社会及其文化延续的一种手段。

——[德]布雷钦卡. 教育目的、教育手段和教育成功：教育科学体系引论[M]. 彭正梅，译. 上海：华东师范大学出版社，2008：137.

2. 教育活动的目的性与教育目的的内涵

虽然人们关于人类教育活动的目的应该是什么，意见可谓是众说纷纭，五花八门。但是对于教育活动是否有目的这一问题的回答却是一致的，那就是教育活动作为一门科学性与艺术性兼具的活动，的确是有而且应该有目的。这正如亚里士多德所言：“每一种艺术都设想以某种善为目的，教育作为一种有目的、有意识的人类活动，离不开以某种善为目的，尽管这种善是极不确定的。”[1]那么，为什么教育活动是有目的的？目的对于教育活动有什么样的意义与价值？答案可能在以下几个方面。

首先，从教育的起源上来说，它就包含着人类目的性的需要。马克思主义哲学认为教育起源于劳动，起源于劳动过程中人们传递日常生产与生活的基本经验，而在这些基本经验当中，最为核心的经验即为制造和使用工具的经验，这种经验的传递构成了教育早期最基本的内容。很显然，人们进行这种经验传递的活动具有鲜明的目的性，那就是使人类积累起来的经验可以进行代际传递。虽然随着时代的发展，教育传递的具体内容有很大的不同，但教育活动的这种原初的目的性始终存在。

其次，从教育的本质上来说，教育内含着目的性的根本属性。任何一种实践活动都必须有一个或者是一系列的目的，有了目的我们才能谈论成功与失败，质量与改进等。[2]教育（无论广义还是狭义）作为以培养人为核心特征的实践活动，也必然具备实践活动的一般特征，即目的性，目的性是内在于教育活动的本质属性。教育活动既然是以培养人为核心的社会实践活动，就必然涉及培养什么样的人的问题，对于这一问题的不同选择产生了教育目的的多样性。

1　转引自夏正江. 教育理论哲学基础的反思[M]. 上海：上海教育出版社，2001：99.

2　夏正江. 教育理论哲学基础的反思[M]. 上海：上海教育出版社，2001：99.

再次，正是教育活动的目的性，保障了教育的健康发展。**教育目的**能够指导教育过程。教育作为一项培养人的伟大活动，关涉到每一个人的发展，承担了极为重要的发展职责，是不允许有重大失误的。教育的发展必须有一个宏观的指导存在，它可以指引教育发展的方向，修订教育发展的路线，这种宏观的指导便是教育目的。教育目的亦能够推动教育的发展。教育目的具有价值范导的功能。一个被广泛认同的教育目的，不仅能够指导教育的发展过程，而且能够激发教育系统发展的内在活力，使参与教育活动的人，包括老师、学生和家长等克服追求教育目的过程中遇到的困难与阻力，因为这种教育目的已经变成他们人生理想的一部分，从而成为生命的自觉追求。教育目的能够提供评价教育过程的标准。教育的发展过程需要评价，评价可以保证教育进一步健康发展。而教育目的的达成程度，则成为评价学校、教师、学生乃至整个教育系统发展状态的最为重要的宏观标准，一切评价教育发展的精细标准的制定也都以此为依托。

教育目的

教育目的是对教育所要培养的人的质量规格的设想和规定。

最后，教育目的不仅可以从“办教育”或者“发展教育”的角度确立，也可以是就具体的教育心理过程而言的“教育的目的性”。现实的个体有现实的需要，基于这些需要就产生现实的教育目的，教育相关的主体无不可以有其目的。第二章关于“教育是什么”的问题的讨论所展现的，即是微观具体的教育目的和宏观抽象的教育目的的关系。从社会的角度来讲，教育目的是一种制度化的“社会期望”，是应然的。在具体的教育实施中，主体（教师和学生）未必会按照这种期望行事，即教育失去了应有的目的是时常发生的。宏观来讲，教育目的存在；微观来看，教育目的又完全缺席（区别于间接发挥作用的情况）。

总的来看，教育目的可以界定如下：教育目的是对教育所要培养的人的质量规格的设想和规定。教育目的在许多人那里可能会和教育的职能、作用相混淆。职能是本体功能，是应然的，相对于目的的静态结果的描述，更是动态的过程。教育的职能是促进个体社会化、促进社会发展、文化传递、科学创新，而教育目的的表述是结果性的，即使作用于社会也是经由“作为教育结果的人”，它的表述模式常常是“培养……的人”。教育的作用或功能区别于教育的职能和目的，描述的是教育产生的现实结果。所以，有教育负功能的说法，职能和目的则不会被设定为负面的。教育目的涉及标准问题，既然是标准就有不同的层级和结构，教育目的也有其结构。

（二）教育目的的结构

了解教育目的的结构能帮助我们了解教育目的的类型和不同语境下的意指。在教育实践中，各级各类学校需要把国家的教育目的具体化为学校的培养目标，学校的培养目标又被具体化为各门课程目标，各门课程目标又被具体化为每一次具体教学目标。教育目的还有不同的主体，国家的教育目的、家长的教育目的，某社会组织的教育目的等。依据教育目的的实现程度，教育目的存在五个层次，如表5-1所示。

表5-1　教育目的的层级结构

理想的教育目的	教育家、政治家、思想家等的教育目的
正式的教育目的	国家的教育方针等
理解的教育目的	教育者理解的教育目的
实施的教育目的	教育者在教育过程中实施的教育目的
实现的教育目的	在受教育者身上实现的教育目的

一般来说，教育家、政治家、思想家的教育目的被认为是理想的教育目的，例如孔子提出培养君子的教育目的，柏拉图提出培养哲学王的教育目的。在现代社会中，每个国家都有自己的教育目的，一般是由法律规定或者政府文件进行正式颁布。我国的教育目的在话语表达上多年来略有差异，但培养“德智体美劳全面发展的社会主义事业的建设者和接班人”一直是我国的教育目的。而国家的教育目的从来不仅仅是个人的问题。“20世纪曾经出现过几次大的世界教育改革浪潮表明，各国越来越把教育作为实现国家目的的手段。不管是不是喜欢，不管是不是愿意，事实就是如此。我们要承认并且充分尊重这么一个事实：在当前社会，个人的发展方向、内容和空间都要受制于国家的发展。离开国家的需求谈个人的发展，无异于缘木求鱼。”[1]在这个意义上，任何国家都具有正式的教育目的。在教育目的发挥作用的过程中，在每一个具体的教育机构中，教育者需要把国家的教育目的落实到教育实践活动中，因此他们需要把国家的教育目的通过课程与教学设计落实具体的教学活动中，这就涉及理解的教育目的和实施的教育目的，即教育者如何理解国家的教育目的，如何实施国家的教育目的。从这个角度看，“学校教育的‘目的’是人制定的，它以观念形态集中地体现了目的制定者的需要，先于实际的教育活动而存在，并制约整个活动的‘计划’和过程”[2]。最后，经过一系列的教育活动，在受教育者身上实现了什么样的教育目的，属于教育目的的最后一个层级。在这个过程中可以说存在着层次的上落差，即理想的教育目的和正式的教育目的与它们在受教育者身上的最终落实是存在着一定落差的。例如教师的教学手段和方法、组织形式的采用和实施是潜藏着教育目的的，这个目的是否与教育理想符合，是否符合国家教育方针都需要斟酌和审视。因此，教育哲学对教育目的的审视是具体的。

1　陆有铨.教育是合作的艺术[M].北京：北京大学出版社，2012：5.
2　陆有铨.教育是合作的艺术[M].北京：北京大学出版社，2012：7

教育家语录

教育目的是个历史的范畴，自古希腊以来，教育目的所涉及的几个方面相对稳定，基本上没有变化，其核心就是关注人的“德、智、体”的发展。在历史的发展过程中，教育目的的变化体现在对“德、智、体”这些方面的具体内涵的不同理解中。所以，我们现在对教育目的的讨论，不应抽象地谈教育目的是什么。教育目的不是在教育活动内部能够找得到的，不是某些教育家规定的，而应该从一个时代的教育活动赖以生存的社会背景中去寻找。因此，对教育目的的讨论应该是非常具体的。

——陆有铨.教育是合作的艺术[M].北京：北京大学出版社，2012：9.

二、思考教育目的问题的多重维度

对于熟知的“教育目的”，我们对它是否真的了解？我们凭什么让受教者相信一个指向未来世界的教育目的？教育目的是不是乌托邦？换言之，教育目的何以可能？回答这些问题，在一定意义上讲，就是要回答如何看待教育目的的历史、现在和未来；如何看待教育目的中的人和社会的问题。

（一）“当下”与“未来”

长期以来，在教育目的确立的过程中，存在着关于现在与未来的不同理解，在教育目的方面，产生了不同的价值取向。具体说来，教育目的到底是指向未来的人和未来的社会，还是适应现在的人与现在的社会，历史上存在很大的分歧，产生了“现时主义”与“未来主义”两种价值取向的教育目的论。

1. 现时主义教育目的的价值取向及其基本主张

教育目的论的现时主义取向重视儿童的当下生活的重要意义和价值。强调教育目的制定的首要出发点是儿童当前生活的需要和兴趣，反对教育是未来生活的预备，反对未来生活的价值高于儿童当下生活价值的基本主张，认为教育就是生活的过程。法国思想家、教育家卢梭是教育目的现时主义的典型代表，他在《爱弥儿》中对人们热衷于未来的美好设想而忽视可靠现在的想法给予了猛烈的批评，对教育预备论观点进行了强烈的批判。卢梭之所以反对指向未来生活的教育目的，首先是因为卢梭对儿童阶段的高度尊重。卢梭在教育发展史上发现了儿童的尊严和价值，他认为，儿童有儿童的价值，成人有成人的价值。他的这一发现也被称为“教育发展史上哥白尼式的革命”。其次，卢梭的这种观点和他所认为的未来生活的不确定性有关。在卢梭生活的那个年代，社会政治动荡不安，国家矛盾一触即发，且儿童的身体状况不佳，一些儿童还没有活到成年就已经夭折了，所以，国家如此之不可靠，个人命运如此之不确定，牺牲可靠的当下，遵循遥不可及的未来，实在是不可取的。总之，现时主义教育目的强调围绕当前个体、当前社会进行教育目的的设计和选择。

2. 未来主义教育目的价值取向及其基本主张

未来主义教育目的的价值取向认为的，教育要面向未来，以人类完美的理想和整个命运为定向，不能仅仅面向现在，更不能面向过去，教育要为一个尚未存在的社会理想孕育新人，使儿童在心目中树立起一种关于未来社会的美好信念，树立起为之奋斗的理想和抱负，并通过积极的学习与自我教育去影响周围的人。[1]未来主义教育目的价值取向的典型代表是英国教育家斯宾塞。他的"教育是为完满生活做准备"的理念是这一价值取向的最好诠释。而法国哲学家、教育家阿兰（Alain，原名Emile Auguste Chartier）则在《教育漫谈》中表达了教育预备论的必要性。他说："什么儿童乐园，什么寓教育于娱乐之中的发明，我是不太相信的，那本来不是对待人的出色方法，发现一种高雅的乐趣，还有什么比这经验更能使人提高呢；谁不在开头吃些辛苦，谁就终将愚昧无知。人是靠辛苦的陶冶才成为人的。他必须自己去赢得自己的真快乐，他必须自己配得上这快乐，先付后收，这是规律。"[2]总之，未来主义教育目的的价值取向是建立在未来生活的价值高于现时生活的价值基础上的，是建立在儿童阶段的发展价值是为成人阶段的发展服务的基础上的。

3. 合理看待教育目的价值取向中的"现时"与"未来"

（1）现时主义教育目的的合理性

教育目的也要从"现实生活"去诠释人的发展。现实生活中人的生存发展性决定并表现为它的历史既定性，即任何历史时期的现实生活人都是以往全部人类生存发展经历和经验的缩影和结晶。正如马克思所说："一旦人已经存在，人，作为人类历史的经常前提，也是人类历史的经常的产物和结果，而人只有作为自己本身的产物和结果才能成为前提。"[3]这种"历史的经常的产物和结果"又使人们获得了创造历史的现实条件和力量。这种现实条件使我们需要从人的实际生活去看待人的发展。那么，教育目的作为教育生活的重要组成，正是要使发展中的人以自己的生活活动去实现自己的生活目的，教育应该教会人去改变不会主动满足自己的世界，使其为人所用。"人们的存在就是他们的现实生活过程"[4]，教育目的不仅要从"历史发展"去理解人的超越性，更要从"现实生活"去理解人的发展。所以，教育目的首先要对当下社会的政治、经济、生产力发展水平产生一定影响，其次要考虑一定的历史继承性，一个时代的教育目的必然会对下一个时代的教育目的产生一定影响，人们往往会根据

---

1 夏正江．教育理论哲学基础的反思[M]．上海：上海教育出版社，2001：297.

2 华东师范大学教育系，杭州大学教育系．现代西方资产阶级教育思想流派论著选[M]．北京：人民教育出版社，1980：243.

3 马克思恩格斯全集：第26卷[M]．北京：人民出版社，1974：545.

4 马克思恩格斯选集：第1卷[M]．北京：人民出版社，1995：72.

当下的需要，对以往的教育目的观或是在一定程度上继承，或是在某些方面持反对态度，或是采取中庸之道；此外还要考虑人的发展规律，既然教育目的是为培养人而产生的，那么它就要符合人的身心发展规律。

教育家语录

当我们看到野蛮的教育为了不可靠的将来而牺牲现在，使孩子受各种各样的束缚，它为了替他在遥远的地方准备我认为他永远也享受不到的所谓幸福，就先把他弄得那么可怜时，我们心里是怎样的想法呢？即使说这种教育在它的目的方面是合理的，然而当我看见那些不幸的孩子被置于不可容忍的束缚之中，硬要他们像服苦役的囚徒似的不断地工作，我怎么不感到愤慨，怎能不断定这种做法对他们没有一点好处？欢乐的岁月是在哭泣、惩罚、恐吓和奴役中度过的。

——[法]卢梭．爱弥儿：上[M]．李平沤，译．北京：人民教育出版社，2001：69．

（2）未来主义教育目的观及其合理性

教育目的是永远指向未来的。人不能停留于历史或现实之中，否则人将存在于一种凝固的时空，这里充满已知，没有创造性的生活，人就走向了单一的生活色彩。“现实的人总是不满足于人的现实，总是要使现实对人来说成为更有‘价值’、更有‘意义’的理想的现实。”[1]人生活的世界是人创造的可能生活世界，而并非一个自然而然存在，它是生生不息运动变化着的世界。所以人类总是试图从历史的理性出发，站在现实之上，去勾勒自己未来的蓝图。教育目的尤其如此，邓小平同志指出，教育要面向现代化、面向世界、面向未来。教育要培养人，培养未来的人，培养能过未来生活的人。教育目的就是人将要向何处去的一种理性的探寻，“目的作为一个预见的结局，活动就有了方向，这种目的，不是一个单纯旁观者的毫无根据的期望”[2]，目前，“教育在全世界的发展正倾向先于经济的发展，这在人类历史上大概还是第一次”[3]。这种教育先行思想就是教育目的指向未来性的最有力说明，在一定程度上，教育的目的就是“替一个未知世界培养未知儿童”[4]。教育的不断改革和创新都是为了实现教育目的的理想，这种理想的伟大使命就在于“它为可能性开拓了地盘”，“并赋予人以一种新的能力，一种善于不断更新人类世界的能力”[5]，这个理想的蓝图是必要的“乌托

1　孙正聿．属人的世界[M]．长春：吉林人民出版社，2007：3.
2　[美]约翰·杜威．民主主义与教育[M]．王承绪，译．北京：人民教育出版社，2001：113.
3　联合国教科文组织国际教育发展委员会．学会生存：教育世界的今天和明天[M]．北京：教育科学出版社，1996：35.
4　联合国教科文组织国际教育发展委员会．学会生存：教育世界的今天和明天[M]．北京：教育科学出版社，1996：36.
5　[德]卡西尔．人论[M]．甘阳，译．上海：上海译文出版社，2004：85.

邦”。“天地不仁，以万物为刍狗”[1]，自然对人的追求并不给予特殊的偏爱，进而与动物相区别。人是所谓“文化—道德人”，然而人是否生而就是“文化—道德人”，从历史到今天，从东方到西方，性善与性恶之辩各有所证，不同文化之下人的生活各不相同。“作为道德本体的人的自然存在，才是无条件的目的自身，才是作为现象界的整个自然的最终目的和归宿。”[2]这是需要通过教育来培养的人，尽管教育目的常常是有限的（体现在当下我们没办法证明在未来几十年甚至几百年间它是正确的），但重要的是，人类的历史理性使“‘目的通过手段和客观性相结合’，产生和得到了远远超于有限目的的结果和意义”[3]。所以，这种理性的、指向未来人和社会的教育目的正从理想走向现实。

（3）教育目的制定中应保持“现时”与“未来”的必要张力

教育目的制定中应如何合理看待现在与未来的关系呢？教育目的归根到底反映了时代对培养人的规格的总的要求。因此，必须保持现时与未来的张力。我们应该同等看待生命的各个阶段。

教育目的是人类历史发展的产物。“人类的历史是追求自己的目的的活动过程”[4]，尽管“人们自己创造自己的历史，但是他们并不是随心所欲地创造，并不是在他们自己选定的条件下创造，而是在直接碰到的、既定的、从过去承继下来的条件下”[5]创造。社会的变革、新文明的出现，无不建立在历史条件之上。无论何种哲学思想、何种主义、何人之独见的教育目的观，教育活动总要传承人类历史的文化，“人类是在文化的遗传与进化中实现自身的历史发展的”[6]。人不同于动物，人类不仅仅是生命的复制，人类的可贵在于能自己构成自己的历史，可以说“人是‘历史’的存在，‘历史’是人的存在方式”[7]，这种“历史”的存在方式使人的生命演化获得了自我超越，即发展，换言之，人的发展就是人的生命演化过程中的一种自我超越。而教育的目的正是要促进人的发展，这种发展的根本前提就是：教育要使发展的主体能够实现自我否定，继而达到新的飞跃；同时能使发展的主体感觉到自己在发展，进入了新的意义世界。教育目的既要指向未来的人又要指向未来的社会。所以教育的目的要考虑到当下个体的人和当下社会的和谐发展，同时也要使人认识到未来的社会是美好的、和谐的。

---

1 陈鼓应. 老子今注今译[M]. 北京：商务印书馆. 2003：93.
2 李泽厚. 批判哲学的批判：康德述评[M]. 北京：生活·读书·新知三联书店. 2007：424.
3 李泽厚. 批判哲学的批判：康德述评[M]. 北京：生活·读书·新知三联书店. 2007：432-433.
4 孙正聿. 属人的世界[M]. 长春：吉林人民出版社，2007：3.
5 马克思恩格斯选集：第1卷[M]. 北京：人民出版社，1995：585.
6 孙正聿. 属人的世界[M]. 长春：吉林人民出版社，2007：10.
7 孙正聿. 属人的世界[M]. 长春：吉林人民出版社，2007：11.

（二）“个人”与“社会”

长久以来，在教育目的的价值取向上，存在着个人本位与社会本位的论争，两种不同的价值倾向在依托的哲学基础、所持的立场、观点和见解方面都表现出了一定的不同。

1. 个人本位教育目的论及其基本主张

个人本位教育目的论的兴起和文艺复兴以来个人权利和意识的觉醒有着紧密的内在联系，因为正是文艺复兴运动唤醒了人类的权利意识，确立了诸如自由、平等等一些个人的权利概念。在教育发展史上，个人本位教育目的论的典型代表当首推卢梭。卢梭在其名著《爱弥儿》中阐发了自己的自然主义教育的基本理念。他从论述一个自然人和一个公民的区别开始，他说，“自然人完全是为他自己而活；他是数的单位，是绝对的统一体，只同他自己和他的同胞才有关系”[1]，他不像公民那样依赖于社会，而不具备独立的价值，“他的自由是没有规律而言的，是没有任何责任感的自由”[2]。他还鲜明地声称，自己的教育目的是培养自然人而不是公民。卢梭的自然人的培养目标的确立表明他在教育目的的价值选择问题上有鲜明的个人本位论色彩。个人本位的教育目的论的代表除了卢梭之外还有德国的新人文主义教育目的论，英国的自由主义教育目的论以及存在主义教育目的论等。

个人本位教育目的论的基本特征有以下几个。第一，对于个人的生命、价值以及尊严给予高度的尊重。他们强调教育的目的存在于个体的人本身，对因为社会的原因将个人工具化和手段化的行为，个人本位教育目的论者持强烈的反对情绪。这正如康德所言：“人，一般来说，每个有理性的东西，都自在地作为目的而实存着，他不单纯是这个或那个意志所随意使用的工具。在他的一切行为中，不论是对于自己还是其他有理性的东西，任何时候都必须被当作目的。”[3]第二，对于个性的价值给予充分的重视。个人本位教育目的论者对于个体的性格多样性给予充分的尊重，认为正是个体的独特性丰富了世界的多样化存在，每一个个体的存在都有其独特的价值。任何外在的强制性力量对个性的规约与束缚都将不利于个体生命的展开，同时也是对个人生命权利的漠视。第三，个人本位教育目的论者推崇学生的自由选择精神。他们认为这种自由是使学生个性获得自由发展的良好条件。这种自由有两种基本的含义，一种是源于个体天性的各种自由权利，一种是个性的自由表达与自由发展的权利。[4]

2. 社会本位教育目的论及其基本主张

19世纪下半叶，社会本位的教育目的论思想得以兴起。社会本位的教育目的的最基础性特征是强调社群的价值和利益高于个人的价值和利益。盛行于19世纪欧洲的国家主义思潮是

---

1 [法]卢梭. 爱弥儿：上卷[M]. 李平沤，译. 北京：人民教育出版社，2001：5-6.
2 张盾. “道德政治”谱系中的卢梭、康德、马克思[J]. 中国社会科学，2011（3）：60.
3 [德]康德. 道德形而上学原理[M]. 苗力田，译. 上海：上海人民出版社，2005：47.
4 夏正江. 教育理论哲学基础的反思[M]. 上海：上海教育出版社，2001：160.

其典型的代表。国家主义思潮把国家和民族的发展置于首位，倡导“国家至上”，主张强化国家机器，增强国家势力；宣扬无国家即无个人，个人依赖国家而存在，要求人们牺牲个人的自由、幸福，放弃国内政治斗争，效忠于国家。其实质就是：国家的利益高于一切。当个人利益与国家利益、他国利益与本国利益发生矛盾和冲突时，均以国家利益或本国利益为重，甚至要牺牲个人利益和他国利益。其他社会本位教育目的论的思潮还有社会主义、民主主义以及哲学社会主义思潮和马卡连柯的集体主义思潮等。

社会本位教育目的论的基本特征如下。第一，强调社会因素是教育目的制定首要考虑的因素。与个人本位教育目的论者强调个人因素在教育目的制定中的重要位置不同，社会本位教育目的论者强调教育目的确定的首要参考要素是国家。如德国的社会本位论者纳托普所言：“在教育目的的决定方面，个人不具有任何价值，个人不过是教育的原料，个人不能成为教育的目的。”[1]涂尔干也曾经鲜明地指出，教育的目的就在于使年青一代系统地社会化。“塑造社会我，这就是教育的目的。”[2]第二，强调普遍意识的个体心理素质。社会本位教育目的论者反对个人本位教育目的论者对儿童个体的推崇，它更多地强调一种普遍的价值和准则的培养与训练，认为这是形成普遍国家观念的思想基础，认为正规教育的任务在于：“从理论上引导儿童沿着普遍心理的道路前进，而不仅仅是允许他自由自在地行动、玩耍与游戏。”[3]第三，强调纪律教育。社会本位论者强调个人对纪律的服从是形成良好公民素养的基本条件，因为这是形成公民社会义务感的基础；强调集体的规范权力在个人自由之上，且认为只有纪律才能够保障个人的自由。因此，他们大都看重集体主义教育的重要价值与意义。

3. 合理看待教育目的价值取向中的“个人”与“社会”

（1）个人本位教育目的论的合理性

教育目的的个人本位论主张教育目的应以个人价值为中心，应主要根据个人自身完善和发展的精神性需要来制定教育目的和建构教育活动。它否定社会制度的权威，反对社会对个人的束缚，强调个人自由权利的至高无上，将人视为万物的尺度，主张教育的首要目的不在于谋求国家利益和社会发展，而在于发展人的理性和个性，使人真正成为人。在这种理论看来，教育目的应该根据个人自身完善和发展的天然需要来制定，从而使人的本性得到完善和最理想的发展，因为个人的价值高于社会的价值；教育必须反对和拒斥现实社会对人的发展的干扰，因为有利于个人发展的教育就一定有利于社会发展，但有利于社会发展的教育却不一定有利于个人发展；人生来就有健全的本能，儿童是独立自主的个体，是真、善、美的原型，教育的目的就在于使这种本能不受现实社会影响，得到自然发展。

1 转引自夏正江．教育理论哲学基础的反思[M]．上海：上海教育出版社，2001：163.
2 张人杰．国外教育社会学基本文选[M]．上海：华东师范大学出版社，1989：9.
3 夏正江．教育理论哲学基础的反思[M]．上海：上海教育出版社，2001：164.

教育家语录

我们的教育往往注重对个人的发展作用，这是正确的；但是，如果过于强调人的发展忽略教育的社会责任，甚至将两者对立起来，恐怕也有失偏颇。无论如何，在当前，个人发展的方方面面都受制于国家的发展，将国家的需求悬置起来而奢谈个人的发展是缺乏意义的、空洞的。在半殖民地半封建社会的废墟上建立起来的中华人民共和国，在科技和知识的诸多领域都需要赶超发达国家。任何离开社会需求的教育，最终要导致教育的破产；如果把人的发展和社会的需求对立起来，也会最终导致教育的破产。

——陆有铨.教育是合作的艺术[M].北京：北京大学出版社，2012：78.

（2）社会本位教育目的论的合理性

社会本位论的以下观点具有合理性。教育目的的社会本位论主张教育目的应以社会价值为中心，应主要根据社会发展需要来制定教育目的和建构教育活动。它主张：个人的发展依赖于社会，受制于社会，人的身心发展的各个方面都靠社会提供营养，人的一切都从社会得来；真正的个人是不存在的，只有人类才是真正的存在，人之所以为人，只因他生活于人群中并参与社会生活；个人不过是教育的原料，不具有任何决定教育目的的价值；教育的首要目的就是使个体社会化，使个人适应社会生活，成为对社会有用的公民；教育过程就是把社会的价值观念或集体意识强加于个人，把不具有任何社会特征的人改造成社会人。

（3）教育目的制定中应保持“个人”与“社会”的必要张力

按照马克思主义的观点，社会总是人的社会，它是由一个个有血有肉的活生生的个人所组成的联合体，因而抛开一个个具有相对独立性的个人，这个社会联合体也就成了一个空架子。同样，人总是社会的人，他总要生活在一定的社会环境中，人的本质不可能是单个人固有的抽象物，在其现实性上，它只能是一切社会关系的总和，因而个人不可能脱离社会而存在，他终究要与他人、与社会发生这样那样的关系。决然离开社会的个人无疑是难以想象的。从马克思的劳动对象化理论来分析人和人类社会的发展，可以清楚地看到，社会是人在劳动过程中创造并不断发展着的，是人的本质的外在表现，是人类社会发展的客观标志；同时，特定的社会条件作为每一时代人们存在的基础和前提，既促进了个体的发展，又制约着个体的发展。因此，人的发展和社会的发展不仅是同步的，而且是同一问题的两个不同侧面，两者互为因果，又互为条件。脱离开社会来谈论人的全面发展，只能是一种理论研究中的抽象，若据此制定现实中的教育目标，则必然落空。因为心智的全面和谐发展或身心的全面和谐发展既要以社会的全面和谐发展和高度完善化为条件，又要以进一步推动和促进社会的全面和谐发展为目的。学校教育要培养出全面发展的人才，不仅学校本身（包括教师、教学内容、设施、方法等）必须高度发展和完善化，而且整个社会尤其是社会中的教育系统也必须高度发展和完善化。可见，只有把个体和社会的发展统一起来，才能正确把握人的发展的社会历史性。社会主义的教育目的必须在个体和社会的统一中来把握身心的和谐发展和心智的（知、情、意）和谐发展。

第二节
教育目的确立的哲学理路

学习目标

了解教育目的确立的三种哲学方式。

教育目的问题可以称为教育领域内异常复杂又异常重要的问题之一，正如《再论教育目的》的作者英国教育哲学家怀特所言，在他之前，似乎还找不到一部比其《再论教育目的》这本书更长的论著。这一事实显然与该论题的重要性极不相符。因此，怀特猜测说："这个主题是不是大的难以涉足，它是不是与终极价值关怀、社会利益以及人类在宇宙中的位置等错综复杂的基本问题交织在一起，以至于鸿篇巨论也难以把它阐述清楚呢？或者与之相反，这个问题是不是不值得一提呢？或许谈论教育目的的问题达不到任何效果，要么因为我们谈论的结果是主观上的徒劳。"[1]怀特的两种猜测均引人深思，翻看历史上的哲学著作，可以看出，关于教育目的的表述可谓是浩如烟海，不同的哲学家和教育家从自己不同的哲学立场出发，来阐述自己关于教育的基本主张，对什么样的人才是教育的理想模型进行展望。并且，历史上的不同国家和地区，在国家的建设和民族的发展中，对于其实施教育要培养的人才的质量与规格也有自己的设想与规定。这不仅引发我们的思考；教育目的的价值基础与价值源泉是什么，这些表述不同、思想各异的教育目的是如何确立起来的呢？纵观各位思想家、教育家确立自身教育目的的过程，可以看出，这些教育目的的确立基本上遵循以下三个基本的途径。

一、演绎哲学的角度

（一）从演绎哲学角度确定教育目的的典型代表

所谓从演绎哲学的角度确立教育目的，是指从思想家或教育家的哲学体系出发，把教育作为其哲学体系的组成部分，从自身哲学思想角度谈论对教育的根本观点和看法，从而得出

1　[英]约翰·怀特. 再论教育目的[M]. 李永宏，等，译. 北京：教育科学出版社，1997：7.

教育目的基本主张的思想路线。可以说，这种教育目的确立的方式是对于教育目的应该是什么的最为经典的回答方式，它的发展具有渊远的历史，很多哲学家和教育家都是通过这样的方式来确立自己的教育目的的，如柏拉图、亚里士多德、夸美纽斯等都是当时回答教育目的是什么的典型代表。

教育目的确立的途径

教育目的的获得途径大体上可以分为三类：演绎哲学的角度、分析哲学的角度和实证主义的角度。

柏拉图在其名著《理想国》中不仅阐述了自己的政治理想，而且详尽地讨论了为了实现自己的政治理想如何建设和发展教育的问题。由于柏拉图所生活的时期是雅典的政治和社会都剧烈动荡的时期，他通过考察当时世界上各个国家的政体之后发现，没有哪一个国家的政体是理想的。为了实现柏拉图理想中的政治体制，他进行了大胆的设想与规划，他说："除非哲学家成为我们这些国家的国王，或者我们目前称之为国王或统治者的那些人物，能严肃认真的追求智慧，使政治权力和聪明智慧合二为一；那些得此失彼、不能兼有的庸庸碌碌之徒，必须排除出去，否则的话……对国家甚至我想对全人类都将祸害无穷，永无宁日。"[1]由此，柏拉图从自己的政治哲学出发，论证了哲学王存在的必要性与价值，并由此确立了教育的目的为培养哲学王。在《理想国》中，柏拉图详尽地阐述了哲学王的培养问题，包括培养阶段、学习内容和注意事项等。而对于教育发展具有突出贡献的另一位教育家夸美纽斯，他的教育目的是从其哲学思想演化而来的。他说："人的终极目标是与上帝共享永恒的幸福。至于我们在这过渡的人生里面的附带目标，我们看了造物主造人的时候的自白就可以明白。他说：'我们要照着我们的形象，按着我们的样式造人，使他们管理海里的鱼、空中的鸟、地上的牲畜和全地，并地上所爬的一切昆虫。'（《创世记》第一章，26）""由此可见，人在有形的造物中要成为：1.理性的动物，2.一切造物的主宰和造物主的形象和爱物。""人要成为一个理性的动物，就要唤出万物的名字并推考世间的一切事物。""人要主宰万物，就要使万物的正当目的正确地实现出来，使万物均为己用。""最后，人要成为上帝的形象，就要像他的原型一般完美。""由此可见，人生成要：（1）熟悉万物；（2）具有管束万物与自己的能力；（3）使自己与万物均归于万有之源的上帝。"[2]由此可见，夸美纽斯教育目的的提出正是由其宗教哲学演化而来的，教育是实现其宗教理念的基本工具。这种类似于柏拉图和夸美纽斯等人获得自己教育目的的方式，就是演绎哲学的角度。

---

1 [古希腊]柏拉图. 理想国[M]. 郭斌和，张竹明，译. 北京：商务印书馆，1986：214-215.
2 [捷]夸美纽斯. 大教学论[M]. 傅任敢，译. 北京：教育科学出版社，1999：10-11.

（二）从演绎哲学角度确定的教育目的的基本特征

1. 一般都具有一定的超验色彩，缺乏严密论证

教育家夸美纽斯对其教育目的的阐述是建立在其宗教观念基础上的。他对于教育目的的回答是属于哲学思辨式的或者说是形而上学式的。这种方式的主要特征是借助作者虔心的某个形而上学的基本原理，进而逐步地推导出教育目的。因此，实践上，这里的教育目的是与其哲学本体论紧密相关的，其阐述的教育目的的主张是其哲学观的延伸，且常常从某个不证自明的假设出发，因而使其教育目的的论证缺乏严密的逻辑链条，甚至得出的结论也是超验的。例如，法国的雅克·马利坦（Jacques Maritain）的教育目的论和价值观是建立在以神为背景的对人性的思考上的。他认为“教育的主要目的决定于人的本性”[1]。他认为，人既是肉体的，又是精神的，两者相互依存，缺一不可。在马利坦看来，教育的主要目的是根据使人成为人的个性特征确定的。这个主要目的就是使人获得内部的和精神的自由，换句话说，就是通过知识、理智、善良意志和爱获得解放。由于“人是一个借智力和意志而控制着自己的人”[2]，从历史唯物主义看，他的观点抛开了特定的历史文化时空，单纯从哲学中演绎出教育目的的主张，往往经不住现实的审视。

2. 大多具有明显的理想化色彩，较少考虑到教育目的制定的影响因素

从演绎哲学角度获得教育目的，由于是从自身的某一哲学理念出发来进行阐述，并且常常是把教育当作其哲学思想的一个部分来进行阐述，而哲学家的哲学理念常常又具有明显的形而上学色彩，因此，他们由这一理念派生的教育目的也具有理想化的色彩，较少考虑到教育目的制定的现实因素。他们很少或者几乎不考虑受教育者的因素以及社会变化和发展的趋势，他们提出的教育目的具有超越于现实之上的色彩，并且呈现出恒常不变的基本特征。这就导致如此得出的教育目的常常由于过于抽象而失去了对于现实教育的指导和影响，因为过于抽象而使得教师常常觉得无从下手，因此，他们对于社会现实的观照不够。

二、分析哲学的角度

（一）从分析哲学角度确定教育目的的典型代表

分析教育哲学家的话语并不直接指向教育目的，而是通过论证与教育目的直接相关的话题来贡献自己对于教育目的的看法。分析教育哲学家彼得斯是其中典型的代表人物。他在分析教育概念的过程中，始终将“受过教育的人”看作“教育”的内在目的，一个受过教育的人不仅仅是消息灵通的（informed）或知识渊博的（knowledgeable）人，而且必定是在知

1　王承绪，赵祥麟. 西方现代教育论著选[M]. 北京：人民教育出版社，2001：314.
2　王承绪，赵祥麟. 西方现代教育论著选[M]. 北京：人民教育出版社，2001：314.

识和理解上具有一定深度的人，一个受过教育的人不是狭隘专门化的（narrowly specialized）人，而是在知识上具有一定广度的人，一个受过教育的人不只是关注自己所从事的工作的工具性方面，而且必须具备“善的知识”。[1]也有其他的研究者概括彼得斯提出的“受过教育的人”的形象：“拥有一定的知识或概念框架，而不仅仅是一些分散的技术知识和技巧；被这个知识基础或概念框架改变，如历史知识将影响个人看待建筑或制度的方式；遵守隐含在各种理解中的标准和规则，就像科学家遵守证据规则和研究规则一样；拥有认知的视角，它意味着一种定位的能力，例如个人从生活视角来理解科学。”[2]彼得斯有关“受过教育的人”概念的探讨，主要是从知识的角度刻画了受过教育的人的形象。至少在他看来，这种形象是内在于19 世纪以来西方社会和教育传统之中的。彼得斯的观点对后来的许多教育哲学主张产生了重要的影响，当然也有人认为，彼得斯把自己所偏爱的理想人格强加在教育活动中。

教育家语录

这并不意味着一个受过教育的人对所追求的事务（如科学）的工具价值不以为意。这只意味着并不单纯就这一方面来看它们，这也不意味着他并没有专门化的知识；这只意味着他不仅仅是一个心胸狭窄的专门家。

——[英]彼得斯. 教育与受过教育的人[M]. 王承绪，译//王承绪，赵祥麟. 西方现代教育论著选. 北京：人民教育出版社，2001：507.

（二）从分析哲学角度确定的教育目的的基本特征

1. 分析哲学教育确立教育目的可以让教育问题的理解更为清楚

赫胥黎说：“在这个世界上的一切事情中，清楚的和明确的错误最近于正确。假如你们在正确和错误之间闹哄哄地跑来跑去，熙熙攘攘和摇摆不定，那你们就会一无所得；但是，假如你们一直不断犯错误的话，那在某些时候你们肯定会有特别好的运气，即在事实面前碰壁，然后使你们再一次正确。”[3]从分析哲学的角度来论证教育目的问题，虽然并不能清晰明确地规范教育目的到底是什么，也不能为教育目的确立明确的价值方向，但是，它通过对教育中大量存在的模棱两可的概念的进一步澄清与分析，可以让我们对教育目的问题理解得更为清楚和明白。

---

1 程亮.什么是受过教育的人：彼得斯的观点及其批评[J].教育学报,2012,8(6):44-51.
2 [瑞典]T.胡森,[德]T.N.波斯尔斯维特.教育大百科全书：教育哲学[M].重庆：西南大学出版社，2011.39.
3 [英]赫胥黎. 科学与教育[M]. 单中惠，译. 北京：人民教育出版社，2005：118.

社会状态是否可以作为教育目的

从有关教育目的的论述中，人们可以得出一种印象，似乎不仅想要达到的受教育者的人格状态（设为教育目的1），而且想要达到的社会及其文化状态（设为教育目的2）也可以成为教育的目的。自从柏拉图和亚里士多德将国家理论和教育理论以最紧密的方式联系起来加以研究以来，教育总是不断地被视为是实现政治目的的手段。如“迈向民主”“消除人剥削人的社会”“职业和闲暇”之类，它们都可以作为教育目的吗？

将教育目的2称为教育目的是受到了一种假象的迷惑。以“民主社会”为例，学校要实施民主教育，仿佛就可以得出学校教育的目的是造就民主社会。这种推论并不成立，民主教育并不是造就民主社会的充分条件。民主教育的目的至多是塑造“民主的人格结构”，但这也同样不能作为教育独立完成的事情。如果将之作为教育目的，也会使教育背负沉重的负担，因为“民主社会”归根结底是政治目的，教育只能改变个体的意向却不能直接从根本上改变社会关系。除却将教育目的和政治目的相混淆，教育目的2还混淆了事实和理想。民主社会是一种社会理想，理想不会必然成为结果，教育目的只能针对儿童的能力、态度、观念等事实对其提出要求。

总之，在教育和一个期望是社会状态的政治目的之间并不存在直接的关系，它们之间存在的只是间接的关系。在此首先要注意的就是，在实现所要努力达到的社会状态的诸多条件中，并非只有通过教育才能实现，它总是不断受到许多教育者根本无能为力的其他条件的制约。这些条件首先存在于一个社会的道德、世界观、习俗、组织机构以及文化生活形式等方面。

资料来源：[德]沃尔夫冈·布列钦卡．教育科学的基本概念：分析、批判和建议[M]．胡劲松，译．上海：华东师范大学出版社，2001：106-111．

2．缺乏明确的教育目的规范，对实际教育活动的指导较弱

分析教育哲学于20世纪50年代至60年代在英美等国家兴起，是分析哲学在教育领域的派生物。分析哲学的任务在于分析而不在于规范。因此，分析哲学家没有对教育目的的直接阐述，只是着力地分析与教育目的相关的一些概念。这样的工作虽然有助于教育目的确立过程中由于概念理解的偏颇产生的谬误，但是，要知道，教育目的的根本功能与价值在于对教育实践的引领与规约，在于为教育实践工作者提供方向上的指引，可是，分析教育哲学家所做的工作对于实现教育目的的这一功能，效果还很有限。且由于分析教育哲学的学者的语言风格较为晦涩，也影响了人们对于其分析的理解和掌握的程度，使得它和一线的实际教育活动产生一定的距离。

三、实证主义的角度

（一）从实证主义角度确立教育目的的典型代表

以科学实证的方式研究教育目的，不同于以规范的范式研究教育目的。它不回答教育目的应该是什么的问题，只是以经验观察或实证调查的方式，搜索、捕获与确立教育目的的种种经验事实与实证材料，为哲学规范层次上的探讨提供比较客观、可靠的信息来源。因此，它只是以科学实证的方式研究教育目的，而不是以科学实证的方式去决定和规范教育目的。[1]以科学实证的方式研究教育目的深受心理学家桑代克的影响，桑代克认为，教育思想家的恶习或不幸，是选择哲学方法或流行的思维方法，而不是科学方法；当今严密对待教育理论工作者的职责，是要养成归纳研究的习惯和学习统计学的逻辑。[2]那么，以科学实证的方式研究教育目的是从哪几个方面来进行调查和研究呢？拉尔夫·泰勒（Ralph Tyler）认为，现代学校目标有三个基本来源：一是对学生的研究，二是对社会的研究，三是听取学科专家的意见。就现有的研究而言，对于教育目的确立的科学实证研究方法大体上是从以下这样几个方面来展开调查研究的。第一，对学生的调查分析。对学生的调查与分析的主要集中在了解学生的需要方面，这种需要包括心理学意义上的“心理学需要”和教育学意义上的“教育学需要”。对学生的调查对于教育目的确定过程中了解教育学需要与学生的兴趣是否一致，以及对于教育目的的弹性确立都具有积极的意义与价值。第二，对现代社会生活的调查与分析。这种调查的维度可以是宏观的、整体的，也可以是微观的、局部的；可以是综合性的，也可以是专题性的；可以面向某个地区或者社区，也可以面向公民个人。社会调查集中的领域主要是社会生活基本的活动领域与经验领域。第三，当代社会生存的实存的生活方式与价值观类别。对社会生活的调查，虽然不能直接推导出教育目的，但是对于教育哲学规范教育目的具有极为重要的意义与价值。第四，对学科专家的调查与分析。学科专家熟悉自己的专业领域，可以向他们咨询有关专业在教育方面的作用与功能。他们的合理化建议对于确立教育目的有重要的参考价值。

（二）从实证教育获得的教育目的的基本特征

实证调查的结果对于确立教育目的具有极为重要的参考价值。教育目的的制定过程并非某种政治理念或者说是哲学抽象演绎的过程，它实际上受到多维因素的制约，社会的发展、人的发展都影响着教育目的的制定。因此，为了制定合适并且能够引领社会发展以及人的发

1　夏正江．教育理论哲学基础的反思：关于“人”的问题[M]．上海：上海教育出版社，2001：146.
2　[瑞典]T. 胡森．教育研究的范式[M]//瞿葆奎．教育学文集·教育研究方法．北京：人民教育出版社，1988：183.

展的教育目的，必须要对社会以及人的发展状况进行调查与了解，这样才能够让教育目的符合社会和时代的发展要求，而从实证教育角度获得教育目的的工作就是这样一种尝试，他的调查结果对于教育目的的制定具有极为重要的参考价值。

第三节 对当下教育目的的哲学审视

学习目标

为什么把“培养德、智、体、美、劳全面发展的人”作为教育的目的。

理想形态的教育目的价值观念或许只是“深刻的一家之言”；教育哲学的努力是经由对各种教育目的价值观念的梳理比较，获得我们确立教育目的的理性规范；而在实践中发挥作用的，则是基于具体价值考量而形成的教育目的的实践规范。[1]教育目的的实践规范是在社会历史背景中，为应对具体形势和出于可行性的考虑而确立的。理性的教育目的规范为其提供理论支援，也以“挑剔的目光”加以审视，催生更为合理的实践教育目的规范。下文所要做的就是，通过对我国教育目的的哲学审视，以求对于实践规范的教育目的进行深入理解和批判反思。

一、对我国教育目的的哲学审视

（一）培养德、智、体、美、劳全面发展的人的历史考察

我国的教育目的是“培养德、智、体、美、劳全面发展的社会主义事业的建设者和接班人”。为何是“德、智、体、美、劳”的全面发展而非其他？教育是培养人的活动，没有人一切都无从谈起，所以首先要回答人的问题，即人的本质是什么，以人为出发点思考教育目的。历史上，许多哲学家都是从人出发思考教育目的的。

1. 柏拉图——灵魂三分

对于真、善、美的关系，柏拉图有着深入的研究，而且特别重视美和灵魂的意义。他认为：美是难的，最不容易赏识；美是善之父，可以落实到制度。一个有德性的灵魂由三个部分组成，即情欲、意志、理性。情欲靠近肉体，是为肉体服务的；意志可以不为肉体所动，是最接近精神的；理性完全不受肉体的左右，是人确立自己高贵身份的依据所在。

---

1 陈桂生．“教育学”辩：“元教育学”的探索[M]．福州：福建教育出版社，1998：177.

柏拉图最伟大的贡献是他对人的心理及其功能的划分。柏拉图说："正如城邦分成三个等级一样，每个人的心灵也可以分解为三个部分……这三个部分我看到也有三种快乐，相互对应。还同样的有三种对应的欲望和统治……我们说第一部分是人用来学习的，另一部分是人用来发怒的，还有第三部分，这个部分由于内部的多样性，我们不能用一个简单的词语来概括它，我们只能用其中最强烈的主要成分来命名它。我们根据他强烈的关于饮食和爱的欲望以及各种连带的欲望，因而它称为欲望部分。"[1]换言之，学习的求知能力——知，发怒的情感能力——情，饮食的欲望能力——意，是人的重要组成部分。可见，柏拉图重视知识和理性。

2. 卢梭——回归性善

卢梭承袭了人性研究中的知、情、意三分法，但反对柏拉图抬高知识、崇尚理性的传统。他将情感、良心看作是人的本性、本质。他论证道："人们告诉我们说，良心是偏见的产物，然而我从经验中知道，良心是始终不顾一切人为的法则而顺从自然秩序。要想禁止我们做这样或做那样，完全是徒然的；只要我们多做的事是井然有序的、自然所允许的，尤其是它所安排的，则我们就不会受到隐隐的良心的呵责。"[2]经验也告诉我们，"理性欺骗我们的时候是太多了，我们有充分的权利对它表示怀疑"，"良心从来没有欺骗过我们，它是人类真正的向导"，"按良心去做，就等于是服从自然，就用不着害怕迷失方向。"[3]那么，良心的内容是什么呢？卢梭认为是自爱心和同情心："我们在把所有那些只教我们了解人类是怎样使自己变成这般模样的科学著作撇在一边，而去思考人的最初和最简单的精神活动吧，我认为我由此发现了两种先于理性而存在的人的本性：一种本性使人对自己的福利和自我保护极为关切；另一种本性使人本能地不愿目睹有感觉力的生灵（主要指人的同类）受难和死亡。我认为，人的精神能够使这两种本性协调并结合起来，并且仅仅由此便产生了所有自然权利的法则，而没有必要让人的社会性介入。"[4]正是基于这样的人性论，卢梭把发展人的本性、培养身心协调发展的自然人作为教育的根本目标。

3. 康德——真、善、美

康德把视线从自然科学转向对人的研究就是受卢梭的影响，但由于对理性和科学的偏爱，康德对于卢梭立足于个体，否认和贬低理性来阐发人的本性和教育目标的观点不能完全接受。于是，康德另辟新路，从自然和人、个体与社会、感性与理性、科学和道德的矛盾对立中来把握人和人类社会。他将哲学中追求的真、善、美与近代心理学研究中的知、情、意结合起来，从人的认识能力、道德实践能力和判断力这三个领域分别考察了人的特点和本性。康德认为，自然和社会、认识和道德、真和善是截然分割开来的领域，人在认识中追求

1 [古希腊]柏拉图．理想国[M]．郭斌和，张竹明，译．北京：商务印书馆，2002：366-367.
2 [法]卢梭．爱弥儿：下卷[M]．李平沤，译．北京：人民教育出版社，2001：380.
3 [法]卢梭．爱弥儿：下卷[M]．李平沤，译．北京：人民教育出版社，2001：414.
4 [法]卢梭．论人类不平等的起源和基础[M]．高煜，译．桂林：广西师范大学出版社，2002：66.

的是“真”，力图把握各种复杂的因果联系，本能的需求就是主客体间的因果联系，它作为一种外在必然支配着人的行为；人在道德境界中追求的是“善”，力图用社会规范来克制感性欲望，从而超越动物的本能、超脱自然因果律的束缚而获得选择自己行为的自由，它作为人所特有的内在目的支配着人的行动；真和善，外在必然性和内在目的性显然处于矛盾冲突之中，若仅有这二者的对立，难免使感性欲望战胜理性道德，那就将使人类像动物一样靠本能支配行动，永远停留在受因果律支配的经验世界而无法向自由的道德世界这一目标靠近，但实际上，人不仅追求真和善，而且追求美，人的行为不仅受认识支配、受道德规范约束，而且受审美情感的影响。康德认为，人的审美判断同时具有认识和道德双重属性。一方面，审美是经验世界中纯粹的感性认识，是一种人类普遍的情感和需要，人们在审美活动中通过形象触发情感来理解和体察对象世界；另一方面，审美又是一种高尚的情操，是一种自由的鉴赏，美作为一种理想中的目的与道德境界紧密相联，“美是道德的象征”。因此，当人们把美作为目的和理想来追求的时候，就可以在真与善、认识与道德、现实世界与理想境界之间架起由此达彼的桥梁。但追求美必须有一定的文化素养做基础，于是康德提出，从自然界向道德世界过渡的关键在于自然人的生成。康德认为，要使受本能驱使的自然人转变为能够自觉运用社会规范来支配行动的道德人，不能单纯靠道德规范来约束，更有效的办法是通过对美的追求，也就是通过文化的熏陶使人摆脱自然欲望的束缚而变得富有教养，从而塑造出“文化—道德”的人，并由此使整个人类社会走向文明。这就是康德提出的自然向人生成，本能向道德过渡的重要思想。这一思想是康德对人的本性、人生目的和教育目标看法的哲学基础，也是他整个哲学体系的基石。正是立足于自然向人的生成，康德以其美学和目的论为纽带，把认识论和伦理学沟通起来，建造起为世人所瞩目的批判哲学大厦，这一大厦金碧辉煌的屋顶就是真、善、美在道德理想中的统一。然而，这种统一性却只是可望而不可即的“彼岸世界”。

4. 马克思与恩格斯——超越前人、走向实践

马克思超越了以往思想家对人的本质进行抽象思辨的做法，而是从历史与现实出发思考人的本质与发展问题。马克思在批判费尔巴哈的人的本质观点时说：“人的本质不是单个人所固有的抽象物，在其现实性上，它是一切社会关系的总和。”[1]马克思把对人的本质的思考引向了人类的历史、生活与实践：“全部社会生活在本质上是实践的。凡是把理论引向神秘主义的神秘东西，都能在人的实践中以及对这种实践的理解中得到合理的解决。”[2]马克思是从实践论的视角思考人的本质问题的，实现了对人的本质思考的历史起点和逻辑起点的统一。在人的发展上，马克思和恩格斯创造性地提出了人的全面发展学说，不仅如此，马克思和恩格斯还

1 马克思恩格斯文集：第1卷[M]. 北京：人民出版社，2009：501.
2 马克思恩格斯文集：第1卷[M]. 北京：人民出版社，2009：501.

提出了实现人的全面发展的现实道路，即生产劳动与教育相结合。因此，马克思和恩格斯的对前人的超越不仅体现在对人的本质和人的发展的理解上，更为重要的是提出了实现的具体路径，从而使人的全面发展从历史走向现实。就如同马克思所说："哲学家们只是用不同的方式解释世界，问题在于改变世界。"[1]人的全面发展是能够通过具体教育实践实现的理想。

（二）马克思关于人的全面发展学说的含义

"人的全面发展"是我国教育目的的理论基础，在内涵上强调不断追求完善与和谐。对此也存在一些错误理解，如有人认为全面发展会阻碍个性与特长发展，造成全面平庸。因此，必须澄清全面发展的内涵。

教育家语录

我的初等教育思想，在于依照自然法则，发展儿童道德、智慧和身体各方面的能力，而这些能力的发展，又必须顾到它们的完全平衡……初等教育的职责，就在于使这些不同的方法和自然的和普遍的法则协调起来；不管人类能力运用的各个方法如何，都使这些不同的能力得到完全的发展。

——[瑞士]裴斯泰洛奇．我的初等教育思想[M]//赵荣昌，张济正．外国教育论著选．南京：江苏教育出版社，1990：153-154.

第一，人的体力和智力同时获得充分的自由发展。这主要是由人作为劳动力这一本质决定的。劳动使人从动物转化为人，使人把自己从某些必然规律的支配下解放出来，开始作为自己的自由的主体而存在于社会上。本来，劳动产品作为人的目的和能力的结合，是人的本质的一种具体体现和肯定。可是，劳动者与劳动产品相异化，劳动者与劳动本身相异化，使劳动者生产的财富越多，他自己反而越贫困，体力和智力发展越畸形。马克思认为，劳动力就是劳动能力，即人在生产活动中所运用的体力和智力的总和。人在劳动中，不论缺乏相应的体力和智力，还是原有的体力和智力受到摧残，对人来说都是痛苦和损失，都是一种异化和不自由。"异化劳动把类生活变成维持个人生活的手段。"[2]所以，个人的全面发展首先应该是使人克服劳动异化，使体力和智力获得充分的自由的发展和运用。

第二，人的才能和志趣获得充分的多方面发展，成为"各方面都有能力的人，即能通晓整个生产系统的人"[3]。这是大工业生产发展的客观规律对人的劳动能力提出的要求。马克思

1　马克思恩格斯文集：第1卷[M]. 北京：人民出版社，2009：502.
2　马克思恩格斯文集：第1卷[M]. 北京：人民出版社，2009：161-162.
3　马克思恩格斯全集：第4卷[M]. 北京：人民出版社，1958：370.

认为人的才能的全面发展，同现代大工业的技术基础的革命性联系在一起，是一种社会生产的普遍规律。虽然大工业的资本主义形式再生产了旧的分工，阻碍着人的才能的全面发展，但为人的全面发展提供了可能性，它为人的体力与智力劳动的结合创造了条件。人的各种素养有着丰富的内涵，无论是智力还是体力都包含着丰富的要素，个人应该在可能的条件下，根据个人和社会生活的要求，尽可能追求个人素养的多方面发展，避免单一发展。充分的发展也具有个体差异性，每个人的“充分”有着不同的体现，与主客观需要和主客观条件直接相关。

第三，人的道德精神和审美情趣的发展。马克思在分析劳动过程时，并没有忽略人的道德因素。他认为，人在劳动过程中“除了从事劳动的那些器官紧张之外，在整个劳动时间内还需要作为注意力表现出来的有目的的意志，而且，劳动的内容及其方式和方法越是不能吸引劳动者，劳动者越是不能把劳动当作他自己体力和智力的活动来享受，就越需要这种意志”。[1]目的和意志都属于道德范畴。可见即使从人是劳动力的角度出发，也不能把道德排除在个人的全面发展含义之外。此外，当马克思把人作为劳动力同时又作为“社会关系的总和”进行分析时，就可以明显地看到道德是个人的全面发展不可缺少的含义。“一个人的发展取决于和他直接或间接进行交往的其他一切人的发展。”[2]“只有在集体中，个人才能获得全面发展其才能的手段，也就是说，只有在集体中才可能有个人的自由。”[3]马克思说的“人的自我丧失”，不仅指智力和体力的丧失，而且也包括道德和审美需要的丧失。在这方面，连资产阶级也不例外，“精神空虚的资产者为他们自己的资本和利润欲所奴役”[4]，“庸人把唯物主义理解为贪吃、酗酒、娱目、肉欲、虚荣、爱财、吝啬、贪婪、牟利、投机，简言之，即他本人暗中迷恋着的一切龌龊行为”[5]。大量的事实表明，一个极端自私自利的人，不仅在真理面前会利令智昏、惶恐不安，而且在人与人之间、人与自然之间的伦理关系和审美关系面前，也会丧失真正人的愉悦和幸福的感受。“人和人之间除了赤裸裸的利害关系，除了冷酷无情的‘现金交易’，就再也没有任何别的联系了。”[6]人的淳朴感情“淹没在利己主义打算的冰水之中”，“把人的尊严变成了交换价值”[7]。在资本主义条件下，“忧心忡忡的穷人甚至对最美丽的景色都没有什么感觉；贩卖矿物的商人只看到矿物的商业价值，而看不到矿物的美和特性”[8]。这都说明，人作为社会关系的总和，必然是一定道德和审美的主体。

第四，人利用客观规律改造自然和社会的自觉程度，达到了“从心所欲，不逾矩”的境界，真正获得了自由，成为自身的主人。自由是人的价值和个人的全面发展的根本标志。马克

1　马克思恩格斯全集：第23卷[M]．北京：人民出版社，1972：202.
2　马克思恩格斯全集：第3卷[M]．北京：人民出版社，1960：515.
3　马克思恩格斯全集：第3卷[M]．北京：人民出版社，1960：84.
4　马克思恩格斯选集：第3卷[M]．北京：人民出版社，1995：642.
5　马克思恩格斯选集：第4卷[M]．北京：人民出版社，1995：232.
6　马克思恩格斯选集：第1卷[M]．北京：人民出版社，2012：403.
7　马克思恩格斯文集：第2卷[M]．北京：人民出版社，2009：34.
8　马克思恩格斯全集：第42卷[M]．北京：人民出版社，1979：126.

思肯定自由是人的价值、人的本质的体现。不过这种自由不是人的恣意妄为，而是从对客观规律的自觉认识和运用中获得的。“人们周围的、至今统治着人们的生活条件，现在受人们的支配和控制，人们第一次成为自然界的自觉的和真正的主人，因为他们已经成为自己的社会结合的主人了。人们自己的社会行动的规律，这些一直作为异己的、支配着人们的自然规律而同人们相对立的规律，那时就将被人们熟练地运用，因而将听从人们的支配。人们自身的社会结合一直是作为一个自然界和历史强加于他们的东西而同他们相对立的。现在则变成他们自己的自由行动了。至今一直统治着历史的客观的异己的力量，现在处于人们自己的控制之下了。只是从这时起，人们才完全自觉地自己创造自己的历史；只是从这时起，由人们使之起作用的社会原因才大部分并且越来越多地达到他们所预期的效果。这是人类从必然王国进入自由王国的飞跃。”[1]从马克思、恩格斯对人的自由的本质所做的精辟分析中，我们就能比较容易理解个人的全面发展的这个极为重要的含义。即“个人的全面发展，只有到了外部世界对个人才能的实际发展所起的推动作用为个人本身所驾驭的时候，才不再是理想、职责等，这也正是共产主义者所向往的”[2]。也只有这时才能使“人以一种全面的方式，也就是说，作为一个完整的人，占有自己的全面的本质”[3]，才能“把人的世界和人的关系还给自己”[4]，使自己真正获得解放，使人的本质真正得到复归，使人的个性真正获得自由和谐发展，成为文明幸福的人。

（三）“德、智、体、美、劳全面发展的人”作为教育目的在现代社会的确立

社会主义为什么把培养全面而和谐发展的人作为教育目的呢？若将教育系统放在社会这一大系统中考察就不难看出，知识的传授和学习不仅是为了造就博学多才的个体，而且是为了提高人类知识，改造自然和社会的能力；对个体进行道德教育绝不只是为了独善其身，而是为了创造出一个有利于个体和社会和谐发展的道德环境；培养审美能力不单纯是为陶冶个体的情感、发展其艺术修养和鉴赏力，更重要的在于“按照美的规律来建造”，把整个社会建设得更加美好。总之，人的全面和谐发展必须在改造社会的实践中才能够实现，也必须在这一过程中展现出来。当前，教育理论界中围绕教育目的的探讨更多地集中在如何才能使受教育者获得全面发展的教育目标上，而没有使理论中探讨的人的全面发展根植于个体和社会关系的现实土壤之中，结果往往由于脱离实际而落空。教育工作者或者将这种人的全面发展看作可望而不可即的教育目标，或者是孤立地在学校教育狭窄范围内寻找使受教育者获得全面发展的手段和途径，结果既无法了解在现实社会条件下人的全面发展所能达到的水平，也不可能找到使受教育者在可能条件下获得全面发展的现实道路。

1　马克思恩格斯选集：第3卷[M]. 北京：人民出版社，1995：633-634.
2　马克思恩格斯全集：第3卷[M]. 北京：人民出版社，1960：330.
3　马克思恩格斯全集：第3卷[M]. 北京：人民出版社，2002：303.
4　马克思恩格斯全集：第1卷[M]. 北京：人民出版社，1956：443.

马克思从研究人的学说入手，以人的问题为中心，指出人作为历史的、社会的、实践的人，具有人性和阶级性。按照马克思所说：“共产主义是私有财产即人的自我异化的积极的扬弃，因而是通过人并且为了人而对人的本质的真正占有；因此，它是向人自身、向社会的即合乎人性的人的复归，这种复归是完全的，自觉的和在以往发展的全部财富的范围内生成的。”[1]换言之，共产主义革命的最终目的，不仅在于推翻资本主义制度，消灭一切剥削阶级，还在于消灭无产阶级自身，发展社会生产力，创立一个能够满足人们日益增长的物质需要和精神需要的新世界。也就是最终扬弃人的异化，使全社会的成员都得到彻底解放和全面发展，成为自由的、文明的、幸福的人。

只有马克思主义关于人的学说，才能全面地、历史地揭示人的本质，关心人的命运，把人真正当作人来看待；认为人不是被任意肢解、愚弄和运用的工具，人自身的自由和幸福就是人最高价值之所在。所以，应该使人以一种全面的方式，也就是说，作为一个完整的人，占有自己的全部本质，这是一切共产主义者终生为之奋斗的崇高目标。

二、教育目的与核心素养

“核心素养”这个概念的英文词是Key Competencies。Key在英语中有“关键的”“必不可少的”等含义。Competencies也可以直译为“能力”，但从它所包含的内容看，不仅仅包括能力，也包括价值观，因此译成“素养”更为符合我们当下的文化。可以说，“核心素养”就是“关键素养”。

(一)从教育目的到核心素养

一般来说，与具体的教育实践相比，教育目的是总体的、抽象的、理想的，具有规范与指导的功能。在教育实践中，教育目的需要进一步落实和具体化。近年来，出现了核心素养这一概念，成为落实教育目的的中介和载体。

“核心素养”最早出现在经济合作与发展组织（OECD，以下简称“经合组织”）和欧盟理事会的研究报告中。经合组织1997年启动了“素养的界定与遴选：理论和概念基础”(Definition and Selection of Competencies：Theoretical and Conceptual Foundations)研究项目，此时并未在项目名称中直接使用“核心素养”一词，但2003年出版最终研究报告《核心素养促进成功的生活和健全的社会》(*Key Competencies for a Successful Life and a Well-Functioning Society*)时，则使用了该词。为推进核心素养走进教育实践，2005年经合组织又发布了《核心素养的界定与遴选：行动纲要》(*The Definition and Selection of Key*

1　马克思恩格斯全集：第3卷[M]. 北京：人民出版社，2002：297.

Cotnpetencies：*Executive Summary*)，以增强核心素养应用于教育实践的可操作性。[1]世界许多组织、国家、地区都提出了核心素养，详见表5-2。

表5-2　一些组织、国家、地区对核心素养的定义

国际组织 / 国家 / 地区	核心素养的定义
经济合作与发展组织	核心素养使个人拥有良好的、成功的生活。这种成功的生活表现为与他人具有亲密的关系，理解自我和自身所处的世界，与自身的生理和社会环境自主互动，拥有成就感和愉悦感。核心素养对多样的社会和个人均具有包容性，它回答的问题是普通人要想在社会中安身立命，同时又能够应对日新月异的技术发展，需要哪些素养。
联合国教科文组织	核心素养指向终身学习，并提出“学会求知、学会做事、学会共处、学会发展、学会改变”五大支柱
欧盟	素养是适宜于特定情境的知识、技能和态度的组合，核心素养是指一个人要在知识社会中自我实现、融入社会以及就业所需要的素养，其中包括知识、技能与态度。欧盟对核心素养的定位是在义务教育与培训阶段结束之前，年轻人应该具备这些素养，以使他们能过好成年生活，并以此作为终身学习的基础。
美国	核心素养主要指所有学生或工作者都必须具备的能力，其发展目的在于培养具有21世纪工作技能及核心竞争力的人，确保学生从学校所学的技能能够充分满足后续大学深造或社会就业的需求，成为21世纪称职的社会公民、员工及领导者。
英格兰	核心素养是指为了适应将来的生活，年轻人需要具备的关键技能(key skills)，以及学习、生活和工作所需的资质。其中的关键技能，主要是一种普遍的、可迁移的、对劳动者的未来发展起关键性作用的能力。
苏格兰	核心技能(core skills)是指为了全面成为一个活跃与负责任的社会成员所必须具有的广泛的、可迁移的技能。
法国	用sole(foundarion or core) of competences表示基本的或核心的素养，专用于义务教育中的基于学科和跨学科的素养，强调这些素养是构建终身学习的基础。法国的素养模型认为一个人的职业能力是与知识(savoir)、技能(savoir-faire)和社交能力(savoir-être)三个方面密不可分的。素养是一种学习的动态过程，是知识的积累与传递过程。
德国	从职业教育角度首先提出了关键能力的概念，即指那些与特定的专业技能不直接相关的知识、能力和技能，它们是在各种不同场合和职责情况下作出判断选择的能力，是应对生涯中不可预见的各种变化的能力，由于其普遍适用性而不易因科学技术进步而过时或被淘汰。
澳大利亚	核心素养(key competencies)也称为综合职业能力或关键能力，是指为有效参与发展中的工作形态与工作组织所必要的能力，其所强调的并非某个学科或某一职业领域所具有的知识和技能，而是学生终身发展所需要的能力，是一般性的。
中国台湾地区	核心素养被界定为能在社会文化脉络中，成功地回应情境中的要求与挑战，顺利完成生活任务，获得美好的理想结果所应具备的素养。核心素养是个人处于社会中所必须具备的关键素养，不但是个人生活所需之必要的素养，也是现代社会公民的必备条件，更是社会发展所不可或缺的人力资本之重要素养。

(**资料来源：** 辛涛，姜宇，林崇德，师保国，刘霞．论学生发展核心素养的内涵特征及框架定位［J］．中国教育学刊，2016(6)：3-7，28．)

1　张华．论核心素养的内涵［J］．全球教育展望，2016，45（4）：10-24.

2016年9月，我国核心素养研究课题组发布了《中国学生发展核心素养》，提出学生发展核心素养。核心素养主要是指学生应具备的，能够适应终身发展和社会发展需要的必备品格和关键能力。研究中国学生发展核心素养，根本出发点是将党的教育方针具体化、细化，落实立德树人根本务，培养全面发展的人，提升21世纪国家人才核心竞争力。[1]中国学生核心素养以“全面发展的人”为核心，分为文化基础、自主发展、社会参与三个方面，综合表现为人文底蕴、科学精神、学会学习、健康生活、责任担当、实践创新六大素养如图5-1所示。

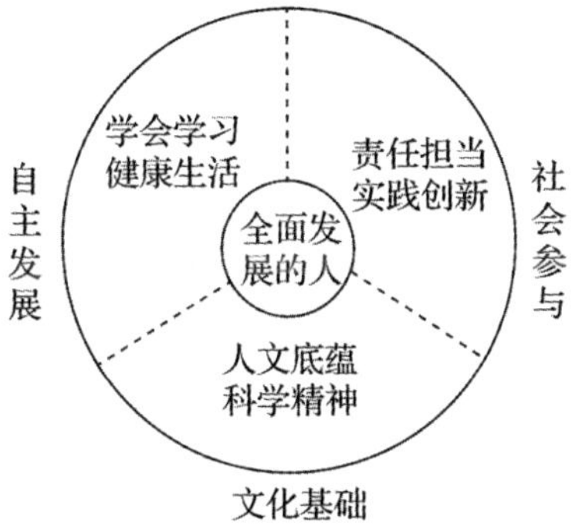

图5-1　中国学生核心素养

(二)学科核心素养与课程改革

近年来，世界各国课程改革中的课程模型与课改实施模式的发展，使得各国基础教育的课程体系逐渐呈现出共同的发展趋势——在课程标准的内容上逐渐呈现关注学生发展，强调培养适应现代社会所需的能力，注重课程的整合性，强调传统学科融合的趋势；在课程标准的使用和功能方面逐渐呈现以国家课程标准统一教育实践，以质量标准督促教育问责，将教育管理权逐渐下放的趋势。[2]因此，世界各国的课程标准中强调“关注学生的发展，培养学生核心能力”的趋势，并要求落实在具体的课程实施过程中。

《普通高中课程方案》和14门课程标准于2017年颁布，2020年又进行了修订。新的课程方案和课程标准进一步强化了学科的育人功能，体现了鲜明的育人导向，思想性、科学性、时代性、整体性等明显增强。方案明确提出，普通高中的培养目标是进一步提升学生综合素质，着力发展核心素养，使学生具有理想信念和社会责任感，具有科学文化素养和终身学习

1　核心素养研究课题组. 中国学生发展核心素养［J］. 中国教育学刊，2016(10)：1-3.
2　辛涛，姜宇，王烨辉. 基于学生核心素养的课程体系建构［J］. 北京师范大学学报(社会科学版）,2014(1)：5-11.

能力，具有自主发展能力和沟通合作能力。方案凝练了学科核心素养，提出："中国学生发展核心素养是党的教育方针的具体化、细化。为建立核心素养与课程教学的内在联系，充分挖掘各学科课程教学对全面贯彻党的教育方针、落实立德树人根本任务、发展素质教育的独特育人价值，各学科基于学科本质凝练了本学科的核心素养，明确了学生学习该学科课程后应达成的正确价值观、必备品格和关键能力，对知识与技能、过程与方法、情感态度价值观三维目标进行了整合。课程标准还围绕核心素养的落实，精选、重组课程内容，明确内容要求，指导教学设计，提出考试评价和教材编写建议。"[1]

2022年4月，新修订的义务教育课程方案和16个课程标准颁布。方案中亦强调了核心素养："聚焦中国学生发展核心素养，培养学生适应未来发展的正确价值观、必备品格和关键能力，引导学生明确人生发展方向，成长为德智体美劳全面发展的社会主义建设者和接班人。"[2]"落实党的教育方针，依据义务教育培养目标，凝练课程所要培养的核心素养，体现课程独特育人价值和共通性育人要求，形成清晰、有序、可评的课程目标。基于核心素养培养要求，明确课程内容选什么、选多少，注重与学生经验、社会生活的关联，加强课程内容的内在联系，突出课程内容结构化，探索主题、项目、任务等内容组织方式。"[3]

因此，教育目的的宏观要求在课程方案中落实为学科核心素养，明确了学科目标从知识点的了解、理解与记忆，转变为学科核心素养的关键能力、必备品格与价值观念的培育。

三、互联网与儿童幸福

当今社会，通常被称为信息社会、网络社会或者知识社会，尤其是互联网已经成为世界各个角落许多儿童日常生活中不可分割的一部分。越来越多的儿童出生在一个信息和通信技术高度发达的环境之中。互联网就像一个活跃的数字皮层，用万亿个连接包围着人类，影响着我们的思维和行为，以及我们能成为什么样的人。必须承认的是，在这个数字化时代，互联网给当代儿童带来了相当多的新现象，儿童幸福面临着全新的挑战。互联网与儿童幸福之间呈现出十分复杂的关系。如果教育目的是儿童的幸福，那么我们必须搞清楚：互联网促进儿童幸福了吗？

（一）物质福利：教育资源的自由获取

2020年欧盟儿童在线网（Eu Kids Online）对19个欧洲国家的25000多名使用互联网的9~16岁儿童进行了一项大规模调查。调查结果显示，儿童使用互联网的性质和频率决定了

---

1 中华人民共和国教育部制定.普通高中课程方案：2017年版，2020年修订［M］.北京：人民教育出版社，2020：4.
2 中华人民共和国教育部制定.义务教育课程方案：2022年版［M］.北京：北京师范大学出版社，2022：2.
3 中华人民共和国教育部制定.义务教育课程方案：2022年版［M］.北京：北京师范大学出版社，2022：11.

他们在数字世界中的成就。对于欧洲的大多数儿童来说，智能手机现在是上网的首选方式。这通常意味着他们可以随时随地连接，大多数儿童几乎每天都在使用智能手机上网。与2010年欧盟儿童在线调查相比，儿童使用智能手机的比例和互联网使用量都大幅增加。[1]显然，互联网的普遍存在，即实现在不同地点和不同技术平台（如笔记本电脑、智能手机等）上接入互联网表明，互联网的大规模使用已经让信息通信这项技术融入了儿童的日常生活。这就意味着儿童在很大程度上能够通过互联网实现对资源的自由获取，特别是教育资源。

儿童对新媒体设备和软件的使用深受市场运作和消费文化的影响，特别是信息和通信技术的迅速发展以及产品更新换代的速度不断加快，对儿童有着莫大的吸引力。有调查显示，大多数拥有手机的儿童表现出身份或审美消费动机的迹象。[2]需要警惕的是，对最新技术或最新产品的渴望反映了物质主义的价值观，这种价值观的采用可能使儿童的生活商业化，因为他们用物质术语来定义他们的目标；此外，它还可能对儿童发展产生负面影响。尽管如此，大部分人还是认为新媒体技术的消费是一种重要的自我表达形式，也是儿童建构自我认同的一种手段。通过基于幸福的物质方面的社会化过程，作为消费者也是性别化的主体，儿童正在积极地建构和定义自己。[3]

（二）身体健康：时间和空间的影响

互联网整合了众多不同交往场景形成封闭的、整合的信息系统，为儿童营造出一个全新的视听媒介环境。这样的环境能够根据人类生理感官的特征提供逼真的媒介环境，全面延伸儿童的各种感官。儿童的生理也因网络而被极大地外化和延伸。

第一，睡眠时间不足。儿童处于生长发育的阶段，充足的睡眠是十分必要的。如果睡眠不足，便会导致白天困倦或注意力不集中等问题。有学者指出，使用媒体（电视、视频游戏或者互联网）会导致晚睡，如果起床时间保持正常的话，就会导致睡眠不足和整体疲劳加剧。由于网络游戏，造成儿童睡眠不足的问题尤为突出。欧盟儿童在线网显示，玩网络游戏是一种常见的儿童娱乐活动。在大多数国家，三分之二的儿童至少每周玩一次网络游戏，儿童玩游戏的频率整体而言较高，并且存在性别差异，在大多数国家，每天玩游戏的男孩数量是女孩的两倍。[4]

第二，干眼症和重复性劳损。长时间、高强度使用电脑，还会影响其他生理功能，例如眼睛干涩，尤其是肌肉、骨骼和手腕疼痛，颈部和背部疼痛等。这些症状被称为累积性创伤

1　Smahel D, Machackova H, Mascheroni G, Dedkova L, Staksrud E, Ólafsson K, Livingstone S, Hasebrink U. EU Kids Online 2020: Survey results from 19 countries[R].EU Kids Online. 2020:18.

2　Downie C, Glazebrook K. Mobile phones and the consumer kids[J]. Australia Institute, 2007:41.

3　Buckingham D. Beyond Technology: Children’s Learning in the Age of Digital Culture[M]. Cambridge:Polity Press.2007:79.

4　Smahel D, Machackova H, Mascheroni G, Dedkova L, Staksrud E, Ólafsson K, Livingstone S, Hasebrink U. EU Kids Online 2020: Survey results from 19 countries [R]. EU Kids Online. 2020:30.

障碍或者重复性劳损，通常是由重复的运动或单一的姿势引起的。[1]对于儿童而言，除了长时间不休息之外，问题还存在于不合适的家具方面，例如屏幕、键盘、鼠标和其他设备通常高度或角度并不适合儿童。[2]

（三）心理幸福感：消除网络成瘾

互联网使在线游戏和数字社交网络成为可能，如今这些网络在儿童中几乎无处不在，还方便儿童通过在线电视等传统媒体网站以及专业在线网站和音乐应用程序等获取娱乐。虽然这些活动可以产生重要的积极影响，例如使儿童的创造力和社交技能得到发展，并提供刺激和放松的机会，但是人们也越来越多地关注诸如"成瘾"等潜在的负面影响。[3]与惯常的认知不同，时间本身并不是网络成瘾的标准，尽管网络成瘾经常伴随着高强度和高频率的网络使用。已有研究表明，在网络成瘾的预测因素中，心理困扰尤其是低自尊起着显著的作用，并且还伴随着逃避问题的倾向。[4]

（四）社会福利：社会关系的质量

儿童花在网上的时间也引发了人们关于其是否会影响家庭凝聚力的思考。上网与看电视不同，看电视可以一家人坐在一起完成，而上网大多数是儿童一个人坐在电脑屏幕前。大多数儿童的卧室里面都有电脑和互联网，这样他们上网的时间便会挤压与其他家庭成员相处的时间。现在的年青一代往往比他们的父母更了解新技术，这一事实对家庭关系而言是一把"双刃剑"。[5]冲突和紧张的家庭关系可能是由于父母试图强行控制儿童上网的时间造成的。但同时，儿童可以直接或间接地教其他家庭成员使用互联网或某些互联网应用程序。所以，当他们长大成人后，这种新媒体知识的代际失衡可能不会持续下去。

儿童使用互联网是否会导致社会关系恶化？20世纪90年代末，互联网被认为是导致个人独立的潜在原因。几年后，该结论得到了修正，即互联网的使用实际上增加了社会参与和个人自尊，减少了孤独感。[6]因为，随着网络的普及，越来越多的人使用网络，儿童和年轻人也在用网络的即时通信来维持现有的关系。这种在线交流提高了儿童的幸福感。虚拟环境的

---

1 Burke A, Peper E.Cumulative Trauma Disorder Risk for Children Using Computer Products: Results of a Pilot Investigation with a Student Convenience Sample[J].Public Health Reports.2002,117(4):350-357.

2 Gillespie R M. The physical impact of computers and electronic game use on children and adolescents, a review of current literature.[J].Work: Journal of Prevention, Assessment & Rehabilitation.2002,18(3):249-259.

3 Widyanto L, Griffiths M.'Internet Addiction': A Critical Review[J].International Journal of Mental Health and Addiction.2006,4(1):31-51.

4 Livingstone S, Haddon L, Görzig A, Children, Risk and Safety on the Internet: Research and Policy Challenges in Comparative Perspective[M]. Bristol: Policy Press. 2012:191-203.

5 Livingstone S. Young People and New Media：Childhood and the Changing Media Environment[M]. London:Sage Publications Ltd. 2002:25.

6 Kraut R, Kiesler S, Boneva B, Cummings J, Helgeson V, Crawford A.Internet Paradox Revisited[J].Journal of Social Issues, 2002，58(1)：49-74.

在线交流会刺激交流者之间的自我表露，有助于解除压抑，从而增加亲密交流。儿童通过互联网建立和发展的人际关系与传统的人际关系形式自然交织在一起。互联网提供独特的机会来扩展一个人的社交网络，从而提高一个人的幸福感。但与此同时，我们也要意识到并非所有的互联网用户都能从这些机会中获取利益。

儿童使用互联网，可能会遭遇网络欺凌，对其幸福感造成负面影响。随着儿童对数字通信的逐渐掌握，欺凌已经从校园蔓延到手机和电脑端。网络欺凌是指一种由群体或者个人使用电子形式，反复且长时间地对无法轻易保护自己的受害者实施的具有攻击性的、有意的行为。网络欺凌有很多种形式，一些比较常见的形式有：在网络交流中出现粗俗、下流的语言；诽谤，包括传播不真实的信息或者张贴涂改的照片，通常带有羞辱性的内容。[1]这会对受害者身体、心理都产生负面的影响，使他们在社会上孤立、敏感，身体虚弱，心理上更容易受到伤害。[2]

（五）发展性幸福：个人发展的需求

互联网的高速发展，对儿童成长发展的影响不容忽视。欧盟儿童在线网显示，整个欧洲所有受调查的儿童都将互联网用于与学校有关的目的。[3]这就说明互联网已经成为当代青年的一种新型教育媒介。除了利用互联网进行与学校有关的活动外，信息通信技术为儿童提供了各种咨询、讨论私人问题和搜索敏感话题信息的机会。这就要求儿童具备一定的数字素养，这也是互联网时代儿童幸福发展的中心问题。在这种情况下，儿童在网络世界中的积极参与经常引发关于青少年应该掌握的社交能力和数字读写实践的激烈讨论。在当今的文化融合中，创建、混合或重新配置文本、视频、照片、音乐和各种视觉设计元素，没有足够的数字素养是无法做到的。

参与网络使用和各种内容创作实践，为当今儿童提供了独特的自我表达、社会化，以及培养创造力的机会。但是，这种机会往往与风险同行。[4]正如之前所提到的，儿童可能被新媒体所提供的机会吸引，以至于他们可能遭受过度使用互联网的痛苦。在最坏的情况下，这种迷恋可能会导致他们与线下的世界疏远。但是，时间并不是影响儿童幸福的唯一和最关键的因素。[5]事实上，儿童在网上做什么、与谁互动，可能对其幸福产生比较大的影响。我们要意识到，儿童的风险发生率及其应对能力不仅取决于儿童的年龄和性别，而且可能因风险

1 Kowalski R M, Limber S P, Agatston P W . Cyber bullying: Bullying in the digital age[J]. Journal of Adolescent Health, 2008, 41: 22–30.

2 Kowalski R M, Limber S P. Psychological, physical, and academic correlates of cyberbullying and traditional bullying[J]. Journal of Adolescent Health Official Publication of the Society for Adolescent Medicine, 2013, 53(1): 13–20.

3 Livingstone S, Haddon L, G€orzig A, Olafsson K. Risks and safety on the internet: The perspective of European Children. Full findings[R]. London: LSE, EU Kids Online. 2011a: 16.

4 Livingstone S. Taking risky opportunities in youthful content creation: Teenagers' use of social networking sites for intimacy, privacy and self-expression[J]. New Media & Society, 2008, 10 (3): 393–411.

5 Ben-Arieh A. Handbook of Child Well-Being: Theories, Methods and Policies in Global Perspective[M].Springer, 2013:2093–2135.

类型和文化而异。

儿童幸福是教育的终极目标之一。马卡连柯曾说："我确信，我们的教育目的不仅仅在于培养能最有效地参加国家建设的那种具有创造性的公民，我们还要把所有受教育的人变成幸福的人。"[1]苏霍姆林斯基说："教育的理想就在于使所有的儿童都成为幸福的人，使他们的心灵由于劳动的幸福而充满快乐。"[2]儿童幸福的不同方面与信息和通信技术，特别是互联网之间存在着复杂的关系。这种新的媒介以其多样性的内容，涵盖了生活的各个方面，从而使得人类的各种活动对儿童幸福而言机遇与挑战并存。概言之，如果以安全和熟练的方式使用互联网，可能会对儿童的幸福产生积极的影响。特别是参与互动以及内容创作的在线环境为儿童提供了一系列的机会，使他们能够自我表达、进行身份建构和社会化，以及提高社交技能等。与此同时，也有证据支持马太效应，即那些拥有更多经济、社会和文化资本的儿童，或者社会技能强、性格外向的儿童，倾向于利用互联网作为一种媒介来保持和增强自己的优势地位。过度使用互联网会对儿童的幸福产生负面影响，尤其是生理、心理和社会交往等方面。[3]总而言之，儿童幸福与互联网使用之间的关系是多方面的，两者之间的关系还受到环境、体制以及社会背景等因素的影响。互联网为儿童幸福带来的好处往往与风险同行，如何在机遇和风险之间取得平衡，最大限度地促进基于互联网的儿童幸福，同时减少使用互联网对儿童幸福的风险，值得深思。

本章小结

1. 目的性是人类活动的根本属性，人类的一切活动都是有目的的。教育作为一项以人的培养为宗旨和核心的活动，其目的性表现为人们对教育活动所培养的人才的素质和规格的总的设想和规定。

2. 教师作为连接教育目的与学生之间的桥梁与纽带，他们对于教育目的的理解与诠释在教育目的的实现的过程中具有重要的意义与价值。

3. 教育目的的确定不是主观随意的过程，对当前与未来，个人与社会等不同矛盾关系的理解影响着教育目的的确定。

4. 就教育目的的获得途径而言，大体上可以分为三类：从演绎哲学的角度、从分析哲

1 [苏]马卡连柯. 马卡连柯教育文集：上卷[M]. 吴式颖，等，编. 北京:人民教育出版社，1985：16.

2 [苏]苏霍姆林斯基. 给教师的建议[M]. 杜殿坤，编译. 北京：教育科学出版社. 1984：474.

3 Ben-Arieh A. Handbook of Child Well-Being: Theories, Methods and Policies in Global Perspective[M]. Springer. 2013：2093-2135.

学的角度和从实证主义的角度。

5. 作为教育目的，培养德、智、体、美、劳全面发展的人在不同时期的不同国家和地区，体现了相通的教育目的价值追寻，它是有着深刻的思想渊源的。

6. 学生发展的核心素养，主要指学生应具备的，能够适应终身发展和社会发展需要的必备品格和关键能力。核心素养较之于三维目标同样也是既有传承的一面又有超越的一面。从三维目标走向核心素养，是学科教育高度、深度和内涵的提升，是学科教育对人的真正的回归。

7. 互联网已经成为儿童生活不可分割的一部分，每一个教育者都需要思考互联网使用对儿童的影响。互联网为儿童幸福带来的好处和风险是并存的，如何选择，需要教育者的智慧。

总结 >

关键术语

教育目的
Aims of Education

个人本位论
Theory of Children as Standard for Education

社会本位论
Theory of Society as Standard for Education

教育准备生活说
Education as Preparation for Life

教育适应生活说
Education as Adjustment to Life

核心素养
Key Competencies

章节链接

在这一章，你读到……	在其他章节中，你将发现相关的讨论……
关于教育目的与教师的问题	在第九章“教师”中会有更加深入的了解
关于教育目的的多维性问题	在第四章“儿童是什么”中会有更加深入的了解

应用>

批判性思考

1. 幸福是教育的终极目的吗?

许多人认为幸福是教育的终极目的。这或许无可厚非,但是对于“幸福”还是要做具体的分析。首先,幸福是谁的幸福?是教师的、学生的、未来公民的还是所有教育场域中的个体的?幸福其实是一个含糊的词,或许正是由于它能够跨越个体幸福、社会幸福和人类幸福而被选中为终极目的。其次,幸福是教育的唯一目的吗?有没有同等重要的价值?我们发现,自由也同样重要。从马斯洛的需求层次理论出发,物质幸福/自由、社会幸福/自由、精神幸福/自由的体验是互补的。幸福感和自由感的强弱趋势恰恰相反,所以常有“物质幸福”和“精神自由”的说法而非“物质自由”和“精神幸福”。还有真理这一认识价值,也可以作为教育追求的终极目的。最后,幸福仅仅是教育的终极目的吗?这牵涉另一个要害问题就是:幸福可教吗?从才、德、力、命、欲五个影响幸福的因素来看,幸福并不完全可教。所以,幸福也是人类众多实践活动的一个共同目的。

2. 普通教育学的逻辑架构是教育与人、教育与社会,那么除了历史已有的个人本位论和社会本位论,在教育目的的价值取向上能否有教育本位论的提法?

个体和社会的需要规定了教育目的以及教育的内容和任务。但是,这种情况下,学校教育和教师在教育目的的规定中拥有以“话语权”较弱。教育能否给自己留一点“私心”,出于教育发展而非个体和社会发展的需要去培养人?比如,将培养善于给予他人良好影响的社会人作为教育目的,将培养良好素质的新式家长作为教育目的,将培养重视教育的优秀人才,吸引更多优秀的人投身教育事业作为教育目的。这样教育产品即毕业生就能通过其外围效应,反过来减轻学校的负担,发挥辐射效应。教育本位论也能和个人本位论和社会本位论很好地融合。教育本位论的提法在今天学习型社会的背景下,在教育不再局限于仅仅作为工具、手段而要进一步提升自我地位的背景下,如何具有可能性并产生应有的意义呢?

体验练习

对身边学生“受教育的目的”,家长“送孩子受教育的目的”和教师“教育学生的目的”进行实证调查,如分别对学生、家长、教师进行“上学是要成为什么样的人,学校在哪些方面能够让我们实行这个目标”之类的访谈。归纳概括并比较三者的差别。试着结合教材分析各种目的是如何在教育场域中直接和间接彼此作用的，是如何冲突、竞争和妥协的。作为未来的教师，你所综合确定的自认为合理的教育目的是什么？该如何努力达成？

教学一线记事

从教30多年来，我非常有幸跟着国家课程改革的脚步，从实践者、改革者成长为参与制定者。对于《义务教育课程方案和课程标准（2022年版）》（以下简称“新课标”）的发布，我想，其不仅为义务教育阶段的课程改革树立了新思想，指明了新方向，也重新激活了每一所有理想、有担当、有行动力的学校对新时代教育使命与责任的自觉追问：如何回归学校育人主体，探索出一条中国特色的基础教育改革之路？在这个大追问之下，我们不妨先展开一些“小思考”。

从实践者角度出发，如何提升教师的育人胜任力，切实让每一位儿童的每一日生活都充满期待与实际收获，让儿童真正站立学校正中央？一名优秀的教师，会自觉把新课标落实的过程当作自己专业成长和提高育人胜任力的过程。我自身便是在20多年的课堂实践与对课程标准的落实中，实现了从“三个超越”、主题教学到“1+X课程”，再到“成志教育”系统育人模式的理念升华。此次新课标提出了“核心素养”“课程综合”“跨学科学习”“学习与生活”等关键词，构筑起我们新的教育实践的“顶层哲学”和专业成长指南。就清华大学附属小学而言，在上一轮课改中，我们每年围绕一个伟大人物开展深度学习，形成了“任务群”雏形和全学科参与、所有师生共学的惯例。今年，借助“杜甫诞辰1310周年”年度课程群，我们将结合新课标探索基于德智体美劳全面发展的主题任务群新模式，努力在学段衔接、跨学科学习及过程性评价等方面实现新突破。这些，无疑对教师的育人胜任力提出了新的挑战。

来源：窦桂梅．让新课标在真实的校园生活中落地[J]．教育家，2022（23）：1．选入时有删减。

拓展＞

补充读物

1　[英]约翰·怀特．再论教育目的[M]．李永宏，等，译．北京：教育科学出版社，1997.

这本书试图勾画出教育目的的全貌、其中的重点以及内在联系。第一章讲授的是我们是否需要教育目的的问题；第二章着重探讨把追求知识及理解力本身作为目的的问题；第三章把我们引入以学生为中心的目的之中，探讨我们应该如何理解学生的利益；第四章和第五章实际上可以合二为一，着重讨论以社会为指向的教育目的；第六章把前面的各种线索综合起来，全面勾画出受过教育的人的特征；最后的第七章解决在实际中如何实现教育目的的问题，特别注意了当代英国教育的发展状况。

2 [英]怀特海．教育的目的[M]．徐汝舟，译．北京：生活·读书·新知三联书店，2002．

这本书是怀特海有关教育的演讲论文集，比较全面地反映了他的教育观念。他主张教育应该充满生命与活力，反对向学生灌输知识，而应引导他们自我发展；他强调古典文学艺术在学生智力发展和人格培养中的重要性，倡导使受教育者在科学和人文方面全面发展；他还重视审美在道德教育中的意义，认为受教育者“如果不能经常目睹伟大崇高，道德教育便无从谈起。”怀特海的教育思想对今天提倡的“素质教育”有很大的参考与指导价值。

3 夏正江．教育理论哲学基础的反思：关于“人”的问题[M]．上海：上海教育出版社，2001．

这本书在对“人”的相关问题进行理解与反思的基础上，对教育目的形成中的相关问题及价值分歧进行了研究。具体来讲包含这样几个部分：第一章介绍了人与教育理论的相关问题；第二章对教育目的形成的相关范式进行了梳理与总结；从第三章到第五章对教育目的价值分歧论问题进行了探讨，主要包括个人主义与社会主义，理性主义与功利主义，精英主义与平等主义，现时主义与未来主义的分歧。

在线学习资源

1．于伟：“教育哲学”在线课程 https://coursehome.zhihuishu.com/courseHome/1000068230#teachTeam

教育哲学是教育学与哲学的交叉学科，主要从哲学视角出发对教育理论与实践中的前提性问题进行批判与反思，是人们从事教育研究工作的世界观和方法论。东北师范大学于伟教授主持的“教育哲学”荣获首批国家级一流本科课程。其中认识论与教育的内容从哲学的角度反思了学校的培养目标问题。

2．刘铁芳：“教育哲学”课程（中国大学MOOC） https://www.icourse163.org/course/HUNNU-1002582003?from=searchPage&outVendor=zw_mooc_pcssjg_

教育哲学对教育的基本问题进行探本究源的思考。刘铁芳教授的“教育哲学”在线课程着眼于教育哲学思考能力的培养，从日常所及的教育问题出发，注重情景解读的方法，深入浅出地阐释教育的目的、过程、方法的基本原理。其中第一章的内容为教育目的论。

第六章
课程

本章概述

本章对知识的概念进行了介绍，从纵横两个维度对知识与课程进行梳理。纵向上从时间维度出发，呈现了知识的演进历程以及课程形态的变革。横向上对知识的类型加以讨论，并对不同类型的知识与课程的关系做了探讨。

结构图

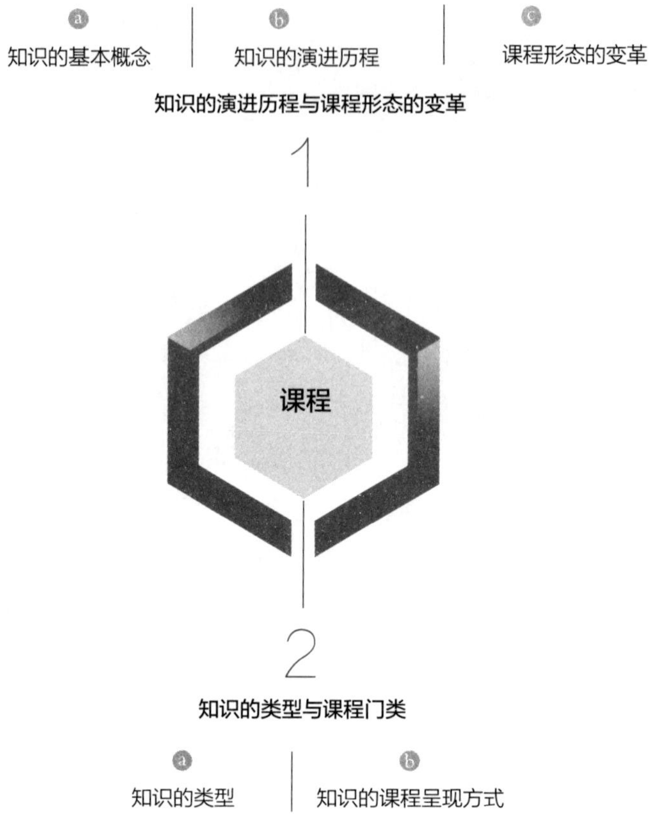

学习目标

学完本章，你应该做到：

1. 从知识与诸要素之间的概念辨析中掌握知识的概念，了解知识的演进历程。
2. 对知识的分类有清晰的认识，体会以不同知识为主导的课程类型有何异同。

读前反思

阅读本章之前，请反思一下在自己的学习和教学的经历中，哪些知识对你产生了影响，这些知识是通过什么途径获得的，然后思考以下问题。

1. 只有科学知识是知识吗？日常的感知和文学的幻想是知识吗？到底何为知识？
2. 进行和知识相关的“随意联想”，你能想到哪些东西，它们和知识到底是何关系？
3. 如何理解“知识就是力量”与“知识就是权力”？
4. 如何理解知识和核心素养的关系？如何在传承知识的过程中提升学生的核心素养？

第一节 知识的演进历程与课程形态的变革

学习目标

理解知识的基本概念、了解知识的演进历程以及与之相应的课程形态变革。

“知识论”是有关知识的本质、形成条件、范围和证实的学问，被认为是哲学的中心领域[1]。本章所讨论的正是有关“知识论”的一些问题。课程离不开知识，知识是课程的源泉和根本。而知识的内涵、类型复杂而多样，其演进带有时代印痕。因此，明确知识的基本内涵，对知识的基本类型进行划分，了解知识的演进历程并探寻随之变革的课程形态，就成了首要解决的问题。

一、知识的基本概念

（一）知识的本质属性

所谓知识，在英文学界“多用Episteme，泛指人的一切阅历、见闻与学习心得。具体包含着学识、智能、有系统的体系等三个方面的含义”。[2]而关于知识的研究则是Episteme与Logos的结合，即Epistemology，译为知识论，又译为认识论。

在《说文解字》中“知，词也，从口从矢。”[3]在汤可敬译注的《说文解字》中，对“词”的注释为“识”；对“从口从矢”的注释为“用口陈述，则心意可识。”[4]在《说文解字》中“识，常也。一曰知也。”[5]在汤可敬译注的《说文解字》中，对“識（识）”的译文是“識，旗帜。另一义说，識是知道。”[6]段玉裁《说文解字注》指出：“识敏，故出于口者，疾如矢。”从中可获得的信息有：第一，有其内容；第二，可外传；第三，了悟；第四，意向。《说文解字》中说;“识，常也，一曰知也。”段玉裁补充云：“常，当为意字之误也……心之所存谓之意。”从中我们可以获得的信息有：第一，意味着记存于心；第二，与知同义。[7]知识的

1　[美]波伊曼. 知识论导论[M]. 洪汉鼎,译. 北京：中国人民大学出版社，2008：3.
2　邬昆如. 哲学概论[M]. 北京：中国人民大学出版社，2005：31.
3　（汉）许慎. 说文解字[M].南京：江苏古籍出版社，2001:110.
4　（汉）许慎. 说文解字（二）[M]. 汤可敬，译注. 北京：中华书局，2018：1061.
5　（汉）许慎. 说文解字[M].南京：江苏古籍出版社，2001:52.
6　（汉）许慎. 说文解字（一）[M]. 汤可敬，译注. 北京：中华书局，2018：481.
7　邬昆如. 哲学概论[M]. 北京：中国人民大学出版社，2005：33-34.

定义是“人类认识的成果或结晶。包括经验知识和理论知识……知识通常以概念、判断、推理、假说、预见等五种形式和范畴体系表现自身的存在[1]，人的认识（包括才能）属于人的认识范畴。是在后天的社会实践中形成的，是对现实的真实或歪曲的反映……辩证唯物主义则从实践的社会性来了解知识的本质，把社会实践作为一切知识的基础和检验知识的标准……知识（精神性的东西）借助一定的语言形式，或物化为某种劳动产品，可以交流和传递给下一代，成为人类共同的精神文化财富”[2]。《辞海》(第七版）中知识的定义是：“人类认识的成果或结晶……可分为经验知识和理论知识。”《教育大辞典》中的“知识”定义是，知识是“人对事物属性和联系的认识。即个体通过与其环境作用后获得的信息及其组织。”[3]

综上所述，我们认为，“知识”的基本概念应该具备以下本质：首先，知识是一套系统的经验，不是任何信息都可以称为知识，不是任何个体经验都可以成为知识，任何知识都必须进行合理性辩护；其次，知识是一种被社会选择或组织化了的经验，是得到某种知识制度认可，并被整合到整个社会知识传统中去的个体经验和个体思想，它必须在宏观体系当中占有合法席位，在整体叙事中具有价值，即必须进行合法性确证才是知识；再次，知识是一种可以在主体间进行传播的经验，传播过程可以是显性的，也可以是隐性的，但一定是可以通过模仿、学习的途径获得的；最后，知识是一种可以帮助人们提高行动效率、更好达成行动目的的经验，即能够发挥帮助人完成有目的的行动之功用的经验集合。

（二）知识的概念辨析

古往今来学者们对“知识”所下的定义不胜枚举，除了罗列专业书籍中对知识的定义并总结其特征外，对知识概念的准确理解还可以从对“知识”概念与其他相似概念的辨析中得出，如知识与经验、常识、信息、理论、智慧和能力等概念有何区别与联系。下文将择取其中四个和知识最密切、最易发生混淆或重此薄彼的范畴予以讨论。

---

1 亚里士多德在《范畴篇》中对哲学概念进行了分类总结，提出了十个范畴：本质、数量、关系、性质、空间、时间、处境、状态、活动（主动）、遭受（被动）。有学者根据亚里士多德的十个范畴以苏格拉底为例加以举例。本质：苏格拉底是人。数量：苏格拉底身高五尺七寸。性质：苏格拉底是聪明的。关系：苏格拉底是赞西佩（Xanthippe）之夫。空间：苏格拉底住在雅典。时间：苏格拉底在公元前401年还活着。处境：苏格拉底四周围着学生。状态：苏格拉底打着赤脚。主动：苏格拉底正在跑步。被动：苏格拉底被击败。（详见吴国平.课程中的儿童哲学[M].上海：上海教育出版社，2018:12.）康德先辨别出命题的一些传统形式的特点，就是：量、质、关系和方式。关于量，逻辑学家们自亚里士多德以来就承认有全称、特称和单称命题。与之相对应的范畴分别是一、多、全。命题的质可以是肯定的、否定的或限定的。与之相对应的范畴是：实在、否定和限定。根据关系，我们可以把命题分为：定言的、假言的和选言的。因此，我们就有：实质与偶然、因与果和相互作用等范畴。最后，命题可以有三种方式的特征中的一种：它可以是疑问式的、断言的或必然的。与之相应的范畴是：可能与不可能、存在与不存在，最后是必然与偶然。康德的范畴体系可以简化表述为：量（单、多、全）、质（实在、否定、限定）、关系（实质与偶然、因与果、相互作用）、方式（可能与不可能、存在与不存在、必然与偶然）。（详见[英]伯特兰·罗素.西方的智慧：从社会政治背景对西方哲学所作的历史考察[M].北京：商务印书馆，1999:240-241.）

2 金炳华，等. 哲学大辞典：修订本[Z]. 上海：上海辞书出版社，2001：1966.

3 顾明远. 教育大辞典：增订合编本上、下[Z]. 上海：上海教育出版社，1998：2016.

1.知识与经验

《现代汉语词典》中经验有两个含义："①由实践得来的知识或技能"；"②经历；体验"[1]。其中第一方面是从类主体的角度谈的经验的含义；第二方面是从个体的角度谈的经验的含义。从人作为人类社会的类主体的角度而言，经验是人类在解决人类自身面临的人与自然、人与社会以及人与自我的问题的过程中，产生的各种解决问题的办法和路径，以及传递给下一代的知识和技能。从经验与人类社会的关系看，经验有个人与社会之分。"经验的改造可能是个人的，也可能是社会的"[2]。经验有个体经验和类经验之分。那些能够被人类传承的解决人与自然、人与社会、人与自我的知识和技巧，是类经验；而那些仅适用于某个具体情境的技巧及心灵体验，则属于个体经验。

教育家语录

每种经验都是一种推动力。经验的价值只能由它所推动的方向来评断……教育者的任务就在于看到一种经验所指引的方向。

只有当客观条件从属于具有这种经验的个人内心情境时，那种经验才是真正的经验。

连续性和交互作用彼此积极生动的结合是衡量经验的教育意义和教育价值的标准。

教育必须以学习者已经具有的经验作为起点；这种经验和在学习过程中发展起来的能力又为所有的未来的学习提供了起点……教育经验的连续性原则要求用同等的思想和注意去解决这一方面的教育问题……教育者的责任就在于，从现有经验的范围内，选择那些有希望有可能提出一些新问题的事物，这些新问题能激起新的观察和新的判断的方式，从而扩大未来的经验的范围。

——[美]杜威.我们怎样思维·经验与教育[M].姜文闵，译，北京：人民教育出版社，1991：263,265,268,291-292.

科学哲学家赖欣巴哈 (Hans Reichenbach) 认为，"知识的本质是概括，概括的目的是解释"[3]。概括的对象则是人类的经验，解释的对象则是人类的生产生活实践。从类的角度而言，人类需要把附着在个体身上的经验概括为类经验的需要，在个体经验转化为类经验的过程中，有些类经验在完成了上述三个命题的证明后，被人类称为知识。因此，知识源于经验，知识高于经验;知识是对经验的高度概括。知识是什么？知识在本质上是一种结果，可

1　中国社会科学院语言研究所词典编辑室. 现代汉语词典[Z]. 北京：商务印书馆，2016：686.
2　[美]杜威. 民主主义与教育[M]. 王承绪，译. 北京：人民教育出版社，2001：89.
3　孙正聿. 哲学通论[M]. 沈阳：辽宁人民出版社，1998：85.

以是经验的结果，也可以是思考的结果。[1]源于经验的知识，是经验的结果；高于经验的知识，是思考的结果。

案例研究

教师经验的作用、局限及改进路径

——什么是教育?

又是一年实习季。我，教育学专业的大三学生，和8名同学成为某小学的实习教师。今天是我们实习的第一天。我内心很雀跃，终于能“大展拳脚”了，要知道，我给家里的亲属看孩子，那可是受到好评的呀。

我班的豆豆特别调皮，班主任老师说他是调皮大王。今天他没有带水，总想抢同学的水喝。我灵机一动，想：“这不是一个好的教育机会吗?”于是我对他说：“如果你表现好，一节课都没有同学反映你调皮了。那么老师奖励你一瓶矿泉水。”他欢喜地答应了，并开始好好表现。一节课过去了，豆豆表现不错，我想，豆豆可能是太渴了。当我履行诺言，把水放在他的课桌上时，班主任老师看见了。

班主任老师把我叫到了办公室，问我为什么给乐乐水。我如实回答。

班主任老师严肃地说：“你这样做不对。带水是他自己的事儿，他需要为他自己的行为负责任。你这样，尽管让他在这儿课表现不错，但告诉他的是什么?教给他的道理是什么?”我无语，心想：“这么大点儿的小事儿，至于吗?”

班主任见我并没有明白，又说：“你在告诉他交换，并没有教会他承担。如果这样，下节课他还表现好，你还买水吗?如果他天天不带水呢?你抓住教育的契机，非常好，但方式方法不当。你需要让孩子明白，他应该承担自己行为的后果。”

哦！我恍然大悟，原来这就是教育。我今天，成长了。

——宁宁的实习日记

第一，经验是教师专业成长的基础。从案例中我们可以发现新手教师和专家型教师的区别在于对于教育生活中的事件的处理的导向和方法不同，导致这一区别的本源则是新手教师和专家教师的经验不同。案例中的专家型教师比新手教师对教育的真谛有更清晰的理解，并能运用于日常教育生活之中，这就是经验的作用。

第二，学生的经验是教师的研究对象。教师在从新手到专家，在不断走向卓越的过程中需要研究学生的经验。教师的教学策略、教学方法、教学内容等都需要根据学生的经验不断

1　史宁中. 关于教育的哲学[J]. 教育研究，1998（10）：13.

地调适。也就是说，学生经验的差异性是“教无定法”的现实基础。

第三，反思是教师突破经验固化的一种有效方式。在日常教学生活中，很多教师出现了经验固化，即教师的教育理念、教育方法等都固化在已有的成熟经验的基础上。固化的经验导致了教学的僵化。因此，反思是教师突破经验固化的有效方式。因为，一方面，反思促使教师对日常教学生活永新鲜。另一方面，反思促使教师对自己的教学行为保持批判性态度。

第四，研究“学生经验”是教师走向教学卓越的基本能力，否则，教学与学生脱节。这种研究“学生经验”的教学被古德莱德称为“学生经验的课程”[1]，而忽视学生经验的课程被称为“教师运作的课程”。研究学生经验的基本特点就是“把日常教与学中随时都可能发生的现象作为问题提出来”[2]，并加以研究和改进。

案例研究

学生经验的作用

故事一：一天，莎莉文老师在海伦·凯勒的手心写了“water”这个词，海伦凯勒不知怎么搞的，总是没法子记下来。老师知道海伦·凯勒的困难处在哪儿，她带着海伦·凯勒走到喷水池边，要海伦·凯勒把小手放在喷水孔下，让清凉的泉水溅溢在海伦·凯勒的手上。接着，莎莉文老师又在海伦·凯勒的手心写下“water”这个词，从此海伦·凯勒就牢牢记住了，再也不会搞不清楚。海伦·凯勒后来回忆说：“不知怎的，语言的秘密突然被揭开了，我终于知道水就是流过我手心的一种物质。这个词唤醒了我的灵魂，给我以光明、希望、快乐。”

故事二：为了克服海伦·凯勒聋、盲导致的听不见别人说话的声音，看不见别人说话的嘴型的障碍，莎莉文老师替海伦·凯勒找了一位专家，教导她利用双手去感受别人说话时嘴型的变化，以及鼻腔吸气、吐气的不同，来学习发音。当然，这是一件非常不容易的事，不过海伦·凯勒还是做到了。

——[美]海伦·凯勒. 假如给我三天光明[M].李汉昭，译，北京：华文出版社，2003.文字进行了进一步润色。

第一，原有的经验是学生学习的前提和基础。从上述案例中得知，经验是学习的前提和基础。在经验缺失的条件下，真正的学习活动不能产生。相反，建立在经验的基础上的学习活动，会使教学者感觉到“师逸而功倍”，使学习者感受到心灵的震撼，如案例中海伦·凯

1　“学生经验的课程”是美国课程专家古德莱德等在《课程探究》(1979) 一书中提出的问题领域。
2　陈桂生. 聚焦“学生经验的课程”[J]. 江苏教育学院学报(社会科学版), 2006(1):1.

勒的豁然开朗的学习体验。

第二，学生的学习过程要经历经验的迁变。学习的产生源于学生原有的经验与新的情境的冲突，而学生的认知的变化必然来自学生经验的迁变。因此，经验是学生学习过程必须改变的对象，学习的过程，就是学生经验从原有经验迁变为新经验的过程。

第三，新经验是学生学习的目的和结果。学习的起点是学生的原有经验，而学习的结果是学生获得了一个新的经验。从起点的经验到结果的经验，学生亲身经历和感悟归纳推理、演绎推理、类比推理等人类思维的基本方式。学生学习的起点是已知经验，通过亲历人类思维的基本形式提出问题、分析问题、解决问题的过程获得的经验就是学生学习的结果。正是基于这一原因，有学者提出重视过程的学习理论。

2. 知识与常识

常识，即“普通知识”[1]，是人所共知的事实或命题。还可以理解为常理，即基本事实或知识中所包含的道理。因此，“常识又指自然而然的理解，以及依于这些理解而生的基本的判断力”[2]。英语中的常识为common sense。但学者认为，含义有些许差别。“相对而言，汉语更偏重明面的事实，英语则更偏重事实里所含的道理。如此说来，英语的‘Common sense’与常理一词更贴近。”[3]常识主要涉及感官所及的经验现象，换言之，常识是一种最基本、最普遍的人类把握世界的方式，是人类其他各种把握世界的方式形成、发展的基础。常识具有直观性、表象性、经验性、有限性、凝固性、传承性、非批判性、非反思性的特点。常识的最本质的特性就在于它的经验性；它源于经验、适用于经验。

常识与知识有着复杂的关系。常识是众所周知的知识、一般的知识。一是指与生俱来、毋须特别学习的判断能力，或是众人皆知、无须解释或加以论证的知识；二是指对一个理性的人来说是合理的知识，即“日常知识”。对知识点探索中存在着对常识的需求。一方面，知识的形而上的假设，除了逻辑可靠的证明，还需要其他支撑物，科学理论不仅需要自身的逻辑自洽性，也需要人类经验对其可信程度的反复检验，没有了常识的支撑，逻辑不过是一根滑稽的擎天柱；另一方面，思想家们大多数人还是希望自己的理论思考能为人类实际生活作出贡献，而完全蔑视一切人类实际经验与常识的理论将不会有任何获胜的机会。

在教育中，常识教育是教师教育工作中必不可少的一部分。教学生以常识，一是教材中的常识教育。“世界各国的教育者普遍认为，除去母语、数学(算术)、艺术等学科之外，小学阶段的儿童还应该掌握一些自然常识和社会常识，这将有利于他们的人格和智力培育。”[4]

1　中国社会科学院语言研究所词典编辑室. 现代汉语词典[Z]. 北京：商务印书馆，2016：148.

2　陈嘉映. 说理[M]. 北京：华夏出版社，2011：31.

3　陈蓉霞. 科学与常识：如何走向渐行渐远[J]. 中国政法大学学报，2013（1）：96.

4　王颖. 民国时期的常识教育与“常识”教科书[N]. 中华读书报告，2012-07-04（014）.

二是通过学校生活教学生以社会生活常识。学生的常识的除了在课堂中获得之外，获得常识的一个重要途径就是学校生活。第一，学生在学校生活中学会了与他人共处的常识。第二，学生在学校生活中学会了共同生活。第三，学生在学校生活中学会了学习，如认知策略等。第四，学生在学校生活中学会了基本的人生观、世界观、价值观。第五，学生在学校与教师、同学互动的过程中学会了关心他人。学会与他人共处，学会共同生活，学会学习，学会关心他人，以及获得了基本的人生观、世界观和价值观。如果学生脱离学校生活，则脱离了学生的同辈群体中的社会化的环境，则会在同辈群体的交往过程中容易出现偏差或障碍。

我国常识教育经历的阶段

第一阶段，蒙养教材中的常识。《三字经》《千字文》中有许多古代社会人们生产生活需要的常识，具体包括伦理道德常识、历史知识常识。

第二阶段，新教育中的常识。清末，教育担负起了“师夷长技以自强”的时代任务，因此，在《奏定学堂章程》(癸卯学制)中规定初等小学堂和高等小学堂开设历史、地理、格致科目；在中学堂开设历史、地理、博物、理化。可以说，清末大量科学类书籍的出版开启了我国科学常识教育。

第三阶段，设立常识教育课程。1922年壬戌学制后，小学课程体系的设计趋于完整，具体变化是将理科改为自然；将卫生、公民、历史、地理等科目合为社会。自此，自然、社会，作为两个独立的常识教育课程走上了我国小学教育的舞台。1932年后，自然、社会又被合称为常识。

第四阶段，现代常识教育。现代常识教育包括社会、科学、健康。在新中国历史上的很长时间里，小学有“自然”课程，教授自然常识；课程改革后，小学的常识课以“道德与法治”“科学”“信息科技”为主。同时，我们需要注意的是在初中、高中阶段，仍有常识教育，如初中阶段的地理、历史、物理、化学、生物等课程；高中阶段的思想政治、技术等课程。

3.知识与智慧

所谓智慧，是“辨析判断、发明创造的能力”[1]。从词典中对智慧的解释，我们可以得知，智慧和能力一样，是专属于个人的，具有主观性。也就是说，一个人用其已具备的能力创造性地解决一个未知的问题的过程，就是运用智慧的过程。智慧主要包括两个方面：一方面是分析判断能力；另一方面是发明创造能力。这两方面的能力的是不同的，分析判断能力

1　中国社会科学院语言研究所词典编辑室. 现代汉语词典[Z]. 北京：商务印书馆，2016：1692.

是对已知事情的综合分析、总结、判断；而发明创造能力则是在对已知事物的分析的基础上对事物发展方向的直觉判断，对任何人而言都是未知的，是一个全新的领域和世界。在本质上，智慧并不表现在经验的结果上，也不表现在思考的结果上，而表现在经验的过程中，表现在思考的过程中；再究其原本，在生存过程中，智慧表现在对问题的处理，对危难的应对，对实质的思考，以及实验的技巧，等等。[1]也就是说，智慧体现在活动的过程中。

案例研究

教人以智慧

张老师在学生学完圆的周长的公式后，问学生半圆的周长公式是什么。

班级同学都表现得很活跃，有的孩子说是πr，有的孩子说是$\frac{1}{2}\pi d$。

亮亮说是$\pi r+2r$。

同学们有的哄然大笑，有的若有所思。

这时，老师向亮亮投去了赞许的目光，但并没有制止、批评其他同学。课堂安静了，过了一会儿，若有所思的同学们表示赞同亮亮的结论，并说了理由：πr是半圆的弧长部分，但是还有直径部分。所以，亮亮的半圆的周长等于$\pi r+2r$是对的。

分析：张老师的教学行为就是启发学生思考的过程；也就是教人以智慧的过程。一是学生经过思考得出了不同的结论。二是在发生分歧的时候，还是学生通过自己思考，得出了大家一致认同的结论。

智慧与知识相互依赖。一方面，知识由智慧产生，知识是人类智慧的结晶。另一方面，智慧也依赖于知识的运用。智慧并不完全依赖知识的多少，而依赖知识的运用、依赖经验，你只能让学生在实际操作中磨炼，自己去感悟，去积累、去反思。[2]

4. 知识与能力

所谓能力，是“能胜任某项任务的主观条件”[3]。由此，我们可以得知，能力具有主体性、主观性，即能力是附着在某一个具体的人身上的能够胜任某项任务的主观条件。在心理学领域，将能力视为“一种个性心理特征，是顺利实现某种活动的心理条件”[4]。在英语中，能力有ability和capacity两个词，其中ability指对某项任务或活动的现有成就水平，即某人现有的成就；capacity是指容纳、接受或保留事物的可能性，即某人具有的潜力或可能性。日常生活

1　史宁中. 关于教育的哲学[J]. 教育研究，1998（10）：13.
2　史宁中.《数学课程标准》的若干思考[J]. 数学通报，2007（5）：3.
3　中国社会科学院语言研究所词典编辑室. 现代汉语词典[Z]. 北京：商务印书馆，2016：947.
4　彭聃龄. 普通心理学[M]. 北京：北京师范大学出版社，1988：537.

中，我们的能力概念的含义基本包含了这两个方面。

知识是一切能力的来源，没有知识，就不可能具备能力。知识是种子，能力是树干。只有种子发芽，才能长成参天大树。两者之间是辩证关系。而主观能动性就是知识转化为能力的“催化剂”。为什么知识水平相当的人，实际能力的差别却很大？其原因在于是否善于实践和总结。所谓主观能动性，就是能够将掌握的科学理论知识与实践经验创造性地糅合起来。在糅合的过程中，善于修正、完善、发展相互的长处使彼此更加适应、吻合。这就是知识转化为能力的科学方法。我们只有掌握、运用这种科学的转化方法，我们的能力才会不断得到提高。

学校教育有利于学生能力的提升。对于学生而言，发展能力和学习是密不可分的。但“我们不需要死记硬背，但是我们需要用基本事实的知识来发展和增进每个学习者的思考力。”[1]因此，掌握知识对发展能力具有重要作用。

素质教育中知识与能力的关系

传统应试教育的弊端最主要的表现是重知识、轻能力，这种教育方式压抑了学生的学习兴趣，压抑了学生的个性发展，不利于培养学生的创新能力；忽视了学生各方面能力的培养，割裂了知识与能力的关系，不利于把我们的下一代培养成为德才兼备的社会主义现代化建设的合格接班人。

为消除应试教育的上述弊端，我国已经对传统教育体制进行深入的改革。在这些改革措施实施的过程中，一些教师又出现了另一种倾向，他们把基础知识同素质教育中要求的能力对立起来，认为能力比基础知识更重要，片面强调能力的培养，忽视基础知识的训练，走入了另一种误区。

反思：知识与能力是既对立又统一的关系。知识是提高能力的基础和前提，离开知识，能力就成了无源之水、无本之木；能力又是学习知识的目的，没有能力，知识也就丧失了其应有的作用。同时能力的提高又有助于对知识的全面掌握、深刻理解和创新，绝不能片面强调一个方面而忽视另一个方面。

正确处理知识与能力的关系，首先要重视基础知识的学习、积累和巩固，为提高能力打下坚实的基础，创造良好的条件。知识的学习绝对不能靠死记硬背，但是熟练地掌握各种基本知识，是形成能力的一个前提，因而也绝对不能不记一些必备的基本知识。同时，必须要让学生掌握学习基础知识的技巧，采用灵活多样的教学方法和手段，为学生学习基础知识创造生动活泼的课堂气氛。对学生取得的成绩，哪怕是一点的进步都要多表扬、多鼓励，充分

1　列宁选集：第4卷[M]. 北京：人民出版社，1972：348.

调动学生学习基础知识的兴趣和积极性。在知识的巩固方面，不布置简单、重复、机械的作业，要少而精，有针对性、目的性地训练学生，提高学生的动手能力，以及对知识的总结、归纳能力。

正确处理知识与能力的关系，可以实现以下几个方面的转变[1]：

第一，实现教育、教学观念的转变，积极研究和探索新时期和新形势下教育、教学的新特点、新思路，正确指导工作实践。

第二，实现教育、教学方式的转变，将过去那种只教书、只考虑升学率的做法真正转变到注重学生全面发展，提高学生综合能力，特别是创新能力的素质教育上来。

第三，实现师生角色的转变，改变过去那种教师作为教学活动主体、学生被动接受的状况，变教师“授之以鱼”为“授之以渔”，使教师成为学生的服务者、教学活动的组织者、学生学习方法的指导者。

第四，实现教学手段的转变，改变过去那种“一支粉笔，一块黑板”的单一的教学手段，代之以教学手段的多样化、多媒体化。

第五，实现知识与能力的互动，改变过去那种重知识、轻能力的做法，以知识为基础，以提高能力为目的，全面提高学生的综合素质。

二、知识的演进历程

考察知识的历程将不仅有助于人们对知识的理解，而且可为认识人类社会由传统经现代至后现代的进程提供一个新的视角。[2]

（一）神话知识型

知识的演进历程可以追溯至原始社会，那时的人们“穴居野处，茹毛饮血”，经口耳相传、言传身教以及观察实践进行生产经验的代际传递。那时的知识与日常生活经验相连，如木工的“勾三股四弦五”以及与农时气候有关的谚语“日晕风，月晕雨”等。同时，由于知识的有限性，原始社会的知识又不可避免地带有“神秘性”，那时的人们信奉自然、鬼神、图腾、巫术等具有神秘性质的符号，以求获得自然以及神明的启示，作为人与神相互对话中间人的“巫”自然而然地成了当时的知识分子代表，垄断了原始社会的知识，故而这一阶段的知识被称为神话知识型。

以当今的眼光来看，原始社会的“神话知识”以及一些日常生活经验的零散总结不被目

1 张永朝. 素质教育中知识与能力的关系[J]. 青海教育，2003（Z1）：21.
2 吕乃基. 论知识的演进历程[J]. 科技导报，2003（7）：16-17.

前的知识型所认可，甚至认为它们不配享有“知识”之名。一方面，那时的知识是零碎的、个别的，彼此之间孤立无联系；另一方面，原始社会的知识还处在表象的层面，停留在对现象的描述层面，不知现象背后的本质，更不深究现象发生的原因。但不可否认的是，神话知识型确实提供了一种解释世界的模式，使得人们能够对风雨雷电、生老病死、冬去春来等自然、社会以及人文现象进行解释，有效安抚了原始人由于对自然生活的“无知”而导致的精神困惑，同时也为后来知识型的进步发展奠定了基础。

李学勤先生认为，古代的“巫”字呈十字形（图6-1），是两个“工”字以直角交叉重叠。而“工”即古代的“矩”，“巫”就是操着“矩”测量天地的人，故远古时代的巫，通晓天文术数，以沟通人神天地。

图6-1“巫”的甲骨文

《尚书》记载，巫咸是商朝贤臣，是“传天数”的人，他掌握着日月星辰的运行规律，能预测天气、气候的变化，推测由天文变化给人带来的吉凶祸福。因此，巫在上古时代是智慧、灵巧、能通天地的人。真正的通天能力实际是掌握天文历算、气象规律知识、地理知识、工具测量、建筑技术、医药、占卜等，以此来指导族群的生产生活。上古时的大巫是为人所尊崇的自然领袖，其权力基础建立在自然知识、生产技术创造性贡献以及造福全民的高尚品行上，有极其尊贵的地位。农业和历法技术成熟后，天文历法、农业技术由公器沦为私器，逐渐为少数人垄断。以普及天文、生产技术和大公无私精神为代表的天道文化逐渐异化为家天下的天命神权体系，以巫神迷信维护一人一家的正统性。王权、祸福维系于天神、天命，鬼神迷信大肆泛滥。巫的含义，逐渐蜕变成以神秘法器，祝祷降神的通神者。

（二）形而上学知识型

原始社会后期，随着生产经验的积累以及生产力的提高，剩余生活资料的出现使得私有制雏形初现，被神话知识型看作“非法”的阶级剥削、压迫与奴役亦随之而来，神话知识型的合理性遭到怀疑，城邦、国家的出现也在呼吁一种全新的能够稳定统治的知识型，形而上学知识型应运而生。形而上学知识型依赖于逻辑的思考，致力于探寻事物的本原。如古希腊的赫拉克利特、毕达哥拉斯以及德谟克利特等人对世界本原的争论与探讨，我国古代《易经》通过符号所建立的解释世界的基本框架，都是基于这一知识型所产生的。

有关世界本原的争论

有关世界本原的问题，西方哲学的源头——古希腊哲学作出了丰富而极具启发性的思考，总体来说分成两条线索，即关于世界本原的一和多、变与不变的探讨，围绕这两条线索，古希腊哲学家开启了对世界本原的探讨。

1.伊奥尼亚学派

被公认为西方哲学史上的第一位哲学家的泰勒斯就是这一学派的代表人物，他提出了“水本原说”。他认为，水有滋养万物的作用，万物以湿的东西为养料，且皆有潮湿的本性；从根本上说，潮湿的属性来自水，因此水是世界的本原，所谓的热，其实也是从湿气中产生的。他认为大地是漂浮在水上的，天上地下皆是水，之所以有地震，是水摇晃的结果。而他的学生阿那克西曼德却不认同他的看法，他认为世界是复杂多样的，不能简单地归结为某一特定物质的形态和属性。因此，他提出了“无定说”，认为世界的本原是“无定”，即没有任何规定性的中性状态，因为它没有任何规定性，故可生成所有的规定性。阿那克西曼德将无定分化为万物的过程当作生成，把万物复归于无定的过程当作消亡，万物生成与消亡，周而复始，而无定的总量是恒定的，有生成必定有消亡。这就是他的“补偿原则”。后期为我们所熟知的阿纳克西美尼以及赫拉克利特分别提出了“气本原说”和“火本原说”，赫拉克利特最早使用了“逻各斯”的概念。

2.毕达哥拉斯学派

毕达哥拉斯学派的基本观点是“世界的本原是数”。而“数”是不变的“多”。数代表着点，点构成线，线生成面，面化成体，体进而生成了万物。一切事物的性质都可以归结为数的规定性。比如数的比例关系决定着事物构造与事物间的和谐，数的对立关系对应着事物间的奇偶方正等关系。因为事物的一切形都可以分解为几何结构，所以一切事物本质上都可以用数来表达。

3.爱利亚学派

爱利亚学派的观点可以归结为世界本原是“不变的一”。本学派的克塞诺芬尼提出了理神论，即这个“不变的一”就是神，但是这个神并不是许多宗教里的人格神，而特指一种无形体，是全视全知全能，唯一且不变的存在，其力量是思想。人的理智所能认识的最高对象就是神。神是不生不灭的，连续且完满地存在于世界的每一个角落。

4.元素派

这一学派的人把世界的本原归结为组成事物的不可分割的物理单元。恩培多克勒提出了“四根说”，他认为火、土、气、水是组成万物的四根，这四根都是微粒，在外力的作用下互相组合或者分离，进而产生万物。阿那克萨哥拉则认为，世界的本原应该是“种子”。所谓“种子”，就是组成事物基本性质的终极单元。它在数量上无限多，在体积上非常细微，在种类上与可感性质相同。不同种类的种子组成的事物具有不同的性质，其性质由构成它的种子的性质所决定。和“种子说”相类似的观点还有“原子论”。原子是不可分割的实体，是构成事物的最小微粒。原子论者认为无数的原子最初处于漩涡运动之中，重的原子在中央旋转，结合成大地，轻的原子则被抛到外层。原子在旋转的过程中互相碰撞和作用，不同形状的原子互相勾连结合，进而形成这个世界。

这一时期对“逻辑”的推崇超越了原始知识型的“感觉”，绝对性与普遍性成了“知识”的本质属性之一。值得注意的是，形而上学知识型严格限制了可以拥有知识之人的身份，只有那些经受严格训练的人才能获得知识，与形而上学知识相比，大众的日常经验是没有价值的、不配为图书馆所收藏并传播的。对世界本原的追寻极大地激发了人们在获得知识方面的信心和热情，毫无疑问推动了古代知识的发展，也催生了许多专门研究知识的社会机构的诞生，如柏拉图、亚里士多德等人创办的“学园”（Academy）以及后来所成立的各种各样的图书馆。它形成了学者们在知识问题上进行讨论和辩论的形式与风气，扩大了人类知识的范围。但形而上学知识型后来也被宗教神学所利用，使得神学知识成为了整个中世纪知识中的绝对真理，脱离了前期追求真理的初衷，反而变为了一种霸权的知识，控制着整个社会的精神生活，使得中世纪被看作欧洲历史上最为黑暗的时代之一。

（三）科学知识型

“形而上学”知识型虽然有力地揭穿了神话知识型的不可靠性，但其自身的“绝对性”与“终结性”也使得知识成为不容置喙的教条，阻碍了人们对已知知识的怀疑和修正。古代知识型或形而上学知识型在将人们从神秘力量束缚中解放出来的同时，又使人们陷入纯粹思辨和权威崇拜的恶习之中。[1]随着16世纪资本主义的兴起，自然科学迅猛发展，出现了“一系列突然的、没有预料到的爆炸”[2]，文艺复兴、宗教改革猛烈地抨击着封建神学的统治，到了被誉为“科学的世纪”的17世纪，牛顿、伽利略、哥白尼等科学巨匠的出现以及他们取得的对于整个科学具有决定性意义的成就，再加上培根、洛克、笛卡儿、斯宾诺莎等现代经验主义和理性主义认识论代表人物所提出的哲学主张，深刻批判了以知识绝对性、终极性和抽象性为特征的“形而上学”知识型，科学知识型逐渐走入历史舞台。18世纪，天文学、物理学、化学等学科相继发展，启蒙思想家推崇理性精神，科学知识型进一步发展。19世纪，现代科学知识型一路高歌猛进，社会学、政治学、经济学、人类学、心理学、教育学等一大批知识领域先后采用自然科学的研究范式，建立了基本的科学研究方法论，科学知识型已牢牢

1　石中英. 知识转型与教育改革[M]. 北京：教育科学出版社，2001：59.

2　Fletcher　R.　The Crisis Industrial Civilization: The Early Essays of Auguste Comte［M］.　London: Heinemann Educational Books，1974: 84.

地占据了人类知识领域的主导地位，恩格斯在19世纪中叶总结这段历史时曾指出，科学的进步已经超过了17世纪之前人类所有知识的总和，这一时期，科学知识取代之前的神话、神学成了新的统治者。

与前两种知识型相比，科学知识型认为真正的知识既不是思辨的知识，也不是神学的知识，而是实证的知识，是既得到观察和实验证实又得到严格的逻辑证明的知识；同时科学知识型认为真正的知识是与认识对象的本质相一致的知识，这种知识是客观的、普遍的和可靠的知识，同时也是价值中立（value-neutral）或价值无涉(value-free)的，超越任何意识形态、文化以及地域或者性别的限制；不仅如此，科学知识逐渐超脱于日常语言，成为一种符号的存在，变为具有人工性质的语言，对习得该知识的人具有严格的语言限制，科学家或研究人员取代了形而上学者和神学家，成了新的知识精英，学校教学、科学杂志、学术会议等成了传播知识的主要途径。

（四）批判知识型

早在科学知识型兴盛之时，就已经出现了对其的质疑，如18世纪法国思想家卢梭就认为科学进步并不能促进道德的进步，19世纪下半叶德国思想家狄尔泰就提出过“精神科学”的概念，探讨精神科学的方法论，反对科学向历史、宗教、文学、哲学等学科扩张。到了20世纪下半叶，随着自然科学的革命性发展，知识社会学、科学哲学以及哲学的其他领域都展开了对科学知识型的抨击。

知识社会学主要从知识与社会的历史条件的联系出发对科学知识进行质疑。作为“知识社会学之父”的舍勒对科学知识的价值中立发出质疑，他认为所有的知识都受到认识者所处的社会条件特别是社会阶级和意识形态条件的制约，没有知识能够超越社会条件，认为经验主义和理性主义所持的科学知识型的观点，如知识的客观性、价值中立和知识普遍有效等是站不住脚的；曼海姆紧随其后，提出了“社会决定的知识”（socially determined knowledge），认为没有任何一种知识体系和价值系统可以宣称是永远有效的，理性、知识、真理都必须被看作与一定的社会历史条件相联系的。科学哲学主要从自然科学内部对科学知识型进行批判。波普尔明确提出所有的知识实质上都是“猜测性的知识”，只是对于某些问题的暂时性回答，否定了知识的绝对性以及所谓的“终极的解释”，认为知识都是不可被证实的，提出以“可证伪性”（falsifiability）或“可反驳性”（refutability）替代“可证实性”作为检验知识科学性的标准；费耶阿本德则更为激进地指出，知识具有“政体”和“意识形态”特征，这是任何知识型所不可避免的，他希望一个时代能够允许多种认识论的存在，允许多种知识型的存在和互相竞争，并借此提出了“无政府主义知识理论”。如果说知识社会学和科学哲学都局限于具体的领域对科学知识型进行批判，分析哲学和法兰克福学派则从根本上对科学知识型的基础和观点进行了抨击。维特根斯坦从日常语言学的角度给予了科学知识型最为致命的一击，他认为概念、命题以及所有形式的话语所具有的意义都是由支配其的“规则”所赋予的，因此概念和命题的逻辑形式对于其意义并不是根本的，概念和命题的意义与他们所反映的实在之间也不是相符合的。哈贝马斯也将知识理论作为自己学术研究领域中的重要的研究主题，他的核心观点即“知识”与“利益”的一体性，揭示了“知识建构的人类利益”，反对实证主义的客观主义和绝对知识观。

通过不同领域学者对科学知识型的抨击，我们可以看到，科学知识型并不像之前宣传的那样尽如人意，相反，之前宣传的知识价值无涉性、绝对性以及知识的客观性都有待商榷，科学知识型也具有不可忽视的缺陷，它推翻了神话知识型和形而上学知识型的统治地位后，并没有建构一个理想的多元化知识型社会，而是取二者而代之，成为新的统治者，不同领域学者对其的批判让我们看到一个全新的知识型正在逐渐形成，有的学者将其称为“文化知识型”或“后现代知识型”[1]，本书将其称为“批判知识型”，“批判知识型”不会像前三种知识型那样剥夺前一知识型的合法性，而是会重新阐述科学知识型的合法性，并将其作为知识类型之一使其自由地存在于社会中。批判知识型致力于打造一个多元、开放和民主的知识观，在这种知识观背景下，不存在绝对的和价值无涉的知识，知识是与文化紧密联系的且总是处于具体的社会历史文化环境中，这样一来，任何知识类型都有了生长发展的土壤，整个社会也更加趋近多元融合。

最后，本书将四种知识型的比较列于表6-1中。

表6-1 四种知识型比较

	知识与认识者	知识与认识对象	知识的获取途径	知识的特征
神话知识型	“巫”	神秘力量	神话	神秘性
形而上学知识型	“形而上学家”或“神学家”	世界本体或神的知识	逻辑推理或《圣经》	绝对性、终结性
科学知识型	科学家或研究人员	客观事物的“本质”	观察实验、假设推理	客观性、普遍性、中立性、可靠性
批判知识型	所有人	某种事物的暂时属性	观察实验、假设推理、猜测验证、调查讨论等	复杂性、非价值无涉性、文化性、批判性、无限丰富性、主体性

三、课程形态的变革

“课程”一词最早见于唐代孔颖达在《毛诗注疏》里为《诗经·小雅·小弁》作的疏中说:“教护课程，必君子监之，乃得依法制也”，“课程”指礼仪活动的程式；宋代朱熹在他的论著中也多次提到“课程”，如：“宽着期限，紧着课程”（《朱子读书法》卷一），“小立

1　石中英.知识转型与教育改革[M].北京：教育科学出版社，2001：79.

课程，大作工夫”（《朱子语类》卷一四〇）等，这里的“课程”已含有学习的范围与进程的意思。在西方，“课程(curriculum)”来源于拉丁语cursum racecourse，意为“赛马的跑道”，后演变为学习进程的意思，即引导学生继续向前进，以达到一定培养目标。我国对课程的理解倾向于认为：课程具有广义和狭义之分。广义课程是指课业及进程[1]，是学校给学生传授的知识和技能，它包括学校的各门学科和有目的、有计划、有组织的各种活动，以及对内容的安排、进程和时限。狭义课程是指一门学科，如语文课程、数学课程等。无论如何，课程与知识结下了不解之缘。

作为知识的承载者，课程自然也会随着知识的转型发生变革。值得注意的是，我们对课程的讨论是基于近代“课程”这一概念的，原始社会中没有我们现在所谓“课程”的概念，因此不被纳入讨论当中。具体而言，到目前为止，在人类历史上所经历的三次知识转型过程中，课程主要进行了两次变革，从以往“银行储蓄式”的灌输课程革新为多元化的“建构式”课程，而这两种课程形态的不同主要表现在课程目标、课程内容以及课程的学习活动方式三方面。

（一）“银行储蓄式”的灌输课程

在批判知识型出现之前的社会中，其课程形态都可以被看作“银行储蓄式”的灌输课程，尤其在科学知识型时代，这一课程形态达到了巅峰。主导“银行储蓄式”的灌输课程的知识观主要是理性主义和经验主义知识观，这一知识观将知识当作外在于学生的客观存在，学生需要通过学习才能够获取知识。

第一，“银行储蓄式”的灌输课程在课程目标方面主要表现为知识的灌输。长期以来，在科学知识型的影响下，我国中小学的课程目标单一地指向认知领域，将学生看作等待接受知识的“容器”，对学生的评价也是基于其知识储存的数量多少，学生只能被动地接受教师的知识灌输，这就忽视了学生作为人的能动性与主观性。在这种单一课程目标的制约下，学生似乎都变成了只会读死书的“书呆子”，毫无生活经验并远离社会实际，缺乏应对突发事件、外部干扰和非常规情景的能力，学生知识的增长只依赖于外在的灌输，难以通过自己的探索、观察生成知识，缺乏创造性。

第二，在课程内容方面，“银行储蓄式”的灌输课程更多表现为单一性与确定性。在科学知识型影响下，我国中小学课程内容的编排往往依据以下三条原则：①教材内容要具有高度的思想性、科学性和实践性；②教材编排的顺序要适合儿童的知识结构；③教材编排的具

---

1 中国大百科全书总编辑委员会《教育》编辑委员会，中国大百科全书出版社编辑部.中国大百科全书：教育卷[M].北京：中国大百科全书出版社，1985:207.

体形式要符合学生心理成熟的水平[1]。在这一原则指导下，课程内容的编排表现出了单一性与确定性的特征。一方面，课程内容倾向于按学科门类划分为多个孤立的和缺乏横向联系的科目，内容安排注重学科内部知识的逻辑性与线性积累；另一方面，强调以“科学世界”的普遍规律与一般原理为解释框架来进行课程编排，强调知识的确定性与绝对性。这样一来，课程编排的单一性使得学生的生活世界被严重割裂，被划分为“生活世界”与“学科世界”两个截然不同的世界，难以形成对世界的整体认识与把握；课程编排的确定性则不利于学生养成批判性意识、批判能力以及创造力，难以处理生活中的复杂事件与突发性事件。

第三，在课程的学习活动方式方面，“银行储蓄式”的灌输课程更加倾向于机械接受，主要表现为对文本课程的机械接受。首先，学生的学习具有“迂回性”，学生在学校里学习的大多与他们的日常生活世界无关，而是语言化了的、以他人经验为中介的、在教室里间接地学习到的客观知识；其次，学生的学习具有“交换性”，对于中小学生来说，学习学校知识是出于交换的动机，能够直接地、有效地起作用的是升学考试时派上用场的知识；最后，学生的学习具有“片段性”，学校里所教的知识在一门门“学科”和课时表的框架中被分割成支离破碎的知识[2]。这种课程的学习活动方式使学生局限于一种占有式的学习，学习的唯一目标就是死记硬背所学过的知识。

（二）多元化的“建构式”课程

批判知识型主要以建构主义知识观以及后现代主义知识观为代表，认为知识是一种主体性的存在，即主体基于自己的经验以及所处的社会文化历史背景，通过主动建构的方式而获得融入主体世界的知识。与之对应的教育过程更多地表现出尊重、激发和协助学生与外部世界进行相互作用，反对教师的外部灌输，主张学生自主建构意义世界，具体表现在课程领域，批判知识型引导下的课程主要表现为多元化的“建构式”课程。

第一，多元化的“建构式”课程在课程目标方面着重表现为多维指向。批判知识型下的课程目标指向不仅关注学生知识数量的增长，而是更加注重培养学生的建构力、想象力、批判力以及创造性，强调使学习过程由原来的外在灌输转为内在生成与建构。在这一知识型引导下，课程目标的设计更多关注学科之间的联系，不以获得知识数量的多少为目标，关注知识获得的方式，注重培养学生敢于质疑和批判任何假定的“前提”“基础”“中心”的习惯和方式，不仅如此，课程的设计最终并不指向“结果性知识”而更加侧重于“生成性知识”以及“生成知识的方法”。

1　唐文中. 教学论[M]. 哈尔滨：黑龙江教育出版社，1990：68−75.

2　胡芳.知识观转型与课程改革[J].课程.教材.教法,2003(5):4−8.

第二，在课程内容方面，多元化的“建构式”课程则更多表现为多元性与非确定性。后现代知识观的出现对分科安排课程内容的理论基础提出了质疑，学生生活世界的开放性、复杂性等被纳入课程编排的考虑范围。因此，批判知识型引导下的课程内容从静态、封闭的框架转向了动态、开放的网络体系。在这一知识型背景下，课程知识的非确定性是格外重要的，重视非确定性知识并不是说就要全盘抛弃确定性、权威性知识，无论是确定性知识还是非确定性知识，都不是绝对的，应该优势互补，以防矫枉过正，在课程内容中适当增加一些非确定性内容意味着课程意义的层次性、多种可能性或多重解释。

教育家语录

为了促使学生和教师产生转变和被转变，课程应具有“适量”的不确定性、异常性、无效性、模糊性、不平衡性、耗散性与生动的经验。

非确定性的增加使课程的学习者需要对所研究的材料有足够的理解，并有足够的信心，既能解决、解释、分析和表达所呈现的材料，又能以富有想象力的和离奇的方式与那些材料游戏。

——小威廉姆·E.多尔. 后现代课程观[M]. 王红宇，译. 北京：教育科学出版社，2000：250，234.

第三，在课程的学习活动方式方面，多元化的“建构式”课程更加倾向于投入理解。建构主义知识观认为，认知不是主体对客体的直观的、推理式的反映过程，而是主体与客体之间的理解与交互作用，是主体对客体的“投入理解”，主要表现为学生与文本课程之间的融合。在课程的学习活动中，学生应了解文本知识的背景和历史情境，试图达到与文本作者或与知识客体之间的对话，学生也不是以单纯的理性推理的方式理解文本课程，而是作为一个具有背景经验的活生生的“人”批判性地进入文本，达到学生与文本的理解与沟通，拓展自身的眼界。

第二节
知识的类型与课程门类

一、知识的类型

学习目标

掌握不同划分方式下的知识类型，并了解与不同知识类型所对应的课程门类。

知识的类型，依据划分的标准不同而不同；不同的知识类型，因其划分视角不同，概念体系、认识方法、价值也不同。按照知识获取方式的不同，可以将知识分为感性知识和理性知识，以及直接知识和间接知识；根据知识的表达方式，将那些只可意会不可言传的知识称为隐性知识，反之则是显性知识；根据主流的学科课程设置，知识可以划分为人文知识、科学知识和社会知识三类。

（一）感性知识与理性知识

理性主义以柏拉图、笛卡儿、康德等为代表。柏拉图将“知识”和“意见”相区分，认为“知识”是人类理性认识的结果，是人们对于事物“本质”的反映和表述，不同于人类感性认识所产生的“意见”。[1]笛卡儿认为由感官获得的知识是混乱的，是人与动物共同具有的；只有由理性获得的知识才是清晰可靠的，是人类所独有的。斯宾诺莎、莱布尼茨以及康德等也都强调知识构成中的逻辑成分及知识形成中理性的作用。他们都可以被看作理性知识的忠实拥趸。

笛卡儿对感官认识的怀疑

笛卡儿和在“知识”概念问题上，对感觉经验的可靠性持怀疑主义的态度。他举“蜂蜡”的例子来说明这一点。蜂蜡有很多感觉特性，如吃起来是甜的，闻起来有花的香味，看起来有某种颜色、有一定大小和形状，摸起来还有一定的硬度和温度，等等。但是，当把这块蜂蜡靠近火的时候，这些属性就都改变了，尽管蜂蜡还在。笛卡儿就此得出结论：人们所感觉到的东西不是真正的蜂蜡，真正的蜂蜡由广延性、柔韧性等性质构成，而这些性质不是由感官获得的，而是由思想获得的。

——石中英．教育哲学[M]．北京：北京师范大学出版社，2007：109.文字有改动。

1　石中英.教育哲学导论[M].北京：北京师范大学出版社，2004：135.

至于感性知识，人们对任何具体事物的认识，都是从得到有关该事物的感性认识开始的。它是客观外界作用于人的感觉器官而产生的。人们通过眼、耳、鼻、舌、身等接触客观事物，形成有关客观事物的感性知识。感性知识在发展中要经历感觉、知觉和表象三种基本形式。感觉是客观事物的个别属性在人脑中的反映，是客观事物的现象、表面的个别特性作用于人的感官而产生的最初的反映结果。知觉是把种种感觉进行综合形成的客观事物的整体形象，是对整个对象的反映。表象是过去感知的事物在记忆中的再现，表象是感性知识中较高级的形式。

感觉、知觉与表象

一种感觉只反映苹果的一个侧面，圆、红、大、硬或者甜。知觉则把对苹果的种种感觉综合起来："一个大的、甜的、有一定硬度的红苹果。"表象是在记忆中再现过去感知过的事物，眼前没有苹果，我们仍可以在头脑中产生苹果的形象。

如果说获得有关事物的感性知识是认识过程的初级阶段，感性知识是认识的初级形式，那么理性知识的获取就是认识的高级阶段，理性知识是认识的高级形式，是人们凭借抽象思维把握到的关于事物的本质、内部联系的知识。理性形式知识以抽象性、间接性、普遍性为特征，以事物的本质、规律为对象和内容。理性知识是在感性知识的基础上，把所获得的感觉材料，经过思考、分析，以及去粗取精、去伪存真、由此及彼、由表及里的整理和改造，形成概念、判断、推理。理性知识是感性知识的飞跃，它反映事物的全体、本质和内部联系。理性知识包括三种形式。一是概念[1]。概念的形成表明认识已由感性直观上升到理性思维。二是判断[2]。它在逻辑形式上表现为概念之间的联系和关系。三是推理[3]。它反映事物之间的内在联系和发展趋势。概念、判断和推理是相互联系、相互促进的。概念是浓缩了的判断，判断是展开了的概念，推理则是判断之间矛盾的展开。同时，概念和判断又总是推理活动的结果。

感性知识和理性知识有着密不可分的辩证关系，理性知识依赖于感性知识；感性知识有待于发展到理性知识。感性知识和理性知识相互渗透、相互依存、相互包容，二者的区分是相对的，不能把它们截然分开，割裂感性知识和理性知识，在哲学史上表现为唯理论（理性主义）和经验论（经验主义）。唯理论和经验论在实际工作中推到极端，则表现为教条主义和唯经验主义。

（二）直接知识与间接知识

相对于理性主义的知识论，另一种较有代表性的是经验主义的知识论。它反对任何先

1 概念是反映事物本质属性的思维形式，是构成科学体系核心的逻辑要素。它的本性是辩证的，是主观与客观、共性与个性、确定性与灵活性的对立统一。

2 判断是反映事物关系的思维形式，是对事物的状况和性质有所判定的思维形式。判断发展的形式是由特殊到一般、又由一般到特殊，以往返流动的形态日益深刻地反映现实。

3 推理是由已知合乎规律地推出未知的思维形式，是通过对某些判断的分析和综合再引出新的判断的过程。

验的观点和范畴，认为人类所有的知识都来源于感觉经验，都是对外部世界各种联系的反映。“培根认为过去科学和哲学之所以毫无结果，是由于缺乏正确的方法……求知的新途径……就是新逻辑、新工具。”[1]因而培根倡导人们必须“清除头脑中的一切错误的意见，偏见或幻象[2]”[3]，以使人的头脑成为认识的工具。洛克提出白板说，即“观念和原则同艺术和科学一样，不是天赋的。心灵的原来状态是一块白板、一片空白的板块（tabula rasa）、一个‘暗室’、一个‘空箱’或一张‘白纸’，其中没有任何字样、任何观念。问题是它怎么装备起来了呢？从哪里来的那些理性和知识的材料？……来自经验；人类所有的知识都建立在经验之上”[4]。因此，感觉是人们获得知识的唯一通道，知识就是对两个观念之间的一致性、相似性或因果性的认识。

这就涉及另外两个概念——直接知识与间接知识。直接知识是指亲身参加变革现实的实践而获得的知识；间接知识是指从书本或别人那里得来的知识。认识来源于实践，只有从亲身的实践中得到的直接知识是获得的真知。但是一种知识，对自己来说是直接知识，对别人来说就是间接知识，没有直接知识就没有间接知识。要知道梨子的滋味，就必须亲自尝一尝，所以直接知识是很重要的。但另一方面，又不能否认学习间接知识的重要性，因为一个人的实践总是有限的，一切事情都靠直接知识是不可能的。事实上，一个人所接受到的知识，绝大部分都是间接知识。为了继承历史遗留下来的精神财富和学习外域的知识，接受间接知识是完全必要的。每代人都把前人的认识当作自己认识的起点，又都以自己的认识成果充实人类知识的宝库，作为下代人认识的基础。人类通过世世代代的知识积累和交流，推动着认识的发展。如果每一代人都摒弃前人的认识成果，一切都从头开始，那么人类的认识就会永远停留在原始的最低水平上，得不到发展和提高。因此，在实践中取得直接知识和虚心学习间接知识是一致的，缺一不可。

间接知识是他人在实践中总结出来的，要真正消化它，把它变成自己切实掌握的知识，就必须在实践中使用它。使用间接知识的过程，是加深理解的过程、深入学习的过程、实现认识目的的过程，发展、完善、丰富间接知识的过程。因此，我们要在实践中把书本知识真正转化为实际知识，必须正确理解直接知识和间接知识的关系，正确处理参加实践和认真读书的关系，把二者有机结合起来。

1　[美]梯利.西方哲学史[M].葛力，译.北京：商务印书馆，1995:289.

2　四种幻象，也称“四假象说”。第一，种族的幻象（种族假象）是人类头脑的本性所固有的，其中有终极因（目的论）的概念和把人的愿望加给自然的习惯。第二，洞穴的幻象（洞穴假象）是个别的人所特有的，这是由于他有特殊的性格、教育和交往，由于他所读的书籍和所崇拜的权威，如此等等。第三，市场的幻象（市场假象）是最繁杂的一种，因语词和名称的联想而起。语词常被用来作不存在事物的名称，或者作现实事物的名称，但是混乱、定义含糊，由事物仓促抽绎而成。第四，剧场的幻象（剧场假象）出自错误的理论或哲学，出自被歪曲了论证规律。（参见[美]梯利.西方哲学史[M].葛力，译.北京：商务印书馆，1995:289.）

3　[美]梯利.西方哲学史[M].葛力，译.北京：商务印书馆，1995:289.

4　[美]梯利.西方哲学史[M].葛力，译.北京：商务印书馆，1995:346.

（三）显性知识与隐性知识

隐性知识是迈克尔·波兰尼（Michael Polanyi）在1958年提出的重要概念。按照波兰尼的理解，显性知识是能够被人类以一定符码系统（最典型的是语言，也包括数学公式、各类图表、盲文、手势语、旗语等诸种符号形式）加以完整表述的知识；隐性知识和显性知识相对，是指那种我们知道但难以言述的知识，是在行动中所蕴含的未被表述的知识，是高度个人化的知识，具有难以规范化的特点，不易传递给他人，深深地植根于行为本身和个体所处环境的约束，包括个体的思维模式、信仰观点和心智模式等。

教育家语录

人类的知识有两种。通常被描述为知识的，即以书面文字、图表和数学公式加以表述的，只是一种类型的知识。而未被表述的知识，像我们在做某事的行动中所拥有的知识，是另一种知识。

——Polanyi M. The Study of Man [M]. London: Routledge and Kegan Paul, 1959:12.

隐性知识的价值必须通过与显性知识的转化来实现，知识正是通过这种循环转化而形成了一个螺旋形上升的知识创新过程。隐性知识与显性知识转化历经四个循环阶段。[1]

1. 社会化阶段

社会化阶段是指从个体的隐性知识到另一个体隐性知识的传播过程。这是人类知识传播最古老也是最有效的方式。在知识管理的过程中，我们不遗余力地将隐性知识通过信息技术显性化，但总有部分有价值的隐性知识难以实现转化，通过隐性知识的社会化阶段将隐性知识进行传递、共享及创新。这一过程中，参与者不使用语言也可以从别人那里获得隐性知识，如徒弟仅凭经验、模仿和实践就可以学会手艺。

2. 外化阶段

外化阶段是通过类比、隐喻、假设、倾听和深度谈话等方式将隐性知识转化为容易理解和接受的形式。将隐性知识转化为显性知识是典型的知识创新过程。人们将自己的经验、知识转化为语言可以描述的内容，是从感性知识提升为理性知识，将经验转变为概念的过程。知识显性化的目的在于知识的共享，通常情况下，只有那些具体的、操作性强的或常规的知识才可以进行传播，深层次的知识则不易为他人获得。

3. 组合阶段

该阶段是隐性知识到显性知识的转化，是建立重复利用知识体系的过程。它重点强调的

1 方明.缄默知识论[M].合肥：安徽教育出版社，2004：124.

是信息采集、组织、管理、分析和传播。在这一过程中，信息是在不断聚合过程中产生新的理念。私人知识并不能直接共享，可以进行传递的仅仅是知识中的有关观点和信息。他人在接受信息后，要对其进行深入的感知、理解和内化，然后才能形成自己的新知识。

4. 内化阶段

内化意味着新创造的显性知识又转化为组织中其他成员的隐性知识。显性知识隐性化的目的在于实现知识的应用与创新。知识的应用与创新是知识管理的终极目标，组织能否在竞争中占有优势取决于组织能否充分利用组织的知识，能否不断地创造出新的知识，进行知识的更新。经过内化阶段，组织竞争力得到提高，知识管理完成一个基本循环。

在上述四种转化过程中，隐性知识向显性知识的转化（组合阶段）是核心，是知识生产的最直接和最有效的途径。个人的隐性知识是新知识生产的核心。如何有效地激发个体的隐性知识，避免转化过程中的障碍，增加四种转化方式的互动作用，将影响产生的新知识的水平。

（四）人文知识、科学知识与社会知识

人文的含义来源于拉丁词Humanitas（人性，教养）。汉语的"人文"一词最早出现在《周易》中，"观乎天文以察时变，观乎人文以化成天下"。人文及人文知识视野中的世界，是一个以人的内在精神为基础，以文化传统为负载的意义世界和价值世界。作为知识文化，人文知识自从独立于自然科学以来，就有着不同于自然科学的对象和含义。"人文"给我们展示了这样一个世界：这里有人的参与，有精神的作用，有以不确定性和主观性为主导的复杂现象，有与"物性"相牵连又相疏导的"人性"的多面孔的展现。卡西尔指出，人文领域的成果不是别的，不过是一种强化自身的人类行为的结晶。

汉语中"人文"的含义

1. 作为某类存在物，泛指人事，与人之外的自然现象相区别，是人本身或与人有关的种种现象，即与"自然景观"相对应的"人文景观"。

2. 作为某类学问、知识，它和"科学"相对应，尤其和自然科学不同，因此形成"人文学科"。

3. 作为某种倾向性的思想观点，它与（现代）人文主义、人本主义等相联系，尤其是在科学文化与人文文化形成一定的人类分工之后，如果只偏重后者，就难免或多或少地走向这种思想观点。

——肖峰. 论科学与人文的当代融通［M］. 南京：江苏人民出版社，2001：129. 文字有改动。

科学是个外来词。19世纪末，日本人把science译成"科学"，意为"分科之学"，后被

引用到中国一直沿用至今。英文的science一词基本上指“natural science”（自然科学）。最早的科学知识一产生就专注于自然本身的运行。亚里士多德最早对古代的科学知识进行了整理，也是最早对科学进行规定的人。他认为科学是一种从观察上升到一般原理，然后再返回到观察的活动。科学的重要功能在于解释，科学解释就是从有关某种事实的知识过渡到关于这个事实的原因的知识。

一般而言，科学具有客观性、系统性、普遍性、精确性、预见性和探索性等基本特征，归结为一点则是其具有实证性。科学在本质上是一种理性的事业，其最基本的使命是认识客观世界。作为一种社会活动，它本质上是精神的、智力的活动，其成果是发展着的知识系统，科学活动的成果是一种精神产品，是对客观世界的理论表达，其最高价值在于求真，即达到对客观世界的真理性认识。随着自然的数学化、研究的方法论化、科学建制的分科分层化，近代科学完成了其理性化过程，并构成日后科学发展的基本精神气质。著名科学社会学家默顿在其经典之作《科学社会学》中将之概括为四个：普遍主义、公有性、无私利性和有组织的怀疑[1]。这四条精神气质是对科学理性精神的一个很好的注解：有条理的怀疑主义是自由的怀疑和批判精神；公有性是自由发表和自由探索精神；无私利性是不计利害只求真理的精神；普遍性也就是普遍理性精神，把理性的能力和可能性作了最大限度的扩展，发挥到于古希腊人远未达到的地步。在科学化的世界图景中，人们逐渐认识到“思想的眼光永远不能脱离事物本身，应该如实地看待它们的影像。过去一事无成，它的方法、基础和结果都是错误的；我们必须重新开始，使我们的头脑摆脱流传下来、因袭的偏见和意见……要以自然科学为基础，归纳法为方法，发明的技术为目的”[2]。而且，“把得到的真理应用到人类的福利上，是始终要记在心里的目标”[3]。

---

1 根据默顿的《科学社会学》（[美]默顿. 科学社会学[M]. 鲁旭东，林聚任，译. 北京：商务印书馆，2003: 363-376.），具体论述介绍如下。

一、普遍主义。指一种学说是否被划归为科学均与提出此学说的个人的特征无关，即与他的种族、国籍、宗教、阶级和个人品性无关。普遍主义表明，科学原理与方法以其特定的内容反映客观的过程和关系，而不接受任何强加的特殊有效性标准和法令。

二、公有性。默顿认为，公有性是科学之精神气质的第二要素，它是从财产公有性的非专门的和扩展的意义上使用的，科学上的重大发现都是社会协作的产物，因此它们归属于科学共同体，是其共同的遗产。用人名命名的定律和理论并不表明它们为发现者及其后代所独占，科学界的惯例也没有给他们以特权去随意使用和处置。

三、无私利性。它既不等于利他主义，也与利己主义无关，这一规范要求的是实事求是、公正和无欺诈。默顿原文为：“在科学的编年史中实际上很少存在着欺诈行为，这与其他活动领域的记载相比似乎是个例外，这种情况有时被归因于科学家的个人品质。这意味着科学家是那些具有不寻常道德修养的人。但事实上没有令人满意的证据来证明这一点。从科学自身的某些特征中却可以找到更合理的解释。”

四、有组织的怀疑。它既是方法论要求，也是制度性要求。科学在怀疑过去和现在的过程中发展进步，但不是无根据地胡乱怀疑。首先，科学要发展，就必须怀疑现存的理论，这是一种革命性的要求。科学旨在寻求关于事实的答案，科学研究者清楚科学事物与世俗事物之不同，前者要求作客观的分析，后者要求绝对的尊崇。没有怀疑就不会有科学发展，怀疑是科学创新的前提之一。但是，不是只要怀疑就足够了，怀疑应当是有节奏的、审慎的。对于科学界现有的理论，在没有新经验事实和理论推导之前，则要持信任的态度。这讲的便是科学上有组织或者有条理的怀疑。

2 [美]梯利. 西方哲学史[M]. 葛力，译. 北京：商务印书馆，1995：286-287.

3 [美]梯利. 西方哲学史[M]. 葛力，译. 北京：商务印书馆，1995：287.

科学体现了人类理性的进步，“代表着一条抽象的思维能力迅速进步的指示线。他已导致具有最高完善性的纯粹理论结构，……它已把人类的思维训练到能够理解以前几世纪中有教养的人所不能理解的逻辑关系”[1]，使得人类不断地从中学习到新的思维方法。科学的根本魅力在于将人们引入了“各种首尾一贯、秩序井然的对策符号系统和概念框架去理解和解释经验世界”[2]。

社会，和科学一样，是一个日译词。中国古代汉语中的社的含义是“地主也”[3]“土地神主也”[4]。“会”在古代汉语中是“合也”[5]。西方的Society的词根是soci，来源于拉丁语socius（同伴），soc–和socio–为soci–的变体，ety是名词后缀。1823年出版的第6版的《不列颠百科全书》将society同societies区分开来，并将society定义为一些理性的、有道德人处于共存和幸福而结合在一起。在英文词条society中出现“结社”的含义源自清末传教士在华活动时编纂的英汉字典。[6]工业革命后，society作为现代概念在欧洲逐渐成形，并由孔德、马克思、斯宾塞等学者推动，构筑了society的现代含义。1873年，“社会”一词作为society的译词，首次出现在《东京日日新闻》中；1881年，井上哲次郎在编纂《哲学字汇》采纳“社会”作为society的日文译词。同一时期，我国学者严复将society翻译为“群学”。但随着时代的发展，日译词语“社会”逐渐占据上风。

社会生活的社会实践性、经验性决定了社会知识的特点。第一，社会知识是一种约定俗成的规范性知识。第二，社会知识具有阶段性特点。如科举起考试中的“策论”考查的就是学习者对社会问题的解决能力。“策”强调因时制宜、因地制宜、因人制宜。第三，社会知识需要被问题解决后的实践效果验证。

华夏文明主要是农业文明，农业文明发展出了血缘与地缘文化。“情—理—法”是中国人所遵循的社会生活秩序，其中，“情”是中国人解决社会问题的核心。相反，古希腊文明和希伯来文明的《荷马史诗》《圣经》中记录了先祖的“漂泊”生活，漂泊生活就意味着需要不断同陌生人进行沟通，这显然不同于中国古代的熟人社会，因此古希腊文明和希伯来文明更加重视契约。

科学知识、人文知识与社会知识的比较见表6–2。

1　[德]赖欣巴哈．科学哲学的兴起[M]．伯尼，译．北京：商务印书馆，1966：96.

2　孙正聿．哲学通论[M]．沈阳：辽宁人民出版社，1998：93.

3　（汉）许慎.说文解字[M].汤可敬，译注.北京：中华书局，2018：32.“共工之子句龙为社神。周礼二十五家为社，各树其土所宜之木。”（出处同上）

4　（清）张玉书.康熙字典[Z].北京：中华书局，1958：839.

5　（汉）许慎.说文解字[M].汤可敬，译注.北京：中华书局，2018：1047.

6　李恭忠.Society与“社会”的早期相遇：一项概念史的考察[J].近代史研究，2020(3)：8–11.

表6-2 科学知识、人文知识与社会知识的比较

	科学知识	人文知识	社会知识
知识与对象的关系	“描述性知识”，旨在通过一定的概念符号和数量关系反映不同层次自然界所存在的一些“事实”和“事件”。	“反思性知识”，旨在通过认识者个体对历史上所亲历的价值实践的总体反思呈现出认识者个体对人生意义的体验。	“规范性知识”或“策略性知识”，旨在借助一定的理论传统和价值立场，对“社会事实”或“社会事件”的现状与发展趋势进行系统化、类型化或模型化的分析，并得出或暗示有关的实践建议或策略。
知识的发展方式	直线性——人类对于自然的描述总体上呈现一种越来越清晰、越来越准确的趋势。	阶段性——一种占主导地位的社会理论或社会改革方案在一段时间内极其具有说服力，但是过了一段时间之后它们就会被新的社会理论或社会改革方案所代替。	螺旋性——人文知识的发展呈现出一种不断地“回溯”与“重新”解读、体验和阐释传统知识的螺旋态势，完全超越了时空的、语言的和价值的限制。
知识的适用范围	具有一定程度的“普适性”。科学知识遵循一定的自然科学范式，能够在逻辑上或经验上进行检验，是可重复的。	具有鲜明的“文化性”。社会知识往往与认识者所处时代或社会的特殊状况和问题相关联，与建构它们的社会主流价值观有着内在的不可分割的联系。	具有超越文化限制的“个体性”。人文知识往往从认识者个人背景出发，力图超越这种文化价值的限制，达到对一种独特的内心世界的体验和表达，具有鲜明的个人“风格”。
知识的检验	诉诸“经验”和“逻辑”的“证实”“证伪”或“证明”。	诉诸某一具体社会实践效果的“证实”。	诉诸个人生活世界的“证实”。

（五）元认知知识与非元认知知识

布卢姆将知识划分为事实性知识、概念性知识、程序性知识和元认知知识（反省认知知识），见表6-3。从这个角度看，非元认知知识就是事实性知识、概念性知识、程序性知识。元认知知识是一般认知知识和有关自己的认知的意识和知识，具体包括策略性知识、认知任务知识、自我知识。在非元认知知识中，事实性知识是指学生掌握一门学科或解决其中问题所必须知道的基本要素；概念性知识是各成分共同作用的较大结构中的基本成分之间的关系；程序性知识是如何做什么，研究方法和运用技能，算法、技术和方法的标准。[1]

1　参见：[美]L. W. 安德森，等.学习、教学和评估的分类学[M].皮连生，主译. 上海：华东师范大学出版社，2008：26.

表6-3 布卢姆的知识分类维度[1]

事实性知识	术语知识、具体细节和要素的知识
概念性知识	分类或类目的知识、原理和概念的知识、理论模型和结构的知识
程序性知识	具体学科的技能和算法的知识、具体学科的而技术和方法的知识、决定如何运用适当程序的标准的知识
元认知知识（反省认知知识）	包括策略性知识、认知任务知识、自我知识

事实性知识、概念性知识、程序性知识和元认知知识，构成了知识教学中的四轮驱动力。在课程开发与设计过程中，元认知知识在任何一节课中都可以体现，事实性知识、概念性知识、程序性知识的教学，则需要根据学科教学的内容而定，但不一定同时出现在一个课时内。因此，教师根据知识类型进行课程开发设计时，需要通过学科的教学单元整体设计。四种类型在中小学的不同课程中的体现形式也不同。如在学科教学中，是同时体现四种知识的；而在小学的综合实践活动课程、劳动教育中，则可能更多地体现程序性知识，教师需要做的是如何拆解操作步骤，搭好脚手架。因此，教师在课程开发设计的过程中，必须考虑由事实性知识、概念性知识、程序性知识和元认知知识构成的驱动学生学习的驱动轮。

扩展阅读

马扎诺对布卢姆的教学目标分类学进行了新的发展。如图6-2所示，他认为人的加工水平有自我系统、元认知系统、认知系统。面对问题时的启动顺序是自我系统—元认知系统—认知系统。马扎诺将知识的分类分为信息、心智程序和心理动作程序三个方面，且加工水平和知识领域形成一个立体的模型。

——[美].罗伯特·J. 马扎诺，约翰·S. 肯德尔. 教育目标的新分类学[M].高凌飚，等，译.北京：教育科学出版社，2012:11-13.

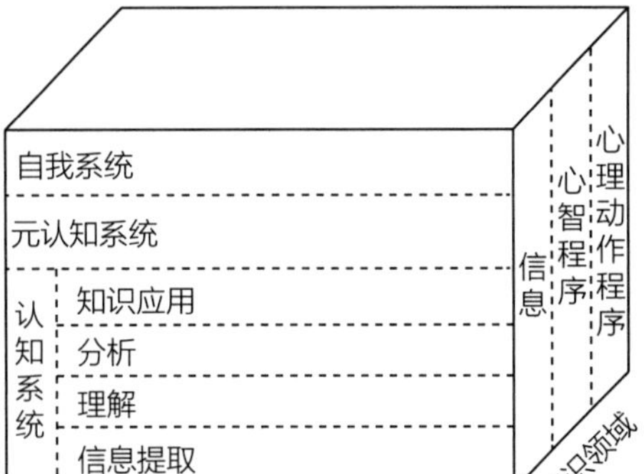

图6-2 马扎诺的新分类法

1 参见：[美]L. W. 安德森，等.学习、教学和评估的分类学[M].皮连生，主译. 上海：华东师范大学出版社，2008：26.

二、知识的课程呈现方式

从不同的视角，我们划分了感性知识与理性知识、直接知识与间接知识、隐性知识与显性知识，以及人文知识、科学知识与社会知识。与不同的知识类型相对应，知识在课程中的呈现方式亦有不同，其中，理性知识与间接知识以“学科课程”的方式呈现，而感性知识与直接知识则以“活动课程”或“经验课程”的方式呈现，显性知识以“显性课程”的方式呈现，隐性知识则以“隐性课程”的方式呈现，人文知识、科学知识以及社会知识则分别表现为人文课程、科学课程与社会课程。

（一）学科课程与活动课程（或经验课程）

学科课程，也叫分科课程，即根据各级各类学校培养目标和学生的发展水平，分门别类地从各学科中选择知识，并按照学科的逻辑组织学科内容的课程。学科课程体现了学科的系统性，提高了教学效率，有助于学生学习和巩固基础知识，突出教师的引导性和价值性，易于教师教学与评价。正如赫尔巴特所指出的，分科课程是按照“从易到难”的顺序排列教材的。间接知识与理性知识的特点决定了学科课程的特点。首先，学科课程的目标在于传授学生间接知识。学科课程侧重于使学生掌握基础的系统文化知识，具备德智体美劳各方面的基本知识和技能。其次，学科课程的内容较为稳定，从古希腊、古罗马时期的“七艺”到近代夸美纽斯提倡的“泛智主义”实学学科再到如今已形成较为稳定边界的各类学科，都体现了分科课程内容的稳定性。再次，学科课程的组织形式较为单一，一般采用班级授课制、教师讲授的方式进行教学。最后，分科课程评价的关键较为注重学生的成绩，侧重于学生对知识点的掌握程度。

活动课程，又称经验课程，或者儿童中心课程，是打破学科逻辑系统的界限，以学生的兴趣、需要、经验和心理逻辑为基础，通过引导学生自己组织的、有目的的活动而编制的课程，它秉持着尊重儿童经验的理念，是承载着“直接知识”与“感性知识”的课程。活动课程以杜威实用主义活动课程理论为理论支点，在近代第一次出现也是得益于杜威芝加哥实验学校的建立，它的活动课程强调从儿童的兴趣和需要出发，以儿童活动为中心。直接知识与感性知识的特点决定了的活动课程的特点。首先，活动课程的目标在于对学生实践能力的培养。活动课程是实施素质教育的载体，与学科课程相比，活动课程在培养目标方面更加侧重于学生的参与意识、实践意识、竞争意识和观察、思考、动手、创造等能力的培养。其次，活动课程的内容广泛丰富。活动课程主要包括社会教育活动、科学技术活动、文学艺术活动以及体育卫生活动等。再次，活动课程的组织形式灵活多样，包括分组活动、晨（夕）会、校内广播、校班团队会、班级活动、全校活动等。最后，活动课程评估的关键是学生的学习质量，考核应侧重于学生参与活动的积极性与活动效果。

案例研究

教师指导综合实践活动课程的案例

2002年杭州市某中学初中二年级开展了有关“初中生服装的穿戴与中学生形象”的研究。这次研究按以下几个步骤进行：首先经过老师与同学们的讨论确定了本次研究的主题；然后，老师与同学经过热烈讨论确定采用调查问卷的方式,调查内容主要包括了解当代中学生对自身形象的评价与期望，了解初中生对自身服装穿戴的评价、意见和建议。本次研究共发出1832份调查问卷，收回问卷283份。同学们对本次收回的问卷进行统计和分析，并撰写调查报告。最后，每位参加的同学都写了一份个人参加课题研究活动的小结。研究活动结束后，课题组召开了一次小结交流会，老师对四个小组组长在调查研究中的表现进行了简要评价。

在此案例中，选题贴近学生生活，激发了学生的兴趣又切实可行，研究方案合理。在研究过程中，学生自己边学习、边思考、边实践，相互合作，共同完成，学生真正成了学习的主人。同时，同学间以小组合作的方式开展研究型学习活动，使每个同学都有收获，还锻炼并提高了学生的自主学习和合作精神。

——尹敏. 中日综合实践活动课程实施的比较分析[D].湖南师范大学,2012：28-29.文字有改动。

活动课程与学科课程虽有诸多理念不同之处，但二者的关系却并不像我们想象的那样势如水火。第一,二者在课程目标上具有一致性。作为学校课程体系的两部分，活动课程与学科课程都以实现学校的培养目标为自己的根本任务。第二,二者在内容上具有互补性。一方面是不同内容知识的互补，如稳定知识与突发知识的互补；另一方面是不同形式知识的互补，如注重“知”的知识与注重“行”的知识的互补。第三,二者在学习活动方式上具有互促性。通过二者对学生产生的不同影响在彼此之间的迁移，实现双方知识的互促。第四,二者在功能上具有整体优化性。学科课程与活动课程，无论丢弃哪一类课程，都难以实现对学生知情意行全方位的培养，更遑论学生的全面发展，因此只有两类课程共同发挥作用，才能更好地促进学生的发展。

（二）显性课程与隐性课程

以承载显性知识与隐性知识划分，课程可以分为显性课程与隐性课程。显性课程自然以显性知识为主体，主要指学校中显现出来的课程，包括学科教学和生活辅导两个方面。一方面，与隐性课程相比，显性课程最突出的特点就是计划性，甚至可以说计划性是区分显性课程与隐性课程的标志。另一方面，显性课程的具体内容列入教学计划的学科，也就是各门学科的知识体系，是文化传播的主体。学科课程分门别类地把不同领域的人类文化知识系统地组织起来，在学校教育中起着十分重要的作用，是课程结构的主体，是培养人才的主要依据。

如果说显性课程承载的是显性知识，那么隐性课程自然代表着隐性知识。首次正式提出“隐性课程”这一概念的学者是菲利普·W. 杰克逊，他于1966年在《课堂生活》一书中提出了“隐性课程”，很快就引起了各学者的注意。有的学者这样定义隐性课程：“隐性课程是学生在课程内外无意间习得的由教师以特定方式呈现的文化序列。”[1]隐性课程具有以下几个特点。第一，隐性课程的目标在于以浸润的方式使学生接受教育，尽管目标与显性课程一致，但隐性课程更加侧重于以润物细无声的方式实现教育目标。第二，隐性课程内容十分广泛，涉及学校的方方面面、各个角落以及各种行为。在物质层面上，如校园环境（自然环境、人为环境等）、教学环境（教学设施、教室布置、桌椅排列等）、生活环境等；在行为层面上，如言行举止（教职员工的言行、学生的言行等）、人际交往（学生间、教师间、师生间、教师与家长间、社区与学校间的交往等）；在制度层面上，如制度规章（学校管理体制、学校组织机构、班级的管理与运行方式等）、规约、惯例等；在观念层面上，如意识观念（校风、办学方针、教学风格、教学观念、教学指导思想等）、价值取向、道德情感、行为模式等[2]。第三，隐性课程常常以间接的、内隐的方式表现出来。隐性课程具有不同的载体，甚至还常常隐含在显性课程之中，与显性课程结伴而行。第四，隐性课程是学生思想意识形成的重要诱因。隐性课程是道德教育、思想教育的重要手段，对学生道德认识的提高、道德情感的陶冶、道德行为的规范有着十分重要的意义。

案例研究

文化墙作为隐性课程在小学德育中的作用

（1）图像化的展示与低年级学生图像认知发育相契合。目前大多数学校的文化墙都配合图画和卡通形象来呈现，这样的设计有几个好处，譬如：图画使得墙体墙面更为美观、更加丰富；图画和卡通形象可以使学生产生更多的认同感和熟悉感，对校园生活产生信任和归属感。不过围绕文化墙的文化转换力开展的讨论显示：文化墙图片最主要的功能是配合文字提供了形象化的思考依据。在笔者调研的某小学内，文化墙外墙体上社会主义核心价值观中“和谐”二字旁配有一家人和和气气吃饭的图片，小学生往往很难理解“和谐”“民主”这一类抽象概念，但是在配图的帮助下，小学生可以感受到抽象概念的内涵。图像化的展示方式对小学低年级学生来说也相对友好，他们阅读文字的能力不强，而阅读图画则是他们接受信

1　傅建明.“隐性课程”辨析[J].课程·教材·教法,2000(8):55-59.
2　郑金洲. 教育通论[M]. 上海：华东师范大学出版社，2000：277.

息的主要方式，因此小学文化墙配合图画，将给这些新入学的幼儿以直观、具体的印象，对他们世界认知的形成有着重要的奠定作用。

（2）日常展示的体认性与潜移默化的价值观培育相契合。许多学校将大门周围的墙壁作为学校文化墙展示的主墙面，几乎每一面墙上都写着学校的办学理念和办学方针。这些格言并不仅仅面向学生，在宣传教育层面，它兼具三重功用：第一重旨在向家长、向社会展示该学校的办学风气和对教育的认知；第二重旨在提醒教师自身的职责与义务；第三重则是利用日常学生、教师上下学、上下班的过程中目光的接触与观摩，潜移默化地塑造学生和教师对教育的看法，提高学生对学习的重视，从潜意识层面塑造少年儿童对读书学习的体认与接纳。

（3）丰富多彩的内容与学生心灵表达的模式相契合。校园是学生生活时间最长的公共场所。儿童的天性是天真且喜好自然的。从儿童天性生发的角度来看，文化墙装饰了学校原本苍白冷硬的教学楼、办公楼，轻松有趣的风格使学生的日常校园生活变得丰富多彩，很多学生在校园中活动，在文化墙的图画中感受到了校园的美丽与活力。值得一提的是，一些学校邀请了本地一些比较知名的、比较有艺术鉴赏力的美术教育者、设计师参与了学校文化墙的设计和绘画，这些富有美学创造力的作品将对学生的审美产生良性的影响。

（4）允许儿童涂抹的空白墙与儿童释放童真的天性相契合。在一些管理相对宽松的学校，许多学生用粉笔、彩笔在学校的空白墙面涂抹，自发形成了一系列富有童趣的文化墙。在这些“文化墙”上既有学生游戏时用来计数的图形和阿拉伯数字，也有一些学生的童真言语。这些内容都是学生日常生活的真实展示，在这里学生释放了自己的天性，表达了自己真实的内心与情感。学生自发涂抹的空白墙也可以成为教师观察学生情绪、了解学生的窗口。

——苏醒.文化墙在小学德育中的作用及其发挥[J].教学与管理,2020(29):7-9.文字有改动。

显性课程与隐形课程作为课程的两个方面，二者相互渗透、相互作用，各司其职。其中显性课程负责知识与技能的传授，而隐性课程则更加重视情感与意志等方面的培养，显性课程与隐性课程的互补关系使得学生更容易获得全方位的培养，促进了学生的全面发展。

（三）人文课程、科学课程与社会课程

首先，作为承载着人文知识的人文课程，人文知识的特点决定了人文课程的特点。人文知识是一种反思性知识，具有个体性、境遇性、隐喻性、个体间的异质性等特点，同时，人文知识也是一种“螺旋性”的知识，具有极强的“回溯历史”特征，不仅如此，尽管人文知识的“个体性”鲜明，却仍能够在不同的文化中找到共同点，是文化和价值观在个体具身经验中的体现。因此，人文课程具有以下几个特点。第一，人文课程的目标是帮助学生获得人文性。因此，人文体验，人文理解、人文关怀是学习者获得人文性的前提和途径，它们使学

习者成长为具有人文精神的“社会人”。第二，人文课程内容是来自不同文化、不同民族、不同族群的文化以及在此基础上形成的充满时代特点和个体体验的人文作品。这些作品以文学作品的形式追问人生的意义，叩问个体的人生价值。在选择人文课程内容的过程中，课程开发者需要注意人文作品的典型性、境遇性和生活化的特点，做到让学习者感同身受或多年后在人生经历和体验丰富后能够感同身受。第三，人文课程的内容编排遵循人文知识的螺旋性特点。第四，人文课程的课程资源开发需要注重学生个体的经验，课程实施需要增强学生的个体体验，并在个体体验的基础上，通过学生的经验对比、体验感悟、自主总结，以欣赏、想象、归纳、反思等与学科适恰的方式创造性地表现出学习结果。第五，人文课程进行课程评价的关键点是学生能在教学体验中有价值的获得感，以及体悟、移情与理解。

案例研究

《红楼梦》进教材

《红楼梦》进选修教材，是跟高中语文课程结构分为必修和选修(选修又再分为限定选修和任意选修)相适应的。在人教版的选修教材中，实验版的《中国小说欣赏》中有《红楼梦》的选段。该选修教材打通了古代与现当代，以九个单元选录了十五部长篇小说片段和四篇短篇小说(篇幅长的只节录部分)。具体到《红楼梦》，选出“金兰契互剖金兰语”一节，和“三言”的《玉堂春》节选，组成了“人情与世态”单元。该教材等于中国小说通史缩微版，体例近似于鲁迅的《中国小说史略》，用原文节选加简单介绍，串联起小说史的脉络。虽然这样的学习也有一定意义，但就《红楼梦》整部小说的深入学习来说，所选篇幅要比必修教材中节选的片段还要短小，显然不具有延伸意义。而且，因为这些长短篇小说时间跨度非常大，从古代的《三国演义》《红楼梦》到现当代的《家》《子夜》《白鹿原》《长恨歌》，等等，都有涉及，让中学语文教师很难胜任辅导的任务。因此，在实际教学中，其他出版社的《红楼梦》选读方面的选修教材，在一定程度上弥补了人教版的缺憾。其中较通行的有三种：一是语文出版社教材研究中心编的《〈红楼梦〉选读》(语文版)，二是江苏凤凰教育出版社的《〈红楼梦〉选读》(苏教版)和北京师范大学出版社出版的《〈红楼梦〉选读》(北师大版)。这三个版本，代表《红楼梦》选读组合的三种模式。语文版最具创意，选出原著片段，彻底打乱前后顺序而重新构架。先以总览方式，选出三个片段，对环境由远到近，由大到小，由虚无到实在，从大荒山到四大家族势力范围的现实世界，从甄家的概括性叙述到贾府的具体呈现，并落实到大观园，如镜头般步步推进，也步步聚焦，最后落到贾宝玉和众姐妹所在的日常世界。然后以人物为线索，串联起原作的选段。选入教材的人物分三个层次，即主要人物贾宝玉和林黛玉，热门人物薛宝钗、王熙凤、刘姥姥以及配角性人物晴雯、湘云、妙玉和香菱。选出的情节片段，则依附于人物，成为呈现人物特点的具体故事。北师大版最传统，在

> 作品中选取10个片段，以“演说荣国府”开始，到“宝玉出家”结束，构成10篇课文，其形成的前后序列，大致保持了小说情节的发展趋势。苏教版则是前两种模式之外的变通。一方面，它有“红楼品鉴”部分，也是从“演说荣国府”开始，到“宝玉出家”结束，前后选取六个情节段落，相似于北师大版，只是篇幅有所压缩。另一方面，该版本增加“红楼研讨”部分，对小说的结构、人物、环境、主题、语言等分六个专题加以讨论，形成六个情节的纵向推进，和六个研讨专题的并列对应，从而构成教材的主体。
>
> ——詹丹. 反思《红楼梦》重进中学40年：以人教版《语文》必修教材及其他版选修教材为主要讨论对象[J]. 红楼梦学刊，2019(3):97-112. 文字有改动。

其次，科学知识具有可重复验证性、普适性、描述性等特点，遵循因果关系，因此，科学课程的特点如下。第一，科学课程的课程目标帮助学生获得科学素养。科学素养不仅包含科学知识，更包含科学精神、科学伦理、科学理解力，更是对学生的情感领域——兴趣、经验、热情、持久性、自我认同等的培植。第二，科学课程的课程内容来源于科学史上的关键事件和永恒知识，这些关键事件具备改变人类的宇宙观、世界观、方法论的作用。这些永恒知识超越历史、超越时空、超越文化，均适用于问题解决的情境。如数学、物理、化学、生物、地理等学科中的基本科学常识。同样，科学课程的内容不仅是某一学科内部的核心概念，还包括为学生提供能帮助学生理解世界的跨学科概念。第三，科学课程的课程资源开发需要注意增强问题解决的情境性创设。创设合理的问题情境帮助学生应用科学知识、科学原理进行问题解决，以实现对科学知识的综合运用。第四，科学课程的课程评价除以往关注科学领域的基础知识、基本技能外，还需要关注学生基本思想的掌握。

案例分析

英国的国家科学课程标准

英国国家课程标准中，首先将科学探究列为课程目标，强调科学探究是科学学习的核心过程，注重让学生主动积极地参与科学课程的学习过程。在1988年科学课程标准草案的基础上，英国先后颁布了5个不同版本的科学课程标准。其中，关于科学探究活动的内容和教学要求虽有调整和修订，但其地位和作用一直受到强调与重视。表6–4为英国历次国家科学课程标准中的科学探究。

表6-4　英国历次国家科学课程标准中的科学探究

年份	探究活动主题	课标中探究活动的名称	探究活动所占教学时间比例（以七至九年级为例）
1989年	· 计划、假设及预测 · 设计并实施调查 · 解释发现结果 · 得出结论 · 对探索活动和实验进行交流	Exploration of Science	35%
1991年	· 提出问题，进行预测并作出假设 · 观察、测量和控制变量 · 解释结果和评价科学证据	Scientific Investigation	35%
1995年	· 设计实验程序 · 获取证据 · 分析证据得出结论 · 考虑证据的力度	Experimental and Investigation Science	25%
1999年	· 科学中的观点与证据调查技能：设计 · 获取并呈现证据 · 思考证据 · 评价证据	Scientific Enquiry	25%
2001年	· 科学中的观点与证据调查技能：设计 · 获取并呈现证据 · 思考证据 · 评价证据	Scientific Enquiry	25%

最后，社会知识的特点决定了社会课程的开发和组织的特点。第一，社会课程的目标在于培养学习者的社会生活能力、社会与情感能力、社会意识、社会责任感，并使学习者在此基础上成长为合格公民。第二，社会课程的内容需要个体生活性和社会理想性、社会规范性。这就需要伦理学、政治学、历史学、社会学以及心理学等学科知识在个体面临的问题情境中具体化。作为课程内容的社会科学知识的选择，一方面要遵循“道在伦常日用中”的原则选取伦常日用中的最丰满的教育理想，另一方面要遵循社会理想、结构、制度建构过程中的公平、正义以及由历史现实条件决定的选择，要在上述内容中帮助学生建构知识体系。第三，课程资源的开发要注意社会科学知识与学生的伦常日用的关系，并通过丰富学生的伦常日用情境而提升学生对社会问题的关注、关心和问题解决能力。第四，社会科学知识的课程评价的内容则应侧重学生在学习过程中是否形成了基本价值观、世界观，是否能够站在基本价值观、世界观的立场上参与问题解决，提出问题解决方案。

案例研究

战“疫”主题的德育校本课程探索

2020年突如其来的新冠疫情是一堂“人生成长大课”。在抗击疫情的行动中，我们被各行各业迎难而上的逆行者、志愿者所感动。他们用行动来传递中国精神和家国情怀，诠释责任与担当，他们是战“疫”中的时代英雄，值得新时代青少年去学习。基于此，研究者开展了“你的样子”——最美战“疫”中国人物德育校本课程开发与实施，希望通过这种综合性学习活动，让学生品味英雄背后的中国精神，让活动的直观经验内化为爱国主义的品德教育，让教育有温度，学生成长有厚度，人生经历有深度。在课程开发的过程中，研究者关注了六类主题：院士之魂、医务之美、社会之爱、志愿之光、一线之星、平凡之力。在课程开发的过程中，学生要通过人物选择、主题凝练、小传撰写、语文链接、故事插画、作者感悟、家长寄语、配音朗诵，最终形成一个视听版的图文并茂的《“你的样子”——最美战“疫”人物记》。在学生制作的过程中，教师给予远程指导、个性化的辅导，通过师生合作、生生合作方式完成课程开发和学习。最后通过问卷调查、访谈等方式开展基于核心素养的师生评价、生生评价、自我评价等多元评价。其中学生从人物感受、精神感悟、活动体验、学习收获、课程建议五个方面进行课程评价。家长在课程评价中肯定了课程在关注情感、态度、价值观方面的作用。

——郭敏.战“疫”主题德育校本课程探索[M]//东北师范大学附属小学.率性教育研究2020.长春：东北师范大学出版社，2020:191-196.文字有改动。

本章小结

1.对于知识，可以给出这样的一般界定：知识是一套系统经验，一套被社会选择或组织化的经验，它可以在主体间传播，也能帮助人们更好地行动。知识的分类是对同一对象的不同分类法，但是知识总体的集合事实上也不稳定。历史上出现的知识分类有：感性知识和理性知识，直接知识与间接知识，显性知识与隐性知识，人文知识、科学知识与社会知识，等等。这些理想类型的知识在教育中都是无处不在的。

2.知识的历史演进大致可以描述为：原始社会的“神话知识型”，崇尚神秘知识；封建社会的“形而上学知识型”，知识逐渐脱离了感觉，“逻辑”成为判断知识合理性的标准；近代以来，“科学知识型”逐渐兴起并占据了知识型的统领地位，观察、推理等科学方法成为判断知识合理性的标准；发展到现代，“批判知识型”逐渐兴起，“科学知识型”所秉持的知识的价值无涉性、绝对性遭到了质疑，这一时期的知识以多元性、复杂性等为特征，还丰富了知识的内涵。

总结 >

关键术语

课程 Curriculum	知识 Episteme/knowledge

课程是学校给学生传授的知识和技能，它包括学校的各门学科和有目的、有计划、有组织的各种活动，以及对内容的安排、进程和时限。

知识是人类在人与自然、人与社会、人与自我的交互作用过程中的观念成果。传统哲学中知识的定义为:能被充分证实的真的信念。而现代知识作为构念，和情感感性、情境氛围、主观意志发生了很多交融，知识的内涵变得模糊起来，在不同语境中，知识拥有不同的语义要素。

章节链接

在这一章，你读到………	在其他章节中，你将发现相关的讨论………
课程知识中的权力、控制	第八章“教学”第三节“教学中的自由、控制与民主问题”的讨论
教师的经验和常识	第九章“教师”谈到教师的专业发展、教师的个体教育理论

应用>

批判性思考

1. 从“什么知识最有价值”到“谁的知识最有价值”。

在本章中，对知识的讨论由斯宾塞所提出的“什么知识最有价值”这一命题过渡到了由阿普尔提出的“谁的知识最有价值”这一命题，知识的绝对性与公正性遭到质疑，知识的价值无涉性被推翻。谈谈你对这一观点的看法。

2.20世纪以来，课程的含义发生了许多变化，学术界对于什么是课程也看法不一，学术界有关课程的定义主要包括如下几个方面。

（1）课程是学校中的教学科目和活动。把课程看作学校中的教学科目，这种观点是从学校教育的内容的角度来界定的。特别是在我国，长期以来课程被看作为实现学校教育目标而选择的教育内容的总和，包括学校所教各门学科和有目的、有计划、有组织的课外活动。这种观点把课程看作为了实现既定的教育目标而选择出来的教育内容，在学校教育中主要体现为教学科目。还有很多定义更直接地将课程指向教学科目。在这一谱系中，课程被看作教学科目，可以指一个教学科目，也可以指学校的或一个专业的全部教学科目，或指一组教学科目。

（2）课程是学习者的经验和活动体验。课程的源头在于人的生产和生活，因此在课程的族谱中，这一界定有着悠久的历史。而且，这种定义是从人 (学习者)的角度来界定课程的，因此又有着人本主义的传统。在文字和正规学校出现之前，早期人类的教育无疑是借助具体活动来进行的，这些活动就代表了早期课程的形式。近代以来，受到美国 19 世纪末 20 世纪初的进步主义教育运动的影响，尤其是受美国教育家杜威的影响，人们把课程看作儿童经验的观点广为流传。杜威从“教育就是经验的改造或改组”这一基本的命题出发，提出学校的课程应该是活动性、经验性的“主动作业”，即着眼于儿童经验的发展对社会生活中的典型职业进行分析、归纳和提炼而获得的各种活动方式，如金工、木工、烹饪等，这些“主动作业”就是杜威所理解的课程。“主动作业”的方式很多，除了无数种的游戏和竞技以外，还有户外短途旅行、园艺、烹饪、缝纫、印刷、书籍装订、纺织、油漆、绘画、唱歌、演剧、讲故事、阅读、书写等具有社会目的的主动作业。

（3）课程是教育活动的计划与学习者的学习结果。在课程的定义群，这一理解是制度化教育的一种反映。制度化教育要求课程服从教育体制的安排，具有明确的规范性和计划性。从20世纪50年代美国课程论专家拉尔夫·泰勒提出课程开发的“目标模式”之后，这种界定便广为流传。例如，不少人认为“课程是一种学习计划”，是为受教育者提供一系列学习机会的计划。在他们看来，课程总可以定义为一个行动计划，这个计划包含目标、内容活动和评价等。我国不少中小学教师就把课程理解为“教学计划”“教学大纲”，这种理解也属于该定义的范畴。

（4）课程是各种文本和复杂的会话。在课程的定义群中，这一定义属于“新生代”，它折射出20 世纪中后期哲学社会科学的“后现代转向”。20 世纪末，在后现代主义、现象学、诠释学等哲学、社会学思潮的冲击之下，课程论的研究呈现出一个理论繁荣、话语多元的格局。人们对传统的课程思想进行批判、反思甚至重建，尤其是北美的一些课程学者试图对课程研究领域进行“概念重建”，代表人物是派纳。派纳所倡导的概念重建主义课程理论以传统的“泰勒原理”作为批判对象，认为传统课程代表的是“课程开发范式”，在他看来这种传统的范式已经终结，课程研究应该从“开发范式”转向“理解范式”。正如钟启泉所指出的，在课程理解的范式中，课程既超越了学科和教学计划的含义，也不再仅指学习者的经验，它越来越成为一种“符号表征”，越来越成为一种“文本”，通过这种文本可以解读和构建出多元的意义:政治意义、种族意义、性别意义、审美意义、个性意义，等等。既然课程是一种文本，那么通过对文本的解读就可以获得多元的课程话语，围绕这些话语就可以展开复杂的会话，在这种会话中达到对课程的一致性理解。

在课程定义的演变过程中，知识与课程的关系发生了什么样的变化呢?

体验练习

1.“男孩穷养，女孩富养”，“三岁看大，七岁看老”，结合你的经验，谈谈你如何看待这种教育常识或教育民俗，它有没有科学和哲学的依据。请就这种“知识”的接受和传播说些你想说的话。

2.教师的缄默知识研究是一个热点。优秀教师应该如何将自己的实践知识转化为显性的原理和技术性知识，如何发展出个体理论，并对其他教师有有益的影响，结合本章具体内容谈谈你的看法。

拓展＞

补充读物

1　石中英．知识转型与教育改革[M]．北京：教育科学出版社，2001．

知识转型是知识型的转变，是原有知识政体被颠覆，不仅包括了知识观念转变，而且包括了知识标准、知识制度、知识组织、知识信念以及知识分子生活方式和自我意识的转变。对现代科学知识型的普遍质量质疑已经非常鲜明地揭示了科学知识型的内在缺陷，推动了人类第三次知识转型的到来。此时，我们不能不反思知识教育中的偏见、对本土知识的遗忘和西方知识霸权的问题。

2　[法]利奥塔尔．后现代状态：关于知识的报告[M]．车槿山，译．南京：南京大学出版社，2011．

本书的研究对象是“后现代条件下的知识问题”，涉及了19世纪末以来，受到科学、文学、艺术行为原则影响的文化状态，质疑现代的评论的正确性和真实性，指出后现代的科技发展向人们提供了权力的增长，使知识变成了商品，成了决策的因素与手段。技术标准并不能判断真实与正义，在分歧中产生了相对临时的、制约性的真理标准。

在线学习资源

陈晓端等：“课程与教学论”（中国大学MOOC）

https://www.icourse163.org/course/SNNU-1205775805?from=searchPage&outVendor=zw_mooc_pcssjg_

该课程将主要讲授课程与教学的基本原理、基本概念与基本理论；介绍世界上发达国家基础教育课程与教学改革的发展趋势以及我国基础教育新课程改革的基本理念与实践状况；阐明当代课程与教学的若干新理念与新理论，包括建构主义、多元智力、反思性教学、有效教学、差异性教学、发展性评价的理论等。同时，本课程的主体内容还将涉及课程设计、课程实施与课程评价以及教学过程、教学模式、教学方法、教学艺术、教学技术与教学评价等。

第七章
学习

本章概述

本章从哲学的视角探讨学习的本质及目的，介绍学习发生的哲学基础并阐述学习方式及其变革问题，旨在促使学习者掌握学习的本质内涵、现实状况和当代教育发展中关于学习的诸多理念，进而使学习者更好地学会认知和学会学习。

结构图

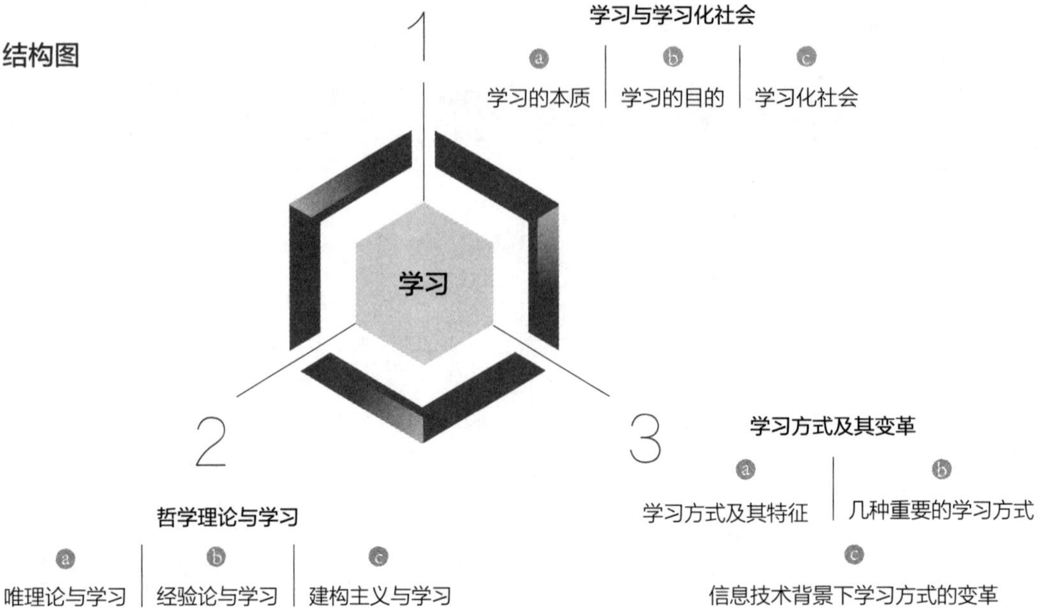

学习目标

学完本章，你应该做到：

1. 理解“学习”的含义溯源与流变，了解学习型社会和终身学习等当代教育思潮，反思学校制度化环境中学习行为的异化现象。
2. 从哲学视角出发，理解学习发生的哲学基础和相关学习理念。
3. 了解不同时代学习方式的特征及变革特点。

读前反思

一线教师常常会说，学习是学生的天职。然而，“学习”是什么？如何理解学生的学习行为？教育哲学不应该回避这个问题，而是应该提供一个有效的思考路径。对于教师来说，理解学生学习的行为，促进学生的学习与发展，是其职业和责任中的应有之义。

1. 如果聚焦现实，回到制度化环境中的真实学习状况来看，当前学校教育中出现了过度学习、厌恶学习等问题，成为教育工作者和家长共同的心头病。这些学习异化状况应如何看待与应对？
2. 当前，“终身学习”和“学习型社会”等提法盛行，学习在未来社会中所占据的地位将可能更为重要。如何从生存的层面上理解未来社会中学习的意义？如何在数字时代，理解“在线学习”“深度学习”等学习方式的变革？个体如何应对这种变革？

这些与学习相关的问题或命题，也许不能一一作答，但把相关的问题串连起来，提供看待问题的一种视角和一种思考的可能，是教育哲学应该做的，也是能做到的，这是本章的写作出发点。让我们共同走进教育哲学视野中的“学习”。

1972年，联合国教科文组织下辖的国际教育发展委员会发表了一份著名的研究报告，题为《学会生存》，书中把“学会学习”作为未来社会生存四大支柱之一。现代社会已然物质丰富，把“学习”与“生存”直接相联，这是回到了人类进化最初阶段的状况吗？

其实，报告所指没错，只是现代学校中的制度化“学习”才显得与生存的关联薄弱，“学习”的最初起源和广义内涵从来都是与“生存”问题紧密相连的。从长时间的进化史来看，学习是人适应环境的手段，是与环境保持平衡并取得生存和发展的必要条件。那么，究竟该如何理解“学习”呢？本章以制度化环境中的“学习”为核心，以广义学习为背景，理解人类“学习行为”，试图回答学习是什么，关于“学习”的理论进展能够给现代提供多少智慧和帮助，学习方式的变化如何适应新时期的社会发展等问题。

第一节 学习与学习化社会

学习目标

掌握学习的本质，并从哲学视角反思学习的目的。了解终身学习教育思潮以及学习化社会的形成。

关于“学习”，获得知识和习得技能是当前制度化学习环境中对学生学习行为作出的精要理解，亦与教师日常经验匹配。然而，学习行为得以发生的基本前提，即“学习何以可能”却少获关注。要回答该问题，我们要从理解学习的本质入手，跳出日常经验关于学习及学习目的的理解的限度，借助终身学习、学习型社会等相关概念扩大理论视野，获得通俗化理解的新路径。

一、学习的本质

探讨学习的本质，我们先从甲骨文中“学”与“习”的写法及含义说起。甲骨文中的“学”是“”，由“”及“”组成。其中，“”代表算盘，“”有房屋之意，两者结合即为练算习字的房屋，指教孩子们算数、习字的校舍。“学”字还有另一种写法“”，在两边加“”，有手把手教的含义。金文将“学”字写作“”，表示教的对象是孩子。

“学”引申为“觉悟、省悟”，学习知识。甲骨文中的“习”是“”，由“”和“”组成。其中，“”代表鸟儿的翅膀，有振翅飞翔之意。“”像鸟窝，二者结合是指“幼鸟在鸟窝内振动翅膀”，引申为体验生活的实践。

在古代，“学”与“习”二字本来各有所指，独立表达含义。从字源上看，“学”字有四个含义。第一，仿效，学习。《论语·述而》云：“学而时习之，不亦说乎!”第二，学校。《礼记·学记》云：“古之教者，家有塾，党有庠，术有序，国有学。”第三，学问，学说，学派。《庄子·天下》云：“百家之学，时或称而道之。”第四，诉说。《醉落魄》云：“些儿心事谁能学?”与“学”的意义相关联，“习”字主要有四个含义。第一，鸟练飞。《说文解字》云：“习，数飞也。”第二，复习，练习。《论语·述而》云：“学而时习之，不亦说乎!”第三，学。《吕氏春秋·听言》云：“蠭门始习于甘蝇。”第四，通晓，熟悉。《战国策·卷四齐》云：“(孟尝君)问门下诸客：‘谁习计会，能为文收责于薛者乎?’”总之，“学”是指人获得直接与间接经验的认识活动，兼有“思”的含义；“习”是指巩固知识、技能等实践活动，兼有“行”的意思[1]，是指多次重复某动作而获得巩固性。

教育心理学认为，学习是知识、技能或者态度的习得过程，是学习者因经验而引起行为、能力和心理倾向比较持久的变化；是人类生存的必备手段和依赖，是为了生存的“学习”，是有机体适应环境的手段[2]；是主体在某个规定的情境中的重复经验引起的这一个情境的行为或行为潜能的变化[3]。可见，知识、行为等对个体心理变化的影响是教育心理学关注的焦点。

以心理学概念为基础的这一定义深切地影响着教育实践。学校教师基本上在这一框架内，以其为基础，结合日常经验来解释“学习”，认为学习是学生对教师每天的课堂教学讲解的接受和反应。教师围绕课程标准和教材进行的知识讲解，是学生学习的主要内容。这样的经验化理解，侧重地突出学习的知识倾向。当然，部分经验积淀丰富的成功教师在关注学生获取知识时，还关注作为主体的学生在行为方面相对持久的变化以及思想世界的完善。应该说，关注行为和思想感情的变化，相较于日常经验理解的学习概念是一大进步。

然而，学习“该是怎样”和“能成怎样”的落差难以察觉且常被忽略。因此，社会学视野中的学习也应被重视。在现代社会中，必须依靠通过学习获得的个体经验，而获得个体经验最重要的途径即为学校里的制度化学习。现代学校中的制度化学习，以课程政策规定学习内容，以作息时间表规定学习节奏，以教师课堂教学引导学习行为的发生，以评估和检测制度引导学习的方向，现代教育制度对学习行为产生了重大影响。其中的核心是“学校”这一教育组织。因而，学校的环境、制度下的学生学习行为是我们的关注焦点；而广义上的学习，也是理解学习必不可少的参照。

1 桑新民. 学习究竟是什么? 多学科视野中的学习研究论纲[J]. 开放教育研究，2005(1)：8.
2 施良方. 学习论[M]. 北京：人民教育出版社，1994：2.
3 皮连生. 教育心理学[M]. 上海：上海教育出版社，2004：29.

也有学者从生物学的意义上理解学习行为。学习作为知识和经验的传递，虽然在各种动物之间的差异很大，但大致可以认为：越高等的动物，生活的方式越复杂，本能行为的作用也越小，学习的重要性就越大。在低等动物中，习得的行为很少，获得的速度也慢，学习对其生活所起到的作用极为有限，学习能力弱，保持经验的时间也短。相比之下，人是高等动物，生活方式极为复杂，固定不变的本能行为最少，但学习的生存意义因这复杂性而更紧迫，其绝大部分行为方式由后天习得，学习的能力以及学习在人类个体生活中的作用也最大。学习行为本身不断地复杂化，社会化的因素越来越多，越来越精细，从家庭教育到社会教育以及越来越精细的制度化学校教育，学校教育成为心理学等学科的研究对象[1]，从而把人的“学习”从本能的层次上区分开来。

上述关于学习的定义，从不同的视角给我们提供了认识“学习”的问题框架，但其共同缺陷在于把“学习”理解为以个体为聚焦点的行为，传统的学习心理学也将个人作为单位来研究。然而，学习问题实质上是包括时间、空间和实践等多维度的社会性行为，学生在学校里的学习，不是学生一个个孤立的自由的活动，而是有教师主导性介入，在学生、教师、学习内容（教材）、学习环境等要素共同影响下发生的。因而，在教师的主导介入以及多种因素的综合影响下，学生自主地、合作地进行的活动，才是学校中的学习的本质。综合起来可以认为，学习的本质是学习者和教师、教学内容、教学环境、同学之间的相互交往，是在交往中进行的自主的、合作的活动。

学习（Learning）

从广义角度看，人与环境的所有互动都可以被看成是人的学习活动。从制度化的学校教育角度看，学习是指学习者和教师、教学内容、教学环境、同伴之间的相互交往中进行的自主的、合作的活动。

综上所述，关于“学习”定义的理解，一方面是要以历史的视野理解其本来含义，要看到“学”与“习”在近现代的融合和词义相连，以及西学东渐的近代背景下汉语词语的西化影响。另一方面，也应该看到心理学、社会学和日常经验等不同维度下的学习概念的差异与共相，这会为我们理解学习行为提供多维视角。

教育家语录

从自我意识到学习是一种“在这里”(在个人内部)的现象，因为它是个人的学习经验。学习是一种“存在”的现象，而不是学习者经验的一部分。

——Jarvis P, Parker S. Human Learning: An Holistic Approach[M]. London: Routledge, 2005: 219.

1　施良方．学习论[M]．北京：人民教育出版社，1994：138.

什么叫学习？当人们着手他所从事的每一事情，以便使自己与从本质上向他吐露的东西相一致时，那么人们是在学习。

——［德］海德格尔.什么召唤思[M]//[德]海德格尔．海德格尔选集:下．孙周兴，选编．上海：上海三联书店，1996:1206.

二、学习的目的

关于“人为什么学习”，即学习的目的问题，中西方思想家在历史沿袭过程中提供了相异的思考空间及想象路径。在传统人伦观念引领下，培养德性成为我国传统社会关于学习目的表达的主流意识形态，并对当今教育产生了深远影响。而西方“培养自由人”“追求智慧”的学习目的则树立了另一个参照体系。

（一）中国传统的学习目的

中国传统的学习目的在于“修己成人”，这一过程既需要教化又需要修身，而“尊德性”与“道问学”是知识分子通过治学而“成人”的两个重要途径。《中庸》认为，“尊德性”是一种由内及外的体悟方式，通过发扬自身天性从而了解外部世界，因重视内在修养，亦被称为“自诚明 ”。而“道问学”是一种从外至内的学习方法，即通过个体自身的外在寻求达到提升人性的目的，强调与人或自然沟通，因而被称为“自明诚”。“故君子尊德性而道问学，致广大而尽精微，极高明而道中庸，温故而知新，敦厚以崇礼。”[1]正是通过“尊德性”与“道问学”结合的学习途径，个体遵循中庸之道，不偏不倚，达到性情敦厚、崇尚礼义、知书达理的谦谦君子境界，方能实现“修己成人”的学习目的。

教育家语录

古之学者为己，今之学者为人。

——杨伯峻．论语译注[M]．北京：中华书局，1980：154.

（二）西方传统的学习目的

西方的学习目的包括获得自由与获取智慧两个方面。西方追求智慧的传统由来已久，从

1　（宋）朱熹.四书章句集注[M].北京:中华书局,1983:35.

苏格拉底的“产婆术”到培根的“知识即力量”，西方人对智慧的偏爱一以贯之，强调博雅教育。博雅教育发轫于亚里士多德，亦称自由教育、文雅教育，是一种以一般文化修养课程为主要内容来促进人的智慧、道德和身体等多方面发展的教育思想。[1]亚里士多德将人的灵魂分为三类：植物灵魂、动物灵魂与理性灵魂，相对的教育形态是体育、德育与智育。体育、德育、智育同时进行，人类的灵魂方能达到和谐统一的状态。教育的功能分为实用与文雅两类，对于那些具有高尚灵魂的自由民来说，实用的教育不足以使他们的灵魂得到自由发展。因此，亚里士多德强调区别对待之。博雅教育对后来的文艺复兴运动及人文科学的兴起起到了巨大的推动作用。另外，博雅教育的目的是培养自由人，尊重儿童的天性，尤其强调学习的目的就是为了发展自己，它以自由学科为主要内容，重点在培养人的理性，杜绝机械化和专业化的训练。总之，博雅教育反映了学习的目的是获取自由，学习的最终目的是实现自由。

教育家语录

我们的祖先把音乐作为教育的一门，其用意并不是说音乐为生活所必需——音乐决不是一种必需品……音乐的价值就只在操持闲暇的理性活动。当初音乐的被列入教育课目，显然由于这个原因：这确实是自由人所以操修于安闲的一种本事。

——[古希腊]亚里士多德．政治学[M]．吴寿彭，译．北京：商务印书馆，1965：411．

（三）学习的异化

无论是中国还是西方，近代以来，学习行为逐渐演变为制度化的学习，而制度化的学习成为实现社会升迁的重要手段，也就带来了一些学习的异化现象。随着制度化教育形成，越来越多的教师、家长重视学生的学习成绩，忽视学生的和谐、自主发展。功利化的价值导向驱使学习的目的出现异化，从而导致厌学、逃学、过度学习等现象频频发生。因此，所谓学习异化是指过分强调以考试策略和强化训练来取得高分数和获得竞争优势，代替学习内容的实质掌握，学习过程的意义被无意或有意忽略的现象。

异化的学习导致的第一个问题是厌学。厌学是学生诸多学习心理障碍中危害较大的一种。具体说，厌学的表现症状有：对学习无兴趣；上课注意力分散，不认真听讲；思维缓慢、情绪消极；作业拖拉马虎、敷衍了事；学习效率低下；考试及作业错误率高；学习不主动等。学生把学习当成一个沉重的负担，一些厌学的孩子变得不爱上学，不愿见老师，

1 顾明远．教育大辞典（1）[M]．上海：上海教育出版社，1990：46.

甚至每到上学前，孩子就喊“肚子疼”“头痛”等；有的孩子不愿做作业，一看书就犯困；即使在没有外界干扰的情况下，注意力也常常不能集中；有的孩子虽然也在看书，却“看不进去”；不愿大人过问学习上的事情，对父母的询问常保持沉默，或者表现烦躁，或者转移话题；上课时常打不起精神，课后却十分活跃，表现为“玩不够”。[1]

异化的学习导致的第二个问题是逃学。逃学，是逃离学校，并非彻底告别学习行为，实际是对学校刻板无趣的制度化教学的反抗。主观上，学习中经常遇到挫折，如考试失利、排名落后、努力难以取得成就，容易产生逃学心理；学生往往在挫败感中错误地认为自己不是学习的料，久而久之，对学习失去兴趣，失去信心。客观上，教材内容的陈旧、单调、枯燥也会引起学生的厌学进而逃学；教育者的教育方式不当或不尊重受教育者，往往也会造成学生逃学。调查和经验都证明，个体的懒惰、不思进取并非造成逃学的主要原因或直接原因。

一个厌学学生的转变

小Z同学，女，13岁，目前于H中学就读二年级。小Z父母多年前就已离婚，小Z目前与奶奶和母亲居住在一起，小Z的母亲几年前因车祸而导致下半身瘫痪，无法下床正常活动。一家老小所有的开支都要依靠小Z奶奶的退休金和政府的补贴，生活十分拮据。据了解，小Z在小学时成绩一直不错，成绩在班级里位于中上等，小Z也对学习有着一定的兴趣。可自从升入初中后，成绩便开始慢慢下滑，特别是在初二时，开设了物理这一新的学科，小Z更感到力不从心。慢慢地，小Z认为自己努力了也没用，开始认同其他人说的“女孩子理科就是会差，怎么学都没办法赶上男孩子”这一观点。由于家里经济状况不好，没能力在课后找辅导班进行补课，小Z开始对学习失去了兴趣，缺乏了对学习的主动性。上课不认真听讲，作业不能及时保质量地完成。由于小Z性格比较内向，老师询问她的学习状况时她也不做任何回答，老师将这一情况反映给了小Z的奶奶和母亲，小Z每次回到家都会被奶奶和母亲念叨，有时候小Z母亲言语会比较严厉，这更加剧了小Z的逆反心理，甚至开始出现迟到早退的行为，在课堂上不管是听得懂还是听不懂的科目都不认真听讲了，学习成绩直线下滑。

通过对小Z的厌学原因进行分析与研究，发现厌学问题的产生与她自身、家庭和学校等都有较强的联系。解决厌学问题需要从她自身、家庭和学校多方面开展介入工作。在家庭和学校两方面，教育者首先与家长进行了沟通，指出家长教育方式的错误所在，向其传授正确的教育方法和科学的教育知识，协助家长与小Z建立和谐的家庭关系。其次，教育者与学校各科的老师进行沟通，尤其是与小Z成绩不佳的理科老师进行协作，扭转小Z对学科的畏难与懈怠情绪，以鼓励的方式帮助她建立信心，产生学习兴趣。最后，联系高校大学生志愿者定

1　张春杰. 儿童厌学现象分析[J]. 南昌教育学院学报，2010（3）：34.

期为小Z做线上的课业辅导，提升学习成绩。在多方面干预之下，小Z在5个月后，学习上的不良习惯已经得到了纠正，亲子关系明显改善，成绩也稳步上升，厌学问题也得到改善，对学习充满了兴趣，会主动学习并制订学习计划，在“疫情”期间线上学习也取得了良好的效果。

资料来源：刘斯元．生态系统理论视角下社会工作介入困境儿童厌学问题的研究[D].武汉：中南民族大学．2020.文字有改动。

异化的学习导致的第三个问题是过度学习，表现为题海战术、疲劳学习、惩罚式过度学习等。心理学上一般认为，过度学习实质是“过度识记”，指达到一次完全正确再现后仍继续识记的记忆，其实是以认知负荷为代价的认知超载（cognitive overload），尽管过度学习有利于识记材料的保持，然而“在问题解决和学习过程中的各种认知加工活动均需消耗认知资源，若所有活动所需的资源总量超过个体拥有的资源总量，就会引起资源的分配不足，从而影响个体学习或问题解决的效率，致使学习动机的彻底丧失和完全遮蔽，学习者无法在学习的发生过程中获得持续学习的动力”[1]。如前所述，过度学习有意义的一面在于，人们对所学习、记忆的内容达到了初步掌握的程序后，如果再用原来所花时间的一半去巩固强化，使学习程度达到150%，将会使记忆得到强化。这也是过度学习的现实源头，所谓“过犹不及”，一味地重复再重复，不仅无益记忆，反而容易产生厌学，成为典型的学习行为异化。这种学习行为产生双向的消极效应，一方面是知识的低效率增加，另一方面是学习动机的丧失。过度学习也造成人格障碍，容易造成学生成长过程中的不幸遭遇，它只是聚焦于学习的过程中知识的增长和积累，忽视了学生的人格成长，以及社会道德与秩序的传承和再构这一过程的重要意义。这种情况是对学生终身学习和整体学习的反动。最终成了一种“反学习”。

三、学习化社会

（一）终身学习

“终身学习”这一术语源自“终身教育”，是终身教育思潮的产物与延续。关于终身学习的理念自古有之，柏拉图、亚里士多德的哲学著作中多有涉及，杜威的“生长论”亦为其提供了哲学范式。1965年，保罗·朗格朗在第三届促进成人教育国际委员会会议上提出“终身教育”概念，并以《终身教育引论》一书引发世界范围内的教育思潮。1972年，《学会生存——教育世界的今天和明天》的问世扩展了终身教育的理论内涵并首次提出“终身学习”

1 克里斯托弗科尼，等．孩童厌学：治疗师指南[M]．彭勃，译．北京：中国人民大学出版社，2010：71.

的概念。1994年，“首届世界终身学习会议”在罗马隆重举行，终身学习在世界范围内形成共识性行动。1996年，联合国教科文组织发布了报告《教育——财富蕴藏其中》，认为“21世纪是人类迈向学习型社会的世纪”，这是20世纪末在以广阔的国际经济、政治、文化为背景对新世纪和未来教育面临的挑战和策略做出的深远思考。

教育家语录

人的学习过程是历时一生的转变过程，整个人的身体（遗传的、身体的和生理的）与精神（知识、机能、态度、价值、感情、意义、信念和感觉）都在经验社会的境况中，从而人的经验会有一个认知性、情感性或实践性的转变（或者通过任何组合）并且整合进入自我经历中，引起这个人的持续性的转变。

——［英］彼得·贾维斯.成人教育与终身学习的理论与实践[M].上海:上海高教电子音像出版社,2014:83.

学习应从婴儿期开始，一直继续到成年。

——［捷］夸美纽斯.大教学论[M].傅任敢,译.北京：教育科学出版社,1999：203.

一般认为终身学习包括以下要点：学习者非常明白他们在主动“学习”，而非被动的，或应付的；有明确的目标，如在某一期限内学会某项技能、达到某项标准等，而不是笼统地称之为“提高自身”；学习者将较长时间内地保持和应用其所学的知识，而非将所学视为可有可无之物。[1]

终身学习的提出，对理解“学习”这一概念具有重要意义。

其一，还原了学习的本义，学习成为时代生存的必需。终身教育与知识更新的高速化、新型职场者的需求以及对新生活方式的认同息息相关。终身学习理念，与古人云“活到老，学到老”暗合，但与在古代以“人生哲理”面孔出现的不同，在科技进步对职业演变影响越来越大的今天，终身学习更是立身之本，是必然的选择。只有不断补充、更新知识和技能，才能在竞争激烈的社会中立足，使自己有一个成功的职业生涯。它是21世纪的概念，把终身学习提高到“生存”概念的高度。

其二，终身学习为教师从职业群中“提炼”出职业特色。与其他职业相比，教师这门职业传递知识，与知识相连，学习是这门职业的内在要求。人类对知识经济和知识社会的积极响应，意味着知识经济时代的学习观念将发生根本性的改变，即把学习从单纯接受学校教育中扩展开来，并从少数人的学习扩展到所有人，从阶段性学习扩展到人的终身学习，从被动

1　刘雅丽．终身教育与终身学习的现代思考[M]．长沙：湖南人民出版社，2008：37.

学习发展到主动学习，从而使学习真正成为所有人终身的行为习惯和自觉行动。[1]教师因其职业特色在终身学习的问题上理应先迈一步。

其三，终身学习是学校制度体系外学习的另一种途径。现代社会，仅凭学校所学的知识和技能是不够的。终身学习以“终其一生”作为时间度量，它的参照系是制度化学校中的阶段性学习，终身学习似乎是为弥补制度化学校学习的不足，更新学习的时间和年龄观念，从而获得自身的完善和个人能力的提高以及生活质量的改善。一般地，就业后应继续提高自己的知识、技能和学历层次，以适应社会的发展、时代的进步，提高职业竞争力，树立终身学习的观念，培养学习能力，不断学习。

终身学习是打开21世纪光明之门的钥匙，终身教育理念应根据现实需要加以调整。一方面，要继续重视终身教育使人适应工作和职业变化的作用；另一方面，还要重视终身教育在铸造人格、发展个性以及增强批评精神和行动能力方面的意义。

（二）学习型社会

如果说“终身学习”是从时间维度重新度量了学习，那么学习型社会的提出便是从社会这一更广阔的空间维度对学习进行建构。我国近年来极为注重学习型社会的建设。习近平总书记在党的二十大报告中强调，“建设全民终身学习的学习型社会、学习型大国”。2023年召开的全国教育工作会议中指出，要谱写加快建设教育强国新篇章，做到统筹推进教育数字化和学习型社会、学习型大国建设。

学习型社会的概念最早源于美国教育学家赫钦斯《学习型社会》，本义是指人类未来社会应该是所有成年男女以学习成长和人格构建为目的的社会，具有发展性、综合性、理想性和未来性等特性。[2]“所有成年男女，仅经常地为他们提供定时制的成人教育是不够的；除此之外，还应以学习、成长及人格的构建为目的，并以此目的制定制度，以及更以此制度来促进目的的实现，而由此建立一个朝向价值的转换及成功的社会。”[3]在《学会生存——教育世界的今天和明天》中，首次将“学习型社会”与“终身学习”正式并列，并将学习型社会的构建作为未来社会形态的构想和追求目标。从那时起，学习型社会理念就已经成为许多国家实施教育改革和发展的指导原则，法国、日本、美国、英国、新加坡等国家先后发布政策文件并提出行动方案，积极致力于学习型社会的构建。

日本：日本在学习型社会建设中注重法制建设，如其1990年发布的《终身学习振兴法》

1 高志敏，等．终身教育、终身学习与学习化社会[M]．上海：华东师范大学出版社，2005：53.
2 吴式颖，任钟印．外国教育思想通史：第十卷[M].长沙:湖南教育出版社，2002:436.
3 吴遵民，黄欣．实践终身教育论：上海市推进终身教育的路径与机制研究[M].上海:上海教育出版社，2008:20−21.

作为日本推进终身学习的专项法，对于日本终身学习立法的目的和宗旨、立法的具体内容以及终身学习审议会、市镇村的联系协作体制等方面做出了全面的规定。同时，日本通过推进大学向社会开放，激发民间组织的积极性，重视终身学习公共文化设施的增设等路径推动学习型社会的构建。

——桑宁霞. 国际终身学习法比较研究［M］. 太原：三晋出版社，2015：213-217. 文字有改动。

法国：作为终身教育的发源地，法国于956 年提出《终身教育草案》，明确“终身教育”的法律地位，并落实具体任务。1971年，法国政府正式颁布《终身职业教育法》，成为世界上第一部关于终身教育的成文法。

——何齐宗. 教育的新时代：终身教育的理论与实践[JM]. 北京：人民出版社，2008：172.

英国：为建构学习型社会，英国建立了终身学习社会化网络，包括线下网络与线上网络。线下网络有全国推广学院、开放大学、社区学院等。线上网络有两种：一是产业大学；二是学习城市化网络。

——徐庆波. 英国学习型社会建设的推进举措[J]. 高等继续教育学报，2017，30(3)：77-80.

美国：美国1976年颁布的《终身学习法》作为美国推进终身学习的专项法，对终身学习的产生和特点、范围、活动内容等方面做了明确规定。1991年，美国提出了发展教育的四大战略，其中，第三项战略是“把美国变成人人学习之国”，第四项战略则是“把社会变成大课堂”。美国大力发展社区学院，开放办学，兼具多类教育功能，教学内容广泛，社区学院成为美国终身教育与建构学习型社会的重要发展阵地。

——游文亭. 法、美终身教育立法体系对我国的启示[J]. 中国成人教育，2021，509(4)：54-58.

新加坡：1998年新加坡发表“学而思，思后再学——朝向学习型学校、学习型国家”的报告。新加坡提出要建立“学习型新加坡”，并要求把政府建成“学习型政府”，是亚洲最早提出建设学习型国家的国家。2022年8月，新加坡教育部邀请公民参与讨论实施“前进中的新加坡”后产生的教育和终身学习的预期成果，超过7500名新加坡人通过网站作出了共同努力的承诺。

——张娅婷. 新加坡：推进终身学习体系建设[J]. 人民教育，2022(24)：33.

学习型社会具有如下含义。

第一，学习型社会是一个学习共同体。学习型社会建设以改善广义的学习条件和学习环境问题为要旨。未来的社会是一个学习型的社会，学习型社会的表述意指今后的社会关系是以教育和训练为基础的。于是，在“学习”于社会的正当性基础上，确立起其首要地位的意义意味着学习环境和学习条件的改善和改进。在学习型社会中，“学习”的意义在于学习环境和学习条件的改变。

第二，学习型社会意味着个体的生存状态是积极实践终身学习的个体。学习型社会的实质是以学习求发展，其包含的全民学习和终身学习两个维度明示了发展的公众范围和生命向度[1]。学习型社会中的个体不仅获得其个体学习行为的合理性的最终保障，并且个体的学习行为本身可能发生一系列变化，包括学习时间的分配、学习状态的影响。

第三，学习型社会的提出直接针对现代学校制度建立以来的弊端和困境。这对理解学校制度中的“学习”概念也有积极意义。在学习型社会构筑的学习环境中，不能单是“社会教育”的范围扩大，更应该指出学习的外在环境中最重要的政策因素，尤其是学习制度在教育政策和社会政策中深度融合的重要性。政策制度因素对学习及其行为的规训，集中表现为学制对学校环境中学习行为的影响。而在社会教育的范围内则表现为当前的情势。强调学习型社会、构建一种开放式的学习环境，某种程度上是对制度化环境中的学习行为变异的一种补救和完善。值得注意的是，终身学习和学习型社会在某种程度上实现了互补，这意味着“学习”的时间和空间两大维度在教育理念上的回归。

教育家语录

学习型社会不仅为处于人生任何阶段的每一个成年男女提供闲时的成人教育，而且使社会的价值成功地实现了转变。学习型社会的目的是学习，是自我实现，是成为人，而学习型社会的所有机构或制度都以这一目的为指向。

——Hutchins R M .The Lcarning Society[M].New York: Frederick A.Praeger,1968:134.

一个社会既然赋予教育这样重要的地位和这样崇高的价值，那么这个社会就应该有一个它应有的名称——我们称之为“学习化的社会”。

——联合国教科文组织国际教育发展委员会．学会生存：教育世界的今天和明天[M]．华东师范大学比较教育研究所,译．北京：教育科学出版社，1996：203.

1 连玉明．学习型社会[M]．北京：中国时代经济出版社，2004：133.

第二节 哲学理论与学习

学习目标

从哲学角度理解学习的发生过程，重点介绍唯理论、经验论和建构主义等哲学理论与学习的关系。

你在学生时代是否遇到如此状况：老师在上课，但班上的部分同学却不想听。今天，当你的角色转换成老师，站在讲台上时也，可能面临类似的场景。此时，你会不会问问自己："是不是我在哪些方面需要改进?"对这类问题的回答，如果回到"学习"理论中来，我们也许能够获得有益的启发。

从传统意义上讲，学习理论是心理学的一门分支学科。许多学习理论都把心理学的一般原理应用于学习领域，阐释和研究人类与动物的行为特征和认知心理过程。但从心理学的发展历史看，心理学最初是从哲学中分离出来的。亚里士多德、柏拉图等哲学家对人的认知过程的概括与描述，对后来学习理论的发展起到了巨大的推动作用。因此，在阐释学习发生的基础时，我们必须从哲学的角度加以分析和说明。

我们是如何认识事物的？我们是怎么学会新东西的？知识从哪里来？柏拉图在《曼诺篇》中的一段话或许能够说明人类学习的复杂："曼诺，我知道你说的是什么意思——你争辩说：人不可能打听到他知道哪些东西，或者他不知道哪些东西；因为如果他知道，他就没有必要去打听，如果不知道，他就不可能去打听；因为他不知道有关他要打听的每一种主观意识。"[1]

认识论

探讨人类认识的本质、结构，认识与客观实在的关系，认识的前提和基础，认识发生、发展的过程及其规律，认识的真理标准等问题的哲学学说。

从哲学角度审视，学习可以放在认识论的背景下讨论，内容主要包括认识的起源、实质等问题。在哲学的发展过程中，对学习理论有所贡献的哲学观主要体现为唯理论、经验论和建构主义哲学。

一、唯理论与学习

自西方进入近代以来，哲学领域出现了由本体论到认识论的转向。认识论不关注存在或世界何以存在的问题，而开始寻求主体认识存在的基本路径，其中就包括唯理论与经验论。我们不能否认，早在古希腊，柏拉图与亚里士多德已开始讨论认识论的早期形式，中世纪的

1 转引自[美]戴尔·H. 申克. 学习理论：教育的视角[M]. 韦小满，等，译. 南京：江苏教育出版社，2003：15.

唯名论与唯实论之争在一定程度上反映了唯理论与经验论的主要观点。唯理论与经验论存在着巨大差别。从知识来源看，唯理论认为，知识来自“天赋观念”，是人类头脑中固有的形式产生了种种知识；而经验论则认为，知识来自人与客观事物的接触，根本不存在“天赋观念”等说法。从认识知识的途径上看，唯理论强调演绎，而经验论重视归纳。从真理标准上看，唯理论认为真理需要通过观念检验、清楚自明。而经验论则认为，知识可以还原为经验，并且必须通过经验来证实。当前学习理论中的认知学派与行为主义存在着学习方式、学习目的等方面的差别，一定程度上来源于二者不同的哲学基础。

唯理论发端于柏拉图，发展于笛卡儿、莱布尼茨，由康德将其推向顶峰。柏拉图把经由感觉获得的知识与借助推理获得的知识分开。他认为，物质的东西通过感觉才能展现在人们面前，人们必须通过推理或思考自己知道的东西，才能获得思想。真正的知识或思想是与生俱来的，学习不过是对精神中已有的东西进行回忆。另外，唯理论承认理性认识的可靠性，认为知识的基础不是感觉，而是理性、神的启示或是直觉。精神通过感觉理解外部世界，并按照主观的、内在的规律改变它们。世界永远不能像它存在的那样被认识，而只能像被理解的那样被认识。

教育家语录

不论什么东西，如果有理性地学和做，就是有益的。如若没有理性地学和做，它们就是有害的。

——[古希腊]柏拉图.理想国[M].郭斌和,张竹明,译.北京:商务印书馆,1986:281.

理性是奠定真理的基础所必需的，因为没有理性就不能把观察（或一般的经验）构成一种科学。

——[美]杜威. 确定性的寻求[M]. 傅统先，译. 上海：上海人民出版社，2004：50.

唯理论对学习观产生巨大影响，唯理论强调通过发展个体的演绎思维能力，实现理性能力的增长。具体来说，从学习目的上看，唯理论注重培养人的理性，尤其是演绎式思维的形成。持唯理论哲学观的教育家大多重视理智学科的学习而忽视实用学科的学习。比如，柏拉图指出，日常零碎的现象不能成为客观不变的真理，因此，仅仅关注表面而忽视实质的教育观念是不可取的。唯理论者强调，人的智慧可以帮助人掌握大部分的知识，并且人类认识的潜能是无限的。因此，他们强调掌握学科的内在结构，在掌握学科内在结构的基础上就具备掌握所有高深知识的前提。从学习方式上来看，唯理论主要强调演绎法，即从一个简单的概念推演出现象。自凯洛夫的《教育学》传入中国以来，这种贯穿演绎式思维的教学方式极为普遍。教师在上课时大多先给出一个概念或者公式，然后让学生做题。从学习评价上看，唯理论重视智育，认为掌握知识的多少是评价一个学生学习能力的关键指标。这一点在应试教育中表现得极为明显。

二、经验论与学习

经验论发端于亚里士多德。亚里士多德认为，认识由感觉开始，由个别事实上升到一般概念，知识建立在由经验获得的各种基本感觉基础上。没有经验，就没有知识。至英国唯物主义者培根，经验主义被明确提出并开始作为认识论的支流与唯理论相对立。培根认为，知识就是力量，他抨击经院哲学死记硬背，提出归纳法。可见，经验论重视在经验中学习，强调现实经验为知识提供素材与认识途径。洛克认为，不存在什么与生俱来的观念，人类的所有知识都来源于两种经验：感官经验和反省经验。人刚出生时就像一块擦得很干净的白板，观念是由感觉印象及对它们的思考得到的。洛克说："我们可以假定人心如白纸，没有一切标记，没有一切观念，那么它如何会又有了那些观念呢？人的匆促而无限的想象既然能在人心上刻画出几乎无限的花样来，则人心究竟如何能得到那么多的材料呢？他在理性和知识方面所有的一切材料，都是从哪里来的呢？我可以一句话答复说，他们都是从'经验'来的，我们的一切知识都是建立在经验上的，而且最后是导源于经验的。"[1]感觉中不存在的东西，在心里也不会存在。总之，经验论的主要观点包括：第一，人认识事物的起点不是观念，而是感觉。"凡悟性所有者，无不从经验来。"[2]第二，从认识过程看，人的认识过程是被动的，而非主动的。第三，经验论否定普遍存在的外在真理，任何真理都是归纳产生的，并不存在放之四海而皆准的法则。

经验主义在教育领域的集大成者是约翰·杜威。杜威提出了"做中学"的学习方式。杜威认为："探索、操作工具和材料、建造、表现欢乐情绪等先天的倾向，具有基本的价值。如果这些本能所激起的种种练习是正规的学校课程的一部分，学生便能专心致志地学习，校内生活和校外生活之间的人为的隔阂因之减少，能供给各种动机，使学生注意有显著教育作用的各种材料和过程，并使学生通力合作，了解知识材料的社会背景。"[3]总之，学校之所以采取游戏和主动作业，并让其在课程中占据明确的位置，是理智方面和社会方面的原因，并非临时的权宜之计和片刻的愉快惬意。没有一些游戏和工作，就不可能有正常的有效的学习；所谓有效学习，就是知识的获得是从事有目的的活动的结果，而不是应付学校功课的结果。杜威认为，任何学习都是经验的过程。因此，他非常重视教育与生活的联系，重视儿童

1　[英]洛克．人类理解论[M]．关文运，译．北京：商务印书馆，1959：74.

2　黄济．教育哲学[M]．北京：北京师范大学出版社，1985：132.

3　[美]约翰·杜威．民主主义与教育[M]．王承绪，译．北京：人民教育出版社，1990：207.

的兴趣、经验和需要。杜威将学习看作是一个动态发展的过程，重视对学习过程的关注，他反对只注重学习结果，被动接受知识的学习方式。同时，他还注重通过活动进行学习。杜威认为，有意义的知识或经验，不是从现成的知识中学到的，而是通过学生主动、积极地参与活动而获得的，他特别重视儿童亲身实践活动和主动发展。

教育家语录

学习是体验的转换并创造知识的过程。

——[美]大卫·库伯.体验学习：让体验成为学习和发展的源泉[M].王灿明，朱水萍，等,译.上海:华东师范大学出版社.2008:33.

单纯的活动，并不构成经验……当行动所造成的变化回过来反映在我们自身所发生的变化中时，这样的变动具有意义，我们就学到了一点东西。

——[美]约翰·杜威. 民主主义与教育[M].王承绪，译.北京:人民教育出版社，2001：153.

经验论为解放儿童天性作出巨大贡献，杜威的“做中学”更是当代教育改革的核心内容。从学习观上看，经验主义所倡导的学习目的是学生通过动手、经验的获得与外界接触，培养学生的归纳总结能力。儿童学习是自己获取知识的过程，而不是被灌输的过程。在学习方式方面，经验主义者重视教育的作用，以提高学习效能为目标，倡导学生自行归纳总结。教师在教学过程中往往起到辅助的作用，而最终的结论还需要学生自己去得出。总之，经验主义重视感知觉的培养，倡导教具的使用与直观教学，在一定程度上促进了儿童感官的和谐发展。经验主义者否认理性、诉诸经验，促进了自由主义和个人主义的发展。但经验论过分强调学习环境，忽视理性思维，这样使直观教学停留在感觉论的基础之上，而不是将感觉经验当作理性认识的手段。[1]

三、建构主义与学习

20世纪80年代后期，建构主义迅速成为影响巨大的教育流派，它并不是一个单一的流派，而是拥有众多分支的流派，它提供了关于学习的新观点，对教学观、评价观等产生了广泛的影响。建构主义不仅仅是一种哲学认识论，也是一种教育心理学，因此，对教育实践产生了广泛的影响。

建构主义最直接的理论来源是心理学上的建构主义。皮亚杰是建构主义的代表人物。

1　黄济. 教育哲学[M]. 北京：北京师范大学出版社，1985：133.

他的建构主义理论被称为“发生认识论”，即把哲学认识论转为科学认识论。他认为学习是个体自我建构、个体思维的发生过程，就是儿童在不断成熟的基础上，在主客体相互作用的过程中获得个体经验与社会经验，从而使图式不断地协调、建构（平衡）的过程。按照皮亚杰的理论，建构（平衡）是指认识结构与环境之间生成一种最佳均衡状态。因此，建构（平衡）是认知发展的核心因素，它和认知发展的其他三个因素（生物性成熟、有关物理环境的经验和有关社会环境的经验）协同作用，使内部心理结构与外部环境相互统一。建构主义的另一个代表人物是维果茨基。他认为，学习是一种社会建构，强调认知过程中学习者所处的社会文化历史背景的作用，重视活动和社会交往在人的高级心理机能发展中的地位。维果茨基在20世纪30年代提出“文化历史发展理论”，主张人的高级心理机能是社会历史的产物，受社会规律的制约，强调人类社会文化对人的心理发展的重要作用，以及社会交互作用对认知发展的重要性。他认为，人的高级心理机能是在社会的交互作用中发展起来的，或者说人的高级心理活动起源于社会的交互。高级心理机能以心理工具为中介，受到社会历史发展规律的制约。“无论是在社会历史发展过程中，还是在个体发展过程中，心理活动的发展应被理解为对心理机能的直接形式，即‘自然’形式的改造和运用各种符号系统对心理机能的间接形式，即‘文化’形式的掌握。”[1] 维果茨基认为，人所特有的心理机能不是从内部自发产生的，它们只能产生于人们的协同活动和人与人的交往之中，社会建构主义的核心在于对认识活动的社会性质的明确肯定社会环境、社会共同体对于主体的认识活动有重要作用，个体的认识活动是在一定的社会环境中得以实现的。

因此，建构主义的学习不是习得现成的知识和技能，而是意味着学习者以事物与人物为媒介，通过活动建构意义与关系的学习。在建构主义看来，学习的对象——客观世界，并没有现成的意义，是学习者借助语言给予命名才建构了意义。知识的意义并不存在于教科书中，而是通过学习者的工具性思维以及同他者的沟通才得以建构的。[2]

建构主义强调学习的主动性、社会性和情境性，认为学习使学习者以已有经验为基础，通过与外界的互动来建构对世界的新理解，学习的过程不是把外界的知识搬到记忆中的过程。建构主义认为，知识不是通过教师传授得到的，而是学习者在一定的情境即社会文化背景下，借助其他人（包括教师和学习伙伴）的帮助，利用必要的学习资料，通过意义建构的方式获得的。也就是说，知识无法传递，学习知识就不是人纯粹主观努力的结果，也不是客观传递的结果。因此，建构主义特别强调学习者的主动性。

---

1 [苏]维果茨基. 维果茨基教育论著选[M]. 余震球，选译. 北京：人民教育出版社，2005：2.

2 Philips D C. The Good, the Bad, and Ugly: The Many Faces of Constructivism[J]. Educational Researcher，1995,24(7): 5–12.

第三节
学习方式及其变革

学习目标

理解学习方式的概念与特征，掌握几种重要的学习方式，了解信息技术背景下学习方式的变化。

当今时代，学习已经成为人的基本生存方式之一。学习方式的变革成为教育改革与发展的重要纽带。因此，在这一节中，我们将集中探讨学习方式的变革路径与价值走向。

一、学习方式及其特征

学习方式是一个内涵十分丰富的概念，它有着多方面的规定，是学习者在学习过程中经常表现出的相对稳定的认知与行为的方法、策略以及倾向的综合。它不仅包括学习的操作形式，如感知偏向、思维方式、学习方法与学习策略，而且也包括学习的基本品质和学习习惯、学习态度、学习情感等。[1] 一般而言，学习方式具有如下特征。

（一）综合性

学习方式是一个整体性、综合性的方法系统。尽管伴随着时代的发展，学习方式展现出不同的倾向性，但对于学习者而言，在使用学习方式的过程中，必将综合运用自身掌握的各种学习方式，使学习方式在作用于学习的过程中，呈现出整体性和综合性。学习者之间的差异在于他们所拥有的学习方式的数量和综合程度上的差异。在学习过程中，学习方式本身不仅包括认知因素，还包括一定的情感、态度因素。因此，学习方式的综合性是学习者价值判断和价值选择的结果，与学习者的个人倾向密不可分。当学习者将所选择的多种学习方式综合运用在学习过程中时，知识的掌握和意义的建构才能获得最佳效果。

学习方式

学习方式是一个内涵十分丰富的概念，它有着多方面的规定，是学习者在学习过程中经常表现出的相对稳定的认知与行为的方法、策略以及倾向的综合。

（二）个体性

学习方式是学生独特的学习生活方式，是学生学习生活的重要组成部分。每个学生都有

1 潘洪建. 有效学习与教学[M]. 北京：北京师范大学出版社，2013：5.

自己的内心世界、精神世界和感受，学生的学习方式本质上都有独特的个性差异。在许多学生的学习生活轨迹中，独特的学习方式成为区别自己与他人的特有形式。成人可以通过工作方式获取生存资源和社会地位，而学生主要通过自己独有的学习方式完成学习中的自我实现。在现实学习生活中，学习方式因人而异、各不相同，具有鲜明的个体性。因为学生个体的认知基础、情感准备、学习能力、价值倾向存在差异，所以，学生所运用的学习方法、学习策略、学习的进度与效果就会有所差异。学习方式的个体性，也体现了学生个体的差异性。

（三）相对性

学习方式本身没有优劣之分。每种学习方式都有其优势，也存在不足，都拥有一定的使用条件。同时，学习方式并不像智力和能力所表现出的高低、优劣差异。学习方式存在多种维度，当学生的学习内容介于某种区域时，就可以使用不同的学习方式来学习。比如，有些学生倾向于采用演绎思维，有些学生趋向于使用归纳思维，但我们并不能说，演绎思维比归纳思维更好。在学习中，应该努力使各种学习方式相互补充、相互渗透。充分考虑学科特点、学生的差异性以及学习目标，根据学习情境实时调整，灵活运用，避免学习方式的绝对化。

（四）稳定性

学习方式表现出了学生一贯、稳定的认知倾向和行为倾向，体现了学习的稳定特征。学生的学习方式受个体生理素质的影响，具有一定的稳定性。同时，学习方式是个体在长期的学习过程中逐渐形成的习惯，一经形成就相对稳定。但应该说，学习方式也不是一成不变的。在一定条件下，学习方式可以改变，其目的是获取最好的学习效果。

二、几种重要的学习方式

（一）接受学习和发现学习

接受学习和发现学习是教育发展过程中争论较多、对比较多、受用人群较广泛的两种学习方式。接受学习，指人类个体经验的获得来源于学习活动中主体对他人经验的接受，把别人发现的经验通过掌握、占有或吸收，转化成自己的经验。接受学习区别于发现学习之处在于主体所得到的经验是来自经验传递系统中他人对此经验的传授，并非来自他自己的发现与创造。在接受学习中，要学习的全部内容是以现成的、或多或少是定论的形式呈现给学生，学习任务不依靠学生本身的独立发现。学生只需要将学习材料加以内化，以便这些材料在日后的某个时刻可以利用或重现。在接受学习的方式下，教师直接讲解，学生无须进行任何发现，只需要去接受，教师对知识加工后，将完整的知识内容传授给学生。

值得注意的是，接受学习并不等同于机械学习。机械学习是在不理解学习材料的情况下，进行无意义的死记硬背，但接受学习更加强调学习过程没有经过探索和发现，只是接受和掌握。接受学习可能是有意义的，从而成为有意义的接受学习，也可能是机械的，从而成为机械的接受学习。同时，必须将接受学习与被动学习相区别。被动学习是与主动学习相对的，是指学习者在缺乏学习动机、学习兴趣、学习需要、学习能力的前提下，不积极主动参与学习活动，是没有学习主动性的勉强学习。在这里，接受学习可能是主动的，也可能是被动的，关键在于接受学习的过程是否伴随自我的发现与探究。

从学校产生开始，接受学习几乎一直占据着主导地位。可以说，它的历史与教学的历史一样悠久。但20世纪以来，接受学习逐渐受到美国心理学家布鲁纳所倡导的发现学习的挑战。

《齿轮》的学习

教育科学出版社出版的《科学》教科书中六年级上册第一单元“工具和机械”中，介绍了杠杆、轮轴、滑轮等机械的简单原理，针对这一单元的知识内容与方法线索构建发现学习的课程——“齿轮”。“齿轮”一课设置三项课程目标。①科学知识目标：第一，知道利用齿轮可以传递动力，又可以改变转速和转动方向；第二，知道大齿轮带动小齿轮转动时，小齿轮转动的速度比大齿轮快；小齿轮带动大齿轮转动时，大齿轮转动速度比小齿轮慢。②过程方法目标:第一，能够基于所学的知识，设计和制定实验方案，研究齿轮的作用；第二，能够用适当的方法表达自己的假设和思考过程。③科学思维目标：第一，初步形成“假设—验证—反思”的思维过程；第二，在探究过程中学习比较、分类、归纳等思维方法。

在“齿轮“课程中，以制作“加速陀螺”为课程任务，使学生在探究、猜想、构造“加速陀螺”的过程中复演科学家的创造过程，在教师的引导下完成“像科学家一样思考”的主动发现过程。在科学思维目标的第一步骤“提出假设”中，应完成使学生观察陀螺玩具、产生对陀螺构造的好奇、对加速陀螺构造进行猜想与假设这三个任务。此步骤的重点在于引导学生逻辑化表述猜想与假设，并记录于“学习卡片一”。在第二步骤验证假设时，重点引导学生按照假设制作陀螺并及时记录实验操作与思考过程，记录在“学习卡片二”中。在第三步骤中，重点在于通过对比“学习卡片一”与“学习卡片二”，使学生对自己的探究过程进行反思，并能够条理化反思结论，记录于“学习卡片三”。在第四步骤对新的问题进行探究中，重点在于能否引导学生在对“齿轮”问题拥有了一定聚焦与思考的基础上提出新的问题，并且做出相应的假设与计划，记录于“学习卡片四”中。在一轮轮的探究过程中引导学生完成发现问题、探究问题并进行自我反思与改进的诸多步骤。

资料来源：张敬威.基于科学教育的儿童创造性思维培养研究[M].长春：吉林人民出版社，2021:134-143.文字有改动。

发现学习，就是通过学习者的独立学习、独立思考，自行发现知识，以获取知识并发展探究性思维的一种学习方式。在实验室里，你可能“发现”一条化学家们早已熟知的原理，但由于事先没有老师告诉过你这个知识，你也没有从书本中学习过，那么，这个知识就是你自己的发现，你对这个知识的记忆，要比你从别人那里获得知识深刻得多。发现学习的方式有很多，如调查、实验、查阅资料等。在这一过程中，教师不是将学习的内容直接提供给学生，而是给学生创造问题情境，引导学生主动对某一问题进行探究。发现学习的优势是：“第一，发现法有利于提高学生的智慧潜能，培养学生的直觉思维；第二，发现法有利于培养学生的内在动机，使学生对知识和学习过程本身存在兴趣；第三，发现法有利于学会发现的技巧；第四，发现法有利于知识的记忆、保持和提取。”[1]

案例研究

一位教师是如何使用发现学习的？

张老师在教一个关于热量的自然科学单元时，问她四年级的学生：“什么是热量?”通过这个问题，她想让学生根据自己的亲身经历给出答案，学生们正是这样做的。他们回忆说，热量来自太阳、火焰和暖气，还列举了其他来源。然而，一个男同学回答说，热量来自衣服，比如外套和毛衣。同学们都同意他的说法。张老师意识到，对于这些十岁左右的孩子来说，得出这样的结论似乎是意料之中的。毕竟，当他们穿上“暖和”的衣服，感觉更温暖了。但如何纠正这一错误观点呢？应该告诉学生真相吗？不，她觉得让学生自己去发现真相是更加恰当的做法。于是全班同学做了一个实验。他们把温度计包在外套和毛衣里面，满以为温度会上升。当温度没有发生任何变化时，他们又把衣服和温度计密封在塑料袋里。可温度计仍然没有显示出任何变化。

经历了无数次失败后，学生们愿意尝试另一个假设——衣服仅仅使穿衣人身上传出来的热量不会丧失。这些四年级的学生通过自己的探索了解了什么东西产生热量，什么东西保持热量。

研究该案例，想一想：

1．张老师运用了本章的哪些理论?

2．在教什么样的内容时，发现学习的方法会对教学有极大的帮助?

在对这两种学习方式的处理上，传统的教育理念倾向于运用接受学习的方式，而我国新课程改革一直大力倡导发现学习。事实上，两种学习方式的运用很难非此即彼。教师在具体

1　刘世瑞，胡蓉晖. 从人的发展角度对接受学习与发现学习的思考[J]. 教育研究，2004（1）：1-3.

教学实践中，即便努力给学生创设发现和探究的教育情境，也不可能让所有知识的学习都使用发现法。两种方法的运用一定是相互交叉、相互补充的。学生应根据教学内容选择恰当的学习方法，切勿跟随潮流，不伦不类，最终影响学习效果。

（二）个体学习与合作学习

个体学习是指个体在行为过程中和通过行为的结果获得新的技能和知识。个体学习的实现或者是通过直接的实践，或者是通过他人经验的提示，或者是通过理论知识的学习。合作学习是以学习小组为单位的共同学习，通过教学主体之间的互动，促进学生的学习，同时因集体成就而获得嘉奖的学习方式。

在学习过程中，个体学习的学习者一般不与其他学生发生联系，个人能否达到目标与他人无关，学习者只注重自己的学习情况和自我发展，不参与同伴之间的交往。但伴随着教育改革的不断深入和学习研究成果的科学化、系统化，学生的学习观也发生了根本性的变革。学习的主体是学生，但单一主体的学习对于学习质量的提高和学生综合能力的提升所发挥的作用是有限的。因此，有必要将学习方式从个体层面的学习向合作学习拓展和延伸。

相对于个体学习而言，合作学习更注重利用团队学习的效应。20世纪末、21世纪初，我国第八次新课程改革在全国范围内实施后，合作学习被广泛地应用在学校教学之中。合作学习与个体学习的主要区别是，合作学习鼓励学习者为了小组的共同利益和个人利益而合作，即“我为人人，人人为我”。合作学习的特点是：① 组成混合能力小组，每个学习小组中，学习者的才能要平等分布，因此，每个成员将得到公平的学习机会；② 教师布置给合作学习小组的任务，通常是掌握知识和完成一定项目；③ 合作学习要求组内的每个成员都有高度的责任感，要有个人责任感和对合作小组全体成员的责任感，要求成员间积极互助、相互信赖，支持和鼓励小组成员，通过同伴帮助、辅导、合作的方式，共同完成任务；④ 合作学习需要有一套独立的评价、奖励机制，个人不会因为自己的努力得到针对个人的分数或评价，评价和奖励完全基于小组所取得的成就；⑤ 合作学习非常注重组内学习伙伴的人际关系和社交能力的培养，因为学生必须同时完成学科任务和小组活动，所以合作学习的成员之间需要建立信任感，需要有效解决组内矛盾，建立良好的人际关系。

在当下的学校教育中，从个体学习向合作学习方式的转变已经屡见不鲜。教育者无不努力营造促进学生合作学习的教育氛围和环境。合作学习既有效地培养了学生的社会适应性，又较好地促进了学生主体性的发展。学生在合作学习中，既获得了积极参与、平等参与、民主沟通的机会，又有利于形成符合实际的自我评价、自我体验和主动的自我调控能力，这使得获取知识的过程变得生动而有趣（见表7–1）。

表7–1 优秀的合作学习领导者和成功的合作学习的特点[1]

优秀的合作学习领导者	成功的合作学习
· 相信让学生为了个人和共同利益进行合作的重要性 · 能够让有差异的学生共同合作 · 是称职的讲解者，有效使用独立学习的作业 · 尤其擅长组织和协调学生的合作	在准备阶段： · 为讲解做准备 · 为小组作业做准备
· 是有效的诊断师和治疗师，能够辨认和帮助遇到困难的学生和小组	在实践阶段： · 准确讲解 · 设置小组的目标 · 让学生做好和组员合作的准备 · 将任务布置给各小组 · 对学生进行测试 · 奖励取得进步的小组 在结束阶段： · 提醒学生已学到哪些知识 · 将新知识和以往的知识或将要学到的知识联系起来 · 制造运用所学知识的机会

三、信息技术背景下学习方式的变革

（一）在线学习

从“十三五”规划纲要正式将“数字中国”上升为国家战略开始，数字技术逐渐全面应用于中国各领域的建设。教育领域的数字化改革逐渐加速，国家《“十四五”数字经济发展规划》，强调推进教育新型基础设施建设，推动“互联网+”教育持续健康发展，《“十四五”国家信息化规划》，提出实施全民数字素养与技能提升行动。数字经济和数字社会的发展，推动教育培养目标和内容的发展与变革。我国的数字技术与学习正处于融合与创新并存的重要阶段，学习的数字化转型刻不容缓。

随着“互联网+教育”的持续发展与新冠疫情的冲击，在线学习逐渐从幕后走向台前，从新鲜事物变为常态化手段，从数字应用的锦上添花转成学习与技术的深度融合。在线学习，是通过计算机互联网，或者手机无线网络，在一个网络虚拟学习平台或者学习社区进行网络授课和学习的方式，是一种基于技术的学习。目前，在线学习大多借助网络学习平台，通过利用学习平台中的学习资源库，完成学习者需要完成的学习目标。例如，学生可以在网络学习社区中在线学习与自己的学习同步的课程体系，然后同步作答，作答完成后由系统智能地为学习者呈现正确的解题过程，进而提高学习者的学习效率和成绩。

1 [美]唐纳德·R. 克里克山克，德博拉·贝纳·詹金斯，金·K. 梅特卡夫. 教师指南[M]. 祝平，译. 南京：江苏教育出版社，2007：94–95.

在线学习平台

国家智慧教育平台：2022年3月，教育部正式上线国家智慧教育公共服务平台，在启动仪式上，怀进鹏部长表示，持续推进建设并充分运用国家智慧教育平台，将进一步缩小“数字鸿沟”，有助于把数字资源的静态势能转化为教育改革的动能，有助于把制度优势和规模优势转化为教育发展的新优势，推动实现教育数字化转型。国家中小学智慧教育平台是国家智慧教育公共服务平台的子平台，平台首页设有德育、课程教学、体育、美育、劳动教育、课后服务等11个板块53个栏目，种类繁多的教育资源为学生居家学习、教师线上教学以及家长对孩子的家庭教育提供了行之有效的服务。截至2022年11月27日，国家中小学智慧教育平台总浏览量152亿，总访客量2.8亿，注册人数6032万，用户遍及五大洲的200多个国家和地区，基本形成世界第一的教育资源数字化中心和服务平台。

——教育部. 中小学智慧教育平台总浏览量152亿[EB/OL].(2022-12-01)https://www.eol.cn/news/meeting/202212/t20221201_2258920.shtml.

MOOC平台：MOOC是Massive Open Online Course（大规模在线开放课程）的缩写，是一种任何人都能免费注册使用的在线教育模式。MOOC有一套类似于线下课程的作业评估体系和考核方式。每门课程定期开课，整个学习过程包括多个环节:观看视频、参与讨论、提交作业，穿插课程的提问和考试。随着“开放共享”“终身学习”等概念逐渐深入人心，2012年，MOOC在美国如雨后春笋般出现并迅速席卷全球，斯坦福大学、麻省理工学院等名校牵头成立了 Coursera、Udacity、edX 等平台，我国也先后建立了“中国大学MOOC”“学堂在线”“爱课程”“好大学在线”等平台。尤其是在新冠疫情期间，MOOC平台在线学习发挥了重要作用，并得到了进一步的发展。

——刘安然.中美高校慕课比较研究：以“中国大学MOOC”与Coursera为例[J].高教探索,2021,221(09):88-94.文字有改动。

相比于传统学习，在线学习具有其特有优势。如在线学习能够超越时间、空间的限制，以数字在场的形式开展学习，更容易实现一对一的教与学之间的交流;它可以充分尊重学生的学习兴趣和学习动机，根据学生个体的学习需要，进行有针对性的学习活动;它可以通过技术手段，实现学习者在网络环境下的亲自参与与联系，使学习者更好地把握学习内容，并且有效控制学习的节奏。但另一方面，在线学习的实践也暴露出部分问题，如数字化学习环境之间沟通不畅，导致学生在校学习过程难以做到数据全覆盖；教育者缺乏数字化思维、知识与技能，难以保证数字化教学质量；数字化学习的远程在场形式难以保证学习者认知、情感与互动的全方位、深层次参与。针对这些问题，需要构建更加适切的学习数字化基础设施与运营平台，探索在线学习新形态，提升学习者数字素养与信息素养。与此同时，也要意识到在线学习给未来数字社会的教育秩序、学习者社会适应性、伦理道德等可能带来的影响与挑战。

（二）深度学习

深度学习是对学习状态的质性描述，涉及学习的投入程度、思维层次和认知体验等诸多层面，强调对知识本质的理解和对学习内容的批判性利用，追求有效的学习迁移和真实问题的解决，属于以高阶思维为主要认知活动的高投入性学习。在传统的教授主义教育中往往将知识灌输与死记硬背作为主要手段，技术人工物在教育中仅仅体现阐释学关系（如书本、试卷等），学生主要通过文本记忆的方式完成学习。深度学习一词在《学习的本质区别：结果和过程》一文中首次被提出，马顿（F. Marton）和萨尔约（R. Saljo）通过实验发现学生在理解文章时会呈现两种不同的状态：整体把握与理解或段落的记忆与复述，并通过深层与浅层划分学生学习知识的所在水平，从而将学生的学习划分深度学习（Deep Learning）和浅层学习（Surface Learning）。[1]深度学习最初的话语表达凸显了学习过程以及学习过程处理的重要性[2]。在已有的诸多研究中，深度学习也具有明确的指向：深度理解说认为深度学习在于通过学习策略建立知识之间的联系[3]；理解迁移说认为深度学习是学习者通过信息加工与建构高阶思维获取知识技能的同时通过主动改变认知结构、思维模式和行为方式迁移运用新获得的知识技能以解决实践问题的过程[4]；体验学习说认为深度学习是一种整合了经验学习模式中体验、反思、归纳以及应用等要素的学习模式[5]。无论是知识之间的联系、改变，以及运用认知结构解决实践问题，还是对经验的反思与归纳，都将学习指向过程性——信息加工的过程性、体验感知的过程性以及操作实践的过程性。

深度学习为教育中技术人工物的意向与功能明确了指向，即过程性的凸显。从整体上看，一般的技术人工物功能指向帮助使用者更高效、便捷地完成其目的，其意向性指向结果。这种结果指向的共同特征是跨越了烦琐而复杂的过程，在突破过程性困难的同时筛除了过程性体验。但是教育的目的则直接指向学生学习的过程、学生的主体性建构的过程，以突显过程性为核心手段，教育中技术人工物的意向应直接指向学习的过程性呈现、思维的发展呈现、主体的经验呈现、反思的呈现。例如，计算器的目的在于帮助使用者快速、便捷且准确地完成计算目的，跨越计算的过程，使计算更为便捷。而在数学教育中则应突显计算的过

---

1 Marton F,Saljo R.On qualitative difference in learning:i–outcome and process[J].British journal of educational psychology,1976,46:4–11.

2 殷常鸿,张义兵,高伟,李艺."皮亚杰—比格斯"深度学习评价模型构建[J].电化教育研究,2019,40(7):13–20.

3 李松林,杨爽.国外深度学习研究评析[J].比较教育研究,2020,42(9):83–89.

4 参见Jensen E,Nickelse L.深度学习的7种有力策略[M].温暖,译.上海:华东师范大学出版社,2009.

5 参见D. A. 库伯.体验学习：让体验成为学习和发展的源泉[M].王灿明,朱水萍,等,译.上海：华东师范大学出版社,2008.

程，所以在小学的数学教学中很少涉及计算器的应用，而是通过小木棍、小珠子等具体实物的操作展现抽象的数学运算过程。由此，深度学习对技术人工物提出了其独特的要求：教师通过技术人工物完成学生学习的路途性与景深性的呈现与深化，从而使学生达成更好的学习效果。

1. 深度学习的路途性

路途性是深度学习的横向概念。技术的发展从可替代人们的自然身体到可替代数学运算、逻辑推理等思维功能，其所加速与替代的是人在感知世界与思维世界的经验累积与材料整合能力。可迅速完成任务的技术既削弱了学生在操作、体验、劳动等身体层面的原始材料的累积，又减少了学习者在经验整合、逻辑推导与省思重构方面的思维锻炼，在主体性与客体性之间缩减甚至消弭了身体与思维发展的路途性，由此让学习丧失了“深”的前提性条件。

深度学习的过程可以分解为三个步骤：第一个步骤是学习者通过初始认识对知识进行浅层/初级的加工与记忆；第二个步骤是学习者将初始加工与记忆转化为程序性的问题解决能力；第三个步骤是学习者运用该能力与框架性策略对学习内容再加工与再生产，从而完成深度学习。[1]客观世界中的路途性为学习者提供了材料的接触、认知应用、再认知的学习路径，思维的路途性使学习者经历了同化、顺应与平衡的多维步骤。如果失去了路途性，学生就仅仅是熟识知识的符号形式，而丧失知识与经验以及其相关感悟、惊奇以及抽象的获取过程、认知能力与情感体验，导致学习处于浅表化的状态。

在时间维度的路途性上，被技术解放的实践速度往往会挤压使用者的思维留白空间，在教育中的表现是教学进度的加速与教学目标的庞杂超越了学生学习的进度与其可接受的容量。时间性是深度学习得以实现的基础，无论是从浅层到深层的思维过渡，还是“激活—疑问—加工—转换—应用—反思”的逻辑进程，每个阶段都需要必要的时间单位作为发生基础。单纯追求速率的技术辅助，仅仅是使学生按照施教者事先制定的脚本进行了一场实现特定目标的演出。若是单纯地希望达到规范形式目标，可以在技术人工物的辅助下迅速而高效地完成，但是思维则被苍泛的动作远远地抛在后方，以致在学生热闹地参与了学习活动后却收获甚微。

在空间维度的路途性上，现代技术缩短了主体之间以及主客体之间的物理距离。以在线教育为例，在线教育超越了物理空间的局限，使远程在场得以实现，[2]但是经验与现实的抽离与人们的碎片化交际是将我们从存在中连根拔起的无家可归的数字化实现，甚至使在数字化生存中的人形成一种健全的电子化残疾，这便是对海德格尔“大地的消失”的现实解注。[3]如

1 杜建霞,范斯·A. 杜林汤,安东尼·A. 奥林佐克,王茹.动态在线讨论:交互式学习环境中的深层学习[J].开放教育研究,2006(4):75-79.

2 [法]维利里奥.解放的速度[M].陆元昶,译.南京:江苏人民出版社,2004.

3 张一兵.败坏的去远性之形而上学灾难：维利里奥的《解放的速度》解读[J].哲学研究,2018(5):38-46.

果技术不能以凸显和丰富学习的过程性为目的，那么只会使在线教学沦为课堂灌输的远程在场的简化形式——场域性消失的灌输，便捷的形式仅仅是提供了更多的可灌输机会与群体而已。

2. 深度学习的景深性

景深性是深度学习的纵向概念。技术人工物通过其高效的辅助形式使人们的生产生活与学习超越其原有的路途性的同时，筛蔽了路途中原有的不同要素的关联性。而这种关联性则正是人们认识世界与改造世界的重要基础，也是人建构自身主体性的重要基础。教育的核心价值在于使人完成其自身的主体性建构，深度学习的核心价值更是在于使人充分发挥其主体性。在经验的景深维度的探讨中，深度学习的本质可以归为三点：心灵感知的深度（感性的景深）、学习理解的深度（理性的景深）以及真实世界的深度（实践的景深）。感性的景深成为深度学习的前行动力，理性的景深决定了深度学习的可触及深度，而实践的景深直接反映了深度学习的效果。景深的存在支撑了深度学习的主体在情感、逻辑与实践层面完成了“我愿意”“我能够”以及可转换的多重步骤。

在感性维度，技术应引发学习者心灵层面的深层动机。学生的非理性与非逻辑性张力是深度学习的重要基础，而人则在现实的感性个体之中展现自身的生命。通过技术完成景深要素的关联性呈现，更精准地呈现契合学生兴趣与经验的材料，使学生在超越自然材料的丰富情境中激发好奇心、想象欲与探究欲，从而通过人工技术突破自然技术的限定，提供更多维的情感触动要素，使学生的思维能够受到更大范围材料的激发。

在理性维度，技术应助力学生形成知识与逻辑的结构。深度教学反对“知识点”意识，主张从“知识点”教学走向“知识结构”教学，教学学科思想不是通过零散的知识点来表达的，而是蕴含在结构化、关联性的知识体系之中。[1]深度学习的景深性要求为知识结构提供具有关联性的原始材料，学生可以通过景深性感知知识与经验、知识与知识、知识与应用之间的联系。技术人工物的优势在于可以为学生提供知识的关联性素材，使学生在技术辅助中完成知识与客观世界的联系性思考；与此同时也带来了一种负面的可能性：技术人工物对知识的片面化呈现，可能使知识在学生的头脑中成为一种不具经验联系的空洞符号。[2]两种结果的核心区别在于支撑材料与目标知识的呈现逻辑与比例。只有通过足够的材料引发学生的逻辑思考从而主动探及知识，实现以景深呈现关联、以关联触动思考，才能促进学生的知识与逻辑结构的自我生成。

在实践运用的维度，技术应促进学生应用、迁移、创新与反思过程的发生。通过技术人工物构建范围更为广阔的背景信息与内在材料可联系的实践场域，使学生能够在实践中更为

1　郭元祥.知识之后是什么：谈课程改革的深化[J].新教师,2016(6):7−9.

2　张敬威,苏慧丽.远程在场的知识延展与存在收缩：对在线教育的存在论阐释[J].开放教育研究,2021,27(1):65−70.

精准地运用施教者希望学生所形成的知识结构与思维技能，使学生在进行实践的同时对头脑中符号化的因果联系与经验相结合，并且完成深化与迁移，从而使学生在实践运用中重塑现象之间的因果联系以达到深度学习的效果。知识之所以能够增益心智，就在于知识的运用能够改变心智发展过程中的直接经验。

本章小结

1. 甲骨文中的“学”意思是练算习字的房屋，指教孩子们算数、习字的校舍。金文的“学”引申为“觉悟、省悟”，学习知识的意思。甲骨文中的“习”意思是“幼鸟在鸟窝内振动翅膀”，引申为体验生活的实践。

2. 从广义角度看，人与环境的所有互动都可以被看成是人的学习活动。狭义的学习是在学习者和教师、教学内容、教学环境、同学之间的相互交往中进行的自主的、合作的活动。

3. 中国古代的学习目的可以概括为“尊德性”与“道问学”，西方古代的学习目的可以概括为获取智慧和实现自由。

4. 制度化的学习方式在一定程度上导致了学习的异化，表现为厌学、逃学和过度学习。

5. 我们已经进入终身学习和学习型社会的时代。唯理论、经验论和建构主义对学习有不同的看法。唯理论强调通过发展个体的演绎思维能力，实现理性能力的增长；经验主义所倡导的学习目的是学生通过动手、经验的获得与外界接触，培养学生的归纳总结能力；建构主义的学习不是习得现成的知识和技能，而是意味着学习者以事物与人物为媒介，通过活动建构意义与关系的学习。

6. 接受学习和发现学习、个体学习和合作学习是当前典型的学习方式。

7. 信息技术的发展出现了在线学习的方式。

8. 深度学习是对学习状态的质性描述，涉及学习的投入程度、思维层次和认知体验等诸多层面，强调对知识本质的理解和对学习内容的批判性利用，追求有效的学习迁移和真实问题的解决，属于以高阶思维为主要认知活动的高投入性学习。

总结 >

关键术语

学习 Learning	终身学习 Life-Long Learning	学习型社会 Learning Society
唯理论 Rationalism	经验论 Empiricism	建构主义学习论 The Constructivism Learning Theory
发现学习 Discovery Learning	合作学习 Cooperative Learning	个体学习 Individual Learning

章节链接

在这一章，你读到……	在其他章节中，你将发现相关的讨论……
关于信息技术背景下学习方式的变化	在第八章 “教学”中有翻转课程的相关论述

教学一线记事

利用发现学习探究斜面上物体的运动规律

三年级的科学课有一个研究物体运动的单元，其中一节课的内容是“斜面上物体的运动”，其目的是探究物体在斜面上的运动规律。信老师在讲授这节课时，先给孩子们播放了一段小视频，视频中有小朋友滑滑梯，小球从山坡上滚落，以及静止在山坡上的大石块等画面。然后提出问题：“物体在斜面上是怎样运动的?”学生根据视频的画面以及视频中情景引起的回忆，很快给出了三个答案——滑动、滚动、静止三种状态。信老师在肯定了学生的答案后，提出了引发学生深入思考的问题：物体在斜面上的运动有什么规律呢？学生陷入了安静的思考，信老师意识到，三年级的孩子对规律这个词的理解可能不是很充分，于是5秒钟后给出了一些提示：什么情况下物体会滑动？什么情况下物体会滚动？什么情况下物体会静止？在老师的提示下，孩子纷纷提出了自己的想法，有的孩子说“越小的物体越容易滚动”，有的孩子立刻反对，说“越接近球形的物体越容易滚动”，信老师适时地给予了帮助，告诉他们这是两个角度，一个是物体大小对“滚动”的影响，一个是物体的形状对“滚动”的影响。

孩子们马上想到，两个角度都试一试。随着发言的人数增多，孩子们提出了很多假设，例如，“坡度越大越容易滚动”“物体接触斜面的面积越大越容易滑动”“斜面坡度增大，滑动有可能都会变滚动”，等等。

信老师将学生的假设一一进行梳理，将相似的假设进行整合，写在黑板上，故作为难状地说：“到底哪个说法对呢？”孩子们已经按捺不住，开始用身边的物体来尝试实验了。这时，信老师并没有打断孩子们不规范的操作，让孩子们用文具盒、格尺橡皮、铅笔等材料进行简单尝试之后，孩子们自己发现了问题。信老师组织学生安静下来后，学生纷纷说了自己的发现，问题主要集中在两点上：一是材料的不统一，导致各组的实验结果不能互相验证；二是实验的因素比较混乱，没有考虑对比实验条件的控制。针对这两点问题，信老师给出了事先准备好的材料：光滑木板、长方体木块（搭建斜面高度用）、木质立方体、木质圆柱体、木质小球、木质六棱柱等。学生看到这些材料，纷纷表示恍然大悟。拿到材料后立即展开第二次探究。

经过多次实验，以及组间实验现象的相互支撑，孩子们在这节课上最终得到了如下结论。

（1）同一个斜面，物体接触斜面的面积越小，越容易发生滚动，反之则越容易发生滑动或静止。

（2）增加斜面的高度，物体运动的速度会加快，滑动有变为滚动的趋势，但不是一定会变成滚动。

（3）物体在斜面上的放置方式，也会影响物体的运动方式。

考虑到时间和难度，本节课上，信老师并没有继续让学生研究斜面的粗糙程度以及物体的材料不同等因素对物体在斜面上运动的影响，在四年级学习力学知识后，学生会对斜面上物体的运动有更进一步的认识。

（案例来源：东北师范大学第二附属小学科学组，2020-09-04）

应用 >

批判性思考

有人说，在终身教育的学习型社会里，人们都必须不断地学习才能应对各种挑战，这带给人的是生命不能承担之重，会增加人的生存焦虑感，你如何看待这个问题？

体验练习

1. 在终身教育时代和学习型社会中，学习的终极意义是什么？

2. 结合自己的亲身经历谈谈对发现学习和接受学习的看法。

案例研究

阅读以下案例材料，分析如下问题。

适当搞搞“高效”学习日

魏书生

我自己经常有这样的体会，某一天抓得紧，一件接一件地做实事，顾不上惆怅，没时间犹豫，来不及拖拉，就这么不停地在做中享受实干的幸福与自豪。今天星期六，早起便抓紧，到下午6：30，已写完了8200字的书稿，7：00看了新闻联播之后，又轻松地完成了1800字。可春节期间，因离交稿时间远，便原谅自己，一天平均还写不完2000字。可见“高效”和“低效”相差甚远！

为提高自己的写作效率，20多年来，我经常给自己规定高效日。

为提高学生的学习效率，我也经常在班级规定高效日。

设立高效日，一般先引导学生在前一天定出高效计划，各学科书面练习共完成多少页，复习和预习的任务量也落实到具体页数，执行起来，可操作性强。

高效日这一天，教室内一般规定为无声日，即课间也不说话，需要说话时，到走廊、到操场，这样可以给人一种节奏紧张的感觉。

设立高效日还要为自己创设更多的外部和内部条件。

外部条件：如重大考试即将来临，父母施加了压力，老师下达了非完成不可的学习任务，同学们形成了你追我赶的学习气氛……

内部条件：想到要实践自己的诺言、计划，要超越自己的竞争对手，要争取有远大的前途，要考取名牌大学，要成为杰出的人物，要对得起父母，要报答父母的养育之恩，要为祖国、为社会尽责任，要为创造理想的社会而奋斗……

实践证明，对规定的“高效日”，同学们表现出极大的热情。几个平时贪玩、爱说闲话的学生也把时间抓得特别紧，连下课时都顾不上说一句话。有的说：“我写出了一身汗。”有的说：“我的几支钢笔都写得没墨水了。”还有的说：“以后咱们天天这样高效率吧！”然而，高效日不能搞得太多，多了，违反规律，造成不良后果。

1. 为什么“高效学习日”里，学生的学习效率很高？

2. 为什么魏书生老师说“高效日不能搞得太多，多了，违反规律，造成不良后果”？会造成哪些不良后果呢？

拓展 >

补充读物

1　联合国教科文组织国际教育发展委员会．学会生存：教育世界的今天和明天[M]．北京：教育科学出版社，1996.

《学会生存——教育世界的今天和明天》是曾在联合国教科文组织供职的法国教育思想家埃德加·富尔于1972年向教科文组织总干事长递交的一份研究报告。富尔虽然被认为是继朗格朗之后终身教育理论的又一代表，但由于其提出的学习化社会理论，以及倡导学习在人的一生中的重要意义，所以，又被尊为终身学习思潮的代表人物。富尔的《学会生存——教育世界的今天和明天》一书，把学习化社会的概念推向了世界，并推进了人们对终身学习的思考。

2　联合国教科文组织．教育：财富蕴藏其中[M]．北京：教育科学出版社，2014.

《教育——财富蕴藏其中》涵盖了未来教育改革和发展的主要方面，并将理论与实际相结合，提出了迎接挑战的对策建议。其内容之丰富、新颖、深刻，堪称是里程碑性的教育文献，实属每一个教育工作者和关心教育事业的人值得一读的经典之作。

3　[美]约翰·D. 布兰思福特，等．人是如何学习的：大脑、心理、经验及学校（扩展版）[M]. 程可拉，等译．上海：华东师范大学出版社，2013.

该书集合了美国当代学习科学顶尖研究人员的智慧，对人类学习的科学基础及其在教育中的应用进行了分析研究，探索更好地将学习科学方面的研究发现与实际的课堂教学连接起来的关键问题。本书的新颖之处在于吸收了认知科学、发展心理学、神经科学、人类学等领域的重要观点和例证。来自这些领域的真知灼见开阔了我们的视野，加深了我们对“人是如何学习的”问题的理解，使我们能够更加从容地面对学习革命的挑战。

在线学习资源

在线课程“学习的革命”（中国大学MOOC）

https://www.icourse163.org/course/scnu-1002917010?from=searchPage&outVendor=zw_mooc_pcssjg_

该课程站在地球人类生态彻底发生变革的时代背景之上，战略性地思考人类的生存与发展、文明的继承与创新、教育的价值与技术、学校的开放与共享、学习的内容与方式、机器的智能与情感等话题，指引身处信息时代的人们思考21世纪如何运用最新科技手段去达到开放自主的学习目的。

第八章
教学

本章概述

本章主要包括三部分内容。第一部分内容从对当前我国教育理论和实践领域的有效教学反思入手，指出有效教学并不一定是“好”的教学，并在此基础上提出了“好”的教学的几个标准；第二部分内容主要是对几种不同教学方式的反思和批判，包括启发式教学反思、为什么要向孩子学习，以及“翻转课堂”反思与有过程的归纳教学反思；第三部分内容主要讨论的是教学中的自由、控制与民主问题。

结构图

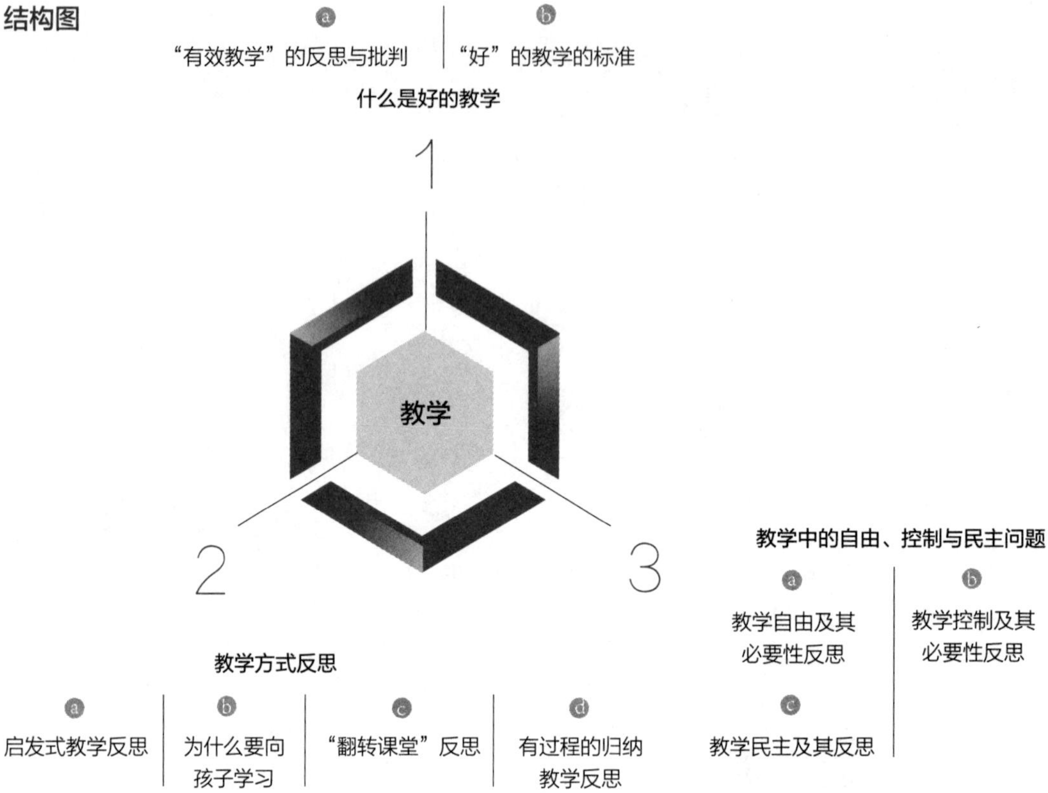

学习目标

学完本章，你应该做到：

1. 思考并提出你认为“好”的教学的标准。
2. 对自己日常教学工作中常用的教学方式进行反思和辩护。
3. 深入理解教学中自由、控制与民主的关系。

读前反思

教学，对于每一位教师而言，都是自己的基本功。教学的好坏不仅直接决定着学生的成长与发展，而且也是衡量和评价教师优劣的重要标准。即将从事教师职业的你，请在阅读本章之前，回忆一下自己以往的教学实习经验或经历，思考一下教学中有没有让自己困惑或疑虑的问题，这些问题有没有解决办法。

1. 如何评价自己的教学？你认为好的教学的标准是什么？
2. 日常教学实习工作中，你常用的教学方式有哪些？这些教学方式的适用条件是什么？不同的教学方式能否应用于所有的教学情境？
3. 好的教学的实现需要哪些外部保障条件？你是如何看待和处理教学中的自由、控制及民主问题的？

教育家语录

充满智慧的反思能够发现事物，而未经反思的行动是“缺乏智慧”的、没有机智的。因此，对过去的教育经历进行反思的体验，丰富了我未来的教育经历并使其更具思想性。

——[加]马克斯·范梅南. 教学机智：教育智慧的意蕴[M]. 李树英，译. 北京：教育科学出版社，2001：269.

教学是教师的核心工作。谈到教学，每个教师可能都会觉得这是自己最熟悉不过的事情了，自己每天从事的主要工作就是教学。但“熟知”就一定是“真知”吗？显然不是！所谓“日用而不知”描述的就是这种情形，反映的是我们对熟悉的事物缺乏应有的反思和批判意识。既然“熟知”并非“真知”，只有经过反思和批判的“熟知”才可能成为“真知”，那我们就从对“熟知”的反思和批判开始我们的“求知”之旅吧。

第一节 什么是好的教学

学习目标

对“有效教学”进行反思并提出你认为的“好”的教学的标准。

一、“有效教学”的反思与批判

（一）“有效教学”产生的背景反思

有效教学是近年来教学论理论研究的热点问题之一，也是基础教育领域的重要实践课题之一。有效教学最初兴起于20世纪上半叶的美国，其产生的主要推动因素有两个：一是美国进步教育运动之后，针对当时美国学生学习成绩普遍下降的状况，为提高教学质量而开展教学有效性研究；二是受当时教学科学化运动的影响，人们开始摒弃20世纪以前占主导地位的教学是艺术的观念影响，试图用科学的实验方法来研究和开展教学。由此我们可以发现，有效教学最初是指教学如何更好地提高传授知识的“有效性”，目的是大范围、大幅度地提高学生的学习成绩，因此，它重点关注的

有效教学（Effective Teaching）

一种观点认为，有效的教学活动是教师遵循教学活动的客观规律，以尽可能少的时间、精力和物力投入，取得尽可能多的教学效果，从而实现特定的教学目标，满足社会和个人的教育价值需求而组织实施的活动。另一种观点认为，有效教学是指通过教师的一定时间的教学之后，学生所获得的具体进步和发展。

是教学方法或教学技术的科学化问题。[1]显然，有效教学研究最初就是工具技术取向的，一开始就带有很强的技术理性色彩，是工业社会追求效率、讲求量化的价值观念在教育领域中的折射和反映。在工具技术取向的指引下，教学活动变成了类似工厂生产或管理的活动，教学亦可以按照工厂生产或管理的模式分解为各个环节、各项流程，然后找寻最有效的方法来达到最高的效率。不难发现，当下对教师大量的有效教学所进行的行为分析的背后，是当年美国人弗雷德里克·泰勒（Frederick Taylor）对钢铁厂工人进行"时间—动作"研究的影子。"简言之，方法已经成为一切教学的意义载体——这是不言而喻的，它得到了彼得·拉莫斯（P. Ramus）的点头赞同与微笑认可。他在四个世纪之前就开始了通过'方法化'来解释'如何教一门课程'这一当今仍摆在我们面前的问题。"[2]但正如后现代学者多尔所言，"无论是根据教学和方法的本质还是根据教育和教学的本质，我们都会提出质疑"[3]。不是说教学应该反对方法研究，问题在于研究的技术取向思维：找到一种足够"有效"的方法，以便让所有的教师模仿。当方法或技术不再是构成教学的某一方面或环节而成为教学的核心，成为我们思想的虔信，教学便走向了技术化。技术化衍生自"脱离时空与情境，追求'普世之效'"[4]的普遍主义母体，将可操作的技术或模式作为某种活动存在的根本依据，在机械化、程式化的过程中实现控制取向是其基本特征。可见，有效教学研究之初，就存在的方法论偏失和技术化倾向，这直接影响到了有效教学的理论和实践。

（二）"有效教学"的概念反思

关于有效教学的研究和实践轰轰烈烈，但到底什么是"有效教学"，学界尚未达成一致的认识。在国外，对有效教学的解释主要可以归结为三种基本取向：目标取向、技能取向和成就取向。[5]目标取向的有效教学认为判断有效教学的标准是看教学目标达到的程度。技能取向的有效教学认为教学是一项复杂的工作，有效教学是通过一系列可获得的、可改进的和可发展的教学技能来实现的。成就取向的有效教学则认为有效教学的目标在于全面提高学生

1 因有效教学早期关注的是如何提高知识传授的有效性，因此关注的是对教师"教"的研究，如教学效能、教学行为、教学技能、教学组织设计、教学策略等方面。在后期，有效教学的研究逐渐突破单纯对教师"教"的研究，开始突出对学生的有效学习及师生互动的综合性研究，特别是着重对教师教学反思以及学生发展进行研究。可以说，有效教学是一个动态的、发展的概念和过程。在我国，有效教学的兴起主要依托于新课程改革的大背景。新课程改革针对"应试教育"的痼疾，倡导课程知识的建构性、教学过程的生成性、师生关系的交往性、教学目标的统整性、教学评价的多元性等，指向学生发展的理念和实践变革，在这个意义上，我们说有效教学后期的发展与新课程改革理念具有内在的一致性。但实际上，有效教学的理念在进入我国教学研究和实践场域后，对教学实践产生的广泛影响主要不在于其对学生发展的关注和促进，而是因其关注知识传授的有效性与"应试教育"的追求不谋而合所致。这样，有效教学在某种程度上备受基础教育领域的认可和欢迎。一方面，有效教学的引入可以在理念上满足新课程改革的需要；另一方面，有效教学的引入可以在实践中名正言顺地为学校的"应试教育"服务。

2 [美]小威廉姆·多尔．超越方法：教学即审美与精神的探求[J]．华东师范大学学报（教育科学版），2003（1）：34.

3 [美]小威廉姆·多尔．超越方法：教学即审美与精神的探求[J]．华东师范大学学报（教育科学版），2003（1）：34.

4 张华．反思对话教学的技术主义倾向[J]．教育发展研究，2011（20）：64-69.

5 陈晓端，等．当代西方有效教学研究的系统考察与启示[J]．比较教育研究，2005（8）：56-57.

的学业成绩。在国内，对有效教学的理解从理论层面上来看，主要偏重目标取向，即关注教学目标的达成。从实践层面来看，主要偏重成就取向，即主要关注通过有效教学，提高学生的学习成绩。这可以从有效教学的概念界定中得到说明。

一种观点认为："有效的教学活动是教师遵循教学活动的客观规律，以尽可能少的时间、精力和物力投入，取得尽可能多的教学效果，从而实现特定的教学目标、满足社会和个人的教育价值需求而组织实施的活动。"[1]

这是"有效教学"舶来之时的代表性解释，是典型的"经济学"效率观。在《现代汉语词典》里，"有效"被释义为能实现预期的目的，有效果。学界对"有效"的理解主要是有效果、有效益、有效率。"有效"最基本的含义是有效果，"效果"是指某种功用或是某种力量的作用所产生的结果。"效率"和"效益"是经济学里的基本概念，学者们借用经济学里的概念来界定"有效"。"效率"指的是单位时间完成的工作量，"效益"就是效果和利益。按照这种理解，"教学效率"表示单位时间完成教学任务的多少，"教学效益"指教学活动不仅要达到预期的教学目标，而且这个效果使个人或社会受益。这一观点在教育实践领域很受欢迎，常常被教育领导部门或学校行政部门视为考核与评价教学的重要依据，"堂堂清""周周清""月月清"就体现了这一点表现。然而，这一观点却是需要我们深入反思和批判的。

因为教学不是"工业生产"，教学活动面对的不是无生命的冰冷的"物"，而是有生命的活生生的"人"。对"物"的操作和对"人"的培养是两个完全不同的领域，所谓"十年树木，百年树人"。教学或教育从某种角度讲，更多的是一种"慢的艺术"，是"慢工出细活"的事业，从根本上讲是"非效率"，有时甚至应当是"反效率"的。

教育家语录

我们愈是不急求获得什么，往往愈能迅速而稳妥地得到什么。

——[法]卢梭．爱弥儿[M]．李平沤，译．北京：商务印书馆，1978：81．

因为教学是教师与学生共同参与其中的生命实践活动，教学并不只是实现特定目标的手段，其自身就是目的本身。而凡是追求效率的活动，追求的是在"规定的"时间内一次性完成任务量。衡量效率高低与否的主要甚至是唯一的标准，就是从"外部角度"出发，看"外部规定好的目标"有无达成，达成多少。这种"效率本位"的教学观，实际上是对"人是目的而不是手段"的最高尊严的挑战，是把学生作为"容器"，任意填塞外部规定的有一定量的要求的货物（知识）。这种基于技术崇拜导致的工具技术取向，把制度、计划、秩序、组

1　刘立明．国外有效教学研究述评[J]．现代中小学教育，2002（12）：40.

织形式等视为教学的法宝，而把“人类精神”，尤其是“人的自由”践踏到无以复加的程度。也许雅斯贝尔斯的话语能让我们警醒:“在我们这个以群体秩序、技术和经济为主的时代里，当必然性被绝对化时，那么人类存在的精神就陷入危险的境地，精神的基础就将被毁灭。”[1]

退一步讲，假设教学活动可以用“效率”或“效益”来衡量，那么，教学更应考虑的是长期效益还是短期效益，或者说教学要达到的目标是长期目标还是短期目标，如果效率是判断教学的唯一依据，那么，教学的有效性就与教学评价的方式，尤其是教学量化的程度密切相关。而教学能够被量化到什么程度？教学可以被无限精确地细化和量化吗？

另一种观点认为，有效教学是指“通过教师在一定时间的教学之后，学生所获得的具体进步和发展”[2]。

这种观点是有效教学理念引入之后的发展性理解，“学生有无进步或发展是教学有没有效益的唯一指标。教学有没有效益，并不是指教师有没有教完内容或教得认真不认真，而是指学生有没有学到什么或学生学得好不好”。[3]与前一种观点相比，这种观点看似将关注的重点从“教”转到了“学”，考虑了教学活动中学生的发展，而不只是单位时间内的教学产出，在理论上更容易被人们接受，其实不然。如果作为衡量教学有效与否的唯一指标——学生的发展与进步是全方位的，不仅有学业水平，还有生活能力、精神和道德、交往能力等，那么这种观点是值得赞赏和提倡的。而实际上，现实版的学生发展与进步是具体的，学生的发展与进步要具有直观性和可测性才能说是具体。学生的发展和进步在何种意义上是直观的和可测的？最直接的检验手段莫过于考试，最有说服力的进步莫过于分数的提高，因此，这种界定在实践中就将有效教学指向学生学习成绩的提高。或者更确切地说，指向与“中考”“高考”直接相关的学科成绩的提高。这也使得这种观点在实践领域被更多的人所支持，如基于学生学业成绩迅速提升的“导学案”之类的流行便是证明。

显然，现实版的这种基于学生学业成绩或升学率的“有效教学观”是存在问题的。早在20世纪上半叶，著名教育家小原国芳就针对当时日本国内单纯的智能施教，为了升学考试的教育，提出了著名的“全人教育思想”，他认为，教育的目的是培养人格，是育成多方面和谐发展的完美的人，而不是单纯的智能施教，更不是为了升学考试竞争……教育内容必须包含人类文化的全部，理想的人必须是全人，要具备文化的全部，即由六个方面组成：学问、道德、艺术、宗教、身体、生活……全人教育就在于培养智（真）、德（善）、美、圣、体（健）、劳（富）全面发展的人。[4]阿德勒曾说，教育便是“改变一个人的心智和品格”，赫钦斯则认为受过完备教育的人会成为一个具有“理性、道德和精神力量”的人。因此，教学的

---

1 [德]雅斯贝尔斯. 什么是教育[M]. 邹进，译. 北京：生活·读书·新知三联书店，1991：102.
2 崔允漷. 有效教学：理念与策略（上）[J]. 人民教育，2001（6）：46.
3 崔允漷. 有效教学：理念与策略（上）[J]. 人民教育，2001（6）：46.
4 [日]小原国芳. 小原国芳教育论著选[M]. 刘剑乔，等，译. 北京：人民教育出版社，1993：4.

目标应是要培养心智、心灵和精神，而不仅仅是学科知识的学习。

由此我们可以提出这样的问题：某种教学可以高效地完成教学目标或者可以快速地提高学生的学习成绩，这种教学就一定是“好”(“美善”)的教学吗？显然未必！“美善”兼具“道德的”和“认识论”的两种力量。从“道德”的角度问“什么是美善的教学”这样的问题，就是问哪些教的行为为道德的原则所支持，哪些教的行为可以引发合乎道德原则的行为。从“认识论的”角度问“什么是美善的教学”这样的问题，则是问所教的东西是否在理性上站得住脚，而最终极的目标，则是要看对于学生获得的知识、信念或理解有无价值。”[1]所以，现有的教学“有效性”充其量诠释了教学认识的有效，学生获得的进步和发展也仅仅是认知层面的教学效果，教学本身所承载的道德承诺却被悬置。试问，如果灌输能使教师在单位时间内尽可能多地传授知识，使学生在单位时间内尽可能多地接受知识，那么，这种扼杀和限制学生反思意识和批判能力的行为是否就可以被允许呢？试问，如果仅仅为了追求效率或者分数而将教学简化为一种应用工具，忽视或漠视教学过程是师生双向互动的生命过程，将教师与学生退缩为统计意义上的以效率化为表征的行为符号，那么，教学的“善”性何在？试问，如果为了追求教学的效率或考试的分数，那些侵蚀教学公平、损害学生身心健康、冒犯学生尊严和人格的行为是否就可以堂而皇之地盛行？[2]

可见，教学必然追求“有效性”，但“有效”的教学却并不一定是“好”的教学。由此我们不禁要问：“好”的教学的标准到底是什么呢？

教育家语录

当我们问自己：什么是好的教学?我们试图确证那些特别有效的教学方法或内容中的技巧与手段。然而我们发现的所有必要的技巧、方法与手段，只有在它们被人性化地运用到学生身上时才是有效的。即使所谓“好”的展现内容的手段或是高效的技巧也可能会对学生的求知欲以及学习中的尊严造成伤害。因此，我们深信，教学论知识必须是责任、专业意向以及伦理关怀的结合。

——Oser F K, Dick A, Patry J.-L. Effective and Responsible Teaching: The New Synthesis[M]. San Francisco: Jossey-Bass Inc.,1992:1-3.

1　单文经. 教学引论[M]. 上海：上海科技教育出版社，2003：12～13.

2　有效教学是以效率优先的教学，在追求教学效率的过程中必然会对教学公平有所侵蚀。教学效率的提高是以学业较好的学生为标准，而学业不良的学生在教学过程中则会受到不公平的对待，他们的参与机会被轻视，他们的受关注的机会较少；为了实现有效教学，学生的尊严、身心健康等都是可以被伤害的，如惩罚和变相惩罚的实行，题海战术的运用，“打吊瓶班”的现象，等等。

二、“好”的教学的标准

所谓“好”的教学的标准，实际上揭示的是所有的教学都应具备的一些基本要求。这意味着所有教学都需要从以下诸方面着手，而不只是单独地重视某个或某些方面，忽视或漠视其他方面；也不是说教学在这些方面达到某种水平或程度，就是好的教学，而是说教学必须致力于在各方面都追求更高的水平和境界，且对各方面要求的达成是一个不断实现的过程，简单地说，对教学而言，只有更“好”，没有最“好”！

（一）教学意向的合理反思

教学意向是教学活动展开的前提和基础。教学意向是指，意在引起学生的学习行为以达到某种特定的发展目标。教学意向可以从两个维度进行划分：一个是形式维度，一个是实质维度。教学的形式意向主要是指教学必须“引起或指导学生的学习行为”；教学的实质意向是指教学必须“达成一定的发展目标”，如知识、技能、态度、信念等。无论从事何种形式的教学，如果没有一个明确的教学意向，教学就不成其为教学。因此，从某种意义上来说，不存在无意向的教学。

但这里的问题在于：教学应该具有什么样的意向才是合理的？这是一个有关教学的根本问题。考察人类的教育发展史我们会发现，古今中外，关于教学的意向从来都是多种多样的。比如，就形式意向而言，有的倾向于使学生成为接受的知识“容器”，有的倾向于使学生成为主动的知识发现者，还有的介乎其中；就实质意向而言，有的倾向于实现对学生的控制和规训，有的倾向于使学生得到全面的发展，有的介乎其中。到底什么样的教学意向是合理的，这就需要我们对自己所持有的教学意向进行反思、质疑、辩护和理解。

教育家语录

教学的目的是什么？是积累有用（而所谓“有用”又是什么）的知识？是教学生去学习？是教学生去创新、了解以及生产任何有关领域内的新东西？是教学生怎样核查、怎样证实，还是只教他们重复背诵？等等。

——[瑞士]皮亚杰．教育科学与儿童心理学[M]．傅统先，译．北京：文化教育出版社，1981：12.

教师能否自主地对自己所持有的教学意向进行反思、质疑、辩护和理解是判断教学“好”“坏”的首要标准。这种教学意向反思的结果是重要的，它可以帮我们纠正教学可能偏离的航向，防止我们在教学开始时就出现南辕北辙的错误。同时，这种教学意向反思的过程本身则是更重要的，这种反思意味着教师不再是教学活动中的“客体”或“工具”，教师不是特定教学意向的被动接受者——“教书匠”，而应成为真正意义上的教师——作为“主体”的教师。

对教学意向的反思、质疑和辩护、理解是一个动态的过程，也是一个开放的过程，贯穿于教学过程始终。教师对教学意向的反思、辩护可以从以下几方面展开：① 自己所持的教学意向是什么？② 这种教学意向来源于何处？③ 为什么是这种而不是其他的？④有其他类型的教学意向吗，不同的教学意向间有什么区别？⑤ 自己所持的教学意向合理吗，如何判定？⑥ 自己所持的教学意向是如何在教学实践中体现出来的，效果令人满意吗？等等。

（二）师生关系的良好互动

教学活动是一种师生共同参与的又不是互动的活动，这使得教学区别于单独的“教”或单独的“学”，强调教学不仅是一种特殊的认识活动，更是一种师生双向的交往活动。教学过程中师生之间的良好互动和交往保证了教学意向实现的可能。在一定意义上可以说，没有师生之间的交往或互动，就没有教学；而没有师生之间的良好互动或交往，就没有“好”的教学。因此，良好的师生关系既是教学得以可能的重要前提，又是“好”的教学的重要标准。

良好的师生关系是一种师生之间的互动关系，所谓互动即双方共同参与的共生关系。需要强调的是，这里的互动不仅包含形式上的特征，还包括目的上的特征。互动在形式上是指教师和学生共同构成和参与教学，这种形式上的特征是几乎所有教学都能够满足的特征；但互动的目的性特征则是指这种互动不是教师与学生形式上的问答与对话，而是精神的交流、沟通和契合[1]。因此，良好的师生关系绝不是“人—物”的操作关系，也不是“我—他”的分离关系，而是“我—你”的融合关系。正如雅斯贝尔斯所言：“训练是一种心灵隔离的活动，教育则是人与人精神相契合，文化得以传递的活动。而人与人的交往是双方（我与你）的对话和敞亮，这种我与你的关系是人类历史文化的核心。”[2]在“我—你”关系的对话与敞亮中，师生关系中“操作与训练”逐渐消弭，师生之间“分离与隔阂”渐趋弥合，教师成为“作为‘学生’的教师”，以自己的精神召唤学生的精神，以自己的生命润泽学生的生命；学生成为“作为‘教师’的学生”，以自己的发展推动教师的发展，展现生命的蓬勃动力和生机。

对于教师而言，仅仅认识到教学是一种师生之间的双边活动，或者认识到良好师生关系的建立是好的教学的标准还远远不够，教师还必须认识到师生互动与一般意义上的人与人之间互动相比有什么独特性。这种独特性主要体现在两个方面：从互动的形式方面而言，教师与学生之间的关系虽然是平等的“我—你”关系，但教师要对师生之间的互动交往负主要责任；从互动的目的方面而言，虽然“我—你”互动交往是一个共同成长的过程，但教师要时

---

1 现实的教学生活中，有不少教学形式上搞得轰轰烈烈，课堂热热闹闹，师生“互动性”强，但实质上这样的教学并未能真正实现教学的双向性，并未能从精神上引领学生的发展，只是教师或学生的“表演课”罢了。

2 [德]雅斯贝尔斯．什么是教育[M]．邹进，译．北京：生活·读书·新知三联书店，1991：2.

刻牢记师生互动的终极目的——教学意向的实现。因此，教师要全心致力于帮助学生克服学习态度上、认知方式上和行为习惯上的障碍，激发、激励、维持和更新学生的学习行为，而不能满足于实现一般意义上的交往。

教育家语录

每个学生内心深处都有他自己的一根弦，弹出自己的调子，因此要想让那颗心与心的话语相呼应，就得使我们自己能和上这根弦。

上课，这是教师和儿童的共同劳动，这种劳动的成功，首先是由师生关系确定的。

——[苏]苏霍姆林斯基(转引自余文森，等. 有效教学的案例与故事[M]. 福州：福建教育出版社，2011：193.)

（三）教学伦理的实现保障

教学伦理是指不管是教学意向的确立还是师生互动的形式和内容，都必须符合特定文化体系中伦理规范的要求，采取一种在道德上能够接受的方式进行。这使得教学区别于“教唆”，强调教学不仅是一个知识传递的过程，更是一个价值引导的过程。在以往的教学研究中，人们往往关注教学的认识论特征，忽视教学的伦理性特征，但现在人们越来越多地开始关注教学的伦理性。在某种意义上可以说，教学伦理的保障和实现是衡量“好”的教学的核心标准。因为德国教育家赫尔巴特曾说，我不承认有任何“无教育的教学”，教学必然具有教育性。教学的教育性主要体现为教学对学生价值方向的引领，即引导学生“崇善”“向善”。或者更简单地说，教学的教育性主要体现为教学的伦理性。

在教学的伦理性问题上，一直都存在一种悖论：不道德（“善”）的教学行为却能够产生善的结果。如经常有老师认为，教学过程中打骂学生是为了学生好。事实上，也确实有一些学生是在教师的打骂声中走上了正确的人生道路。[1]但是，这种不道德的行为到底符不符合教学伦理性的要求呢？这就需要我们从不同的伦理观去考察。功利主义的伦理观认为，一种行为之所以是善的行为，是因为这种行为带来的预期或实际结果是善的或有用的；康德的实践伦理规则认为，一种行为之所以是善的行为，并不是因为这种行为可能带来的善的或有用的结果，而是因为这种行为本身包含的“善良意志”[2]。这种善良意志构成了人们行为的“绝对律令”，是一切善的根基和源泉。显然，从不同的伦理观出发我们会得出不同的结论。但教学伦理性的标准究竟何在？

---

1 这种认识实际上影响着我们的整个生活，如日常生活中我们所熟悉的“打是亲，骂是爱，不打不骂不成才”“棍棒底下出孝子”等反映的都是人们对用不道德的手段达到好的结果的行为的认识。在某种程度上，这种认识和传统伦理文化影响有关，但在当下，这些认识显然都是需要接受检验、反思和重新认识的。

2 康德认为，所谓“善良意志”，并不因为它所促成的事物而善，并不因它所期望的事物而善，也不因它善于达到预定的目的而善，而仅是由于意愿而善，它是自在的善。

我们认为，人们对伦理的认识是一个不断发展变化的过程，尽管在当下不同伦理认识之间的冲突和矛盾依然不断，但是伦理必须要与特定的社会和时代发展背景相适应，在当下，康德的实践伦理观更能满足社会的伦理需求，因为将人看作目的而不是手段，这是对人的基本尊重。因此，教学伦理性的标准不是看教学结果的优劣，而是体现在教学过程中的“善良意志”或“绝对律令”。根据这一标准，那些侮辱、体罚学生的行为是不道德的，而那些即使没有打骂学生，却在思想上将学生看作实现自己某种目的的教学行为也是不道德的。

对于教师而言，要保障和实现教学的伦理性，就必须在教学全过程中（从教学意向的确立、师生关系的建立、教学过程的展开以及教学过程的评价等）遵循相关伦理规范的要求，要保证所有的教学工作都必须围绕和体现“人是目的，而不是手段”的伦理准则。同时，对教学伦理性的实现而言，这是一个不断展开的过程，而不是一个一蹴而就的过程，教师要不断对自己的教学行为进行伦理反思和改进，如此，教学才可能成为“好”的教学。

案例研究

瓦拉赫刚读中学时，父母为他选择了一条文学之路。不料一个学期后，老师为他写的评语是“瓦拉赫很用功，但过分拘泥。这样的人即使有完善的品德，也不可能在文学上发挥出来。”此后，父母只好根据瓦拉赫自己的意见，让他改学油画。可是瓦拉赫既不善于构图，也不会润色，不久又得了个全班倒数第一的成绩。老师给的评语是：“你是绘画艺术方面的不可造就之才。”

从此，瓦拉赫在学校绝大部分老师眼中是个不可造就的笨学生，只有化学老师发现了他的闪光点——做事一丝不苟，具备做好化学实验应有的素质，就建议他学化学。对瓦拉赫几乎绝望的父母只好接受了老师的建议。果然，得到老师重视的瓦拉赫变得格外用功。不久，他在同班学生中成绩遥遥领先，老师给的评语是“前程远大的高才生”。

瓦拉赫的成长经历告诉我们，教师除了要善于发现学生的“闪光点”之外，还要对孩子充满爱心和信任。化学老师正是发现了瓦拉赫“一丝不苟”的闪光点，给予充分的肯定和信任，让瓦拉赫获得了自信。同时，它还告诫老师千万不要过早地给学生下定论，特别是对学生前途的“失望性”结论。因为它只会给学生带来麻烦与遗憾。请记住，给学生下不良定论的老师是世界上最缺乏远见的、最愚蠢的老师。

资料来源：李廷宪．教育伦理学的体系与案例[M]．芜湖：安徽师范大学出版社，2010：141．

（四）教学创新的反思实践

教学的创新性是指教学不仅是一个传递知识的过程，更是一个对知识进行批判、反思和创新的过程。教学的创新性使“教学”区别于“教书”，强调教学不仅是一个传授或认识“确定性”知识的过程，更是一个发现、创造新知识的过程。教学的创新性是在教学意向达成、师生互动良好、教学伦理保障基础上实现的，在某种程度上说，教学的创新性不仅保证了教学活动本身的不断进步，而且促成了知识的创新、人的创新。创新是发展的灵魂，教学是否具有创新性是衡量教学“好”“坏”的重要标准。

教育家语录

教学的艺术不在于传授的本领，而在于善于激励、唤醒、鼓舞。

——[德]第斯多惠（转引自张焕庭，主编．西方资产阶级教育论著选[M]．北京：人民教育出版社，1979：367.）

在教学问题上，我们熟悉的一种认识是“做经师易，做人师难”。“经师易”易在教学是一个复制过程，教师是知识的复制者，学生是知识的接受者。“人师难”难在教学是一个创新过程，教师和学生要成为知识的创新者。教师的职责现在已经表现为越来越少地传递知识，而越来越多地激励思考；除了正式职能以外，教师将越来越多地成为一位顾问，一位交换意见的参加者，一位帮助发现矛盾论点而不是拿出现成真理的人。教师必须集中更多的时间和精力去从事那些有效果的和有创造性的活动：互相影响、讨论、激励、了解、鼓舞。[1]教学如何成为一个创新的过程？简单地说，教学使人成为“人”，即理性人的过程就是教学创新的过程。“理性人”是具有理性意识、理性能力、理性精神和理性观的人，其核心是具有理性精神。理性精神的实质是对理性的信仰。具有理性精神的人，就是用理性审视一切，不管是知识还是道德。具有理性精神的人，在认识上就绝不是知识的接受者，而是知识的批判者、反思者、创新者。教学要使人成为人，就是要成为像亚里士多德那样“吾爱吾师，吾更爱真理”的具有理性精神的人。

教学创新性的实现是一个复杂的过程，要实现教学的创新性，就要培养学生的理性精神；要培养学生的理性精神，教师首先要成为具有理性的人。这意味着教师应该有健全的理性意识、基本的理性能力、强烈的理性精神和正确的理性观。有了这些，教师就不至于接受和应用那些经不起理性反思和辩护的权威观念，就不至于堵塞学生理性精神生长的道路，而是成为学生发展理性精神的榜样。要实现教学的创新性，培养学生的理性精神，教师还需要具备“理智上的诚实”和“理智上的宽容”。理智上的诚实要求教师在教学过程中要允许学生对知识进行质疑和思考，不能以个人的权威压制学生的反思权利，从而为教学的创新提供可能的空间。理智的宽容要求教师要宽容教学中的异见或歧见，也要宽容教学中的错误，因

1 联合国教科文组织国际教育发展委员会．学会生存：教育世界的今天和明天[M]．北京：教育科学出版社，1996：108.

为真理是一个不断追寻的过程，创新也是一个不断试错的过程，只有宽容，才能更好地实现教学创新，使教学成为“好”的教学。

案例研究

教师如何教《灰姑娘》

老师：你们喜欢故事里面的哪一个，不喜欢哪一个？为什么？

学生：喜欢辛黛瑞拉（灰姑娘），还有王子，不喜欢她的后妈和后妈带来的姐姐。辛黛瑞拉善良、可爱、漂亮。后妈和姐姐对辛黛瑞拉不好。

老师：如果在午夜12点的时候，辛黛瑞拉没有来得及跳上她的南瓜马车，你们想一想，可能会出现什么情况。

学生：辛黛瑞拉会变成原来脏脏的样子，穿着破旧的衣服。哎呀，那就惨啦！

老师：所以，你们一定要做一个守时的人，不然就可能给自己带来麻烦。

……

老师：下面，请你们想一想，如果辛黛瑞拉因为后妈不愿意她参加舞会就放弃了机会，她可能成为王子的新娘吗？

学生：不会！那样的话，她就不会到舞会上，不会被王子遇到，王子也不会认识和爱上她了。

老师：对极了！如果辛黛瑞拉不想参加舞会，就是她的后妈没有阻止，甚至支持她去，也是没有用的，是谁决定她要去参加王子的舞会？

学生：她自己。

老师：所以，孩子们，就是辛黛瑞拉没有妈妈爱她，她的后妈不爱她，这也不能够让她不爱自己。就是因为她爱自己，她才可能去寻找自己希望得到的东西。如果你们当中有人觉得没有人爱，或者像辛黛瑞拉一样有一个不爱她的后妈，你们要怎么样？

学生：要爱自己！

老师：对，没有一个人可以阻止你爱自己，如果你觉得别人不够爱你，你要加倍地爱自己；如果别人没有给你机会，你应该加倍地给自己机会；如果你们真的爱自己，就会为自己找到自己需要的东西，没有人可以阻止辛黛瑞拉参加王子的舞会，没有人可以阻止辛黛瑞拉当上王后，除了她自己。对不对？

学生：是的！！！

老师：最后一个问题，这个故事有什么不合理的地方？

学生：（过了好一会儿）午夜12点以后所有的东西都要变回原样，可是，辛黛瑞拉的水晶鞋没有变回去。

老师：天哪，你们太棒了！你们看，就是伟大的作家也有出错的时候，所以，出错不是

什么可怕的事情。我担保，如果你们当中谁将来要当作家，一定比这个作家更棒！你们相信吗？（孩子们欢呼雀跃）

资料来源：余文森，等．有效教学的案例与故事[M]．福州：福建教育出版社，2011：36-38．有删改。

“好”的教学是所有教学追求的目标，实现“好”的教学的影响因素是复杂多样的，教学方式是其中最重要的一个。问题是那些我们或熟悉或陌生的教学方式能否真正达成“好”的教学的目的，这些教学方式本身，以及我们对教学方式的运用是否有值得我们反思的问题呢？

教育家语录

在一定条件下适用而有效的方法，在另一些条件下，对另一课题和另一形式的教学工作可能完全不适用。因此，教师应当十分了解每一种教学方法的性能。

——[苏]巴班斯基．论教学过程最优化[M]．吴文侃，等，译．北京：教育科学出版社，1982：90．

第二节 教学方式反思

学习目标

思考不同教学方式的优劣和适用条件。

一、启发式教学反思

启发式教学在我国不仅有着悠久的历史，而且也是当今新课程改革所倡导和鼓励的教学方式，教师们对此熟悉有加，但实际教学中，学生的“启而不发”却让不少教师伤透了脑筋，缘何如此呢？

（一）启发式教学的前提反思

子曰：“不愤不启，不悱不发，举一隅不以三隅反，则不复也。”[1]朱熹将此解释为“愤者，心求通而未得之意。悱者，口欲言而未能之貌。启，谓开其意。发，谓达其辞。”[2]可谓对“愤”“悱”的正解。朱作仁主编的《教育辞典》中也作此注“愤，心求通而未甚通；悱，

1 （宋）朱熹．四书章句集注[M]．北京：中华书局，1983：95．
2 （宋）朱熹．四书章句集注[M]．北京：中华书局，1983：95．

口欲言而未能言，即不到学生‘愤’‘悱’之时，不进行启发开导。”[1]“愤悱”作为一种状态，从教学的功能意义而言，我们可以从两个方面来理解。一方面，我们可以从非认知的角度将“愤悱”理解为学生的“求知欲”“需要”或“内在动机”。如郑玄所言：“孔子与人言，必待其人心愤愤，口悱悱，乃后启发为说之，如此则识思之深也。”[2]另一方面，我们可以从认知的角度将“愤悱”理解为学生在认识上的一种困惑状态，即似懂非懂，有所知而非全知。朱熹、张载等人将此解释为“疑”，强调“学贵有疑”。由此而言，学生的“愤”“悱”状态应是实施启发式教学的先决条件，或者说启发式教学要求学生必须充分发挥主体性与主动性，达至“愤悱”状态，以得启发。这同时说明，启发式教学不是普遍适用的，启发式教学不是万能的教学方式，启发式教学的实施必须要掌握恰当的时机，如果不管什么情况随意滥用，则只能事倍功半，“不启”“不发”，如程子所言：“不待愤悱而发，则知之不固，待愤悱而后发，则沛然矣。”[3]

进一步的问题是如果将“愤悱”作为启发式教学的第一先决条件，在学生未达“愤悱”之状时，教师便不启不发，那么教师的作用何以体现？进而言之，学生的“愤悱”状态如何达至？是自觉自发的吗？显然，要解决这个问题，我们就不能仅将“愤悱”作为启发式教学的第一前提，而应把它看作启发式教学过程中的一个环节。启发式教学首先要使不愤者有求通的要求，使不悱者有欲言的愿望，然后才是对“愤悱”者开意达辞的启发。

如何才能使不愤者求通，不悱者欲言呢？或者说如何才能激发学生的学习动机，启迪学生的独立思考呢？这就涉及启发式教学的运用问题。

（二）启发式教学的过程反思

日常教学工作中，为了使学生达至“愤悱”状态，或者说为了激发学生的学习动机，教师们通常采用的方式便是“提问”，这种提问往往形式上的一问一答，提出的多是一些简单的是或不是、好或不好、对或不对的封闭性问题。[4]学生不需要思考钻研，只需跟着老师的思维节奏“回答”就可以了；或是教师提出一个问题，只待学生答出预定的“正确”答案，对学生的“非正确”答案则不予理睬。

案例研究

教师上《乡愁》一课，设计了“如果有个人到了一个遥远的地方，时间一长，开始想念

1 朱作仁. 教育辞典[Z]. 南昌：江西教育出版社，1987：367.

2 程树德. 论语集释[M]. 程俊英，蒋见元，点校. 北京：中华书局，1990：449.

3 （宋）程颢，程颐. 二程集[M]. 北京：中华书局，1981：208.

4 这里举一个非常普遍的教学案例，如教师问“小红同学表现很好，我们一起给她鼓鼓掌，好不好呀？”学生齐答“好！”

自己的亲人，这叫作什么”的导语，意在启发学生说出主题。作答学生先回答了“多情”，在教师进一步“启发”中又相继说出了“月是故乡明”“举头望明月，低头思故乡”“月亮走我也走”，最终在教师的满脸阴云和“命令”式的要求中，嗫嚅地回答了“深情”，好在有其他同学接口“乡愁”，教师才如释重负。课后反思讨论中，该教师被问及当时为什么不换掉这个开头，教师说“都是事先设计好的，否则这堂课不完整也不新颖了”。

资料来源：叶波．反思“有效教学”的技术化倾向[J]．课程·教材·教法，2013（6）：36-37．

在此背景下，教学中教师提出问题的多少以及学生回答问题的多少，声音的高低、整齐程度，课堂表面气氛的活跃程度等就成为启发式教学运用效果的评价标准。但这就是启发式教学吗？回答是否定的。如果肯定启发式教学的前提条件是学生的“愤悱”状态，那么在上述的教学过程中，学生“愤悱”状态很难看到，没有“愤悱”状态的出现，何谈启发式教学呢？再者，假使教师希望通过启发使学生达至“愤悱”状态，那必不能通过忽视、强迫、威胁等手段获取，而必须以学生的主体性和主动性发挥为前提，引导学生的思维，让学生独立思考。在这个过程中，教师既不能越俎代庖，也不能请君入瓮[1]，而要“道而弗牵，强而弗抑，开而弗达”。为什么要这样做呢？《学记》里回答说：“道而弗牵则和，强而弗抑则易，开而弗达则思。和易以思，可谓善喻矣。”[2]这就是说，在教学上必须做到“和、易、思”才算是善于启发。所谓“道而弗牵则和”是指教师如果能够引导学生而不牵着学生走，便可使师生间和悦相处；“强而弗抑则易”是指教师如果能勉励学生而不是压制学生，学生就会感到教师平易近人。在此前提下，启发式教学便会出现“开而弗达则思”之果。正所谓时雨之化。“譬如种植之物，人力随分已加，但正当那时节欲发生未发生之际，却欠了些子雨，忽然得这些子雨来，生意岂可御也！”[3]也就是说，在启发式教学中，教师要和学生构建起良好的师生关系，要让学生体会到教师平易近人的作风，才能促使学生进入“愤悱”状态，此时的启发就会成为“及时而无声之雨”，润泽学生心田，启迪学生思维。

如此而言，启发式教学大体可分为三个阶段，在不同的阶段，教师的任务各不相同，体验也不同。第一阶段是学生“无愤悱之状”时，教师需要做大量的工作，以此来激发学生的学习动机、学习兴趣，促使学生尽快达至“愤悱”状态。此时如果方法运用不当，极易出现“启而不发”的现象，教师需要付出极大的努力，需要对教育事业充满热诚和奉献精神；第二阶段是学生处于“愤徘之状”时，学生有心求通、有口欲言，这时教师只需做少许工作，但其艺术性要求极强，“举一”能否产生所期待的“反三”效应，依赖于教师的博学多才。

1　如案例所示，教师不是以学生为主体，启迪学生的思维，帮助学生学会思考，“以学定教”，而是以教师为中心，以教学设计为中心，“以教定学”牵制学生跟着自己走，这样的“启发式”教学效果可想而知。

2　（汉）郑玄，（唐）孔颖达．礼记正义[M].《十三经注疏》整理委员会，整理.北京：北京大学出版社，1999：1064.

3　（宋）朱熹．朱子全书：第15册[M]．朱杰人，严佐之，刘永翔，主编．上海：上海古籍出版社，合肥：安徽教育出版社，2002：1223.

学生若“反三”以对，教师便会有得英才而教的快乐体验。第三阶段是学生处于“情知并足之状”，学生因乐而始，由疑而思，最终“识思之深”得到了认知和情感的双重满足，对学习产生乐而为之、自觉为之、勤奋为之的持久动力，此时教师只需稍加点拨，教学便事半功倍，“教是为了不教”的快感油然而生。

在启发式教学的最高阶段（第三阶段），学生处于“情知并足状”，教学实现了“教是为了不教”的目的，或者进一步说学生可能超越了教师的“术业”范围，达至“青出于蓝而胜于蓝”之态。古语云“教学相长”，此时，教师就需摆脱权威的观念影响，俯下身来向孩子学习了。为什么要向孩子学习呢？

二、为什么要向孩子学习

美国著名人类学家玛格丽特·米德（Margaret Mead）将人类文化传递现象大致划分为三种类型：前喻文化、并喻文化和后喻文化。前喻文化是指晚辈主要向长辈学习；并喻文化是指晚辈和长辈的学习都发生在同辈人之间；后喻文化则是指长辈反过来向晚辈学习。[1]第二次世界大战后，科技革命的蓬勃发展使整个社会发生了巨大的变革，“如果说过去存在若干长者，凭着在特定的文化系统中日积月累的经验而比青年们知道得多些，那今天却不再如此[2]。”相反，社会由此进入了长辈反过来向晚辈学习的“后喻文化”时期，原先处于被教化者地位的晚辈之所以能够反客为主充当教化者的角色，是因为古往今来没有任何一代能够像他们一样经历如此巨大而急速的变化，也没有任何一代能够像他们这样“了解、经历和吸收在他们眼前发生的如此迅猛的变革”[3]。“代表未来的是孩子，而不是父母或祖父母”[4]，“年轻人按照自己的首创精神自由行动，他们能在未知的方向中为长者引路”[5]。而且，“在这个世界中，人们普遍乐意接受各种观点相互冲突的局面，而不是正统观念”[6]。

国内学者周晓虹早在1988年就提出了“文化反哺”的概念，并运用“文化反哺”这一概念对“后喻文化”做了很好的诠释。文化反哺即那种由年青一代将文化及其意义传递给年长一代

---

1 关于米德对人类文化传递现象的划分，目前存在两种不同的翻译和解释，一种是周晓虹译本，前喻文化是指晚辈主要向长辈学习；并喻文化是指晚辈和长辈的学习都发生在同辈人之间；后喻文化则是指长辈反过来向晚辈学习。一种是曾胡译本，前象征文化是指长辈向晚辈学习，后象征文化则是指晚辈向长辈学习。因周晓虹译本在国内日常生活领域形成了一定的影响，因此，这里暂采用周译本中的用法。

2 [美]玛格丽特·米德. 文化与承诺：一项关于代沟问题的研究[M] 周晓虹，周怡，译. 石家庄：河北人民出版社，1987：21.

3 [美]玛格丽特·米德. 文化与承诺：一项关于代沟问题的研究[M] 周晓虹，周怡，译. 石家庄：河北人民出版社，1987：85–86.

4 [美]玛格丽特·米德. 代沟[M] 曾胡，译. 北京：光明日报出版社，1988：84.

5 [美]玛格丽特·米德. 代沟[M] 曾胡，译. 北京：光明日报出版社，1988：89.

6 [美]玛格丽特·米德. 代沟[M] 曾胡，译. 北京：光明日报出版社，1988：81 .

的新的传承方式。[1]他认为，在文化传承过程中，年长一代正在向年青一代学习，这种社会文化现象是改革开放30多年来中国在经济社会发展转型的同时中国人所经历的价值观和社会心态的巨大转变，是对“只此一地”“只此一次”的文化传承方式的变革。从社会学角度看，“文化反哺”是一个“反向社会化”的过程，即传统受教育者对教育者反过来施加影响，向他们传授社会知识、价值观念和行为规范的一种自下而上的社会化过程。

案例研究

当任其自然、随性而作时，儿童展现出惊人的艺术天赋。他们对色彩的感受简直令人难以置信！我尤其记得一幅风景画，红色屋顶的房舍出现在暗色的树木和山峦之间，弗拉曼克的力量和自然以童稚的方式张扬其间……许多田园牧歌式的风景画以及表现战争场景的画作是按照极其优美的古典主义原则来构图的，一切本着天性本能，浑然天成。空间和物体围绕中轴体现优美的平衡感。房舍、树木、人物按照黄金分割法出现在应该出现的地方。

资料来源：[美]加雷斯·B. 马修斯. 童年哲学[M]. 刘晓东，译. 北京：生活·读书·新知三联书店，2015：161. 文字进行了进一步润色。

“文化反哺”的文化传承代际颠覆现象对教育提出了诸多新的要求，最直接的要求就是“向孩子学习”。[2]向孩子学习绝不意味着成人的幼稚，恰恰相反，这标志着成人真正的成熟与睿智。因为在后喻文化时代，孩子们出生、成长在新时代，他们对时代有天然的适应能力，在这种情况下，成人不得不向他们学习，以便更好地适应社会变化。另外，信息时代的来临使孩子通过网络或其他手段会比成人更早、更多地获得信息，当孩子对事物的感知与成人所教知识发生冲突时，孩子就会大胆或无情地对成人的“教育”进行批判。在后喻文化时代，学生会表现出与以往不同的时代特征。第一，学生具有更强的自主意识。当代学生自主意识更强，更追求个性，渴望表现自己，喜欢独立处理自己的事情，有自己独特的生活方式，不愿接受教师和同学的帮助。第二，学生具有更强的民主意识。当代学生更追求自由、民主和人权，呼吁信任、理解和尊重。第三，学生的反叛精神比较鲜明。当代学生往往表现出反传统、反权威的特点。反对父母和教师的说教，不喜欢枯燥乏味的书本知识，对网络兴趣较浓，对现代科技、文化等知识感兴趣。他们往往反对传统的、固定不变的知识学习。

在此背景下，成人包括教师还能维持自己的绝对权威吗？传统的长幼之序和师道尊严既已受到猛烈冲击，那么，我们依靠什么来维持成人对孩子应有的权威和影响呢？我们还能做到学为人师吗？在互联网越来越普及，知识来源越来越多元化的今天，既然我们已经做不到

1　周晓虹. 文化反哺与器物文明的代际传承[J]. 中国社会科学，2011（6）：109.
2　孙云晓. 改变学校、家庭教育的28个观念（下）[J]. 中小学管理，1998（6）：4.

"学富五车"，那么，我们应当如何应对来自孩子的越来越难以应付的提问呢？我们还能继续维护传统的学生观、儿童观吗？在社会越来越进步，个人权利及其主体性越来越受到关注的今天，如果我们承认孩子是具有自我意识的学习主体和发展主体，有其独立的人格和自我价值，那么，我们应当如何来重构新型的师生关系呢？学校还能发挥原有的功能吗？在高度信息化、一体化的社会中，学校显然已经不是唯一的知识来源和社会化场所，各种超文本的知识信息通过各种媒介充斥着社会的各个场所，新的交往形式，大大地拓展了一代人的学习与交往空间，在这种情况下，学校如何适时应变，对来自各个方面的影响加以选择，发挥其组织、调控的作用呢？可能的答案是教学方式的变革——"翻转课堂"的尝试。

三、"翻转课堂"反思

"翻转课堂"起源于美国科罗拉多州落基山的"林地公园"高中。2007年春，该校化学教师乔纳森·伯尔曼（Jonathan Bergmann）和亚伦·萨姆斯（Aaron Sams）开始使用录屏软件录制PowerPoint演示文稿的播放和讲课声音，并将视频上传到网络，以此帮助缺席的学生补课。后来，这两位老师让学生在家观看教学视频，在课堂上完成作业，并对学习中遇到困难的学生进行讲解。这种教学模式受到了学生的广泛欢迎。[1]2011年，萨尔曼·可汗（Salman Khan）在TED［Technology Entertainment，Design（技术、娱乐、设计），美国一家私有非营利机构］大会上的演讲报告《用视频重新创造教育》中提到：很多中学生晚上在家观看可汗学院（Khan Academy）的数学教学视频，第二天回到教室做作业，遇到问题时则向老师和同学请教。这与传统的"老师白天在教室上课的，学生晚上回家做作业"的方式正好相反的课堂模式被称为"翻转课堂"（The Flipped Classroom）。由此，"翻转课堂"成为教育界关注的热点，被比尔·盖茨认为"预见了教育的未来"，并被加拿大《环球邮报》评为2011年影响课堂教学的重大技术变革。在我国，上海、南京、重庆、广州等地中小学也相继开始了翻转课堂的教学实验。

> **翻转课堂（The Flipped Classroom）**
> 一种新型的课堂教学模式，学生晚上在家通过观看教学视频学习，第二天回到教室做作业，遇到问题时则向老师和同学请教。这与传统的"老师白天在教室上课，学生晚上回家做作业"的方式正好相反的课堂模式被称为"翻转课堂"。

借助现代信息技术，"翻转课堂"教学实现了对传统课堂教学知识传授和知识内化在时间和空间上的颠倒。传统课堂教学知识传授是通过教师在课堂上的讲授完成的，知识内化则是学生在课后通过作业、操作或实践来完成的。"翻转课堂"则实现了二者的颠覆，知识传授是在课堂外，学生通过观看教师

1 张跃国，张渝江．透视"翻转课堂"[J]．中小学信息技术教育，2012（3）:9-10.

事先录制的“教学视频”，自主选择学习时间完成的；知识内化则是在课堂上经过教师的帮助与同学的协作完成的。教师设计开发精简、明晰、个性化的“教学视频”上传网络平台，并提供在线辅导，“学生在家里观看介绍概念的视频，然后通过上课来展示他们的学习。这样就不需要老师在全班同学面前再次讲授”[1]。这种利用网络在线学习的方式实现了教师角色的转换，“教师转换了角色：‘从讲台上的圣人转变成身边的指导者’”[2]。在现代信息技术支持下的个性化学习中，学生也实现了角色的转换，学生成为自定步调的学习者，自主选择学习的时间、地点。课堂的翻转实现了从知识传授与互动的课堂空间扩大至网络空间的传授与互动，延伸了课堂教学对话，实现教学对话主体的多极化，扩大了传统意义上“教”与“学”的空间。课堂的翻转，还转变了传统教学中家长独立于教学之外的局面，实现了家长角色的转换，家长成为学生学习的主动参与者和监督者，通过观察学生在家学习“教学视频”的情况对其进行更深入的了解，更好地配合教师的教学工作，促进学生的全面发展。

案例研究

艾尔蒙湖（Lake Elmo）小学，一所位于斯蒂尔沃农村地区的学校，该校教师于2011年暑期接受了有关翻转课堂的相关训练，并于2011年9月至2012年1月进行了翻转式教学。该校的特色之处在于教师能很好地将Moodle平台应用到教学中，使得翻转教学活动能在学生间、师生间的课余时间内进行良好的互动交流。

在小学5年级的数学课中，学校为学生配备了iPad和耳机，并要求学生先观看10～15分钟的教学视频，再通过Moodle学习管理平台来完成一些理解性的问题。学生对于问题的回答都将被保存到Moodle平台上，教师在第二天上课之前就可以了解到学生的答题情况，然后再针对课堂活动设计教学。此外，他们还鼓励学生在Moodle平台上进行协作学习，开展同学之间的互助讨论，促进学习共同体的形成。

在斯蒂尔沃区共有13所学校（艾尔蒙湖小学作为其中之一）的13个班级（包括10个小学班级、2个初中班级、1个高中班级）52门课程的8900名学生参与了翻转课堂的试点教学改革，虽然最终教学成果分析要到2012年年底才能获得，但大多数教师表示他们不愿再使用传统方式教学，因为翻转课堂的学生接受度高且家长也很满意。

资料来源：张金磊，等．翻转课堂教学模式研究[J]．远程教育杂志，2012（4）：47-48．文字有改动。

---

1 Commentary G R.The Khan academy and the day — night flipped classroom[J]. Biochemistry and Molecular Biology Education, 2012,40(9)：337-338.

2 Wesley B J. The classroom flip：using web course management tools to become the guide by the side[C]//Chambers J A. Selected Papers from the 11th International Conference on College Teaching and Learning. Florida：Florida Community Coll., Jacksonville, 2000：3-9.

“翻转课堂”实现了知识传授与知识内化在时间和空间上的颠倒，可谓教学领域的颠覆性变革，但这种形式上的变革对于教学而言一定是积极的吗？或者说这种教学方式与传统教学方式相比，就一定是更“好”的吗？也不尽然。

首先，“翻转课堂”可能仅仅是概念的偷换，虽说学生学习的时间从课堂转到了课后，学习的内容却仍然是固定不变的，只不过学生由直接面对教师的讲授变成观看教师事先录制好的“教学视频”，因此，这种翻转只是时间、空间的简单转换，基础都是相同的讲授教学法，所谓“新瓶装旧酒”“换汤不换药”，充其量是陈旧教学方法的一个高科技版本而已。[1]

其次，“翻转课堂”将课堂教学内容提前录制成“教学视频”供学生在课后自主学习，但实际上观看“教学视频”就是学生的家庭作业，看似学生可以随意选择学习的时间、学习的内容，可以减轻学生的学习负担，实际上学生可以选择的余地很小，甚至需要投入更多的时间、更多的精力完成更多的“作业”，因此，“还没有消除数字鸿沟，翻转作业仍是家庭作业，更多的时间更坏的教育”[2]。另外，学生在观看教学视频后，自己完成课余练习并在互联网中查找资料，总结问题，然后在课堂中与教师、同学进行讨论。这一切都是建立在学生具有良好的自主学习能力和信息素养的基础上的，问题是，学生的自主学习能力和良好的信息素养如何形成？

再次，“翻转课堂”对信息技术的依赖使得其应用的范围也有很大的局限性。翻转课堂的实施需要信息技术的支持。从教师制作教学视频、学生在家观看教学视频到个性化与协作化学习环境的构建都需要计算机硬件和软件的支持，如平板电脑等电子移动设备，对于缺乏相应硬件条件的学生和家庭来说，这会不会带来额外的经济负担，给学生制造人为的不公平？教学视频从前期的拍摄到后期的剪辑都需要有专业的技术支持，这对教师而言是否意味着更大的挑战，或者加重了教师的负担？

最后，从国外开展翻转课堂教学试验的学科来看，多为理科课程。理科课程知识点明确，很多教学内容只需要讲清楚一个概念、一道公式、一道例题、一个实验就可以了，这样的学科特点便于翻转课堂教学的实施。“复杂程序性知识，通过‘翻转课堂’的策略，至关重要的是建构和拆解步骤：不仅要确保视频简短，同时也要保证每一步骤都合理得当，能为学生完全理解。”[3]而政治、历史、语文等人文类课程则不仅知识内容纵横交错，且更需要教师与学生进行情感上、思想上甚至是眼神的交流、沟通才能起到良好的教学效果。那么，如何在文科课程教学中应用翻转课堂模式呢？

另外，在“翻转课堂”教学模式引进的过程中，国内兴起了一股“微课”或“微课程”热潮。“微课”是从“翻转课堂”中引申出来的概念。前述可汗学院的课程是一小段一小段

---

1 Ash K. Educators View ‘Flipped’ Model With a More Critical Eye[J]. Education Week, 2012,32(2)：6–7.

2 Nielsen L. Five Reasons I’ m not Flipping Over the Flipped Classroom[J]. Technology & Learning, 2012,32(10)：46.

3 Milman N B. The Flipped Classroom Strategy：What Is it and How Can it Best be Used? [J]. Distance Learning, 2012(9)：85–87.

教师讲授知识点的“小课程”（微视频），这种供学生自主学习的教师授课的“微视频”被称为“微课”或“微课程”。在国内，“微课”这一概念最早是在2011年出现的，此后这一概念逐渐引起众多学者的关注，较早开始研究的是广东佛山教育局教育信息中心的胡铁生老师，佛山中小学还举办了国内最早的微课大赛。而“微课”到底是什么，目前学术界尚没有一致界定，黎加厚认为，微课是指时间在10分钟以内，有明确的教学目标，内容短小，集中说明一个问题的课程。[1]焦建利认为，微课是以阐释某一知识点为目标，以短小精悍的在线视频为表现形式，以学习或教学应用为目的的在线教学视频。[2]胡铁生等认为，微课是以微型教学视频为主要载体，针对某个学科知识点（如重点、难点、疑点、考点等）或教学环节（如学习活动、主题、实验、任务等）而设计开发的一种情景化，支持多种学习方式的新型在线网络视频课程。[3]不过不管如何界定微课，微课的出现都对当代教育变革具有重要的现实意义。对学校教育而言，微课是一种新型的、可共享的、不受时间地点限制的教育资源，通过微课，学校教学模式的变革成为可能；通过微课，新一轮基础教育数字化变革成为可能；通过微课，优质教学资源共享成为可能；通过微课，学校教育与微时代同行成为可能。

但“微课”目前尚属新生事物，微课的建设和应用还有诸多问题需要我们反思和改进。首先，“微课”是教师教学“微视频”，但如果仅将教师课堂实录视频切片而做成一个个教学片断，教师组织课堂教学的方式没有变革，这样的“微视频”不是真正意义上的“微课”。因为“微课”不是教师上课的辅助视频教学资源，也不同于促进教师专业发展和教学反思的“微格教学”。“微课”是翻转课堂教学模式中供学生自主学习的重要资源，它与传统意义上的课堂教学视频片断有根本区别。在“翻转课堂”教学模式中，“微视频”需要与学习单元、学生的学习活动流程等结合起来，才是一个完整的“微课程”。如果离开了学生的学习活动，仅仅录制一段教师上课讲授的内容，并没有形成“微课程”的系统。在这个意义上，微课并不是一个孤立的教学环节，而是一个完整的教学系统。目前国内出现的各类“微课”，大部分停留在简单的课堂教学视频录制阶段，“微课”质量有待提升。微课质量提升涉及微课的科学性、技术性和艺术性。微课的科学性提升与教师对翻转课堂以及微课的认识、理解和应用有关；微课的技术性提升与教师设计、开发微课的技能有关；微课的艺术性提升则与教师的教学专业素养有关。

“微课”是翻转课堂教学模式中学生学习的重要资源，微课的发展不仅在于微课的设计、开发和建设，更重要的在于微课的应用。因此，我们在建设微课资源的同时，必须要考虑微课的应用问题，以建设促应用，以教学需求与应用实践来引领和促进微课的有序发展，

1 黎加厚．微课的含义与发展[J]．中小学信息技术教育，2013（4）：11.
2 焦建利．微课及其应用与影响[J]．中小学信息技术教育，2013（4）：13.
3 胡铁生，黄明燕，李民．我国微课发展的三个阶段及其启示[J]．远程教育杂志，2013（4）：37.

忌重建设而轻应用。但目前国内微课资源的应用情况令人担忧，有研究者在中国微课网微课资源的使用情况调查中发现，微课的点播查看率很低，且点播查看主要集中于微课的制作人；微课的使用率很低，且主要是作为教师课堂教学辅助资源呈现，而不是翻转课堂教学模式下学生自学的资源。因此，通过各种途径和形式加强微课的推荐宣传，通过大力推进翻转课堂教学模式的变革等途径来强化微课的应用是今后微课发展的重要内容。

翻转课堂教学实现了知识传授和知识内化的时空转换，引领了课堂教学的变革。不过，无论是传统课堂还是翻转课堂，教学中一个突出问题是重视一般到特殊的演绎推理教学，缺少从特殊到一般的归纳教学。

四、有过程的归纳教学反思

在一定意义上说，人类认知世界的过程就是从个别到一般的历史过程，科学诞生的过程也多是经历了从个别到一般的过程，可以说，归纳的过程与儿童认识世界的过程具有天然的相似性。从个别到一般的认识过程，孕育发现、探究、分类等多种思维过程，对于培养儿童的创造性，保护儿童的好奇心，激发儿童想象力具有重要的意义和价值。教学应该让儿童更多地经历从个别到一般的归纳学习的过程，只有这样，才能让儿童成为学习的主人，而并非停留在等待教师传授现成的概念或结论层面上。

有过程的归纳教学强调从特殊到一般，即从个别现象出发，抽象出共性，总结出一般的结论。它强调从经验过的东西推断未曾经验的东西，从事物的过去和现在推断事物的未来，或者从事物的现在推断事物的过去。需要注意的是，这里的“归纳”并非狭隘的数学学科中的归纳推理，而是体现为一种教学设计的思想，即强调从学生个体出发，从学生已有的经验出发开展教学。[1]有过程的归纳教学强调情境性、过程性和逻辑性。

“有过程的归纳教学”是发现问题、解决问题的过程。情境，尤其是蕴藏问题的情境在教学中起着至关重要的作用，情境能够引出需要解决的基本问题，激发学生学习的动机，引发学生探究的欲望。数学学科所研究的对象虽然具有抽象性，但却来源于真实世界，是人思维和经验的过程与结果。因此，在数学学科实施“有过程的归纳教学”应有情境，情境是知识的生长点，是教学展开的动因。

“有过程的归纳教学”中的“过程”主要是教学必须以知识的发生、发展和认知形成的内在联系为线索，充分展现和经历其中的思维活动，使学生真正参与到发现的过程中来。就数学学科而言，“过程性”一是指教学要重视数学概念、公式、定理、法则的提出过程，要外显

1　于伟，等.率性教育的理论与实践探索[M]. 北京：教育科学出版社，2018:50−51.

数学家的思维过程，让儿童沿着数学家的思维轨迹再创造和再发现；二是教学活动要具有体验性和探究性，学生要能够积极主动地参与到学习活动中来，要自主地学习，主动地探索。

“有过程的归纳教学”的“逻辑性”，一方面是指教学要符合儿童认知发展的规律，儿童的认知发展具有阶段性，每一阶段有其独特的认知结构，6~12岁的儿童，其思维正处在从直观操作到具体形象思维，再上到抽象思维的过渡发展阶段；另一方面是指归纳教学中的归纳推理应是“具有传递性的”推理。“一个简单推理是逻辑推理当且仅当这个简单推理具有传递性。”[1]

有过程的归纳教学作为教学变革的积极尝试，在保障学生学习主体地位，发挥学生学习积极性，激发学生学习创造力等方面意义重大。不过，有过程的归纳教学作为一种教学设计思想，其适用也是有条件的，来自教育教学实践的经验表明，数学、语文、科学等学科的适用性更强，而像体育、艺术等学科则相对较弱。如何更好地利用有过程的归纳教学，实现“好”的教学，尚需教师在实践中进一步探索和创造。

综上，基于“有过程的归纳教学”要求的教学首先要确定探究学习的主题内容；其次要围绕学习内容创设挑战性的学习情境，生成需要解决的基础问题；再次要围绕基础问题设计探究性的操作活动；最后要进行多维对话和思维沉思，实现新知的归纳和建构。以探究问题为动因、以操作活动为载体、以归纳推理为隐线，这些要素构成有过程的归纳教学的教学系统。

案例研究

[教学目标]

1.掌握三角形的面积计算公式，能够正确地计算三角形的面积。

2.通过操作活动，进一步感受度量思想和方法，培养分析、综合、抽象、概括的能力。

3.在探索过程中，增强实践能力、探索意识、合作精神与创新精神；同时获得积极、成功的情感体验。

[教学重点]

理解三角形面积计算公式的本质和推导方法,掌握三角形面积的计算公式。

[教学难点]

1.理解面积公式的本质是度量面积单位的个数。

2.通过转化前后图形之间的联系推导计算方法。

1　史宁中．试论数学推理过程的逻辑性：兼论什么是有逻辑的推理[J]．数学教育学报，2016（4）:1-16.

[教学流程]

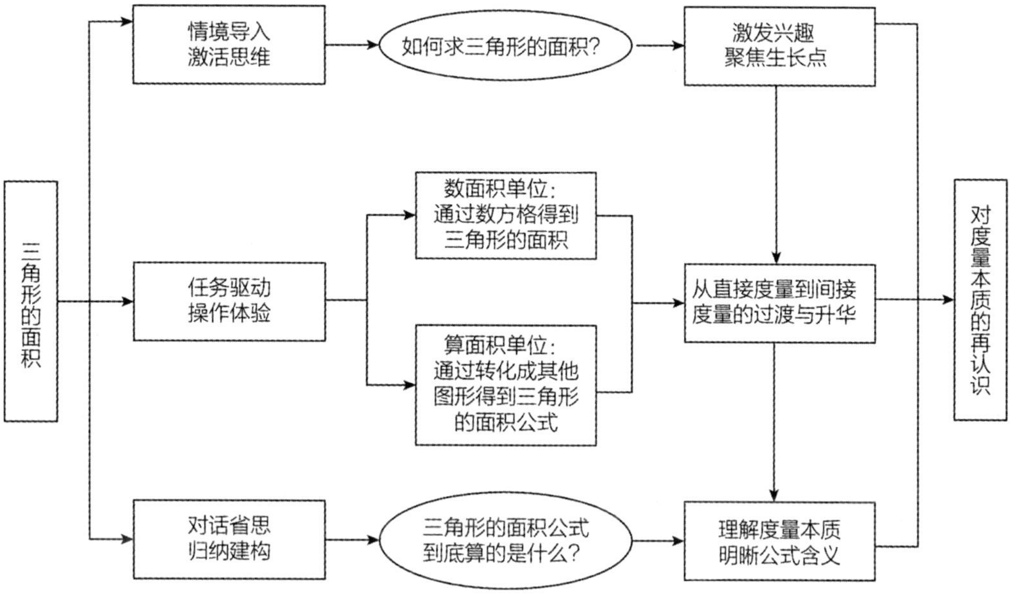

图8-1　三角形面积计算的教学流程

“好”的教学的实现离不开恰当教学方式的选择，而与教学方式选择密切相关的则是教学中的自由、控制与民主问题，如何认识、处理和协调这三者之间的关系，直接影响到“好”的教学能否实现的问题。

第三节
教学中的自由、控制与民主问题

学习目标

深入理解和认识教学中的自由、控制与民主问题。

一、教学自由及其必要性反思

（一）教学自由

教学自由顾名思义包含了“教的自由”和“学的自由”，但鉴于教师的教和学生的学是两类主体和性质都不相同的活动，我们这里将重点关注教师“教的自由”问题。在这个意义上，我们将教学自由界定为一种教师在职业生活中的“职业自由”或“教授自由”，它不仅意味着教师在教学过程中所享有的一系列权利，而且还指教师在教学活动中所追求的一种自主思想或行为状态，同时也是他们自觉运用教学规律开展教学活动的状态或结果。[1]教学自由是一个内涵和外延都很宽泛的概念，教学自由包含的内容亦十分丰富，我们可以大致从两个方面来理解，一是教师的教学选择权，二是教师的拒绝权。教师的教学选择权是教师教学自由的主要内容，这主要包括教师对教学目标、教材、教学内容、教学方式方法、教学评价等的自主选择权利。教师的拒绝权是指教师在专业范围内，依据自己的专业判断，不受他人强迫，可以拒绝参与与教学无关或不利于教学的工作。

（二）教学自由的必要性

为什么需要教学自由呢？或者说为什么教学自由是保证“好”的教学实现的必要条件呢？其原因在于自由是教学活动本身的内在要求，是教学活动在逻辑上和实践上能够成立或发生的必要条件。“好”的教学，如前所述，是一种关涉意向反思、师生互动、伦理建构和创新的社会活动。由此可以说，教学自由是保证教师教学意向合理反思、保证师生良好互动、保证教学合乎伦理和教学创新的必要条件之一。

1. 教学自由是保证教师形成真正教学意向的必要条件

教师能否自主地对自己所持有的教学意向进行反思、质疑、辩护和理解是判断教学“好”“坏”的标准之一。对教师而言，自主地进行教学意向反思的首要前提就是教师拥有教学自由。如果没有教学自由，教师就只是教学的“机器人”，一切都按事先预定的程序进行，教学目标是给定的，不管是使学生成为接受的知识“容器”，还是实现对学生的控制和规训，这些都与“我”（教师）无关，教师所做的只是执行“命令”而已。如此，教学意向的反思如何可能？对于教师而言，没有对教学意向的自由自觉的思考、理解、反思和辩护，就等于没有形成真正的教学意向，没有真正的教学意向作为教学活动的前提和基础，所谓“教学”充其量就只是照本宣科的“灌输”，盲目机械的“训练”或鹦鹉学舌的“宣传”而已。

2. 教学自由是保证师生良好互动的必要条件

没有师生之间的良好互动或交往，就没有“好”的教学。教学自由则是保证师生良好互动的必要条件。因为教学中的师生互动不同于一般意义上的人与人之间的互动，师生之间虽说是平等的关系，但教师在教学活动中仍然处于主体的地位，要对师生互动负主要责任。如果没有教学自由，教师在师生互动中处于从属或者被动的地位，他又如何能承担起师生互动的责任？又如何才能实现对学生成长的指点和引领？没有教师的教学自由，师生交往就沦为

---

1 石中英．教育哲学[M]．北京：北京师范大学出版社，2007：226.

一般意义上的交往，教学的“教育性”如何得到保证？如此，教学就不成其为“教学”，充其量是人际交往或交流。

3. 教学自由是保证教学合乎伦理的必要条件

如前所述，教学伦理性的保障和实现是衡量“好”的教学的核心标准。教学伦理性主要体现为教师在教学中所担负的伦理责任。责任是与自由相联系的，只有一个人能够从一开始就自由地行动，我们才能对他实际上所做的事情界定责任，也就是说，责任必须以自由为前提。因此，如果我们要求教师要对自己教学中的行为负伦理责任的话，那么就必须给教师教学自由，必须保证教师的教学行为是自由、自愿的行为；如果教师的教学行为是被迫的或者不自由的，就不应该要求他们对自己的行为负责。总之，教学自由保证了教师可以担负起自己所应承担的教学伦理责任，反之，要求教师承担教学的伦理责任，就必须给他们以教学自由。

教育家语录

自由与道德：总有一些人千方百计地割裂二者之间的关系，企图把自由奠基于权利和快乐的领域而不是奠基于义务的领域。始终如一地坚持二者的一致性吧！自由是良知的统治得以成长的条件。自由就是让良知来指导我们的行为，自由就是良知的主宰。

——[英]阿克顿．自由与权力：阿克顿勋爵论说文集[M]．侯健，等，译．北京：商务印书馆，2001：310.

4. 教学自由是保证教学创新的必要条件

如前所述，教学是否具有创新性是衡量教学“好”“坏”的重要标准。而教学创新与教学自由之间有着密不可分的关系。自由是创新活动的前提，没有自由，人就不可能进行创新；而创新活动的展开，也是在实践着人的自由，提升着人的自由。“除非人们得以按照他们的希望，‘按照只与他们自己有关的方式去生活’，否则文明就不会进步，真理也不会显现，因为我们会缺少自由的观念市场；人类的自动自发、原创力、天才、心智能力、道德勇气等，也将无从发挥。”[1]对教学创新而言，教学自由不仅是教学创新的前提和必要条件，教学自由的获得和运用本身就是教学创新的体现。

1 [英]以赛亚·伯林．两种自由概念[M]．陈晓林，译//刘军宁，王焱，贺卫方．市场逻辑与国家观念．北京：生活·读书·新知三联书店，1995：207.

二、教学控制及其必要性反思

教学自由是教学活动本身的内在要求，是教学活动在逻辑上和实践上能够成立或发生的必要条件。同样，教学控制亦是教学活动本身的内在要求，是教学活动在实践中能够完成的必要条件。教学是一个不断发展、变化的动态活动过程，在这个过程中，每一个因素都存在着多种变化的可能性，教学意向的达成或者说“好”的教学的实现，必然离不开控制，只有通过控制才可能实现“好”的教学。

（一）教学控制

所谓教学控制是指教师对教学活动进行管理和调整的方法与行为的集合。[1]教学控制的对象广义上包括影响教师教和学生学的所有要素，狭义上主要是指对学生学习活动过程的控制。不过这种对学生学习活动过程的控制并不是简单地追求效率而填鸭式地“一刀切”“一锅煮”，也不是要强制学生接受教师的一切观点，控制学生的思维活动，限制学生的理性发展，而是为保证教学活动的顺利进行而对学生实行的必要引导和适度约束。

教育家语录

在教育中为个人自由而斗争的自然的逻辑的结果是，教师应当改进他对学生的控制，而不是放弃控制。

——[美]斯金纳（转引自瞿葆奎. 教育学文集·教学：上册[C]. 北京：人民教育出版社，1988：523.）

（二）教学控制的必要性

为什么说教学控制是教学实践的必要条件？教学控制会不会导致诸如限制学生自主发展，导致教师课堂霸权或者教学方式单一呆板等问题，或者说教学控制是不是与教学自由相矛盾和冲突呢？

1. 教学控制是保证教学目标实现的必要条件

学生的自主发展，既是好的教学的目标（教学意向），又是衡量好的教学的重要标准（学生的自主发展是学生创新精神的重要表现）。如果教学控制必然阻碍了学生的自主发展，或者说教学控制阻碍了教学目标的达成，那么教学控制对教学而言就是不必要的障碍，须予以清除。事实是否如此呢？答案是否定的。从教学控制的目的来看，教学中实施教学控制的目

1　赵婧. “教学控制”辨析[J]. 教育学报，2009（4）：47.

的并不是要操纵和限制学生的自由学习活动，使学生的学习陷入僵化、封闭的境地，教学控制只是对教学活动的过程进行必要的规范和引导，以保证教学活动实现预期的目的和维持教学活动的正常秩序。从教学控制的作用来看，教学控制具有纠偏的功能，或者说教学控制是保证教学目标实现的必要条件。教学过程是一个动态变化的过程，在这个过程中，给予教学充分的自由同时意味着教学过程中可能出现对教学目标不可避免的偏离，如果不及时调整这种偏离，偏离就可能不断累积并放大，甚至一发而不可收拾，最终影响正常的教学秩序并对教学目标的达成产生重大威胁。如果教师能够及时把握教学过程中出现的偏离信息，及时采取有效的教学控制策略和措施，那么可能的偏离就会得到恰当的应对，教学活动得以顺利进行，教学目标得以实现。从教学控制的方式来看，无论从伦理的角度还是从操作的角度，教学控制都应是对教学过程中学生活动的一种引导和推动，其目标是保证教学意向的实现（学生的自主发展）。因此，教学控制不是教学强制或教学压制，不是教师使用强制手段对学生思维、个性和行为实行操纵，教学控制不必然导致教师霸权。教学控制是一个中性的概念，任何类型的教学都需要实施教学控制，只不过教学控制的方式不同而已。那些限制学生思维、扼杀学生个性的行为不是教学控制，或者说那些行为背离了教学控制的初衷，是对教学控制的误解和误用。

2. 教学控制是保证教学方式合理运用的必要条件

如前所述，教学方式是影响好的教学的重要因素之一，教学方式的多样化和适切性也是教师教学的重要目标之一。那么，教学控制会不会限制教师对教学方式多样化的追求？教学控制会不会必然导致教学方式单一呆板呢？答案是否定的，因为教学控制是教学系统良性和有序开展并最终达成教学目标的关键性要素。在具体的教学过程中，为了达到特定的教学目标，教师需要依据不同的教学需要选择不同的教学方式，而任何类型的教学方式的运用都离不开教学控制的支撑，即使是像我们一贯认为的给学生以极大自由的探究学习也离不开恰当的教学控制。就探究学习而言，“要使这种学习活动避免流于散漫和轻率，并最终指向一定的价值目标和实现某种教学期望，教学控制的意义就显得格外重大。因此可以说，探究学习需要教学控制，教学控制也因探究学习而使其意义更加彰显”。[1]其实，不仅是对探究学习，对合作学习、自主学习等在内的其他教学方式而言，教学控制都为它们的合理运用提供了必要的保障。那种认为摆脱控制，就可以激发教师巨大创造潜力，就会促使他们大力推广各种新型的教学方式的想法只是一厢情愿而已。在实际的教学过程中，教学控制并不是要控制教的方式或学的方式，只是要使教学的展开过程符合相关规范的要求，使教学方式与教学目标达成一致。因此，教学控制与教学方式之间的关系是，教学控制通过规范学生的行为，为学生的学习活动指明一个具体的方向，并维护一个学习活动开展的可能性空间；反过来，教学方式的

1　阳泽. 探究学习中如何“控制”课堂[J]. 人民教育，2003（21）：25.

多样化又对教学控制提出了更多、更高的要求，推动教学控制的进一步发展和完善。

三、教学民主及其反思

（一）教学民主

教学民主（Teaching Democracy）

所谓教学民主是指在教学过程中，师生人格平等，共同参与，各自发挥不同作用，从而实现一定教学目标的一种机制。

民主是时代的潮流，教学民主是民主教育的核心，也是当代教育教学追求的目标。关于什么是教学民主，学术界尚未达成一致的共识，有以下几种代表性观点。“所谓教学民主是指在教学过程中，师生人格平等，共同参与，各自发挥不同作用，从而实现一定教学目标的一种机制。”[1]“教学民主就是在课堂教学中坚持民主平等的原则，师生平等参与、合作学习，促进学生学习的一种教学方式。”[2]教学民主就是“突出学生的主体地位，创设民主、和谐氛围，激发学生的主动参与意识，开发学生的学习潜能，指导学生学会学习的一种现代教学过程”。[3]教学民主是指教师在教学中“对学生人格、个性、主体地位及其他方面全面尊重的状态、现象”。[4]但无论教学民主的具体界定是什么，谈到教学民主问题，我们必须首先回答的一个问题是，如何处理教学民主中的自由与控制问题，或者说上述关于教学民主界定中所提出的平等、尊重等理念的具体操作都需要以恰当处理教学中的自由和控制问题为前提和基础。

（二）教学民主中的自由与控制问题

教学自由是教学民主的核心，没有教学自由就没有教学民主。如前所述，教学自由包括教师教的自由和学生学的自由。如果教师没有教的自由，只是某种“既定程序”的执行者，那么教师的教学就谈不上教学民主的问题；如果学生没有学的自由，学生只是被动的“知识接受者”“规范执行者”，同样也谈不上教学民主。同时，教学民主中教师教的自由和学生学的自由又是相互制约的，如果师生任何一方过分地夸大和强调自己的自由，忽视、漠视或剥夺另一方的自由，则教学民主亦不可能实现。在当下的学校教学过程中，教师教的自由虽然仍存在较多问题，但相较之下，学生学的自由问题是当前教学民主实践中更重要的一个问题。具体而言，要真正落实教学民主，就必须让学生有思想自由和表达思想的自由。这些思想也许是幼稚的、不成熟的，甚至还有不少错误的地方，但它们是学生自己的，它们充满着

1　王萍．素质教育与课堂教学民主[J]．现代大学教育，2002（1）：55.
2　张国民，周春爱．浅析民主教学[J]．教学与管理，2003（1）：37.
3　庞大镶．关于课堂教学民主的思考[J]．人民教育，2000（9）：32.
4　李年终．关于课堂教学民主性的思考[J]．广西社会科学，2002（2）：215.

不囿于定论与成见的年轻而鲜活的气息。只有这样，教学才不会钳制学生的思想，才会有利于学生学习的主动性和创造性的发挥。让学生有表达自己思想的自由就是让学生有发言权。教学是师生平等合作，共同参与的过程，学生理所当然地有自由表达思想的权利。学生有了自由表达思想的权利，教学民主中所包含的平等、尊重、交流才得以真正体现，没有学生的思想自由及表达自由，所谓平等、尊重就只能是空中楼阁，可望而不可即。

另一方面，自由是有限度的自由，不是毫无节制的放任自流，教学自由亦是如此。重视和强调教学民主中的自由问题，尤其是学生学的自由问题并不能走极端。这意味着教学中学生有思想自由权和表达自由权，学生能自由地展示自己的个性，发展自己的个性，但是这种自由的运用和发挥不是无边界的和任意的，而是有限度的、有约束的，这个限度和约束就是教学控制。教学控制是教师为达成特定教学目标而对教学过程所做的规范、引导和调整，这意味着教学中不仅要给学生自由，同时要对学生进行必要的规范管理和引导，教学民主不仅以教学自由为前提，而且以教学控制为保障。不给学生自由，就失去了教学民主的前提；只强调学生在教学中的自由，会导致教师不严格要求学生，就会流于放任，失去了教学民主的保证。因此，教学民主是给学生自由与教师对学生规范管理、严格要求的统一，二者缺一不可。在实际的教学过程中，学生可以表达思想，自由发言，但这种自由表达不能漫无边际地无限制地进行下去，教师必须要把握教学的时机和节奏，适时协调、引导学生的发言，处理好“放”（学生自由）与“收”（教学控制）的关系，否则教学就不可能顺利进行，“好”的教学的实现更无从谈起。

案例研究

我刚在黑板上写下课题“老树的故事”，正准备按常规讲课时，教室里炸开了锅：“老师，老师，你看，老树爷爷是双眼皮呢。”“才不是呢，这是老树爷爷笑眯了眼，看上去像双眼皮。”“那老树爷爷为什么笑呢？”……

望着乱哄哄的教室，我非常生气，手中的教鞭就要狠狠地敲在讲桌上。是顺着孩子们的思路展开教学，还是将孩子们的学习思路扭到我原来的教学思路上来？我扫视着一双双表情各异的目光，寻找着答案。我们学新教材，学生为什么不可以从课文的插图进入阅读呢？对！我必须尊重学生的选择，调整教学思路。待孩子们平静后，我说：“这堂课老师和你们一起当学生，听一听你们关于老树的故事。”

“这棵老树年轻的时候可漂亮了，现在，老了，长满了皱纹。”

一位胆大的学生举手了。我让他上讲台为大家讲老树的故事，我坐到了这位学生的座位上。孩子们见我真做起了“学生”，都专心地听起故事来。

“鸟儿是老树的好朋友，老树可喜欢它们了。”

“老树爷爷可爱听歌了，鸟儿们在它身上唱呀，跳呀，老树乐得笑眯了眼。”

我像小学生一样专心地听着孩子们心中关于老树的故事。我惊叹孩子们如此奇妙的想象。我为什么不给他们创造一个想象的自由空间呢？乘势而进，我又向“小老师”们提出了一系列问题，把学生的思维引向深入。“你们还有没有问题要向老树爷爷请教呢?”刷！一双双小手迫不及待地举起来，问得也千奇百怪。

“老树爷爷，是谁把你栽下的?”

“老树，老树，小鸟在你头上玩，你痒痒吗?”

“你生病了，谁给你治病呀?”

……

孩子们畅所欲言，自由想象，从他们脸上，我看到了畅快淋漓的神情。我为学生真正成为学习的主人而骄傲!

我在教学后记中写道：“是啊，作为教师，我们不仅要自由教学，更要善于调控教学。只有尊重学生的体验和想法，给学生以自由，才能真正激发学生的学习激情；同时，只有善于调控教学，给教学以方向，才能真正实现“好”的教学的目标。”

本章小结

1. 有效教学并不一定是“好”的教学，好的教学的几个可能标准是教学意向的合理反思、师生关系的良好互动、教学伦理保障的实现和教学创新的实践反思等基础上的有效教学。

2. 教学方式的选择是保证“好”的教学实现的因素之一。启发式教学不是适合于所有教学情境的教学方式，启发式教学必须讲求启发的时机和启发的艺术。后喻文化时代的到来促使我们在教学方式上必须作出相应的变革，我们不仅需要教育孩子，而且也需要向孩子学习。信息化时代的到来以及现代信息技术的进步催生了新的教学方式，翻转课堂就是在此背景下出现的一种新型教学方式，但其合理性和适用性尚待进一步质疑和拓展。有过程的归纳教学为教学方式变革提供了新方向，但有过程的归纳教学的实践尚需教师的进一步探索。

3. 教学民主是“好”的教学实现的重要影响因素，教学民主的核心是正确处理教学中的自由与控制问题。一方面，教学自由是教学民主的核心，没有教学自由就没有教学民主。另一方面，重视和强调教学民主中的自由问题，尤其是学生学的自由问题并不能走极端。教学中不仅要给学生自由，同时要对学生进行必要的规范管理和引导，教学民主不仅以教学自由为前提，而且以教学控制为保障。

总结 >

关键术语

有效教学 Effective Teaching	翻转课堂 The Flipped Classroom	教学民主 Teaching Democracy

章节链接

在这一章，你读到……	在其他章节中，你将发现相关的讨论……
关于教学中的自由、控制与民主问题	在第十章“班级”中有关于班级管理中的自由、规范与民主问题的讨论
关于教学自由问题	在第九章“教师”中有关教师教育自由的讨论

应用 >

批判性思考

在教学过程中，有的老师强调教学自由，主张充分发挥学生个性，对学生放任自流；有的老师强调教学控制，严格限制学生的学习活动，压制学生的个性；有的老师则强调教学民主，主张教学自由与教学控制的和谐。您的教学属于哪种风格？您是如何协调和处理教学自由与教学控制之间关系的？

教学一线记事

有过程归纳教学的展开

一、归纳是基于联想的思维形式，让学生进行有知识根据的合乎情理的想象，联想是归纳最基本的思维方法

这种在有知识基础的和有知识根据的合乎情理基础上的设想，使学生能借助已知产生“正迁移”，引发联想，为推理提供良好的学习氛围。借助直观图形“变化的三角形”，引发下列猜想：三角形的内角和是否是一个确定的度数，如果是一个确定的度数，可能是多少。这激发了学生验证的兴趣，为接下的来合情推理做了铺垫。

师：上节课我们根据一定的标准把所有的三角形都进行了分类，（大屏幕展示）这节课我们要来细致地研究三角形（板书：三角形），你觉得可以研究

它的什么?(角)

师：老师这里有一个可以变化的三角形，请你仔细观察在三角形变化的过程中，它的三个角有什么变化?(有的角在变大，有的角在变小)这能说明什么?

生：三角形的内角和是180度。

师：用眼睛就能看出是180度？那我们能确定什么？

生：内角和是一个固定的度数。

师：看来内角和可能真是固定的，刚才有同学说是多少来着?(板书：180)有没有什么问题要问他?(教师用剪刀剪一个小三角形)这个大的和这个小的也一样?(板书：大小不同)那这两个形状不同的呢?(板书：形状不同)

师：数学学习要严谨，要有理有据，到底是不是你们说的180度，怎么得出的?

二、归纳推理的思维过程是动态的，促进学生经历多种思维沉思的过程，从而归纳概括出一般结论

归纳推理的思维过程是动态的，既有直观的实验感知，又有理性的数学思考。分析、比较是归纳的基本思维形式。动手操作一定要与分析、比较等思维活动结合起来，跳出简单的直观感知层面，涉及逻辑推理论证层面。通过不断经历合情合理的推测，经历形象与抽象等多种思维沉思的过程，从而归纳概括出一般结论。

师：先看学习要求。想一想你要用什么方法得到三角形的内角和。想好了吗?想用量角器测量的请举手，老师对你们有一个要求，三个角的数据必须是实际量出来的，只要量完就不许再改了，把你量完的数据直接用水彩笔写在每个角的旁边。如果你用的是其他方法，把你的作品贴在学习卡1上。

师：我看到同学们都得到了自己手里三角形的内角和，接下来我们来分享自己的方法，因为每个同学手里的三角形不一样，用的方法也可能不一样，所以倾听的时候不懂就问，有疑问就质疑补充，交流结束之后完善自己的方法，一会儿带着自己的作品以个人的形式进行汇报。

学生汇报不同的方法。

1.量

师：这位同学量的是锐角三角形，谁量的不是这样的三角形？还有的同学量的不是黑板上这两种的吗？老师调查一下，已选择测量方法的同学，你们量完之后发现问题了吗？为什么会这样呢？如果给你的三角形非常标准，你能保证逐个量完加在一起就一定是180度吗？为什么不能？因为测量有误差。

师：通过测量我们能确定什么？（板书：180度左右）谁还有不同方法？

2.拼

（1）撕拼（图8-2）。师：明明是三个内角，到这里转化成一个角了。（板书：转化）看起来和平角很接近，那是不是一定是平角呢？平角有什么特点？看来只要是操作就一定有误差。

现在我们可以进一步确定三角形的内角和确实和180度很接近。

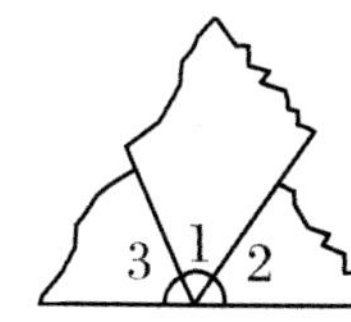

图8-2　撕拼

（板书：接近180度）

（2）折拼（图8-3）。师：这个方法和前面的哪个方法是一回事？

折的时候需要有一定的技巧和要求。

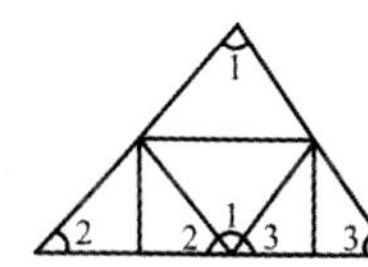

图8-3　折拼

（3）多个三角形拼（图8-4）。师：老师这里也有个拼的方法，猜猜是谁的方法？

古希腊有位数学家、哲学家泰勒斯，他受到拼图方法的启发，把六个完全一样的三角形拼在了一起，从而得到了三角形的内角和。

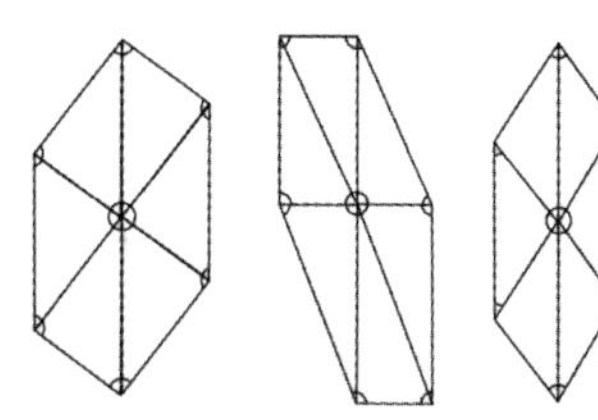
图8-4　多个三角形拼（泰勒斯）

有看懂的吗？

生：这里有两个角1，两个角2，两个3。三角形内角和也就是360÷2=180度。

师：但是在拼的过程中三角形和三角形之间是有缝隙的，因此泰勒斯也无法确定三角形的内角和就一定是180度，但他为后来数学家的研究指明了方向，三角形的内角和很可能就是180度。

3.证明

师：我们刚才的研究也为接下来的学习指明了方向，就着这个方向，接下来我们来思考，能不能借助一种我们已经知道内角和的图形来证明三角形的内角和就是180度呢？

(1)直角三角形。

师：这里有个提示，可以在学习卡上画一画，老师给每个小组准备了一个信封，里面有直角三角形，可以拿出两个完全相同的直角三角形先标上角再摆一摆。

学生独立学习并汇报。

师：有疑问吗？那这两个直角三角形的内角一共是6个，这6个内角跟长方形的4个内角有什么关系？怎么能确定其中一个直角三角形的内角和就是长方形一半的呢？

师：我们根据长方形的内角和推理计算出任意直角三角形的内角和。（板书：计算推理）这个直角三角形的内角和是180度，其他直角三角形呢？

（2）锐角三角形、钝角三角形。师：怎么说明锐角三角形、钝角三角形的内角和？

能不能借助已经知道的直角三角形的内角和来推算出来呢？

师：老师看很多同学遇到了困难，可以抬头看看大屏幕上老师给的提示。谁看懂了？

生：锐角三角形通过作高，其实可以看成两个直角三角形的内角和减去合并在一起的两个直角， 所以锐角三角形的内角和是180度。钝角三角形也是一样的道理。

师：我们也证明了锐角三角形和钝角三角形的内角和。现在可以得到什么结论？

生：我们研究的三角形的内角和都是180度。

三、归纳推理的思维基础是类，通过类来促进学生形成由个别到一般的不完全归纳思维

由于完全归纳推理具有局限性和不可实现性，尤其是需要归纳推理的个别事物的数量过于庞大，如果遵循完全归纳推理原则，就需要调查所有的三角形，这是一种不实际的推理原则。不完全归纳是相对于完全归纳而言的，不完全归纳推理是统计推理归纳中比较常用的一种方法，在集合中有每个类中具有代表性的元素，从而归纳概括出一般结论的同时，形成由个别到一般的归纳思维。

师：说说我们到目前为止得到的研究结论吧。不对呀，我们才研究不到40个三角形吧，怎么能直接说三角形都是这样呢？需不需要把世界上所有的三角形都拿来一一研究呢？

生：把三类三角形分别研究一些，就可以代表所有三角形了。

师：我们由30多个个别的三角形可以推出一般。

所有三角形的内角和很可能就是180度，这个过程在数学上被称为归纳推理，这是我们在数学学习中经常用到的方法。（板书：归纳推理）

资料来源：孙艳君．基于有过程归纳　促进学生思维发展：以《三角形的内角和》一课为例[J]．吉林省教育学院学报，2020(3):28-31．

体验练习

1．“好”的教学的可能标准有哪些，请根据你的理解进行选择。（　　）

A．教学意向合理　　B．师生关系融洽　　C．符合教学伦理

D．教学有创新性　　E．学生分数高

2．假设你所任教的班级有一名学生很调皮，近来学习成绩不断下滑。以往的经验表明这样的学生属于“不打不成才”的孩子，一旦他遭受体罚，学习成绩就会有提高。这时你会怎么做？为什么？

3．假设一堂课上，学生们争相发言，非常踊跃，但学生们讨论的话题却离教学核心内容越来越远，快下课了，你会怎么做？

案例研究

学完“声和光”的有关知识后，学生正在做教师布置的作业，突然一位学生把课前准备的糖拿出来吃。取糖时发出了糖纸摩擦的声音，把同桌的视线也吸引过去了。尽管这位学生小心翼翼，还是被教师发现了。此时教师稍作沉思，扫视了一下“目标”处，然后开始向学生提问：“你们听到了一种声音吗？”一个学生说：“听到了。”教师又问：“是什么声音？”学生说：“好像是塑料纸摩擦发出的声音。”教师又问：“后面的同学听到了吗？”学生说：“没有听到。”前面的学生解释道：“因响度随距离的增加而减弱。”教师问：“前面的学生虽听到了声音，但知道这位同学究竟在干什么吗？”学生说：“他在塑料包装纸里取糖。”教师问：“你是怎么知道的？”学生说：“因为声音沿直线传播，只有我和他右边的同学才知道。”说到这里，这位吃糖的同学已是面红耳赤，一番看似有趣实则充满教育智慧的教学引导和控制，使课堂教学中出现的“异常情况”得到了及时的控制和疏导，实现了教学自由与教学控制的完美融合。

1．在课堂教学过程中，您遇到过类似的情境吗？您是如何处理的？

2．在本案例中，教师的处理方式主要体现和运用了我们学过的哪些教学理论？运用的效果如何？还有更好的处理方式吗？

拓展 >

补充读物

1 [美]斯特赖克，索尔蒂斯. 教学伦理[M]. 洪成文，等，译. 北京：教育科学出版社，2007.

该书是一本教学伦理著作，主要以案例分析的形式讨论了教学中的惩罚与正当程序、学术自由、学生平等、文化多元和教师专业化等伦理问题。该书最大特点是以教学中生动、具体、鲜活的案例为基础，讨论复杂的伦理问题，极具启发性。

2 石中英. 教育哲学[M]. 北京：北京师范大学出版社，2007.

该书是教育学基础系列教材，是国内教育哲学研究的重要著作之一。该书从哲学与教育的关系入手，依次讨论了什么是教育哲学、教育哲学简史、人生与教育、知识与课程、理性与教学、自由与教育、民主与教育，以及公正与教育等问题。该书内容丰富，逻辑清晰，极具思想性与可读性。

3 张立昌，等. 教学哲学[M]. 北京：中国社会科学出版社，2009.

该书从哲学的视角研究教学本质、教学目标、教学内容、教学主题、教学过程、教学评价等问题，提出了教学哲学的科学定位，提出了教学哲学的对象、任务、方法等的独特性。该书特点是视角独特涉及面广。

4 于伟，等. 率性教育的理论与实践探索[M]. 北京：教育科学出版社，2018.

该书作为东北师范大学附属小学教育改革的成果之一，注重理论与实践的融合，不仅可以为中小学管理者提供教育改革的思路借鉴，也可以为小学教师开展教育教学实践提供养分和参考。

在线学习资源

陈晓端等：“课程与教学论”（中国大学MOOC）

https://www.icourse163.org/course/SNNU-1205775805?from=searchPage&outVendor=zw_mooc_pcssjg_

该课程主要讲授课程与教学的基本原理、基本概念与基本理论；介绍世界上发达国家基础教育课程与教学改革的发展趋势以及我国基础教育新课程改革的基本理念与实践状况；阐明当代课程与教学的若干新理念与新理论，包括建构主义、多元智力、反思性教学、有效教学、差异性教学、发展性评价的理论等。同时，本课程的主体内容还将涉及课程设计、课程实施与课程评价，以及教学过程、教学模式、教学方法、教学艺术、教学技术与教学评价等。

第九章
教师

本章概述

本章从哲学的角度讨论成为教师的相关前提性因素，主要分析了三个方面的问题：第一，分析了教师为人师表的结构性因素；第二，分析了教师专业成长的本质性因素；第三，分析了理解教师个体教育理论的内涵及形成的方法论因素。

结构图

1 教师的“为人师表”

- a 现实化的教师形象：“为人师表”的不同隐喻
- b 内在化的教师使命：“为人师表”的重要功能
- c 对象化的教师存在：“为人师表”的关系逻辑
- d 系统化的教师劳动：“为人师表”的内在结构

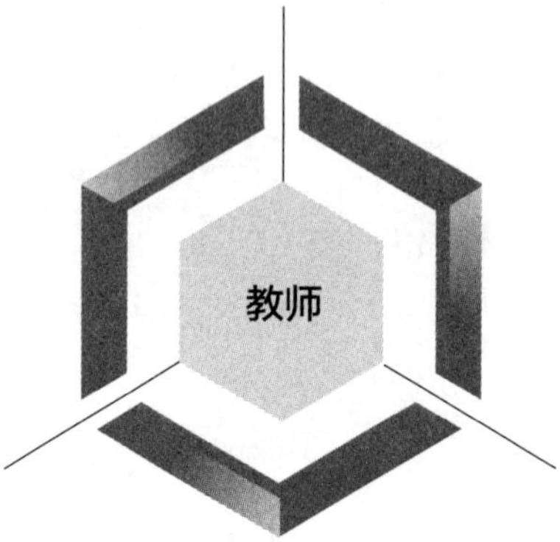

2 教师的专业成长

- a 教师专业化：教师专业成长的历史前提
- b 教师的教育信念：教师专业成长的灵魂
- c 教师专业成长中的话语例举：“这是为你好”

3 教师的个体教育理论

- a 教师个体教育理论的内涵与特点
- b 教师个体教育理论的生成

学习目标

学完本章，你应该做到：

1. 了解教师为什么必须为人师表的基本原因。
2. 理解什么是教师的专业成长，掌握教师专业成长的基本内涵。
3. 明晰什么是教师的个体教育理论，掌握教师生成个体教育理论的方法论。

读前反思

对于每一个人来说，教师都是个体成长过程中难以忘怀的人。对于教师的印象，都会勾起很多人对学校教育生活的深刻回忆。而未来的我们，也将在历经这些学习过程之后成为一名人民教师。那么，未来的你将要成为什么样的教师呢？阅读本章之前，请你首先阅读下面一些关于教师的名言。

案例1：俄国教育家乌申斯基认为：“教师们把自己的全部精力和血汗，把他所有的一切宝贵品质都贡献给自己的学生，贡献给本国人民。但是，同志们，既然你们今天、明天、后天都得把你们所有的一切都贡献出去，但同时你们如果不日新月异地补充自己的知识、力量和精力，那你们就连什么也不会剩下来了。所以，教师们一方面要献出自己的东西，另一方面又要像海绵一样，从人民中、生活中和科学中吸收一切优良的东西，然后再把这些优良的东西贡献给学生。”

——你是否可以想象：作为教师，你不仅要面向学生，而且还要面向你自己，去不断地进行专业成长呢?

案例2：我国当代教育学家王逢贤先生认为：“为什么孔夫子在他的弟子中享有那样崇高的威望，裴斯泰洛奇被奉为‘爱的教育之父’，马卡连柯教育流浪儿童创立了那样光辉的业绩，陶行知在他的学生心灵中留下了那样深的印记，郭兴福教学法有那样的高效率，斯霞被誉为‘教育界的梅兰芳’，王胜川办工读学校成瘾……他们教育成功的共同秘诀，用他们切身体验的话来说，就是对自己的教育对象‘要有一颗以诚相待的心，真心实意地爱他们’。”

——这种“教育爱”是很多教育家成功的秘诀，你如何理解这种特殊的“教育爱”呢?

案例3：我国小学语文教育名家窦桂梅认为：“一个教师能走多远，他的学生就能走多远”；“教师因读书铸就备课灵魂，便成就了教育的永恒爱心、理想信念、社会良知以及社会责任心，这，才是一个真正的教师不可或缺的精神底子。”

——作为未来的教师，你认为应如何为教师生涯储备精神财富呢?

教师，是很多人都再熟悉不过的一个职业。然而，“教师”究竟是谁？成为“教师”有哪些理论前提？教师为何必须“为人师表”？如何理解教师的专业发展？如何看待教师的个体理论与实践？这些对教师的本体追问，其实隐含着我们对教师职业和身份的一种思考；而对这些问题回应得含混不清，恰恰是教师研究难以深入进行的制约性因素。我们有必要在教育哲学研究中审慎思考关于教师的相关理论，深入探讨教师在学校场域中真实的存在样态，深刻把握教师成长的思想轨迹，并试图发现其内隐的观念状态以及实践逻辑。

第一节 教师的“为人师表”

学习目标

理解教师“为人师表”的必要性与条件性。

教师（Teacher）

教师具有广义和狭义两重含义。广义的教师泛指传授知识和经验的人；狭义的教师则指受过专门教育和专业训练，按照相关标准和要求，在学校场域中对学生进行德、智、体、美、劳等多方面教育的专业人员。

在现实生活中，“为人师表”似乎成为教师的一种应然表现。那么，教师为何必须“为人师表”？这种“为人师表”究竟表现在哪些方面？其实，“教师”一词也经历了复杂的变化。随着教师所处的社会环境不断变迁，教师的权威、地位及其功能也历经时代盛衰而不断演变。“先师”“塾师”“业师”“帝师”“祖师”等诸多尊称也不断为这些从事知识与技能传授者、思想与价值引导者冠名。而贯穿其中的便是“为人师表”的共同属性。从现有文献来看，“为人师表”一词最早见于《北齐书·列传第二十三》中“杨愔重其德业，以为人之师表”一句，其意为在人品学问等方面作为他人学习的榜样。这种特殊的称谓在教育发展史中已经逐渐成为指称一名教师身份的特殊符号。而解析这种提法就必须要从明确教师的本体功能、内在结构入手，不断辨别对教师的诸多误读，进而在历史与现实的双重维度中还原教师“为人师表”的真实价值。

一、现实化的教师形象："为人师表"的不同隐喻

"为人师表"的道德崇高凸显了教师职业的特殊价值，也在一定意义上为教师职业增添了无形压力。特别是在经济社会快速发展的时代背景下，教师的无私奉献与默默付出也在诸多舆论中被不断地予以演绎、解读，而这些正表现出新的历史条件下"为人师表"的不同理解，并形成了诸多具有隐喻性质的教师形象表述，如"蜡烛论""工程师论""园丁论""桶水论"等。正如石中英所说："隐喻不单单是作为一种语言修辞的手段而出现，而且也是作为一种基本的教育思维方式而存在，是研究者把握研究对象、表达自己观点的一种基本方式。"[1]因此，借助这些不同的"隐喻"，我们也能透视出教师"为人师表"在现实条件下的不同表现和基本特征。

（一）"蜡烛论"中的"为人师表"

"春蚕到死丝方尽，蜡炬成灰泪始干。"唐代诗人李商隐的这句无题诗虽然是对春蚕和蜡烛的赞扬，但在很多现代人看来，其中所包含的基本思想正符合教师职业无私奉献与默默付出的基本特点。

教师职业与其他职业不同，教师以人的知识和道德养成为主要对象，以处于成长期的学生为"工作对象"。在师生关系的处理中，教师必须要紧密观照学生的认知水平，不断切合学生的实际发展水平。要以学生为主体，以教师为主导，充分发挥学生的主动性，把促进学生健康成长作为学校一切工作的出发点和落脚点。但蜡烛所散发出来的光芒总是朝向一定的目标，具有明确的指向。如果将教师比作蜡烛，那么教师这支"蜡烛"所散发的光芒必定是以照亮学生为目标。然而，教师在发展学生的过程中不仅要"照亮"学生，引导学生的个体成长，而且也在教育过程中实现着自身的专业发展。教师也有生命，也需要来自学生的思想启示，不断实现"教学相长"。因此，"蜡烛论"显然没有充分意识到教师在教育学生的过程中自身的专业发展问题。

同时，"蜡烛论"在将教师的精神崇高性进行赞扬的同时，也指出了教师在教育过程中所处的尴尬地位：蜡烛自身的有限性决定了蜡烛的功能必定也是有限的，如果将教师比作不断燃烧的蜡烛，那么教师只能依靠"燃烧"自己来实现其工作职责吗？教师一定要以"牺牲"自身的方式引领学生的成长吗？显然，我们尚需对这种"蜡烛论"中的"燃烧"现象进行再思考。因此，"蜡烛论"赋予教师的"师表"更多地体现为教师崇高的道德形象，在"燃烧"自己的过程中"照亮"别人。而教师不仅应付出自己的博爱，而且更应该不断充实自己，在

1 石中英. 教育学研究中的概念分析[J]. 北京师范大学学报（社会科学版），2009（3）：34.

自身专业成长的过程中成为照亮学生成长的“长明灯”。

（二）“工程师论”中的“为人师表”

“人类灵魂的工程师”是苏联领导人斯大林对作家的称谓，苏联教育家加里宁将这句名言引用到教育界，称“很多教师常常忘记他们应该是教育家，而教育家也就是人类灵魂工程师”。自此以后，“人类灵魂的工程师”成为对教师的特定称谓，而这往往被看成是社会对教师所彰显的“师表”的崇高赞誉。然而，“工程师论”所表征出来的内涵也从两个方面引发我们的思考。

一方面，教师可以像工程师那样对学生进行塑造吗？工程师不同于其他职业，工程师能够依照蓝图制造产品，是机械加工与制造领域的技术能手。众所周知，工程师制造机器的过程，必须严格依照一定的工艺要求和严格的操作步骤进行有序加工，不可随意更改预定方案。然而，教育活动的整个过程却是在无形的思想引领中进行的，需要面对诸多生成性因素，难以通过强有力的预设而达成目标。如果将教师比作工程师，那么教师能够对学生形成强有力的预设吗？或者说，学生的发展能够按照教师的设想进行“形塑”吗？显然，工程师似的“师表”只能表现出“教书匠”一般的操作程序，而难以发挥出教育本身所特有的育人功能。教育不仅是一项科学事业，需要像工程实施那样精密细致，而且也是一项艺术事业，需要教师对学生进行心灵深处的呵护与引导。从这个意义上说，教师无法真正像工程师那样按照既定方案对学生进行塑造。

另一方面，教师如何有效塑造学生的“灵魂”？“灵魂”作为虚拟的词用来比作学生的思想和精神，但工程师如何将这一无形的“灵魂”加以塑造？工程师所加工的产品处于实实在在的物质形态，能够借助科学手段有效评估其质量的优劣、性能的好坏。教育活动是师生之间的一种对话，是教师对学生情感的唤醒、智慧的激发与能力的提升，而不是如工程师一般去制造事先被规定好的产品。因此，工程师所表征出来的“师表”只能将教师比作无所不能的“神”，按照工程设计的意图去培养教师，而无法还原出教育过程的复杂性以及教师职责的艰巨性，工程师意义上的教师也无法实现灵魂的有效塑造。

改革开放以来，我国教育事业发展迅速，但像建工厂那样统一建设学校，像培养工程师那样统一培养教师，像购买原材料那样统一招收学生、像生产产品那样产出毕业生、像考察产品那样检验毕业生质量的传统“工业化”教育发展模式仍然存在。这种模式在提高教育普及率、提升教育公平度等方面确实发挥了重要作用，但所产生的诸多问题也在提醒我们：绝不能用单纯的工业化思维来谋划教育发展，需要对“工程师论”意义上的“师表”进行深刻反思。

（三）“园丁论”中的“为人师表”

我们常说“教师像园丁一样”。但你是否想过：教师真的和园丁一样吗？有的学者认为，如果将“工程师论”中的“师表”看作一种“工业”思维模式的话，那么“园丁论”中的“师表”则是典型的“农业”思维模式。其实，很长一段时间，我们都愿意将教师比作园丁，学生如种子一般需要由教师来浇水、培土，实现其个体成长。这折射出教师甘为人梯的师范形象。这种隐喻既反映出学生个体发展的一般规律，描述出学生发展的可能性以及学生个体发展的差异性，又顾及教师在从事教育活动过程中劳动的复杂性。然而，当反思这种表述时，我们不难发现，这种“园丁论”意义上的“师表”形象也隐含着一定的问题。

其一，这种观点仅仅看到教师的辅助作用，而没有看到教师在教育过程中的主导作用。园丁只能在无法更改其本性的前提下，按照植物内在的价值以及品性去培养或修剪，使其更好地生长；而人的发展之所以不同于植物，就在于能够在无限的可能性中寻求一种发展的路径，而教师正是这种发展路径的选择者和引导者，在学生个体成长中发挥重要的主导作用，而不仅仅是“园丁”意义上的辅助作用。

其二，这种观点仅仅看到教师在教学过程中的外在影响，而没有看到学生内在的个体参与。园丁虽然十分尊重植物本身生长的特殊性，但对于植物的修剪更多地只是发挥教师外在的个体作用；而教育过程之所以复杂就在于有学生的主动参与，学生在教育过程中不是被动地接受（或像植物一样任由园丁修剪），而是要在教师的引导下积极参与教育过程，成为教育活动的重要参与者。同时，教师也在“教学相长”的双向活动过程中促进了自身的专业成长，师生交往的过程强化了教师学习的重要性，而这显然不是园丁能够实现的。

因此，“园丁论”意义上的“师表”更类似于传统教育所表现出来的具有更大权威的教师形象。现代教育意义上的教师恰恰超越了传统的教师内涵，在与学生的共同成长中建构起教师身份，在师生互动中推动学生价值观和知识观的建构。

（四）“桶水论”中的“为人师表”

一段时间以来，“教师要给学生一碗水，自己要有一桶水”的“桶水论”观点深深地影响了很多教师。这种观点十分重视教师知识和能力的储备，强调教师对学生施加影响的前提首先来自对自身素质的强化，尤其表现为一种“量”上的储备。这种观点的合理性在于，教师所承载的首要任务便是“传道”，而“道”之所以“传”即在于学生本身并不具备这样的“道”，教师需要通过“传”的过程增长学生的“道”。于是，教师只有更好地完善本身所具备的这些“道”，才能进一步落实教学目标。传统的教师教育模式也更多地沿着这种理念进行，通过不断对师范生或在职教师进行知识传授，试图帮助教师在“量”上实现专业成长。但“桶水论”的观点仅仅看到了教师的知识和能力在“量”上的储备，而没有看到这种知识和能力在“质”上的标准约束以及“给水”过程的方法问题。“桶水论”反映的恰恰是一种应试教育的模式，这种观点将学生当作一种承载知识的容器，被教师不断地注入各种知识，其检验标准往往是考试的成绩。

当前，个体信息来源日趋多样化、多源化，教师与学生在各种新媒介面前处于一种平等地位，教师对信息量的掌控能力也并非一定会强于学生。因此，教师的知识储备并非一定会多于学生。“教师在教学中只是一个协调人，其作用是为学生的学习尽可能多地提供资源，创造一个积极学习的环境，让学生自己健康、和谐地发展。”[1]在这一过程中，教师也应不断学习，尤其应在教育过程中主动向学生学习，与学生共同探讨问题，不断构建起知识学习的新模式。

当然，任何一种有关教师的隐喻都在传达着不同的“师表”形象，在增加有关教师表述的生动性和形象性的同时，也有助于人们从多角度审视教育现象、表达教育主张。而正是在这些日常话语中传达出社会对教师这一群体的极大关注，同时也凸显出教师最为平实的群体形象。不难看到，随着社会的变迁，社会舆论对教师角色的解读也在不断进行，“师表”的内涵与功能也在不断充实和完善。尤其在新的教育环境下，更需要从事教育实践、进行教育理论研究的教师们对“师表”进行重新定位与思考。

二、内在化的教师使命：“为人师表”的重要功能

教育家语录

学校的重要任务——培养学生成为具有好奇的、创造性的和不断探求精神的人。我把童年时代当作思维的学校，而把教师视为对自己学生的身体和精神世界成长关怀备至的人。

——[苏]苏霍姆林斯基．育人三部曲[M]．毕淑芝，等，译．北京：人民教育出版社，2015：154．

严格来说，教师之所以呈现出不同的“师表”形象，关键在于教师所承载的功能不同。从不同的视角审视“师表”，实际上也正是基于教师所具备的不同使命而表征出的不同形象，而这也正是“为人师表”背后所潜隐的核心问题。

1　陈向明．教师的作用是什么：对教师隐喻的分析[J]．教育研究与实验，2001（1）：18.

（一）促进和激发人类自身的潜能

人类社会的生生不息正在于人本身的潜能始终处于不断的发展和完善中。在人类历史的长河中，人本身的发展也历经了漫长而复杂的过程，而对经验的不断修正以及对知识的系统总结正是这一过程的关键，也是提升人类自身生存和发展能力的重要前提。因此，有序化的教育活动不仅促进了人类对于经验与知识的学习，而且进一步激发了人类自身的潜能。而教师自从诞生之日起，便承担起这项使命。

现代脑科学发展逐渐表明，“科学地开发人脑的潜能，让每个人的头脑都产生一种类似于物质世界的‘核裂变’，从人脑深处迸发出智慧的火花，这将使人类的发展和社会的文明产生质的飞跃”[1]。而使这种“飞跃”产生的重要前提便是激发人脑潜能。与遗传等先天因素相比，教育在激发人的潜能过程中发挥着十分重要的功能。教育借助构建相关环境不断开发人类的潜能，形成人类向更高方向发展的坚实基础。在这一过程中，教师扮演着潜能开发者的角色，教师在教育过程中不断促进每个学生从既有的发展可能转化为现实，形成学生整体智能水平的普遍提高。正如日本著名脑科学家小泉英明所说的那样，学习和教育从生物学意义上已不再是传统的界定，“学习是通过外部环境刺激而建构中枢神经网络的过程，教育是控制和完善外部刺激的过程”[2]。教师的使命已不单单是知识传递这样单纯的过程，而应有建构相关环境的重要使命。在有利于教育和学习的相关环境中，教师不仅关注学生群体的潜能，而且更重要的是形成对学生个体潜能的正确认知。每个人的潜能具有鲜明的个体差异性，而教师正是要基于这些不同差异进行因材施教，将个体潜能所蕴含的能量予以最大化的释放。

教师不仅传授人类的经验和知识，而且不断促进人类本身向更加全面的方向发展，尤其将人类社会发展过程中所形成的道德观念、行为准则等传播给年青一代，并引导学生在实践中形成良好的行为习惯。特别是在基础教育阶段，教师更要帮助学生在思想品德等方面打好基础，使学生受益终身。在这一过程中，教师不断完成着教书育人的本体使命，并呈现出关注学生差异、激发个体潜能的“师表”形象。

（二）维护和推动人类社会的不断发展

人类潜能的不断提升不仅保障了人类社会的繁衍生息，而且进一步推动人类社会向前发展。尤其在物质财富和精神财富创造过程中，教师更是发挥着关键性的作用。

物质财富的生产需要培养新型劳动者，而教师正是要担负起培养新型劳动者的职责。现代生产方式的不断变革使人类的劳动正从简易劳动向复杂劳动发展，劳动过程和劳动工具均呈现出日益复杂化的倾向，信息化、智能化的劳动方式使得直接从事生产劳动的劳动者日益

1 朱法良．对全面开发人脑的思考[J]．教育研究，2001（7）：36.
2 [日]小泉英明．脑科学与教育：尖端研究与未来展望[J]．贾志勇，肖彤岭，译.教育研究，2006（2）：22-27.

减少。大批新型劳动者不断诞生，需要高素质的教师在知识经济的背景下具备开发人力资源、提升人的劳动能力、强化劳动者质量的能力，从而实现物质财富的再生产。

人类社会的发展还需要在教师的引导下生产大量的精神财富。这是因为，从事精神财富生产的人，一般都要经过专业训练，如作家需要专业的语言文字能力和文学鉴赏素养，艺术家需要专业的审美能力和艺术鉴赏水平。而这些素养和能力的提升都不是自然而然的，而是需要经过系统化的教育过程才能较为完整地呈现出来。虽然我们能看到文学家为一部好的文学作品、艺术家为一场精彩的演出而付出的努力，却难以想到教师所付出的前期努力。应该说，没有教师，这些专门从事精神财富创造的人才就难以脱颖而出，难以为人类社会创造出优秀的精神财富。

同时，在物质财富和精神财富的生产中，教师也在不断为人类社会的改革和发展提供科学理论根据以及科学研究成果。通过对科学知识的传播，教师也在不断促进学生对知识的掌握和理解，使人类千百年来所累积的知识和经验不断被下一代人所掌握，在激发潜能的过程中推动着知识的再生产。而教师进行知识再生产的过程，实质上也是探索、研究和建构新科学理论的过程。教师正是在这一过程中不断创造出新的科学理论，以理论创新推动人类社会发展，并借助科学实验获取更多的科学研究成果，为人类社会释惑答疑。当前，无论是自然科学还是人文社会科学，很多科学研究成果都是由高等院校中的教师所创造的。从这个意义上说，教师不仅以培养新型劳动者的方式推动人类社会发展，而且还直接创造出科研成果来满足人类社会发展的需要；“师表”也不仅以学生这一群体为对象化的存在，而且也存在于整个人类社会。

（三）继承和创新人类文明的优秀成果

人类文明是人类社会生产和发展的重要结果，人类文明的继承与演进需要通过教师的系统化传递、组织化开发以及集成化创新来实现，而“师表”的形象也在这一漫长而复杂的过程中转化为三种角色。

一是作为人类文明系统化传递者的教师。人类在漫长的社会实践中，积累了弥足珍贵的生产生活经验，创造了辉煌灿烂的科学文化知识，并积淀了丰厚的文化遗产。人类的延续发展离不开对既有文明成果的传承，然而要想使人类长期以来所积累的经验和知识系统化地世代传承下去，就必须依靠专门从事教育活动的教师来加以实现。教师通过自身的脑力劳动，不断对人类社会所累积起来的经验、知识以及其他文化遗产加以归纳和总结，系统化地传授给学习者，形成人类文明的永续传承。反之，如果没有教师的这种系统化传递过程，人类仅仅依靠十分有限的直接经验进行生存，而无法充分利用前人的有效经验和知识，人类本身的生存和发展将停滞不前。就此而言，教师借助对人类文明的系统化总结，在人类文明的过去和未来之间扮演着十分重要的承上启下的重要作用。

二是作为人类文明组织化开发者的教师。人类文明作为一个复杂的系统，以何种方式进行系统总结进而传递给学习者呢？为了便于教育活动的有效开展，教师需要在系统化总结的基础上不断对人类文明进行有效的组织化开发。这里所说的“组织化开发”，指的是教师从不同侧面对人类文明进行解读和分析，对其内容、地位、层次等进行有序化整合和编排，以建构起有利于教学过程的知识系统。随着新一轮基础教育课程改革的深入推进，教师在教学过程中被赋予了更多的自主权。其中，开发校本课程、研制校本教材成为很多教师的常用做法。例如，很多农村教师开发了富有地方特色的乡土文化读本，增强学生热爱祖国、建设家乡的热情；很多小学教师开发了以《百家姓》《千字文》《论语》等为代表的传统国学系列教材，激发学生对传统文化的热情；很多中学教师开发了许多综合实践课程，用科学知识解决现实问题。这些都是教师通过显性知识的挖掘对人类文明进行组织化开发的一种方式，而很多教师在进行学科知识教学时也在不断地将学科知识的发展史等传授给学生，让学生形成对人类文明的一种认知。因此，教师以自己的独特的方式对人类文明进行不间断的组织化开发，在彰显教师功能的同时也在不断生成教师的特有形象。

三是作为人类文明集成化创新者的教师。如果说人类文明需要教师的传递与开发，那么教师更重要的使命则在于不断促进人类文明的集成化创新。教师所从事的劳动不仅仅是一项单向传递的劳动，而且也是在师生的互动中实现的双向沟通；教师所面对的人类文明也不是某一国的地域文明，而是在时间和空间的交互中的多重文明。教师通过揭示人类文明知识和经验的科学性和系统性，燃起学生的学习热情，培养学生对人类文明的炽热追求和钻研精神，进一步提高学生运用人类已有知识解决当下问题的操作能力。因而，教师对人类文明的创新实际上是一种具有高度集成性质的创新。尤其在知识经济的时代背景下，教师对知识的不断创新和创造性运用成为一项重要的能力。教师理应具有审视、研判并辑采各种文明中的经验和知识的能力，在教育知识的传递过程中实现不同文明背景下知识和经验的系统性运用，从而进一步推动学生对人类文明的创新性理解。

综上，教师的角色功能决定了教师必然不是一个平平常常的人，而是具有优良品质的特殊个体。正如我国著名教育学家陈元晖先生所说的那样：

一个教师，首先要具备坚定的共产主义观点和信仰，这样，他才能为新社会培养新人。

一个教师，他必须具备丰富的知识和教育学的素养，知道如何去培养新的一代。

一个教师，他必须是诲人不倦而又学而不厌的。诲人不倦是教学成功的重要条件。世界上的知识是日新月异发展着的，如果教师没有学而不厌的精神，就很难完成教学任务。

一个教师，他必须是坚决执行国家教育政策的人，能为国家教育政策的贯彻而努力奋斗。

一个教师，他必须是言行一致的，他以他自己的行动去影响他的学生。

一个教师，他要有自我批评的精神，敢于承认自己的缺点和错误，并勇于改正他的缺点和错误。[1]

---

1 陈元晖. 陈元晖文集（上卷）[M]. 福州：福建教育出版社，1992：704-705.

三、对象化的教师存在："为人师表"的关系逻辑

教师所具有和不同的"师表"形象，正是在一定的对象化关系中被不断呈现并解读出来的。可以说，"师表"的一个逻辑前提便是"为人"，即教师在与他者的关系中被对象化地呈现出来。因此，考察教师为何必须"为人师表"的一个重要前提便是厘清教师与重要的他者之间的逻辑关系。这主要包括教师与学校内部的他者（如学生、同事以及学校领导等）和学校外部的他者（如学生家长、自己的亲属、外校同事、教育管理部门人员、研究专家以及相关社区人员等）的关系。基于教师与重要他者关系的疏密程度，这里着重分析教师与学生、家长以及同行之间的逻辑关系。

（一）学生只能是受教育者吗——师生关系的逻辑嬗变

"天地君亲师"是中国传统思想中的一种象征性秩序，将"师"列入这一行列，足见教师在中国传统思想中的分量之重。在知识占有成为一种财产性标志时，教师因具有一定的知识储备而成为社会中受人尊重的职业，学生在教师面前往往处于较低的地位，这种师生的尊卑关系一直影响了几千年的中国传统教育，而这种状态所形成的"师表"更具有权威性和统摄力，在强调"师道尊严"的过程中与学生产生一定的距离。然而，从人的发展本源上来看，人的发展正是根植于人本身的主动建构性以及不满足于现状而生成的超越性，压抑这种建构性与超越性的学校教育难以建构起有利于促进学生培养的民主化的师生关系。因此，中国传统封闭性的师生关系必然在教育发展过程中受到挑战，学生作为"受教育者"的制度身份与正式角色也必将超越传统"尊卑式"的"师表"，教师也在其中不断建构起民主化的"师表"形象。尤其是随着知识普及化以及知识获取方式的多元化，教师在信息化社会中逐渐失去了对知识占有的先赋性权威，传统的"桶水论"等观点也不适应时代的发展要求。进入21世纪以来，新课程改革深刻影响了我国基础教育发展的整体态势，尤其对师生关系的调整进入了一个新的阶段。因此，师生关系的逻辑嬗变表明，"师表"正趋向于平等、对话的民主化关系形态，"共生、共存、共命运"的"共同体"关系形态以及"即时扮演""相互界定""随时更换"的动态角色表现正逐渐彰显出来[1]。仅仅将学生作为受教育者看待的师生关系，已经不符合现代教育发展的客观要求，更难以彰显人的培养的特殊性。

（二）如何面对家长的焦虑——家校合作的一个前提

在教育活动过程中，教师和家长都担负着教育学生的使命，并因学生的存在而发生着某

---

1 吴康宁. 学生仅仅是"受教育者"吗？兼谈师生关系观的转换[J]. 教育研究，2003（4）：47.

种联系。教师与家长的关系不同于师生关系或亲子关系，而是借助学生的个体性行为以及对象性评价而使教师与家长建构起进一步沟通的关系。然而，对于教育学生而言，教师与家长往往具有不同的价值取向，这容易导致学校教育与家庭教育的割裂。正如杜威所说："不能有两套伦理学原则，一套为学校内生活，另一套为校外生活。因为行为只有一个，行为的原则也只有一个。"[1]而造成这一状况的主要原因就在于教师与家长在教育理念上的差异。

当前，家长不断加大对学生教育的重视，并表现出一定程度上的焦虑状态，"虎妈教育""狼爸教育"正是这种焦虑状态的反映。而家长的这种焦虑尤其表现在家长对学校教育在某种程度的干预上。很多家长寄希望于学校教育能够配合家庭教育，实现家长对学生的期待；但学校教育特有的发展机制无法完全满足家长的需求，于是很多家长将学生在学校教育中的不适应性或不佳表现归罪于教师。而教师如何处理好家长的焦虑，不仅关系到家校合作的有效性，而且也关系到学校教育质量的提升以及学生发展水平的提升。因此，教师一方面应尊重家长对亲子教育的选择权与知情权，主动与家长就学生的成长进行及时沟通；另一方面，教师也应积极引导家长的亲子教育，熟知不同家庭的教育方式，因材施教，从而使学生在学校—家庭一体化的模式中健康成长。不难看出，教师与家长的沟通过程其实也是一个重要的教育过程，教师应对家长进行有效教育的沟通，引导家长重新审视学生的成长，切实完善家长的教育理念。积极有效的沟通不仅可以有效化解家长的焦虑，建立起家长和教师的和谐关系，而且有助于促进家庭与学校关系的切实改善。

（三）同行一定是竞争对手吗——教师共同体的构建

中国民间有句俗语："同行是冤家。"其意是说处于同一行业中的不同个体由于竞争等外在压力，终将会形成一种对立的局面。现实生活中，为了更好地让学生考出好成绩，在成绩榜中排到好名次或在学生群体中力拔头筹，很多教师在应试教育的背景下与同行展开竞争，不断提升学生的应试能力；为了更好地获取职称、荣誉等有限资源，很多教师也在学校场域中与同行展开各方面的竞争。这种状态下所呈现出的"师表"更多地表现为非正当性的价值观引导的教师形象。可以说，这种局面的出现很大程度上来源于教育生态的病症。随着全面深化教育改革的持续推进，教师更多地被赋予"引导者"和"学习者"的角色，需要在学校教育的改革和发展方式的不断转变中，切实增强自身专业能力、提升专业水平，而这在很大程度上依靠教师合作。富兰指出："合作对于个人的学习非常重要。如果我们不与人交往，我们能学到多少东西是有限的。合作的能力不论在小范围还是大范围内，在后现代社会正在成为十分需要的能力之一。只要他思想开放（即提倡探索），个人的力量与有效的合作相结

1　[美]杜威．杜威教育论著选[M]．赵祥麟，王承绪，编译．上海：华东师范大学出版社，1981：99.

合将变得更为巨大。”[1]因此，教师只有以合作的方式逐渐生成互动的关系形态，建构起专业发展的共同体，才能真正实现自身的专业成长。在教师教育持续改善的时代背景下，很多地方开始探索以“名师工作室”等为载体的实践平台，这就是要打破传统教师个体化的工作和成长模式，改善教师之间的传统观念，形成专业互补、互动与互助，而这也在一定程度上树立起“师表”的新形象。

四、系统化的教师劳动：“为人师表”的内在结构

教师的教学活动、教学对象以及教学手段等，构成了教师劳动的基本要素。而“为人师表”之所以能够彰显出教师的职业形象，就在于教师的劳动具有鲜明的繁重性、复杂性、示范性等特征。考察教师“为人师表”的内在逻辑结构，就必然从教师复杂的教育对象、鲜明的教育方式以及无私的奉献精神着手进行分析。

（一）复杂的教育对象建构起“为人师表”的存在样态

教师之所以不同于“工程师”，一个核心问题就在于：教师所面对的对象是具有复杂特点的人，而不是简单的物质。要“生成”符合相关“标准”的人，就必须耗费比“工程师”还要多的精力。随着经济和社会的发展，作为教育对象的学生也呈现出信息多源化、学习个性化等特点，尤其对于那些处于生理与心理双重成长期的中小学生而言，教师更需要根据每个学生的不同特点而采取不同的方法，来促进学生的健康成长。《义务教育课程方案（2022年版）》指出，要“面向全体学生，因材施教”“为每一位适龄儿童、少年提供适合的学习机会”[2]。今天，每一个学生所涉及的家庭、社区等不同社会单元都要与教师产生一定的关系。教师不仅要善于协调这些复杂的关系，而且还要因势利导，积极利用每个学生独特的家庭和社区生长环境，组织开展有利于学生成长的活动。正是在这些复杂的教育对象面前，教师不断地以自身的行动建构起“为人师表”的基本样态。

（二）鲜明的教育方式建构起“为人师表”的重要特征

德国教育家第斯多惠认为，教师本人是学校里最重要的师表，是直观的最有效益的模范，是学生最活生生的榜样。很多时候，教师在分析教学知识时，不断地表达出自己对知识的社会形态的观点；教师在指导学生进行研究性学习时，不断地将自己的研究设计示范给学生；教师在对学生进行品德教育或奖惩时，也在不断地将自觉的人生观、世界观与价值观呈

---

1 [加]迈克·富兰. 变革的力量：透视教育改革[M]. 中央教育科学研究所，译. 北京：教育科学出版社，2000：27.
2 中华人民共和国教育部. 义务课程方案：2022年版[M]. 北京：北京师范大学出版社，2022：4.

现在学生面前。无论教师自身是否意识到，教师在教学过程中的基本理念与思维方式，都会成为学生学习的主要模仿对象；教师自身的言行举止以及为人处世的态度、过程与方式也都会被学生所效仿。一名具有良好道德品质与生活习惯的教师，往往在教学过程中不断地将自身乐观无畏、积极向上的进取精神，敏而好学、审时度势的工作作风，任劳任怨、忠诚正直的人生品质传授给学生。而对学生的这种潜移默化的缄默教育过程正是教师彰显“师表”的重要过程。《学记》指出：“安其学而亲其师，乐其友而信其道。”其意是说，作为教师要善于不断激发学生学习的兴趣，善于与学生相处，从而让学生感佩教师的教学行为，增强对教师的敬畏感和信任感；而教师在这一过程中也实现了“学为人师，行为世范”的教师功能。正是这种不容忽视的示范性，建构起“师表”的日常形态。

（三）无私的奉献精神建构起“为人师表”的道德形象

复杂的教育对象、鲜明的教育方式决定了一名合格教师必须具有无私的奉献精神。著名教育家霍懋征生前多次表示：“选择教师无怨无悔”，“教育是一项奉献爱心的事业”，“没有爱就没有教育”。事实上，社会上对教师的评价更多地倾向于教师为教育事业所付出的爱心。为了完成教学任务，很多教师起早贪黑地备课、批改作业；为了调动学生课堂积极性，许多教师精心设计教学过程；为了增强教学实效性，很多教师认真组织各种教学活动；为了促进学生全面发展，很多教师不断开展各种教育活动。教师的爱是一种大爱，是一种虽无血缘关系，但却情浓于血的大爱；教师的爱是一种博爱，是一种虽无更多对象，但却海纳百川的博爱。正是这种无私的奉献精神，使得很多偏远山区的教师不舍清贫的教师职业，很多身患疾病的教师不舍教育事业的崇高，甘当人梯，无怨无悔，在建构起社会对教师职业认同的同时，也建构起教师“为人师表”的道德形象。

第二节
教师的专业成长

学习目标

理解教师专业成长的基本内涵。

正如马克斯·韦伯所指出的那样：具有学者的资格与合格的教师，“两者并不是完全相同的事情。一个人可以是一名杰出的学者，但同时却是个糟糕透顶的老师”[1]。教师并非一般知识分子所能

1　[德]马科斯·韦伯. 学术与政治[M]. 冯克利，译. 北京：生活·读书·新知三联书店，1998：21.

胜任，教师的专业性正是在教师教育的过程中动态生成的；而教师在这种日常的教育活动中，不断锤炼自身的教师品质，形成教师独特的信念以及教师对教育权力和自由等的认知，进而推动着自身的专业成长。

一、教师专业化：教师专业成长的历史前提

教师专业成长的一个重要前提便是了解教师职业的形成。因此，这就需要从“师”是如何作为一项专门的职业而独立存在这一问题入手，进行历史性的思考。

> **专业（Profession）**
>
> 专业是指专门从事某种学业或职业的专门学问，也可指在人类实践活动过程中，用以描述职业生涯某一阶段、某一群体所长期从事的具体业务规范。

应该说，教师作为一门职业，与人类社会的发展是密不可分的。在苍茫的远古时代，伏羲“教民以猎”（《尸子》），神农“教民农作”（《易传・系辞传》），长者教幼者获取食物，这种原始意义上的“教”正是由那些有着丰富的生产生活经验的人所承担的。而正是在这种以能者为师或长者为师的过程中，“教”的功能使得教师的原初意义得以彰显出来。这种朴素的、带有经验色彩的“教”也充分表明，能够承担“教者”身份的必定是那些有着足够知识或经验的人，而“教”的过程也必然将这类人群暂时地与被教人群分隔开来，形成截然不同的两个群体。虽然教师在远古时代尚未产生，但“教”的活动已经赋予特殊人群以表率的功能，“师表”的形象也在人类的生产生活中不断被呈现出来。

而随着人类习得、创生的知识和经验不断增多，人类本身对知识和经验的渴求也随之增加，系统化地习得更多的知识和经验，自然地成为一种生命诉求。在这种背景下，教育从生产劳动与日常生活中分离出来，专门从事传授知识或经验的教育机构——学校，也随之诞生。《孟子・滕文公上》记载，学校这种教育机构最初被设为“庠、序、学、校以教之。庠者，养也；校者，教也；序者，射也。夏曰校，殷曰序，周曰庠，学则三代共之，皆所以明人伦也。”[1]可见，“明人伦”等习得人类社会基本生存法则、遵循人伦秩序等成为那个时代教育机构的核心内容，而能够引导“明人伦”等内容的必定是能够担当起道德“师表”身份的人员。然而，在奴隶社会，虽然具有在学校中从事教育活动的群体，但承担这一职责的多是具有一定知识或技能的“吏”或“僧”，“以吏为师”或“以僧为师”成为那个时代学校教育的主要特点，但总体上专门从事这种教育活动的群体尚未出现。因此，习得知识或技能的过程也在传达着官吏或僧侣的权威，“帝师”或“僧师”在“师表”的过程中也在传递出统

1 （宋）朱熹.四书章句集注[M].北京：中华书局，1983：255.

治者的思想观念。正如《学记》中所写的那样："古之王者建国君民，教学为先。"[1]在相当长的历史阶段，教师职业都是以非独立性为特点而存在，教师的职业大都夹杂着浓厚的阶级意识与政治需求。虽然由奴隶社会的文化下移而日趋兴起的私学或书院产生了一批以教书为谋生手段的"先生"或"学者"，但这一群体只是掌握较多的文化知识，而并未具有从教的专业技能，且在极小的范围内从事满足统治阶层需要的知识传授，因此，这种教师职业的专业化程度十分有限，所彰显的教师职业形象也往往受制于统治阶层而难以顾及社会和人的发展需要。

人类社会不仅需要"教"和"学"的过程来促进其生生不息，而且更需要专门以"教"为职业而系统传授知识或经验的群体来保障"教"的实效。从这个意义上来说，教师的专业化是教育实践活动的必要结果。换言之，只有教师成为一个相对独立的职业，才能凸显教师活动的专业化价值。随着人类社会对于知识的需求急剧增加，专门对教师进行培养和训练的教师教育机构应运而生，这大大加速了教师的产生过程。1681年，法国天主教神甫拉萨尔（La Salle）创立了世界上第一所师资训练专门学校，成为世界上最早的独立的教师教育机构。随后，在1695年，德国的弗兰克在哈雷创办了一所师资养成所，施以师范教育，成为德国教师教育的先驱。1795年，法国在巴黎设公立师范学校，1810年设立高等师范学校。1870—1890年，世界上有许多国家颁布法规设立师范学校。而中国也在这一时期开办师范学校。1897年，盛宣怀在上海创办的南洋公学师范院，开创了中国教师教育的先河。此后，我国对教师的培养经过了由清朝末期《奏定学堂章程》模仿日本师范教育制度（1904年），到美国型教员养成训练机构（1922年），再到苏联型社会主义师资培养培训模式（1951年），一直到当前正着力构建的具有中国特色的现代教师教育模式[2]。这些师范院校除了对教师进行系统的知识教育外，普遍开设教育学、心理学等教师教育方面的课程，并逐渐引入教育实习等实践类环节。应该说，这些师范院校以及师范教育制度的出台表明，教师已经不再是经验型群体，而是具有了专业化知识的群体；教师培养也已经由重规模向重实绩、由粗放型向集约型转变。经过系统化训练的教师，所呈现出来的专业知识结构、职业素养与道德水准较以前发生了很大改变，教师职业不仅是专门化的存在，而且以其专业化的内涵而同其他职业相区别。由此，教师专业化的发展历程不仅形成着教师的身份，而且也在不断塑造着教师的价值，进而历史性地建构起教师成长的重要前提。

二、教师的教育信念：教师专业成长的灵魂

在当前的中小学，很多教师都在忙于教学、班级管理以及教师专业发展等看似"事务

1　（汉）郑玄，（唐）孔颖达. 礼记正义[M]. 北京：北京大学出版社，1999：1051.
2　陈永明. 教师教育学[M]. 北京：北京大学出版社，2012：前言.

性”的日常工作，这些遵循着一定规律的常规性活动，似乎难以透视出一名教师的专业化成长过程。其实，这种现象在美国的学校也普遍存在。古德莱德在《一个称作学校的地方》一书中认为，很多美国教师的职能活动“更像工匠性质的”，“现在想要倒拨时钟，重新给教师职业戴上专业的桂冠，为时已晚”[1]。然而，正是在这些事务性的活动中，教师要面对不同的学生群体，进行不同形式的教学过程，其实也在这种对知识、技能以及学生的理解中从事着创造性的工作。而隐藏在这些事务性工作之中的，便是教师所具有的教育信念问题。在社会转型的历史时期，学校自主发展伴随着市场的激烈竞争，教育的公共性价值正在经济效益的前提下被逐渐消解，教师也被裹挟在利益的洪流中，尤其是教师教育信念危机更使得教师的专业成长受到一定的挑战。因此，研究教师的教育信念就是要寻求教师在学校场域中产生影响力的思想性诱因，不断探寻教师成长的前提性问题，进而发现教师行动的影响因素与生成机理。这对于深刻理解当前教师专业发展的现实困境、探讨教师日常教学行为、推动学校教育发展具有重要的理论价值。

（一）教师教育信念的动态性生成

信念是内隐于个体行动之中的一种观念状态，是个体信以为真且不断运用于实践中的一种思想因素，是“从学生时期开始积存和发展，教师个体信以为真的、以个人逻辑和逻辑重要性（‘中心—边缘’）为原则组织起来的‘信息库’，它们是教师教育实践活动的参考框架”[2]。因此，这种“参考框架”不仅仅指教师关于教学方面的观念状态，更主要的则是教师关于教育整体活动的系统化的信念，包括对学生、教科书、知识、学校等不同因素的信念以及对教学过程、学生管理等不同过程的信念。坚定的教育信念是促进教师行动的内在动力，也是教师意志力表现的基本过程。这种教育信念形成于教师长期的学习、工作以及生活中，并借助教师的行动逻辑不断彰显，呈现出一个动态生成的过程。

每个人对“教师”的原始认知基本上都来自学校教育。什么样的人是教师，教师与其他人有什么样的区别，如何看待教师在教学过程中的行为……这些看似简单的问题，却是个体教师观形成的逻辑前提。经过个体经验的不断累积，学生在头脑中已经勾勒出最原初的教师样态，并逐渐建构起属于自己的教师观。在我国，成为教师必须要经过教师教育阶段。在这一阶段中，个体要不断学习关于学科知识的基础性理论以及关于教学、学生、教育心理学等教师教育的学科性理论，在理论学习的过程中获得一种成为教师的知识储备，还要在教育见习、微格教学以及实地实习过程中实践作为教师的最初样态。应该说，这时的师范生对“教师”的理解仍然处于“应该是什么”的理想状态，对于学校场域中所出现的诸多现象仍充满

1 [美]古德莱德．一个称作学校的地方[M]．苏智欣，等，译．上海：华东师范大学出版社，2006：207.
2 谢翌．教师信念：学校教育中的“幽灵”[D]．长春：东北师范大学，2006：39.

着热情与信心。因此，师范生所秉持的教师教育信念多半带有浓重的理想化色彩，并在相关理论知识习得的过程中不断生成具有教师特点的信念。

然而，当师范生真正地进入从教阶段时，对教育过程中的诸多因素的信念必须要从理论形态进入实践形态，“应该是什么”的理想化色彩也在不断实现“实际上是什么”的现实性转变，师范生原先对教育学生的信念、对教授知识的信念、对学校文化的信念也在不断发生变化。而新任教师在逐渐成长到成熟教师的过程中，同行、学校领导、外部专家甚至连学生、家长等都可能成为影响教师教育信念的重要因素，而教师教育信念也随着教师自身教学实践、专业培训等的增加而不断完善或转变。

当然，教师的教育信念绝不仅仅是教师对于教师知识的习得和教师身份的建构，而是基于学校场域中的一种具有复杂性的生成过程。教师的信念离不开学校场域，但又不仅仅局限于学校，还内含着教师对于社会、人生的一种希冀与期许，以及在这一过程中对于“教师”价值的不断追寻，“教育信念确立的基石就是对于社会的理想和人生的理想”[1]。从这个意义上说，教师教育信念始终处于动态的生成过程，它起始于一个人最初对教师的观察，成长于教师教育阶段，并在职后教育实践中得以真正形成。没有任何一个阶段能够固化教师信念，因为教师的意识活动总是随实践活动而丰富，教师教育信念也始终处于一种生成的状态中。

（二）教师教育信念的结构性困境

教师教育信念离不开教师的实践，而教师的个体实践也需要坚定的教师教育信念予以推动。然而，教师教育信念并不总是完美无缺的，对教育实践的指导也往往表现出力度上的“缺位”“错位”与“越位”。因此，从教师教育信念与教师实践的关系来看，教师信念总是表现出退化、放逐以及割裂三种结构性困境。

1. 教师教育信念的退化

虽然成为教师需要具备优质而坚定的教育信念，但教育实践的现实境遇让很多教师的教育信念出现了“退化”的倾向。美国教育学家菲利普・库姆斯在描述“教师实际情况”时，将教师称为“胆怯、疲惫、谦虚、不喜欢抛头露面、顺从类型的操劳过度的人们”[2]。虽然这种表述带有强烈的贬义色彩，但也在一定程度上描述出很多教师所具有的行为弊端，而隐藏在背后的往往是教师教育信念的退化现象。在现实生活中，很多教师虽然知道对学生、教学等所应秉持的信念，但还是在忙于教学活动的过程中不愿意追求更高的教学目标，从而将日常性的教学事务作为自身发展的主要内容。那些崇高的教育信念不断湮没在琐碎的学校生活中，从而使先前所具备的教育信念在教育实践过程中不断退化。教师教育信念是一个不断提

1　肖川．教育信念确立的基石[N]．中国教育报，2006-09-16（3）.

2　[美]菲利普・库姆斯．世界教育危机[M]．赵宝恒，译．北京：人民教育出版社，2001：265.

升的过程，但这一过程漫长而充满艰辛，教育主管部门、学校等应不断从外部促进教师的教育信念生成与实现，教师本身则更需要不断超越日常工作而实践自身教育信念。

2. 教师教育信念的放逐

信念是一种富于理想化的精神追求，是一种具有超越性的生命动力。但在现实的教育实践中，很多教师更愿意相信具有实用主义特点的具体解决方案，而难以坚守自身的教育信念，因而很容易造成教育信念的“放逐”现象。这种“放逐”主要指的是教师在教育实践过程中放任或不相信教育信念的力量，对教育信念实行一种“怎么都行”的态度，从而走向了一种“新蒙昧主义”的思想倾向[1]。

教育实践是复杂而艰辛的，需要教师不断制定各种问题解决方案，形成众多具体的解决策略。而教育信念作为一种无形的力量，弥散在众多解决方案中。这些方案或策略恰恰是不同价值观念的一种实践形式，能够彰显出教师为何制定这种方案、因何采取这种策略的信念因素。因此，任何一名教师都难以放逐教育信念，所谓“放逐”只不过是在一定程度上对教育信念的一种规避。

3. 教师教育信念的割裂

虽然很多教师具有自己的教育信念，但在日常的教育实践中仍然表现出与信念不一致的情况，长期所形成的教育信念与教育实践割裂的现象大量存在。教师教育信念影响着教师的教育决策，不断调控着教师的教育认知，“当教师面对教育事件时，教育信念会以命题、符号、图像、声音等抽象或形象的方式暗暗地传递给教师各种讯息，促使教师对该事件形成某种特定的态度，在这种态度的调控下教师展开教育行动”[2]。然而，每个教师都具有自身独特的实践逻辑，教育实践的不确定性往往打破教师既有的思维模式，使得教师在很多情况下难以将自身所具有的教育信念予以贯彻。在这种情况下，教师的教育信念与其自身实践难免会发生冲突，致使教育信念呈现出断裂的样态。其实，教师的教育信念是一个动态的生成过程，每一次与教育实践的“冲突”可能会造成一种“断裂”的现象，恰恰是这种“断裂”促使教师思考出现这种现象的原因以及教育信念的发展性问题。而无法有效处理这种“断裂”现象则会使教师的教育信念陷入困顿状态，这就需要同行或外部专家的指导，促使教师及时发现并化解教育信念方面的难题。

（三）教师教育信念的系统性重构

应该说，教师所遭遇的教育信念危机，既有来自外部的思想文化因素的影响，又是教师自身实践所引发的信念思考所造成的。但我们应该看到，教师的教育行动并不能使教育信念出现放逐、退化和割裂的状况，上述状况是在理性地处理教育信念与教育实践的过程中出现的结

1 蒙昧主义是一种反对理性和科学的唯心主义思潮。它将人类社会的诸多罪恶都归罪于文明和科学发展的结果，进而否定人类所具有的理性思维能力。近些年来，许多教师的教育信念出现这种“新蒙昧主义”的思想倾向。参见于伟. 警惕“怎么都行”的教育观[N]. 中国教育报，2005-08-27（3）.

2 余闻婧. 论教师教育信念的危机及其内在超越：基于知行关系的视角[J]. 教育探索，2011（2）：116-117.

构性的失调与适应性的危机。因此，应从教师的视角重新审视教育信念的生成、转变与完善。

1. 教师的自我叙事：还原教育信念的原初样态

教师的教育信念虽然不断生成、转变，但其内核却是在职前的教师教育过程中有了最初的形塑，在教育实践过程中有了后期的转型。为了化解教师教育信念退化、放逐和割裂等危机，可以采取教师自我叙事的方式，协助教师还原教育信念的原初样态。

近年来，叙事研究不断被引介到教育场域中，成为一种分析教育现象、解读教育问题的重要方式。而最能体现出教育叙事的则是教师对自我的叙事。在教师的自我叙事中，借助教师回忆性的话语不断还原教师最初对于教学、班级管理、教育科研等各种教育要素的理解，不断追溯教师的这种理解是如何在实践中得以转变的，教师如何评估自身当下所具有的教育信念等。因此，借助教师的自我叙事，不断凸显教师教育信念生成与转变的真实性与针对性，同时也在这一过程中还原教师作为教育信念和教育实践主体的自信，推动教师教育信念的进一步完善。

2. 教师共同体成长：在互动与合作中提升教育信念

迈克·富兰认为，“多元化才具有价值，因为他们可以获得不同的观点，并凭借这些观点去认识问题的复杂性”[1]。在这样的共同体中，教师可以分享来自不同层面的信息，获取不同的教育观念，从而在互动与合作中提升教育信念。因此，构建具有差异性和多元化的合作共同体成为促进教师教育信念提升的重要载体。一些具有区域特色的教师共同体也在不断探索中形成规模。如南京市的“南京教师志愿者联盟”这一成长共同体旨在发挥当地广大教育工作者的智慧和力量，奉献教师的爱心和价值，以志愿服务的形式，向学生、家长以及教师提供权威性、专业性的教育、教学指导服务，传递教育的正能量。

当前，很多地区在着力打造引领教师成长的共同体中逐渐形成了名师工作室模式。名师工作室以优秀教师为核心，打破传统教师个体化的工作和成长模式，借助教学观摩、理论研讨、学术交流等组织活动不断促进教师的专业互补、互动与互助。通过优秀教师教育信念的传导与引导，在合作中提升教师教育信念的品质。为此，应继续加强名师工作室等教师成长共同体建设，不断提升教师共同体在培育和转变教师教育信念方面的针对性和实效性。

3. 教师适应性协调：在建构环境中推动信念再生

教师所面对的学校场域充满了不同要素。这些要素形成的外部环境中存在着使师教育信念退化、放逐与断裂的因素。在传统的学校教育观念中，教师只是繁重教学任务的承担者，只以执行者的身份服从教育的顶层设计，被动地接纳学校的整体安排。而这也恰恰是导致教师教育信念出现危机的隐性因素。学校教育的核心是学生的成长，但引领学生成长的教师能否在学校教育中切实发挥主体性、真正凸显自主性，是更为重要的。教师不应仅仅是教育知

1 [加]迈克·富兰.变革的力量：透视教育改革[M].中央教育科学研究所，译.北京：教育科学出版社，2000：240.

识的传导者和学校环境的感知者，而应成为建构学校整体环境的参与者和建设者。教师对学校环境具有最直接的感知，什么样的教育决策能够推动学校发展，什么样的学校文化能够帮助学生成长，教师最具话语权。因此，积极推动教师参与学校环境构建，不断推动学校改革的民主化，焕发教师对于学校发展的信心和热情，将在一定程度上缓解教师教育信念与外在环境的失调，有利于在建构环境的过程中推动教师教育信念的再生。

三、教师专业成长中的话语例举："这是为你好"

在现实生活中，中小学教师总是以其强烈的责任感和使命感引导着学生发展，关爱着班级里的每一个学生。在这一过程中，很多教师总会对学生说出这样一句话："我这样做，可都是为了你好啊！""这是为你好"成为教师教育学生的重要话语，既表达出教师对学生成长的情感关怀，又在潜意识中表现出一种对学生教育的惯性思维，甚至夹杂着诸多无奈与忧思。

（一）话语中的师生关系演绎

在中国的基础教育领域，教师的工作异常繁忙，因为教师不仅仅是一名学科教师，要设计好自己的课堂教学，而且还要参与班级的管理与建设。中小学教师始终肩负着立德树人的神圣使命，对学生的成长负有不可推卸的责任。因此，教师始终都要以学生成长为核心任务，始终都要直面并回应学生在学习、工作与生活过程中出现的各种各样的问题。在这一过程中，良好的师生关系变得十分重要。"这是为你好"正是这种特殊师生关系演绎的结果。

1. "这是为你好"反映出师生关系的情感性

"好"是一种对人际情感的朴素表达，每一位教师总是积极致力于建构良好的师生关系。"这是为你好"正是教师对学生行为最为真实的情感表露。凡是说到这句话时，教师总是以浓厚的情感建构师生交流的特殊场域，以情感底线来引导学生成长。从教育理论上来说，教师不应对全班任何一名同学有情感上的偏颇；但事实上，很多教师还是在情感上、行为上、话语上偏重某些同学，创设特殊的发展期待。从这个角度来看，"这是对你好"具有相当的隐秘性，即这是"我"作为教师对你个人的"好"，是基于我们特殊的情感而生成的，"我"不会将这种"好"随意付诸任何一名同学；而作为学生的"你"理应深度理解这种源自教师的"好"，并务必要对这种"好"形成一种道义上的回报。这也正是多数教师发出这句话的价值诉求。因此，"这是为你好"本质上是教师对学生的一种爱，是一种教育行为的情感表现。

2. "这是为你好"反映出教师教育话语的焦虑性

解释一种发生在学生身上的现象，回应一种课堂管理中的问题，总应作出有针对性的论述。然而，在很多教师那里，"这是为你好"似乎代替了许许多多相关的解释。甚至很多教师并没有任何有针对性的解释，而仅仅以这句话来替代。不得不说，这是教师教育话语的匮乏，而其背后，恰恰折射出教师教育行为的失当，甚至是教育思想的狭隘。情感是教师教育学生的重要基础，也是师生伦理建构的底线。但这种底线并不是可以拿随时出来用，随意拿来解释任何一件事的，因为教师不能将底线作为教师工作的全部解释。我们很难想象，一旦情感的底线突破，学生不再需要教师的“好”，教师的工作将如何开展！从这个意义上来说，“这是为你好”正是教师教育工作的一种焦虑。

3.“这是为你好”反映出教师工作的复杂性

在中国庞大的中小学教师群体中，教师总是承担着最为繁重的教育任务。这种教育任务正是基于教师特殊的身份而发生的，而这种教育任务的有效完成也需要教师的积极作为来实现。“这是为你好”这句话以“好”为关键词，其实正反映出教师与学生常态化的沟通异常丰富，教师对学生的教育往往并不是就事论事，而是作出一种综合性的价值判断，“好”背后所隐含的丰富内涵也只有当事的师生双方才能心领神会。教师的关心与理解，教师与学生的个别交流，教师为学生所创造的发展契机，都会成为学生觉醒的力量，更会积淀为一种文化的力量，熏陶、感染着学生。而这正是教师教育工作复杂性的生动写照。

（二）“这是为你好”的教育之思

教师对学生的教育工作是一项人与人之间的实践性极强的工作。这项工作之难就在于教师要在一定程度上包揽学生在校期间成长的全要素教育。诸多不确定性与模糊性难免会给教师的教育工作带来迷雾，尤其像“这是为你好”这样的教育话语，更需要教师的深度思索。

1.“这”并不能代表教师教育学生的全部话语

“这是为你好”的主语是“这”，即对这件事的理解，或对这件事的解决，或采取这些行动，作为教师的“我”是完全为你而为之的。然而，“这”能否代表教师工作的全部？借助对“这”的关注，我们能否对学生施行更深层次的教育？事实上，很多教师在表达这种观点时，往往放大“这”的外延，将一件事、一个举措放大为对学生生活的全过程的教育。虽然教师在强化对“这”的解释力的过程中，力图实现对学生以点带面的教育，然而，遗憾的是，很多教师尚未意识到，“这”仅仅是“这”，并不是对学生教育的全部，因为这个单一的事件有别于其他教育活动，而不是能以“这”来引导学生对自身工作的认同与理解，更难以获得来自学生情感和道义上的真实回报。

2.“你”并不能引导学生的主动成长

“这是为你好”十分注重对作为学生的“你”的情感上的拉近。实际上，教师在表达这一观点时，更多突出的是教师与学生个体之间的情感关系。这种情感关系带有较强的隐秘性，即教师对你所付出的“好”是不能让第三人知道的，这种“好”是建立在教师与学生个体之间的。特别是对于中小学班主任而言，班主任作为一个班集体的建设者，不能仅仅为学生个体而付诸情感，毕竟班主任需要面对全班学生，对学生行为的教育应公平、公正、公开。这种过度强调“你”的教育话语，其实剥离了学生个体与班级群体之间的联系，在突显“你”的特殊性的过程中无法使学生平等地融入班级集体生活之中。反之，正是那种来自班主任的带有偏狭的“好”，使得学生在成长方面始终有所依赖、有所依托，而难以自主实现自身成长。

3.“好”往往突破了一定的教育边界

“这是为你好”究竟要“好”在哪里？其实，教师在处理学生具体行为的过程中，往往以“好”作为一种模糊化的沟通，让学生用“好”来理解教师为之所付出的不懈努力。但教师在处理学生发展问题时，既要无私地付出教师的情感与爱心，积极关心每一个学生，同时又要对学生的错误行为进行制止、批评，及时纠正学生的不当行为。因此，一味地对学生付出“好”、进而以“好”来拉拢学生，是有违教师教育工作本质的。作为教师，要理性识别这种“好”所具有的边界，那些越界的“好”只能在一定程度上纵容学生，无法使学生辨别真伪、自我教育；同时要审慎给予“好”合适的度，在适恰的范围内对学生给予“好”，而一旦超越这个范围，就应对学生进行严肃的惩戒。虽然把握“好”的边界有些难度，但这正是教师教育艺术的真实体现。

（三）重审教师教育话语

虽然在现实的学校教育生活中，教师的“这是为你好”有着这样或那样的实践迷思，然而不得不承认，“这是为你好”是中国教师最为质朴的教育话语，也表征着最为直白的教育情感。借助对这句话的理性剖析，我们不妨重审教师的现实教育话语及其逻辑。

1.“这是为你好”要提防反教育的行为倾向

反教育行为是指那些打着教育旗号，却在实际行为中不具有教育价值、不含有教育性甚至对学生发展起反作用的教育行为。这些行为往往伪装成“教育活动”而容易被人所忽视，以至于很多教育工作者简单地认为所有教育行为的设计、实施与评价等都具有教育性。“这是为你好”实际上在现实生活中也常常出现反教育的行为倾向。在现实生活中，很多学生并未因教师对自己的“好”而“领人情”“识好歹”，恰恰相反，他们往往在这句话面前出现了阻抗情绪，不接受甚至直接拒绝教师的“好心好意”。尤其对于那些正处于叛逆期的学生来说，不仅不会全盘接纳来自教师的这种“好”，而且很可能因这句话而产生情绪化的宣泄，甚至对这句话产生误解。学生话语、行为上的失当，通常更让很多教师深深地感到痛心，而这在很多时候恰恰是来自教师当初对他的“好”的直白抗拒。很多中小学教师意识到，自身的话语与行为应遵循学校公共生活的伦理规则，切实意识到自身所担负的教育责任在功能上具有相当的限度。因此，要警惕“这是为你好”教育行为的后果，在不同时间、不同事件、不同学生面前谨慎地使用这句话，真正发挥其情感教育的特殊功能。让这种教育不仅可以“唤醒”学生身上的真善美，而且还可以“唤醒”教师的人性之美与教育潜能。

2.“这是为你好”要为学生创设成长的自由空间

学生如何在教师的“好”中获得成长的自由？那些打着“为你好”旗号的教育行为，往往并没有真正地为学生松绑，或者从根本上让学生意识到理性教育决策的重要性；相反，这种“好”恰恰剥夺了他的自由选择权。[1]而这背后正折射出家长式的霸道思维——以“我对你好”而掩盖了“我替你选择”“我为你扛”的真实动机。教师往往主观认为，自己对学生的这种“好”可以换取学生更好的发展；而这一臆断让更多的学生不得不失去了对自身生活选择的自由，学生只能被动地接受。当然，很多学生的直接拒绝也会遭致教师的质疑，甚至出现严重的冲突。从这个角度看，教师直白地承诺“这是为你好”，更要为学生成长创设自由的空间，解除那些压制在学生身上的规训教育，还学生成长以自由。否则，只能沦落为一厢情愿的“好”，而失去学生对教育的尊重与信任。

当然，从某种角度来看，“这是为你好”的教育机制实质上正是一种利益的回报机制，其隐秘之处正在于它迎合了学生本能的自我中心主义，而其残酷之处正在于无法立刻对其进行证实或证伪。[2]然而，我们又有多少中小学教师历尽千辛万苦、想方设法地去对学生加以教育，“这是为你好”背后又潜隐着多少苦口婆心与热切期待！作为一种道德动机的“这是为你好”，也可以使对学生的教育充满浪漫与活力，其实质理应得到尊重。[3]

第三节
教师的个体教育理论

学习目标

理解教师个体教育理论的内涵以及生成个体教育理论的方法。

一谈到“理论”，很多人都认为“理论”十分枯燥、抽象或者难以言说，生产“理论”是一些专业人员的事情，而不是普通中小学教师能办到的。然而，“理论就像锻炼身体或者吃维生素C，有的人过分上瘾，有的人很少考虑，但是没有人可以没有它。”[4]教师从事的是一种有目的的理性活动，比日常生活更需要了解其中所隐含的理论。而另一方面，教师本身也是个体理论的创建者，

1 李勤余．“为你好”是帮助还是伤害孩子[N].中国青年报，2017-07-13（2）.
2 何雪莲．“这是为你好”——论教育规训的隐秘机制[J].教育发展研究，2013（24）：67.
3 何杨勇．“这是为你好”错了吗？与何雪莲老师商榷[J].中国德育，2015（20）：14-15.
4 陈向明．质的研究方法与社会科学研究[M]．北京：教育科学出版社，2000：318.

通过创建个体理论形成教师的教学智慧以及专业成长。那么，理论对于教师究竟意味着什么？如何理解教师的这种个体理论，教师又是如何创建个体理论呢？

教育理论

(Education Theory)

教育理论是借助一系列概念、范畴和命题等要素，以推理、归纳和演绎等形式所建构的关于特定教育现象或教育问题的系统性表述。

一、教师个体教育理论的内涵与特点

一位县城普通高中教师在参观完某国内知名中学后，写下了如下观感。

"听了这个观点（指有关班级管理观点——编者注）后我如梦方醒，回想起多年来我与学生的关系以及管理方式，其实与一个普通家长没什么区别，自己一直扮演着一个家长的角色，与真正的班主任（能让学生自我管理，提高自身各方面能力）相差太远了。想到这些，心中的一丝不服变成了一种愧疚，为自己多年来没有注重学生能力培养而后悔。"[1]

这段朴素的文字中包含着教师最为真实的实践感悟，而这背后恰恰隐藏着教师对自身教育教学的反思和体认。这些反思和体认不断折射出教师本身对于班级管理、学生以及教师自身的教育信念，也在不断形成教师自身的个体教育理论。教师的这种个体教育理论具有如下特点。

（一）鲜明的实践性——教师的个体教育理论与教育实践有着紧密的关系

教师的身份正是在教育实践场域中被逐渐确立的，而建构起教师身份的教育理论也是在教育实践的过程中逐渐生成的。没有教师的个体教育实践，便无法形成教师对自身课堂教学、班级管理、校园文化建设等诸多方面的深刻理解与把握，也无法形成对既有教育理论的认同或反驳。因此，教师的个体教育理论需要教育实践的关怀，教师丰富的教育实践正是教育理论生成过程中的丰厚土壤。

（二）显著的个体性——教师的个体教育理论彰显着教师的教育风格和教育艺术

任何一位教师都生活在特定的社会文化背景之中，受到来自不同方面的价值观以及社会生活的深刻影响，并在学校教育场域中表现出"独一无二"的教育实践。很多有经验的班主任对学生教育的循循善诱，在课堂教学中知识讲解的循序渐进，在开展学生活动时的统筹兼顾，无不体现出教师独特的教育风格和教育艺术，而潜藏在教师个体差异化背后的恰恰是每

1 这则案例是笔者于2013年10月在一所县城普通高中指导本科生教育实习过程中，一位校长将学校教师近期的读书笔记、教学反思、育人案例等许多教师"个体资料"交给笔者。这则案例选自其中一篇。

位教师不同的个体教育理论。正是这种具有显著特征的个体性教育理论引领着教师教育风格和教育艺术日臻完善。

（三）强烈的内隐性——教师的个体教育理论是一座需要不断挖掘的“富矿”

教师的教育实践是一种显性的行为表现，而教师的个体教育理论则是隐藏在教育实践之中的一种内隐性表达。虽然我们无法确切得知每位教师的个体教育理论，但教师的教育实践丰富而多样，却是在一定的教育理论引领下进行的。虽然教师没有察觉自身的教育理论，但正是这种“日用而不知”的教育理论深刻影响着教师对教学、学生、班级以及自身的看法。因此，探究教师多样化的教育实践的形成过程，发现教师日常行为的生成机理，必然离不开对教师个体教育理论这座“富矿”的深刻把握。

（四）积淀的思想性——教师的个体教育理论是历经教师积淀而成的思想

经验、常识与规范性操作等一系列常规性判断构成了教师教育实践的逻辑前提，然而这种带有偶然性因素的前提却无法解读教师为何总是这样想（而不那样想）、为何经常这样做（而不是那样做）的必然性因素。而教师的个体教育理论之所以能够面对这些看似繁杂的教育实践，正是由于这种理论历经教师的长期积淀而形成，成为一种具有思想性的本质因素，有力地引领着教师的日常行为。

（五）长期的流动性——教师的个体教育理论长期处于一种生成和演变状态

如果认定每位教师都存在着一种独特的教育理论，那么这种理论则是教师长期积淀的成果。在教师教育的过程中，教师在职前便学习了大量的教育学、心理学以及学科教学知识，形成了初步的个体教育理论模型；在学校教育实践过程中，教师要不断检验、修正并完善业已存在的教育理论模型，生成符合自身实际的教育理论；在职后成长的过程中，通过教师培训、集体学习等形式日益形成较为规范的教育理论。因此，教师的个体教育理论往往呈现出一种长期的流动性，这种教育理论借助各种外在力量不断地生成和演变，并往往在教育信念变革、教育权力获取以及教育自由实现的过程中发生某种转变。

（六）表征的抽象性——教师的个体教育理论以一种抽象的样态表现出来

受大学以及相关研究机构对教育和教育理论的研究影响，很多教育理论往往呈现出一套完整、严谨的概念体系，较为晦涩，具有颇为宏大、“规范”的叙事方式。这往往会远离教师真实的教育生活，远离教师对于教育理论的原初理解和行动化策略。结果，教师要么被这些充斥了抽象概念的宏大叙事所吓倒，要么对这些以客观的、旁观式的叙事文本不感兴趣。[1]教师的个体教育理论也往往呈现出较为抽象的理论面貌。然而，根植于教育实践之上的教育理论之所以以“理论”的面貌呈现出来，正在于教育理论要从偶然性走向必然性，从对单一事件的解读走向对更多事件的本质性理解，即个体教育理论需要在更大范围内确立自身的合法性基础。“理论就是要张开理智的翅膀，在远离世俗的具体事务的高空中自由翱翔，即使是应用理论，它仍具有一定的抽象性和普遍性。”[2]

因此，教师个体所形成的教育“理论”是一种对教师个体而言能够对教师的教育思想和教育行为进行合理解释的理论范式。它生成于教师个体教育实践，并在长期教育实践中不断积淀，对教师个体的教育行为具有较强的指向功能和引领意义。

二、教师个体教育理论的生成

教师个体内在的教育理论是引导教师个体实践的重要依托，也是教师专业发展的基本理念。然而，很多教师仅仅将教育理论看作是“研究专家”的事，而没有看到自身教育实践对教育理论生成的基础性作用。因此，我们需要从纠正教师对教育理论与教育实践关系的认识偏差入手，深入探讨教师生成个体教育理论的方法论问题。

（一）前提：认清教师个体教育理论与教育实践的关系

作为重要的教育哲学命题，教育理论何以生成并与教育实践具有何种关系，历来是教育理论研究的焦点问题。在众多的教育命题中，似乎没有哪一个命题不涉及教育理论与教育实践的关系。这是因为任何一项教育命题都离不开教育实践的土壤，都植根于教育实践的土壤而生长开来，在提升为教育经验、凝练为教育理论后，又总是以各自的方式回馈教育实践，对教育实践发挥能动作用。就此而言，教育理论与教育实践的关系就像一棵“老树”，在枝繁叶茂的生动图景中伸展开来，促成其他“枝叶”（教育命题）的生成。“老树”虽“老”，却总是“老”而不衰、风采依旧，并常常绽放“新枝”，不断促成其他教育命题的诞生，成为其他教育命题研究的根源。[3]。

虽然关于教育理论与教育实践的关系研究持续进行，但不难发现，这些学术性、解释力较强的理论架构中，几乎没有来自教学一线的中小学教师的身影。在教师培训中，很多中小学教师往往更愿意接受来自外部的思想疏导，不断地将个体实践的改变或改善寄托于他人（尤其是“教育专家”）所提供的具体操作性指导上。而这往往容易造成教师不能意识到个

1 刘良华．校本行动研究[M]．成都：四川教育出版社，2002：129.
2 唐莹．跨越教育理论与实践的鸿沟：关于教师及其行动理论的思考[D]．上海：华东师范大学，1995：8.
3 张聪．“老树”缘何屡开“新枝”：教育理论与教育实践关系再思考[J].教育理论与实践，2018（1）：3.

人实践的改变或改善是要通过个体知识来实现的。“教师不意识自己头脑中存在着对教育行为起作用的‘缄默的知识’，也不善于通过对自己教育行为的分析反观积淀在头脑中的理性观念。”[1]由此，教师即使在行为上有所变革，也会不自觉地陷入简单执行他人指令或模仿他人的“成功经验”的范式中，不仅难以成为教育改革能动的、自觉的创造者，而且也难以在创造性的实践中实现自身的发展。而这也往往会形成教师“通常不把自己当作一个研究者，而一旦谈到教师要参加教育研究时，又通常不以为自身的教育实践（包括个体的、群体的）的改革性研究是十分重要且有多重意义的研究”[2]。

因此，根植于科学的教育理论与教育实践的关系认知，教师理应认识到：教师个体所进行的教育实践为教师个体教育理论的生成提供了丰厚的土壤，与其仅仅“向外”寻求教育理论对自身教育实践的指导，不如在他者教育理论的关怀下，借助个体教育实践，建构起符合教育生活实际的个体教育理论。

（二）关键：教师“实践性知识”的生成

“理论”在一定意义上是一种对知识的本质性解读，理解教师的个体教育理论离不开对教师知识的理性认知。一般而言，教师所具有的“知识”可分为“理论性知识”和“实践性知识”两大类。按照陈向明的观点，“理论性知识”主要有“本体性知识”（如所教授的学科性知识）、“条件性知识”（有关教育学和心理学以及学科教学论方面的基本原理知识）、“一般文化知识”（如文史哲、自然科学等一般意义的原理性知识）。值得注意的是，这类知识是被编码过的一种“知识”形态，一般被保存在书本和电子文献中，通常可以借助阅读和知识讲座等形式不断获得。这种具有外显性特征的知识，很大程度上停留在教师的头脑里和口头上，是很多教师和专业理论工作者所共享的一种知识形态，其实只是“教师知识冰山露出水面的部分”，而教师的个体教育理论不仅需要这些“露出水面的部分”，更需要那些“深藏在教师知识冰山下部”的“实践性知识”。这种形态的知识镶嵌在教师日常的教育教学情境和行动中，是基于教师的个体经验和个性化特征而展开的，是教师内心真正信奉并被实际应用在教学生活中的知识，也是教师个体教育理论的内核。这种“实践性知识”正是“教师行动时通常用身体化的方式记录和记忆自己的经验，并通过行动唤起那些被储藏在身体里的知识”[3]。而只有这种“实践性知识”，才能真正唤起教师关注并发现个体教育理论的信心和热情，进而主动建构起教师个体教育理论。因此，探讨教师“实践性知识”的形成路径无疑成为研究教师个体教育理论生成的关键性因素。

---

1 叶澜．思维在断裂处穿行：教育理论与教育实践关系的再寻找[J]．中国教育学刊，2001（4）：6.
2 叶澜．思维在断裂处穿行：教育理论与教育实践关系的再寻找[J]．中国教育学刊，2001（4）：6.
3 陈向明．实践性知识：教师专业发展的知识基础[J]．北京大学教育评论，2003（1）：109.

按照这种思路，我们应将教师的个体教育理论生成引向对教师实践性知识形成过程的分析。在这方面，陈向明关于“教师实践性知识”研究的框架提供了一个较好的范本（如图9-1所示）[1]。

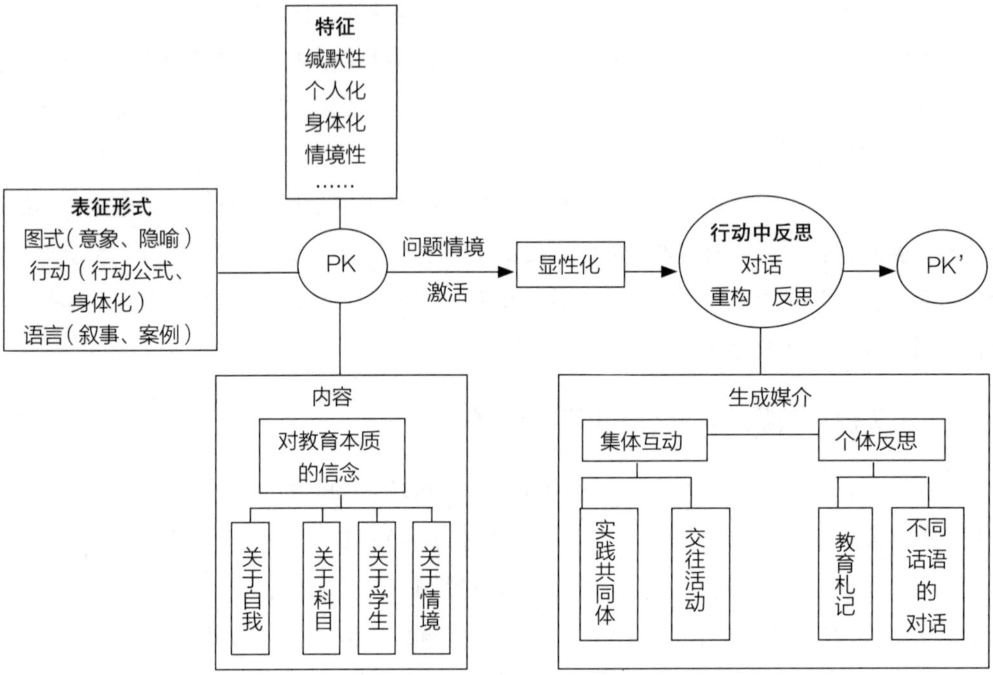

图9-1 教师实践性知识研究框架

不难看出，这一分析框架将教师原有的实践性知识（Practical Knowledge，PK）借助一定的“问题情境”予以激活，在这些既有实践性知识外显化的过程中，通过“行动中反思”不断重构教师既有经验，推动教师深刻反思，从而使教师生成新的实践性知识（PK’）。在这种由“PK”向“PK’”转化的过程中，教师也在不断生成属于自身的个体教育理论。

（三）路径：教师个体教育理论生成的方法论

教师个体教育理论的内隐性特点表明，教师个体教育理论所处的状态只有不断被发现并被解构，才能找到促进教师教育实践变革与完善的合理化路径，而这正是在一定的方法论导引下才能逐渐完成的。根据当前我国教师个体教育实践现状，至少需要做到如下三个方面。

第一，坚持教育理论生成的实践立场。

究竟是谁在进行“教育实践”？应该说，教师才是教育实践的主体，教育实践在一定意

1 陈向明．搭建实践与理论之桥：教师实践性知识研究[M]．北京：教育科学出版社，2011：28.

义上就是“教师的教育实践”，是教师在一定的情境中所进行的一种道德的、文化的社会性行动。“‘理论’不只是普遍的、抽象的，更重要的是个别的、具体的、生动的，真正影响教师实践的，不是普遍的、外来的理论，而是教师正在履行的个人理论。”[1]

对于教师而言，教育实践是生成教师身份的过程，也是不断形成教师个体教育理论的重要场域。因此，教师个体教育理论的生成与变革离不开教育实践这一核心立场。凭空想象的教育理论只能是一种虚假的表象而无生命力，刻意模仿他人的教育理论只能陷入“人云亦云”的窘境，而生搬硬套的教育理论只能使教师产生“水土不服”的情况。教育理论是一种根植于教育实践的观念形态，只有坚持实践立场，教师才会不断生成属于自身的教育理论。

第二，完善教师的自我反思过程。

美国哈佛大学唐纳德·A. 舍恩（Donald A. Schon）在《反映的实践者》一书中认为：“最优秀的专业工作者内在的所知远甚于其可以言说的。在面对真实实践中独特、不确定的情境时，他们更依赖于在实践中所学会的一种即兴的方法，而不是用其在研究生院所学的公式去解决问题。”[2]在舍恩看来，“行动中反思”是专业人员的一种核心能力，是教师在错综复杂的困境中所表现出来的一种行动艺术。因此，教师需要在教育实践中不断发现、生成并修正那种属于个体的教育理论，在对自我进行反思的过程中进行教育实践。

教育实践在一定程度上是一种教师应用既有经验的过程，这一过程理应是在一定的教育理论的支撑下完成的。但教育现场的“不确定性”使得教师难以套用既定的理论、模式和技术，而是不得不根据眼前的情境去界定问题，打破原有的思维模式，这就需要教师在这种“不确定性”中对教育理论与教育实践的“冲突”进行反思。当前，很多学校在开展教师培训时，纷纷采取教育反思的方式进行，但更多的是一种针对操作性问题的思考，缺乏对教育信念的深层次反思，这种反思的结果往往“治标不治本”。因此，只有促进教师深刻反思自身的教育理论，不断完善反思过程，才能真正有助于教师的专业成长。

第三，强化教师的对话与共享机制。

在教育实践中，教师自身所处的教育难题只有作为“同事”（workmate）的教师才能更深切地体会到，教师教育理论的完善与变革需要来自“同事”的协助。然而，在教师间竞争性压力不断加大的现实情况下，教师合作似乎变得有些困难。其实，当遇到教育难题时，教师具有开展对话、共享经验的主观倾向，只不过这种倾向尚未形成相应的机制。尤其在教师个体教育理论这一内隐性因素出现变化时，“同事”往往是最好的提醒者与倾诉对象，具有协助教师个体教育理论完善和变革的推动作用。因此，需要不断强化教师的对话与共享机制，将“我的教育故事”、育人案例等不断展现在“同事”面前，在共同参与中促进教师个体教育理论的成长和变革。

---

1 唐莹. 跨越教育理论与实践的鸿沟：关于教师及其行动理论的思考[D]. 上海：华东师范大学，1995：23.

2 [美]唐纳德·舍恩. 反映的实践者：专业工作者如何在行动中思考[M]. 夏林清，译. 北京：教育科学出版社，2007：14.

本章小结

1. “蜡烛论”“工程师论”“园丁论”“桶水论”等不同观点下的教师形象具有一定的合理性，但在新的历史条件下需要进行更为深入的思考。

2. 教师具有促进和激发人类自身的潜能、维护和推动人类社会的不断发展、继承和创新人类文明的优秀成果三种功能。

3. 教师之所以“为人师表”正是在教师与学生、家长、同行间的关系逻辑中形成的。

4. 教师复杂的教育对象、鲜明的教育方式、无私的奉献精神共同建构起“为人师表”的内在结构。

5. 教师专业化是历经漫长的历史进程不断建构的结果，是教师专业成长的历史前提。

6. 作为教师专业成长的灵魂，教师的教育信念是一个动态生成的过程。

7. 教师的个体教育理论具有实践性、个体性、内隐性、思想性、流动性和抽象性的特征。教师生成个体教育理论需要认清教师个体教育理论与教育实践的关系，不断生成教师的“实践性知识”。

总结 >

关键术语

教师 Teacher	专业 Profession	教育理论 Education Theory	教育信念 Education Belief	教育权力 Education Authority

章节链接

在这一章，你读到……	在其他章节中，你将发现相关的讨论……
关于教师学习的观点	在第七章“学习”中会有更加深入的了解
关于教师的教学问题	在第八章“教学”中会有更加深入的了解

应用＞

批判性思考

1. “麻辣教师”可行吗？

当电影《全城高考》一结束，影片中教师角色的扮演者方中信就被很多人称道：“麻辣教师”的形象太完美了。其实，近些年来，对于“麻辣教师”的讨论一直持续。教师的性情、相貌、教学方式、教学风格等，无论你具备其中哪一条，都可能被称为“麻辣教师”。随着人们思想观念的转变，教师也在不断展现着自己的个性特征，在打破传统束缚与常规思维的过程中，教师形象也被进行着富有时代特点的诠释，在展现教师美的同时也为教师身份赢得了一份荣耀。然而，个别教师过分的求异心理，刻意地去标新立异，也往往成为人们非议的焦点。因此，在展现个体性与尊重普遍性的前提下，如何理性审视“麻辣教师”？“麻辣教师”究竟可行吗？

2. 教师该如何批评学生？

近些年来，存在着学生因教师批评而离家出走、逃学甚至自杀等现象。在这一背景下，很多教师不敢轻易批评学生，生怕伤到学生的自尊心，影响到学生的发展以及自身的职业。当教师的批评权成为一个话题时，我们可以认为这是在民主、开放的时代里的一个必然课题，但另一方面也让我们看到，教师如果连批评学生的权力都没有了，学生的缺点谁来指出？学生接受学校教育过程中的成长问题谁来负责？这样想来，教师理应履行自己的批评权，对学生的一些不良现象敢于说“不”。只有这样，教师才能真正胜任教师的身份与责任。

体验练习

1. 当有人将教师比作“人类灵魂工程师”时，你是否赞同？为什么？

2. “小时候，我以为你很神秘，领着一群小鸟，飞来飞去；小时候，我以为你很神气，说上一句话也惊天动地。长大后我就成了你，才知道那间教室，放飞的是希望，守巢的总是你；长大后我就成了你，才知道那块黑板，写下的是真理，擦去的是功利……”这首脍炙人口的《长大后我就成了你》歌颂着教师的辛勤、奉献以及执着的从教热情。动人的歌词、亲切的话语、优美的旋律，让很多教师为之感动。作为未来的教师，你对这些歌词有何感想？

3. 坚定教师的教育信念，是成为教师的一项必备素养。教育信念究竟是什么？我们如何审视教育信念的生成过程？请结合电影《放牛班的春天》进行探讨。

案例研究

A老师是一名四十多岁的中年教师，目前就职于一个中等城市的普通高中。初任教师时，A老师有着强烈的工作热情，但随着时间的流逝，A老师感觉到工作热情正逐渐削减，对教学改进、教研能力提升等并不太感兴趣。用A老师自己的话说，便是“所有的教学工作都差不多，即使参加了教师培训也都没有多大改进”。其实很多教师都和A老师一样，对自身的专业发展有着类似的感受。参加教师培训，到优质高中进行教育考察，甚至前往国外名校进行教育交流，这些都没有太多地激发他们对既有教育形态进行改善的动力。“每次参观完，都是热血沸腾，但回来以后又总在想：我们能不能像他们那样做？总是感觉到我们学校有特殊性，不能盲目地去做。结果，总是不自觉地回归到原来的样子。”这些教育培训、考察和交流等活动对年轻教师的触动更大一些，然而对很多中年教师则似乎并没有太多实际效用。

1．在当前学校生活中，教师对教育培训、考察和交流等不同形式的活动有哪些看法？为什么会出现这些看法？

2．很多研究都将这种状态归为教师专业发展的“高原期”，应如何帮助这些教师度过“高原期”？

教学一线记事

对普通人而言，读书是一种自我的选择。但对于“传道、授业、解惑”的教师来说，读书应该是一种必需的生活方式。教师只有亲近读书、走进读书、热爱读书，把读书视为一种生存方式、生活习惯和享受时，才有可能颠覆传统的惯性思维，学会探索与发现。教师的知识储备和知识结构以及思维方式，都会映射到日常的教育教学中，或多或少会对学生产生影响。

第一点：读书现状

教师想读，没时间，这确是事实。现在教师的压力不轻，比如，小学教师基本是包班，一个人教好几科，大量时间都泡在课堂上。课后要参加各种培训，要写教案、批改作业，还要管理学生的“吃喝拉撒”——负担非常重。

第二点：读书心态

当读书没有形成兴趣的时候，读书没有形成习惯的时候，“没有时间”就会成为借口，读书自然成为他们的负担。目前，大多数老师没有把读书当作生命的习惯。你想啊，虽然没有时间，那为什么依然有教师读书废寝忘食，能够做到挤时间、抢时间，“压”出时间的“油”来？所以，如果教师不爱书，你出版的书再好，也没有人阅读。没有人触摸文字中的感情和思想，那些句子还是沉睡的，或者是死亡的。

还有一种心态，就是想读的时候、想买书的时候，收获得并不直接，时间长了就厌烦了、麻木了。可能这有一个教师阅读力的问题。收获不大的原因，一是教师知识结构有问题，达不到最高的阅读层次；二是教师需要的东西是形象的东西，是直接能拿到的东西，再加上没时间，教师需要的效果是“短、平、快”。如《陶行知教育名篇》，在陶行知浩瀚的文字中提炼出经典的话，老师就能马上吃到嘴里，不需要挑拣，把“皮儿”吐掉，把这好吃的细心咀嚼就是了。可我发现，更多的教育理论书籍枯燥乏味，有的内容深邃，也有的由于翻译的语言造成了我们阅读的一些障碍和一种不自然的排斥。好多中国自己的教育教学书籍不是内容艰深，就是文笔艰涩。像这样的理论书籍、教育书籍，如何让我们这些基层的老师读进去?

这些书，我们老师可能会学些皮毛。那些时髦、没见过的词汇，如“生成”“范式”成了我们评课、写文章的术语。其实，真正脚踩“中国基础教育”现状，分析说理的、深刻的教育理论书籍我们并没有找到。因此，那些国外的经验，充其量成了我们写作发言的“引子”或试验的依据。想想这也是很可怕的。你想，这样嫁接的中国教育，会生出一个什么样的“婴儿”?

第三点：读书需求

由于教师的忙碌和辛苦，他们的视野就是班级墙壁的四角和天花板。现在，“中国教师读书网”有好书推荐，大夏书系“书坊”里也有推荐。可惜，像他们这样的苦心设计的精短话语的引读，没有更直接地传到普通的老师群体中。有时候虽送给领导和校长，但他们一忙，也就忘在办公桌上了。

总之，关于如何推动和引领教师读书，我们还处于摇篮时期，任重道远。

现在都在讲教师的专业发展。其实读书就是最好的实践，读书就是最好的营养。这是看不见的，盐在汤中的养分，这是长期的内养，不是维生素加钙片。因此，必须让我们的教师们阅读起来，思考起来，实践起来!

——节选自窦桂梅. 谈教师的读书现状、心态和需求[J]. 陕西教育（教育），2014(4):4-5.文字进行了进一步润色。

拓展＞

补充读物

1 [苏]苏霍姆林斯基．给教师的建议[M]．杜殿坤，译．北京：教育科学出版社，1984.

苏联当代著名教育家苏霍姆林斯基是一位具有三十余年教育实践经验的教育理论专家。为了解决中小学的实际问题，切实提高教育质量，苏霍姆林斯基专门为中小学教师写就此书。书中所涉及的每一个问题，均具有生动的实际事例以及精辟的理论分析。全书语言通畅，文字深入浅出，对中小学教师而言，具有较强的可读性。

2 [美]威特克尔．优秀教师一定要知道的14件事[M]．赵菲菲，译．北京：中国青年出版社，2006.

作为从事多年教育行为研究工作的学者，美国印第安纳大学的威特克尔教授总结出了优秀教师所秉持的14个重要信念、行为和态度，并通过对大量日常案例进行描述和分析，以生动的语言对比了优秀教师在处理教学管理中经常出现的问题时与不成功教师的差别。因此，值得很多教师阅读。

3 丛书“中国特级教师文库”

自2003年开始，人民教育出版社出版的系列丛书“中国特级教师文库”问世以来，已先后出版五辑，引起社会各界的强烈反响。该文库从我国特级教师中遴选部分有代表性的观点进行辑录出版，对中小学教师有很好的启发功能。

在线学习资源

李伟胜等：“班级管理”（中国大学MOOC）

https://www.icourse163.org/course/ECNU-1003472011?from=searchPage&outVendor=zw_mooc_pcssjg

该课程致力于成长为“智慧型班主任”的学习者，内容包括班级管理的一套专业主张。这套主张被表述为两篇：“理论篇”包括班级管理的“目标/思路/措施”（它们构成一个理论系统），“实践篇”包括促进学生发展的“系列活动/一期计划/三级阶梯”（它们构成一条行动路径）。两篇之间相互呼应，共同构成建设“民主型班级”的专业之道。掌握并用好这一套主张，可让师生在班级生活中一步步主动实现更高境界的发展，彰显充满豪情的生命尊严。

第十章
班级

本章概述

本章以哲学为基础透视并分析班级与班级管理。主要讨论了三个方面的内容：一是班级的产生与历史演变过程；二是在作为场域的班级中，行动者的角色与关系，以及班级的空间意蕴；三是从权力与民主、规训与自由、差异与公正三个重要的哲学命题出发，来探讨班级管理的价值取向。

结构图

班级的诞生与演变

ⓐ 班级建立的哲学基础 | ⓑ 知识生产方式的变革与班级的诞生 | ⓒ 班级的演变与教育现代性

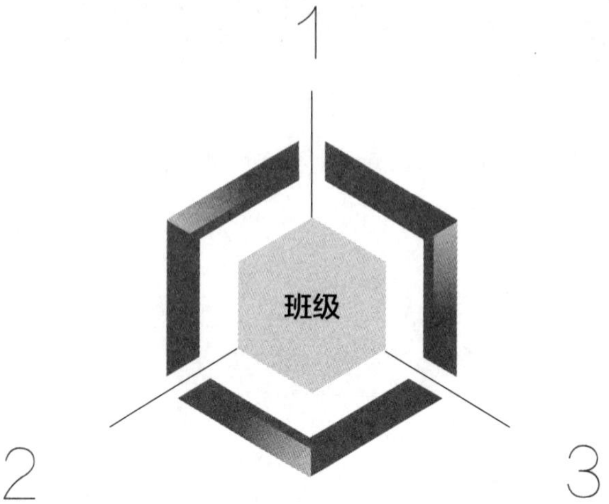

作为场域的班级

ⓐ 班级场域中的行动者角色 | ⓑ 班级场域中的交往关系 | ⓒ 班级场域中的空间建构

班级管理的价值迷思

ⓐ “共同体”中的权力与民主 | ⓑ 班级经营中的规范与自由 | ⓒ 班级建设中的差异与公正

学习目标

学完本章，你应该做到：

1. 了解班级发展过程并从哲学层面理解其内涵。
2. 以场域为视角，分析班级的构成。
3. 在班级建设的过程中，对某些价值观念可以进行自我反思。

读前反思

对于每一个教师而言，班级都是重要的教学实践场域。班级中的“记忆”，也会是每一个学生对学校教育经历的重要“印刻”。作为一名教师，一名班级中的行动者，请你在阅读本章之前，反思一下自己的班级经营经验，想一想其背后的价值观念，哪些可以成为进步的指引。

1. 教师作为班级的一员，怎么处理班级的群体性与个体性之间的关系？
2. 在班级中，一名教师的角色应该是什么？这样的角色是生存在什么样的 关系之中？当面对班级空间建构的时候，你的价值理念是什么？
3. 最后，面对班级中的“事件”和“规则”，我们如何掌握权力与民主、规训与自由、差异与公正之间的平衡与张力？在这样的反思过程中，你是否更厘清了你的教育价值观？

我们现在走进的大多数中小学，其基本构成单位就是班级。班级是一种教学组织形式，是教师和学生活动的场域，同时也应该是教师和学生共同成长的地方。本章的主要目的是介绍在教育现代化发展的过程中，班级在不同阶段的发展样态，现代教育体制下班级的构成，以及教师可能在班级经营中遇到的价值立场问题。教师作为班级的一员，应了解班级发展的哲学脉络，思考自己在班级场域中的角色，了解自己所处的关系。面对班级中的问题，秉承正确的、自我的教育价值理念，将帮助教师经营好自己的班级，也有助于教师在班级中自我成长。

第一节
班级的诞生与演变

学习目标

理解班级的发展过程及其存在的必要。

从昆体良到夸美纽斯再到苏霍姆林斯基、马卡连柯，教育思想史上的著名教育家们都论述了班级对于学生发展的重要性。当教育制度化在历史长河中不断积淀，班级就成了学校中最重要、最基础的部分。正如帕森斯所说：“无论是学校体系还是学生个人都把班级视作正规教师‘事务’实际进行的场所。”[1]

一、班级建立的哲学基础

（一）人的社会性

启蒙思想家伏尔泰认为，人的本性之一便是“自然合群性”，“人的这种本性必然把人们导向社会生活，而人生来要生活在社会里。因为基于这种人性，必然产生自由要求，即要求自由地表现自己的本性，而要使这种本性能不受阻碍地得以表现，就需要社会组织。”[2]

在这里，社会性只不过是人的理性的另一种表述而已，理性要求自由，而社会是自由实现的必要条件。所以人需要群体生活。霍尔巴赫说：“社会对于人的幸福是有益的和必需

1　[美]塔尔科特·帕森斯．作为一种社会体系的班级：它在美国社会中的某些功能[M]//张人杰．国外教育社会学基本文选．上海：华东师范大学出版社，2009：419.

2　于海．西方社会思想史[M]．上海：复旦大学出版社，2005：254.

的，人不能独自使自己幸福，一个软弱而又充满各种需要的生物，在任何时候都需要他所不能提供的援助。”[1]人比不上狮子的凶猛，不具有牛马的力量，也没有猴子的灵巧，是弱小的动物，因而人有社会生活的需要，在社会中，人能得到单个人所无法取得的援助。爱尔维修说: “人为了养活自己，或者为减少自己对狮子、老虎的恐惧，必须与别人联合起来。”[2]可见，他们都从人的需要谈人的社会性，认为有一种自然倾向，这就是需要，它使人走向社会。我们认为，人的需要，其产生和发展都是基于人与自然界、人与人的关系及其联结所提供的社会环境和社会活动。没有这种社会环境和社会活动，需要也不可能产生和满足。这里，他们颠倒了两者的关系。因为不是需要产生人的社会性，而是社会的人产生需要，需要只能从社会中产生，在社会中满足。“百科全书派”的狄德罗，坚信人生来就是要在社会中生活的，因为人按照理性行动，就必然渴望与其同类共同生活的，不会只顾自己。

上述18世纪法国唯物主义思想家研究的是超历史的人性论，但是，“人的本质，不是单个人所固有的抽象物，在其现实性上，它是一切社会关系的总和”[3]。马克思的这句话，许多人是读过的，但不少人在考察和论述人性问题时，总是有意或者无意地避开它。实际上，正是这一经典思想，科学地提供了一把揭示人性内涵的钥匙。马克思所说的“不是单个人所固有的抽象物”，是指每个人都存在和发展于整体的社会联系之中，如果脱离这种联系，置身于社会之外，人的一切思想、行为、感情等，都只能是非现实的，甚至是无从发生的。按照马克思的原意，人的本质是“现实的本质”，而人的现实性就是人的社会性，因此，人的社会性也就是人的本质属性。人性有善恶之分和美丑之别，这种分别正是源于人的本质，源于人同一切社会关系的整体联系。不懂得人的本质而奢谈人性，只能把人性及其现象，如人情之类，变成不可捉摸的，也就是无客观社会依据和无善恶美丑标准的“抽象物”。

班级正是在教育的发展过程中，形成了以人的社会性为基础的教育组织模式，班级正是人类自我构建的人与世界关系的中介。“经验与功用造就人与‘它’之世界的基本关系……随着‘它’之世界的扩展，人之经验能力与利用能力也持续增长。人越来越多地获致这样的能力：以‘学习知识’这一间接手段来取代直接经验，把对‘它’之世界的直接‘利用’简化为专业性‘利用’。人不得不一代代将此种能力传递下去。”[4]

（二）人发展的交往性

人是一种非特定化、未完成的存在物，人的不完善性与未确定性构成了儿童与其周围世

1　葛力. 十八世纪法国哲学[M]. 北京：商务印书馆，1963：650.
2　葛力. 十八世纪法国哲学[M]. 北京：商务印书馆，1963：496.
3　马克思恩格斯选集：第1卷[M]. 北京：人民出版社，1995：56.
4　[奥]马丁·布伯. 我与你[M]. 陈维纲，译. 北京：生活·读书·新知三联书店，1986：56.

界差异的基本特征。儿童在教育中逐步走向完善性与确定性的过程，同样也是儿童逐渐理解自己与周围世界的差异，不断达成与周围世界“共视”和“共识”的过程。人的本质是一切社会关系的总和，但各种社会关系不可能都强加于儿童之上，从而使他们占有这些关系。儿童正是在学校教育中，在班级组织中践行关系，班级群体的教育过程也正是践行这种社会关系的过程。人在广泛的交往中不断积累，成就自己的本质。交往越广泛、越深入，人们就越能成为人，而单独的教育，则容易使个体缺乏交往而迷失自我，甚至失去自我。人总是处在未完成之中，人生的过程就是不断与他人、与世界交往的过程。教育不仅凭借交往造就人的本质，而且要让学生学会交往，乐于交流，并积极走向更深、更广的交往。

因此，班级不仅是一个学习的组织，更是个人在走向完成的过程中重要的交往空间。在班级中，儿童逐渐践行与周围世界更多、更广的关系，进而更多地获得人的本质，并由此进入新的更深入的社会交往空间之中。人与社会的关系不会最终停止于某种已经形成的格局和已经达到的范围，人总是处在未完成之中，总是在不断地走向自我的完成性，所以，交往的过程也是一个发展的过程。班级教育较之于个体教育，就是可以通过交往造就人的本质。交往同时作为班级群体的教育手段与教育目的，统一于班级教育之中。

德国存在主义哲学家雅斯贝尔斯认为，在人的自我生成上存在三种不同的教育方法: 第一种是训练，它与训练动物相似；第二种是教育和纪律；第三种是存在之交流。在他看来，训练是一种心灵隔离的活动；教育是一种人与人精神相契合，使文化得以传递的活动。人与人之间的交往则是双方（我与你）的对话和敞亮，这种我与你的关系是人类历史文化的核心。“所谓教育，不过是人对人主体间的灵肉交流活动，包括知识内容的传授，生命内涵的领悟，意志行为的规范，并通过文化传递功能，将文化遗产教给年青一代，使他们自由地生成，并启迪其自由天性。因此，教育的原则是通过现存世界的全部文化导向人的灵魂觉醒之本原和根基，而不是导向由原初派生出来的东西和平庸的知识。”[1]他认为，教育是人的灵魂的教育，是人与人之间的一种对话。“对话是探索真理与自我认识的途径”[2]，而不是训练和控制，不是在主客体完全疏离的情况下将“我”（主体）的意志强加于他人身上，“教育决不能按人为控制的计划加以实行……如果超越了这些界限，那接踵而来的或者是训练，或者是杂乱无章的知识堆积，而这些恰好与人受教育的初衷背道而驰”[3]。班级所存在的教育氛围，其核心就是存在之交流。在班级的各种交往中，师生之间的交往是班级中最基本的交往，它直接影响着其余交往的实现。师生在教育过程中结成互为角色的师生关系，双方在角色规范内展开交往，达成某种共通的感觉或共识。如果班级内形成此种交往共识，就会引导师生双方达至心灵的相通。正是因为人的发展过程中的社会性和交往性，导致学生的发展并不能很好

1 [德]雅斯贝尔斯. 什么是教育[M]. 邹进，译. 北京：生活·读书·新知三联书店，1991：2.
2 [德]雅斯贝尔斯. 什么是教育[M]. 邹进，译. 北京：生活·读书·新知三联书店，1991：24.
3 [德]雅斯贝尔斯. 什么是教育[M]. 邹进，译. 北京：生活·读书·新知三联书店，1991：24.

地在个体独处的空间内完成，而需要借助群体性发展环境，而班级作为学校组织单元，恰恰提供了这样一种环境。

二、知识生产方式的变革与班级的诞生

无论是东方还是西方，教育自产生开始都是个体性的组织方式，强调个体化的“言传身教”。虽然古罗马思想家昆体良首先提出了班级授课制的相关理论，但是并没有真正影响到教育组织形态的改变。班级真正走入学校，作为一个教育教学的基本单元，是近代才发生的事情，其根本动力是个别教学已经不能满足教育的需要。

（一）古代的班级教学

在古罗马，个别教学并不能满足众多学生的需求，这引发人们对按班级授课的思考。“老师们所采用的一种有益的教学方法，他将我们分成班级。”[1]在《雄辩术原理》中，昆体良第一次对班级授课进行理论论述。

首先，他说明了班级授课的可行性。他说：“教师的声音不像宴会上的食物而像太阳，分享食物的人愈多，每一个人得到的份额就愈少。而太阳的光辉却给予所有的人以同等份额的光和热。”[2]教师的声音就像太阳的光热洒向每个学生，而不会有偏颇。然后，昆体良进一步论述班级授课的必要性。他认为，班级授课具有几大优点。一是班级授课节省教师时间，降低教师劳力，教师不用每时每刻陪伴在每个学生身边。二是班级授课对学生有激励作用，他以培养演说家为例，认为学生生活在班集体中，能通过教师对其他同学的赞扬和责备而学会规范自己，不断被激励。三是班级授课有利于学生相互学习，取长补短。他认为，学生较为乐于模仿同辈。而且学生还能将从教师那里学到的知识教给另一些学生。四是班级有助于培养学生间的感情，即同学间的友谊。

班级授课制

班级授课制是把一定数量的学生按年龄与知识程度编成固定的班级，根据周课表和作息时间表安排教师有计划地向全班同学上课的一种集体教学形式，它是我国教学的基本组织形式。

昆体良还进一步提出了按班级授课需注意的问题。他指出班级授课不能忽视学生个体差异：“任何一个稍懂一点儿文墨的教师，即使是为了自己的荣誉，也不会不对他所发现的专心致志而有才华的学生加以特别鼓励。”[3]他还主张按照教师能力的高低确定班级规模：“好的

1 [古罗马]昆体良．昆体良教育论著选[M]．任钟印，选译．北京：人民教育出版社，1989：23.
2 [古罗马]昆体良．昆体良教育论著选[M]．任钟印，选译．北京：人民教育出版社，1989：22.
3 [古罗马]昆体良．昆体良教育论著选[M]．任钟印，选译．北京：人民教育出版社，1989：22.

教师也不应当超过自己的管理能力接受过多的学生来增添麻烦。”[1]这是个深刻的见解，至今有启发意义，教师不单是教学者还是班级管理者，如果教师教学或管理能力有所欠缺，那班级规模过大就会成为教师的负担，将影响教学质量和学生成长。

昆体良的班级授课思想虽然非常丰富，但是他对班级教学还没有进行系统的、全面的研究。

（二）夸美纽斯与班级授课制的建立

教育家语录

青年人最好还是一同在大的班级里面受到教导，因为把一个学生作为另一个学生的榜样与刺激是可以产生更好的结果与更多的快乐的。

课堂教学每天只有四小时，一个先生可以同时教几百个学生，而所受的辛苦则比现在教一个学生少十倍。

——[捷克]夸美纽斯．大教学论[M]．傅任敢，译．北京：人民教育出版社，1984：50，78.

17世纪捷克教育家夸美纽斯在其《大教学论》中提出了班级授课制，即把一定数量的学生按年龄和知识程度编成固定的班级，根据周课表和作息时间表安排教师有计划地向全班学生集体进行教学的制度。夸美纽斯的班级制度的建立是和学年制结合在一起的。

夸美纽斯将昆体良的班级教学制的内容进一步丰富和具体化，并从理论上论证了这一组织形式的重要意义。他主张把学生分成班级，就是说把不同年龄、不同知识水平的儿童，分成不同年级，通过班级来进行教学。教师对全班而不是分别对个别学生进行教学。每个班有一定的目标和固定的教科书，使所有学生都学习同样的课本，在同一时间学习同样的课程。每个班的学习应该事先拟订好计划进行。通观夸美纽斯的教育思想，普及教育是其中的主体，他明确提出要把“一切事物交给一切人类”，使所有6至12岁的儿童，不分贫富、贵贱、男女，都普遍入学受教。但是，当时学校采取的仍然是家庭教育式的个别教学，这种教学方式成为普及教育的一大障碍，为此，夸美纽斯竭力推崇班级教学。

夸美纽斯认为，实行这一制度，不但教师可以一次同时教许多学生，节省时间和精力，而且，学生中的良好榜样可以使同学之间相互作用、相互模仿，可以使他们从中得到鼓励和满足，公共活动的交往也能给人以锻炼的机会，这些都不是个别教学所能替代的。他以太阳照射世界为例，说“太阳并不单独对待任何单个事物、动物或树木，而是同时把光亮和

1 [古罗马]昆体良．昆体良教育论著选[M]．任钟印，选译．北京：人民教育出版社，1989：22.

温暖给予全世界”[1]。同时，班级授课制也有利于学生在学业上“相互观摩”，相互切磋。他认为“全班学生同时都做同样的功课，不仅可以‘互相鼓励、互相帮助’，而且全班的注意都集中在同一目标……热烈的竞争才能发生，这种竞争对学生是一种最好的刺激”[2]。夸美纽斯同时也认为班级中教师应该发挥主导作用。他认为，如同园丁有撒种与种植的技巧和经验一样，教师掌握着教学的艺术。其中，班级教学是教师最佳的教学艺术，“教师的嘴就是一个源泉，从那里可以发出知识的溪流”，学生“应当把他们的注意当作一个水槽一样，放在它的下面，一点不要让流出的东西漏掉”。[3]

三、班级的演变与教育现代性

（一）班级教学模式的发展

班级教学模式是随着社会发展而变化发展的。最早，学校采用个别教学，教师根据不同学生的学习能力和进度对学生进行个别施教，但这样教学效率很低。古罗马昆体良提出了按班级教学的思想，17世纪30年代，夸美纽斯在《大教学论》中系统地论述了班级授课制，并为其寻求理论基础。之后，班级授课制在欧洲学校广为采用。班级授课制带来了班级教学模式的发展。

“教育学之父”，德国教育学家、哲学家、心理学家赫尔巴特在1806年的《普通教育学》一书中提出了教学形式四阶段论。他将教学分为明了、联想、系统、方法四个阶段。明了阶段，教师需要给学生明确讲授新知识；联想阶段，需要学生将新旧知识联系；系统阶段，教师要指导学生把新旧知识概括总结；方法阶段，教师指导学生将知识用于实际。赫尔巴特认为这是学习必经的四个阶段，而不是教学要划分成这四个阶段。后来赫尔巴特的弟子又将其扩为：预备、提示、联想、总结和应用五个阶段。此种教学模式影响广泛、深远，甚至现在某些学校还在采用这种模式，这使班级教学模式化、僵化。19世纪末20世纪初，欧美教育家对此进行批判，各国在不同时期纷纷发展出适合本国教学风格的教学模式，如英国的贝尔—兰卡斯特制，美国的柏克赫斯特—克伯屈制，苏联的马卡连柯工学制等，班级教学模式走向多样化。马卡连柯是苏联教育实践家，他重视集体教育，曾说“加强了集体以后，集体自身就能成为很大的教育力量”，马卡连柯十分重视班级，班级就是集体，班级中的教育就是集体教育，班级能培养学生的集体主义思想，学生们在共同目标驱使下，以大我实现小我，在劳动中学习、成长。

---

1 [捷]夸美纽斯. 大教学论[M]. 傅任敢，译. 北京：人民教育出版社，1984：137.
2 [捷]夸美纽斯. 大教学论[M]. 傅任敢，译. 北京：人民教育出版社，1984：139.
3 [捷]夸美纽斯. 大教学论[M]. 傅任敢，译. 北京：人民教育出版社，1984：140.

多样的班级教学模式

贝尔-兰卡斯特制

18世纪末，英国牧师贝尔从印度带回了一种通过“导生”组织教学的方式；同一时期，教师兰卡斯特在伦敦创办“贫民学校”，也采用导生的教学方式以扩大教育面，解决师资不足的问题。此后，这种方式逐渐流行。导生制是在一间大教室中设许多大课桌，每桌围坐15～20人，每10个学生中委派一个年长、成绩好的学生为导生。从早晨8点至10点，教师对导生授课；10点，导生向其他学生进行复述，教师只负责纪律。

柏克赫斯特-克伯屈制

1920年，美国教育家柏克赫斯特在道尔顿市创设“道尔顿实验室”，强调集体讨论，主张教师只起辅导作用；无课堂纪律、无课程表，也无年级，完全是学生自由活动，但要求有一个作业室，一个作业约定和一个作业成绩记录表。这一模式在20世纪20年代各国十分流行。美国教育理论家克伯屈于1918年在哥伦比亚大学《师范学院学报》发表“设计教学法”的文章，提出“有目的活动”的理论。他强调学生应该在一种社会情境中进行有目的的活动，并把学习活动分为四步：根据兴趣决定目的；师生共同订立计划；学生分头实施；全体学生共同评定。这样一个过程，他称之为“设计单元”。上述两种形式的共同点是废除班级授课制，采取个别教学法，但实践证明并不完全成功。

马卡连柯工学制

苏联教育家马卡连柯在20世纪20—30年代创办工学团，并组织了一个“集体教育试验”，对战争后的大量流浪儿进行共同生活、共同劳动的集体教育。马卡连柯认为班级是集体教育的承担者。这种思想对于拓展班级的教育和教学功能意义重大。

（二）班级的普及与教育现代性

19世纪中期，班级授课制成为西方学校主要的教学组织形式。1860 年，我国容闳在太平军中向干王洪仁玕建议设立各种实业、武备学校，提出仿照西方实行各级学校制度，出现了班级授课制思想的萌芽。此后，郑观应明确提出“学校者，造就人才之地，治天下之人本也”[1]，主张仿照西方学制，设立高、中、初三等学校系统，并主张在各层学校中均采用班级授课制这种教学组织形式，并规定了学习年限。以考试的结果为升级的标准。1901年，废科举，兴学堂，班级授课制成为现代教育的基本组织形式。

在近代，以班级教学代替个别教学，出现制度化教育的端倪，教育系统形成，教育事业普及，推动了教育制度化进程。教育研究的进展与教育经验的积累，使班级作为主要的教育

1 （清）郑观应. 盛世危言[M]. 北京：华夏出版社，2002：88.

组织形式日渐成熟。以班级授课制为特征的制度化教育作为一种特殊的教育形态产生与分化出来成为不可逆转的趋势。教育，通过学校和班级，将历史松散化、游离化的空间状态逐渐凝聚成具体制度化的教育空间系统。近代的学校由于逐步实行了班级授课制，形成了一套按照教与学时间表及具体内容编制的教育课程。这些最后发展成为学校制度的核心，演化为制度化的教育。从此，班级不再是孤立的教育实体，而是教育系统的基本单位，成为教育制度的载体。教育的制度化包含着两个方面：一是作为一种社会组织的教育实体内部形成权威和权力结构，这个权力结构依赖于标准操作的规程去贯彻执行；二是班级成为整个社会权力结构的一部分而“结构化”。

班级的“结构化”意味着提供给行动者规则和资源。社会学家吉登斯认为“结构作为被反复不断组织起来的一系列规则和资源，除了作为记忆痕迹的具体体现和协调之外，还超越了时空限制”，“它既有制约性同时又赋予行动者以主动性”。[1]班级作为现代性的教育组织“结构”，不仅对班级中的行动者具有制约作用，而且也是行动得以进行的前提和中介，它使行动成为可能。班级中的教师和学生的行动与班级结构之间这种相互依持、互为辩证的关系反映在处于班级的日常教学生活实践中。班级作为教育制度的基本组成单位，不仅使教育向结构化进一步发展，还赋予部分制度化教育实体以合法化的权威，就是我们所说的正规教育的产生。班级作为制度化教育空间的一个重要特征是“同时在场性”，即在规定的时间段，教育的活动以“同时在场”的形式在同一空间中，班级中的正式规则同时为教师和学生的行动提供了“公共性约束”，教师和学生借助班级规则，进行基于角色的互动中的意义沟通，并同时制造某些“意外性后果”来彰显自己在结构中的主观能动性。

（三）从集中到分散：后工业社会与班级变革

自工业社会以来，电子网络对教育的冲击如此之大可谓前所未见。在网络的推动下，以班级为代表的教育空间不断被建构。各种网络学校、远程教育风起云涌，似有吞没学校教育空间之势。教育空间在网络的推动下得到了进一步的延展。电子社区、网络教室使教育空间的虚化更为彻底。在网络空间中，教育空间被强大的抽象空间所淹没。场所仅仅在极为脆弱的层面上存在。教师与教师之间、教师与学生之间、学生与学生之间的交往也不再具有真实的体验，感受不再与其所发生的场所相匹配，且虚无、弥漫。这也意味着绝大多数人不再能够获得或理解生命体验的基本空间条件。网络教育空间在挣脱了物质空间的束缚的同时，也与自然环境这样诗意、象征的空间类型渐行渐远。

当代社会是全球性的“风险社会”。从一定意义上来说，风险是人的一种生存状态。实践是人的存在方式、人类改造自然的实践后果，有些是认识到的、可预期的、可控的，有些

1 [英]吉登斯. 社会的构成：结构化理论大纲[M]. 李康，李猛，译. 北京：生活·读书·新知三联书店，1998：89.

则是没认识到的、不可预期的、不可控的。这些没有被认识的、不可控的实践后果如果对人的生存和发展构成威胁，就是风险。实践风险的存在并不意味着人一定生活于风险社会。当代风险社会的形成，一方面是由于对物质财富的片面追求打破了实践二重后果之间的相对制衡关系，物质财富的增长并未对风险威胁形成有效的制约，风险后果被片面地强化和突出；另一方面是由于世界历史的形成和发展，人类实践在全球范围内深度展开，风险超越了局部的和区域的范围，对整个人类的生存和发展形成根本性的威胁。诚如贝克所言："工业社会的社会机制已经面临着历史上前所未有的一种可能性，即一项决策可能会毁灭我们人类赖以生存的这颗行星上的所有生命。仅仅这一点就足以说明，当今时代已经与我们人类历史上所经历的各个时代都有着根本的区别。"[1]

在班级中，受科学技术指向和大工业生产的推动，班级教育自身也被工业化和技术化，以统一的教育技术，统一的课程，统一的教育程序，制造符合标准的教育成品，人的个体与群体自身存在的意义和价值，屈从于教育的外在目的。在班级中，竞争和成功的主题，淹没了班级教育的内在意义。班级通行一样的标准化过程，对学生的要求是统一的标准、群体的一致活动。阿尔温·托夫勒（Alvin Toffler）说，第二次浪潮以后的学校崇尚的德性是"守时、顺从、机械地重复作业"[2]。从学生的智力付出看，传统社会的教育控制学生注意力的分配，使之限于制度化所传递的"信息"；传统社会的教育左右学生的思维方向，使之限于课程与应试的范围；传统社会的教育控制学生的想象力。从学生的体力的付出看，传统社会的教育通过控制学生的时间与空间影响学生的位移，学生在特定的班级过着一种群体化的生活。因而，通常有"内群与外群"之说。由教师和学生构成的教育群体一般与外部世界是很难融为一体的，班级成了社会中的一块"飞地"，即使在班级内部也形成了紧密度各不相同的"内群"，因而，这也就有了"亚群体"之说。事实上，真正的高紧密度的"内群"是类似于班级这样的初级社会群体，这一"内群"无疑对学生个体社会化起着重要的作用；而与之相伴形成的是"外群"，这种区分限制了学生个体社会化的范围，条块分割、区域划分使得"内群"成了封闭、排外的代名词。内群与外群之分形成了不同的群体利益关系，由此在教育资源分配中显然也是内外有别的。

正如约翰·托夫勒（John Toffler）所言："工业革命所造成的人们熟悉的群体社会——以及它对群体生产、群体交往、群体教育和群体政见的依赖——正向着'非群体化'演变。价值观念、家庭形式、联络交往、宗教、技术，从政治到诗歌一切方面的多样性将会开始取代工业社会的统一性。"[3]传统社会的教育所形成的群体化活动形式，在网络发展的冲击下逐渐

1　[德]乌尔里希·贝克．从工业社会到风险社会（上篇）：关于人类生存、社会结构和生态启蒙等问题的思考[J]．王武龙，译．马克思主义与现实，2003（3）：26–45.

2　[美]阿尔温·托夫勒．第三次浪潮[M]．朱志焱，潘琪，张焱，译．北京：生活·读书·新知三联书店，1983：74.

3　[美]约翰·托夫勒．第四次浪潮[M]．北京：华龄出版社，1996：75.

消解。作为工业社会代表性产物的班级授课制，由于其强调同年龄、同课程、同时空、同步调，已难以适应网络时代的要求，面对人的异质性所导致的差异，更不适合于学生个性的发展。网络发展形成了学生活动的非群体化。网络发展所形成的非群体化活动方式，给学生的发展提供了一个平等的机会。新的活动方式使得教育资源的分配不再是通过师生之间、生生之间面对面的群体化活动来完成，而是建立在网络基础上的网络交际。这一形式极大地扩展了交往的范围，突破了内群与外群之分，网络空间的无限性带来了网络交往“伙伴”的无限性，然而这些“伙伴”并非传统社会教育中的“群体”，因为新的“伙伴”的交往并不需要统一的时间与空间、统一的步调、统一的标准来限定。若以传统社会教育的标准来衡量，新型的非群体化活动就是个别化学习活动，但事实上，非群体化活动并非真正的个别化活动，真正的个别化活动并无与他人的互动，而非群体化活动则主要以网络人际互动为主。非群体化活动对象的选择多由学生自主完成，因而学生的主体性得以充分的彰显，学生意识中的各种思想一下子找到了共同“话语”，一下子有了表现的天地，新的主体性与主体间性逐步形成。

在班级这样的群体中，社会统治阶层可以通过控制教育空间来更好地控制空间中成员的社会化过程。而这样的群体形成的教育空间在网络发展的冲击下正在逐渐消解，形成了非群体化教育空间。网络所形成的非群体化交往方式导致无限性的互动。在这样的网络人际交往中，角色转换频繁，在互动关系中的地位变得也不再固定。在这样的教育空间的构建中，社会权力的控制力明显地减弱了。以往班级等学校空间中基于民族—国家提供的“普遍性知识”失去了存在的合法性。没有了对知识合法性赋予的权力，社会对班级中的教育活动的监视力也就失去了最强有力的依托载体，教育脱离了地方社会，脱离了教室，也在一定程度上脱离了教师权威和法定课程。

可以说在网络的推动下，教育空间得到了最大限度的延展。借助现代通信技术和网络等科技与社会组织方式的发展，人类社会的生活方式发生了巨大的变迁。现代性与全球化特征紧密联系在一起。现代性与全球化合谋改变了生活在空间中的个体对于空间的认识。与以往不同的是，在信息社会中，不仅时间与空间分离，空间也进一步与场所脱离，在场东西的直线作用越来越为在时空意义上缺场的东西所取代。社会关系被从相互作用的地域性关联中“提取出来”，在空间关系的跨越过程中被不断重新构建。

从个体分散到群体制度，班级从有到无，教育空间在现代性的威慑之下完成了断裂性的转变。现代学校这种教育空间的建构过程，就是班级从自然环境中不断被呈现并不断被凸显出来的过程，并在现代社会中为教育打下了牢固一方的天下。在转换过程中，空间不断从实践发生的场所中抽离，象征符号系统将行动者身体精确安顿于空间之中，教育的空间表征使其迈出了虚化的第一步。不仅如此，在教育空间的选取上也可以清晰地看出空间实体在现代性推动下的统一。班级虽然用围墙从物理层面固定了人的身体，但与教育空间中社会层面的束缚相比，物质空间对于个体的固定作用显得有些微不足道。

在网络教育空间中，我们可以看到这种非连续型的抽象力量发挥到了极致（就现代社会带给我们的想象力而言）。网络教育空间打破了物理层面的束缚，没有了固定的班级，没有了老师面对面的教诲，没有了制度和等级，以网络组成的虚拟教育空间过渡到了表征空间阶段（表征空间是通过相关意象和符号系统被直接使用的空间）。信息侵入了教育空间的每一个角落，使时间空间中的象征不断贬值，并不断地通过代换来重新构建社会行为的校准器。网络教育空间集合了空间行动者的自由交流行为模式，图像的病毒式扩散，立体信息的泛滥，使得在场变得毫无意义。缺场带来的不确定性使教育空间存在本身变得进一步虚化了。但是这样的虚化空间真的就带给我们“自由”了吗？真的使我们脱离控制而超脱了吗？答案是不确定的。社会空间被构建出来的意义在网络空间中并没有完全、彻底地消解。社会关系在网络教育空间中的监控作用，体现在表面行为上是减弱了，但是却在更为隐匿的方式下，将行动者进一步沦囿于社会空间之中。在物理状态尚未消失的教育空间中，行动者还能逃离，可当物理状态消失了，行动者还能逃离这无孔不入的社会空间的圈定吗？身处大数据时代，我们的班级组织何去何从，我们在现代班级中的角色如何转变，这些转变背后的意义是什么，应该是我们每一个教师应该思考的问题。

人具有社会性，人是生活在关系中。班级在教育发展过程中，成为以人的社会性为基础的教育组织模式，是个人发展的重要交往空间。班级授课制是在个别教学不能满足教育需求的驱动力下产生的，并在不断发展中形成了多样的教学模式。在多种教学模式中，赫尔巴特四段式教学模式影响甚广，但我们需要注意其在某些方面带来的弊端。工业社会以来，在网络对教育的影响下，以班级为代表的教育空间逐渐走向被重构的进程。

第二节
作为场域的班级

学习目标

理解班级中各个主体的角色、关系及其对空间构成的影响。

布迪厄说：“在高度分化的社会里，社会世界是由大量具有相对自主性的社会小世界构成的，这些社会小世界就是具有自身逻辑和必然性的客观关系的空间，而这些小世界自身特有的逻辑和必然性也不可化约成支配其他场域运作的那些逻辑和必然性。”[1]

布迪厄认为，我们的社会就是一个世界的缩影，社会中的每

1 [法]布迪厄．实践与反思：反思社会学导引[M]．华康德，译．北京：中央编译出版社，1998：134.

个机构都组成一个不同的“场域”，一个大的场域是由这些相互关联的“子场域”组成的。“我们可以把场域设想为一个空间，在这个空间里，场域的效果得以发挥，并且，由于这种效果的存在，对任何与这个空间有所关联的对象，都不能仅凭所研究对象的内在特质予以解释。”[1]因而，“一个场域可以被定义为在各种位置之间存在的客观关系的一个网络（network），或一个构型（configuration）”[2]。那么，什么是布迪厄认识的“场域”呢？关于这个概念，布迪厄曾这样说过：“我将一个场域定义为位置间客观关系的一个网络或一个形构，这些位置是经过客观限定的。”[3]由场域的定义可以看出，我们所身处的场域不能被理解为一定的边界物或被边界所包围的领地，更不等同于一般的领域，而是一种包含着力量、生气和潜力的力场。另外，场域是一个开放性的概念，只有置身于关系的人，才能真正理解场域的意义。

场域

场域可以被认为是在各种位置之间存在的客观关系的网络。是由关系结成的网络，每个人的位置又与许多其他人、事相关。

班级作为一种社会组织体系，由各种组织力量构成了教育教学场域。[4]布迪厄在使用“场域”的概念的时候，突出其作为各种力量之间所构造的斗争的场所。所以，布迪厄使用的场域概念是和“惯习”“资本”等联系在一起的。班级作为教育场域，虽然并没有显示出明显的“斗争性”，但是场域中的个体仍然会采取各种策略来提高和保护自己在群体中的位置。教师和学生，甚至家长都是班级场域中的行动者，行动者的各种策略都取决于他们在场域中的位置、拥有的资本以及资本发生作用的渠道。

一、班级场域中的行动者角色

教师和学生是班级场域中的两种主体角色。但构成班级场域的行动者又不仅仅是教师和学生，还有一个“影子”存在，那就是家长。家长虽不直接在场域之中，却时时对班级中行动者的策略产生影响。

（一）班级场域中的教师角色

班级作为场域，是班级中各种位置相互关系的网络，教师在其中具有特定位置，扮演着一定的角色，承担一定的责任和义务。身在关系网中决定了教师面临的并非单一角色，而是角色丛，教师体验到多种角色期待。

1　[法]布迪厄．实践与反思：反思社会学导引[M]．华康德，译．北京：中央编译出版社，1998：138.
2　[法]布迪厄．实践与反思：反思社会学导引[M]．华康德，译．北京：中央编译出版社，1998：134.
3　[法]布迪厄．实践与反思：反思社会学导引[M]．华康德，译．北京：中央编译出版社，1998：39.
4　张人杰．国外教育社会学基本文选[M]．上海：华东师范大学出版社，2009：419.

教师是一个多重角色的统一体。首先教师本身就是一种角色，教师角色还具有子角色。比如，教师是人类文化的传递者，学生灵魂的塑造者。教师要与人交往，与不同年龄学生交往，于是教师又是人际关系的艺术家，学生的心理咨询师。在班级中教师不单进行教学，还要维持班级秩序，进行课堂管理，因此，教师也扮演着管理者的角色。如果要一一细数的话，教师扮演的角色难以穷尽，但可以通过提供分析框架来进行理解。

教师的课堂角色可分为正式角色（制度角色）和非正式角色（非制度角色）[1]：正式角色是为完成课堂任务所规定的角色，具有明确的权责；非正式角色是未明文规定却被有意无意扮演的角色。教师是知识的传递者、学习动机的激发者，这是教师的正式角色；教师作为学生的心理咨询师，这种角色是非正式角色。

吴康宁先生对教师角色的研究

吴康宁先生通过调查课堂上教师对学生的言语行为，将言语行为分为“提问”“要求”“评价”，根据教师言语行为的偏好，将教师分为定向者、定规者、定论者，这是三种主导型角色，当这三种角色相互结合时便会产生定向·定规者、定向·定论者、定向·定规·定论者等角色。定向者的言语行为以提问为主，提问是教师控制课堂、展开教学的手段，提问也为学生的思维和行动提供了方向。定向·定规者一方面以提问为主要的言语行为，另一方面“要求”也占有很大的比重，教师要求学生符合某些规范。定向·定论者在课堂中对学生进行评价，教师通过提问为课堂活动定向，通过评价调整学生的课堂行为。定向·定规·定论者则是三种言语行为都一并使用。在我国，教师提问一般不会少，因此不大可能出现定规者、定论者、定规者·定论者这三种类型。

如果将教师提问分为对方法、对结论、对事实三个方面，将要求分为建议、模糊、指令三个方面，将评价分为肯定、两可、否定三个方面，那么，还可以对教师课堂角色进行更详细的分类。偏向于对方法提问的教师是“启创者”，重在启迪学生探寻解决问题的方法，强调培养学生的创造性；对学生多以建议的形式提出要求的教师是“建议者”，对学生的要求不带强制色彩；教师对学生的评价主要为肯定学生所说，这样的教师是“鼓励者”，认可、赞扬学生。这些类型也可以相互组合，成为启创·引导者、建议·放任者、鼓励·观望者等18种类型。

——吴康宁，等．课堂教学社会学[M]．南京：南京师范大学出版社，1999．文字有改动。

角色含有社会的期望，在社会环境变化时，对教师角色的期望也有所不同。在教育改革中，教师由传统的知识灌输者转为自主学习的引导者，由知识传授者转为知识与方法传递者等。教师能否承担社会对教师角色的期望，能否适应教改中教师角色的转换，对教师扮演好

1　吴康宁，等．课堂教学社会学[M]．南京：南京师范大学出版社，1999：64.

自身角色有重要意义。

（二）班级场域中的学生角色

学生长时间在学校学习，班级成为学生的第二个“家”，学生处于师生关系、生生关系中，学生角色主要受学生的家庭、教师、同学和朋友以及自我认同感影响。家庭为学生带来了“先赋角色”，如学生可能会将自己在家庭中扮演的角色带到学校，父母会要求学生在学校扮演某种角色，父母也会影响学生的行为方式等。教师是影响学生角色的最大因素，比如，教师在自己教学理念的支配下，要求学生发挥自主性，成为主动学习者，又或许要求学生成为安静的听课者等。同学和朋友主要为学生角色提供参照，是学生反观自己的一面镜子。

上文将教师的课堂角色分为正式角色（制度角色）和非正式角色（非制度角色），那么，学生的正式角色可以是知识的学习者、课堂活动的参与者等；学生的非正式角色可以是主体地位的谋求者、问题的积极回答者、同辈关系的协调者等。

如果将角色分为情感角色和工具角色，那么，刚入学的学生则具有很强的情感角色，他们在家中与父母关系是情感性的，角色之间具有亲情。而在课堂教学中的教师则更加具有工具角色，教师对学生一视同仁，以共同完成某阶段学习任务为目的。但是学生对教师角色的期待更多地是情感的，因此，教师有时候不得不同时扮演情感角色和工具角色。学生常常通过非正式角色的扮演来使教师更多地对他们扮演情感角色，比如，通过成为回答问题的积极者来博取教师的关注与赞扬。在同学和朋友中，学生更多地扮演情感角色，有时候扮演工具角色，比如在共同组成的学习小组中的工具角色。

在课堂中，按教学内容的针对性不同，可把学生分为“沉潜者”与“疏离者”。[1]一般来说，教学对班级中大多数学生都较有吸引力，这些学生就在课堂中充当“沉潜者”的角色。教学对班级中学力高的学生与学力低的学生缺乏吸引力，这两类学生对课堂教学表现出疏离，因此是“疏离者”。但这两种疏离却不同，前者相对于学习内容是超前的，后者是滞后的；前者十分想引起教师注意，而后者努力使自己被忽略。因此，教师需要看到不同学生的角色差异，看到某种角色的内部差异，做到公正下的差异化处理。

在课堂中，还可以从教师权威的高低出发，对学生角色进行分析。在教师权威高的班级，学生通常为“合作者”，合作者中还可分为安静或活跃的合作者。在活跃的合作者中还可划分出思考型与表现型等。思考型合作者主要对某一教学内容感兴趣，乐于发表意见，与师生进行讨论；表现型合作者则主要将回答问题视为表现自己的手段，他们并不十分关心回答的质量。在教师权威较低的班级，学生通常审视教师权威，审视教师教学质量，审视学校教育本身，他们就是“审视者”，这些学生认为学校除了考试没有意义，在当今升学制度下，很多毕业班同学都

1　吴康宁，等．课堂教学社会学[M]．南京：南京师范大学出版社，1999：95.

符合这种角色。同时，教师通常在班级中设置班干部，不同班干部也是不同角色，具有不同权利与义务。全方面、多视角地看待班级中的学生角色对教师了解学生具有重要意义。

（三）班级场域中的家长角色

在传统中，家长对学生的影响主要通过在家里对学生进行家庭教育实现，家长是学生的家庭教育者和监护者。家长对于学校和班级很多时候都是一个旁观的参与者，他们很少真正参与到班级活动中，对班级产生影响，是个旁观者；然而在家长会时，他们则成为参与者。我们将家长看成旁观的参与者，因为家长对班级事务的参与度低。家长对学生的学习情况，教师的教学情况还起着监督作用，是监督者，部分家长会频频向教师询问学生情况，在家长会时，教师会向家长说明之前一个阶段的教学状况，使家长了解教学生活。

在当下，不少学校进行家校合作，使家长角色不止于传统的角色，使家长面临着角色转变。在班级场域中，不同家长可以为班级提供不同的社会资本，这可能为师生学习、班级管理提供或多或少的便利，因此，家长应该从中扮演一种支持者的角色。在新课改中，学校的各方面都在发生变化，需要得到各方支持，家长作为一股重要的支持力量首先需要了解学校发生了什么，去学习课改知识，进一步学习文化知识，成为学习者，这有利于家长对学校、班级提供帮助，有利于对学生的家庭教育，这也是终身学习的社会之需。不论家长是支持者还是学习者，目的都是与班级合作，与学校合作，更多地了解、参与班级和学校事务，成为一个好的合作伙伴，因此，家长还是班级和学校的合作者。

二、班级场域中的交往关系

班级场域中的关系主要分为局内和局外两对，局内主要是共生的师生关系，局外主要是教师与家长的合作关系。

（一）局内共生：师生关系

教育家语录

教师不仅应当是教导者，而同时也应当是学生的朋友，应当和他们共同去克服困难，和他们喜忧与共。

——[苏]苏霍姆林斯基．帕夫雷什中学[M]．赵玮，等，译．北京：教育科学出版社，1983：6．

师生关系服从于一定的教育目的，受一定的教育理念支配，师生关系是否和谐将影响班级管理与教学质量。一般来说，师生关系有三种类型：一是专制型，教师指挥学生行动，学生被动接受指挥，教师对学生进行评价时不考虑学生的看法；二是放任型，教师只为学生提供必要的资料而不组织学生活动，对学生活动不进行评价；三是民主型，师生共生共荣，大家一起制定活动方针与程序，教师进行引导，提供建议，客观、中肯地对班集体进行评价，这是新型的、共生的、和谐的师生关系。

案例研究

很多时候，师生关系不和谐的原因之一在于彼此的不了解。知道了这一点，李老师十分注重以“听其言”“观其色”来了解学生的情况。她在不同的场合进行观察：在课堂上注意学生的情绪、注意力和态度等，在课外与学生做朋友，增加彼此间的了解，掌握不同学生的性格。学生也在和李老师的相处中发现李老师其实是一个开朗活泼，能与学生在很多地方产生共鸣的大朋友。

李老师和同学们比较熟了，很多事都可以交给学生自己处理、管理，老师信得过学生，学生也不辜负老师的信任，争相表现。实在是需要老师指点、引导的问题，就在班会上提出来讨论。针对学生具有代表性、普遍性的思想倾向和认识模糊的地方，大家都发表自己的意见，在这个过程中李老师总是在关键处和关键时刻提出最具启发意义、发人深省的意见。

李老师和学生还通过“班级日记”来沟通思想，“日记”放在讲台的柜子中，每位同学都可以就任何问题、意见、建议在“日记”中提出，“日记”还记录学生的各种表现。李老师每天都翻阅日记，掌握学生动态，发现学生问题，对一些动态进行反馈，在需要的时候找同学谈心。

教师主动去接近学生，了解学生，在这个过程中，学生也更加了解教师，卸下防御心态，与老师谈心。师生之间相互了解，相互信任是教师放权给学生自主管理的基础。教师给学生自主管理的空间才会让学生觉得自己对班级有一份特殊的意义，不是被规定、被掌控，而是自觉、自主、自立，这样，师生关系才会民主与和谐。

师生在班会中解决平时存在的问题，学生讨论，教师引导，这沟通了师生的思想，避免了教师苦口婆心地絮絮叨叨，又融洽了师生关系，事半功倍。

——案例改编自长春市第六中学的《脊梁——师德风采录》(2013)

（二）局外合作：教师与家长的关系

教师和家长的关系是家校关系的一部分，家长虽然不在班级场域之中，却对班级师生有重要的影响作用。教师与家长通常有以下几种关系：一是教师权威至上，家长对教师“唯命是从”；二是教师对学校事务一一包揽，家长不闻不问；三是家长对教师左叮右嘱，教师“任务重重”。在这几种关系中，教师和家长都没有以主动、平等、民主的心态建立关系，教师与家长都希望学生在班级中表现优秀，取得好成绩，因此，基于这一共同的目标，教师与家长应相互合作，建立合作关系。

从家长的角度来看，家长有权利和义务与教师建立联系，了解学生在学校的表现，家长有自己的优势和能力参与班级事务，主动为班级、学校提供自己拥有的各项相关资本，与教师建立联系还有助于家长进行适当的家庭教育。从教师的角度来看，教师需要家长对学生的热心关注，积极合作，教师需要从家长处获得学生在家的表现，以更好地了解学生的习惯、性格等，这样有利于教师管理班集体，进行差异化的教学。因此，教师与家长是一种局外合作的关系。

案例研究

小王是班上的一个“问题学生”，在学习和各种活动中表现得十分倦怠，老师批评也不管用，与家长联系就成了家常便饭。每次小王的家长都希望教师严格对待孩子，希望老师多多关照。但多次下来，小王依然是懒洋洋的，毫无自制力。于是班主任决定和小王的父亲好好谈谈。

王父到后，先是表示感谢班主任的关注，班主任表明请他过来是想和家长一块儿帮助小王改正不好的习惯，王父表示配合。于是班主任简单地叙述了一下小王的问题，并表示并非因为小王对老师态度不好才请家长过来帮忙教训，而是想和家长沟通，让家长了解小王的在校情况，以便双方更好地开展教育工作。王父听了班主任的叙述以后对小王的行为很生气，说在家时小王也经常发生类似的抵触大人的情况。班主任心想：看来不只对老师有这样的习惯。于是马上接住他的话问道：“那当时您是如何教育他的呢?”王父很无奈，说：“我跟他讲道理，但是他却闷着头什么也不说，我一火大难免会对他大声地呵斥。”听得出来王父在教育时容易失去理智，王父还说道：“我每次教育他时，他的爷爷总是拦着我，还老说我的不是，他妈妈也过来阻拦，弄得我火气就更大了。”班主任终于明白了小王不好的习惯得不到纠正的主要原因在于他的家庭教育。王父说自己一直很忙，小王平时就跟着爷爷，爷爷很溺爱孩子，不让说、不让动，王父自己也很头痛。班主任当即表示了理解，并进行开解，还举了一个小王曾经让老师很感动的事情，列举了小王在校时一些好的表现，对王父表示并不会放弃对小王的教育。王父听了以后很是感激。班主任还给王父提出关于家庭教育的一些建议，之后小王在家长和教师的共同帮助下进步了不少。

学生虽然大部分时间在学校，但家庭中血缘关系是学生不可否认的关系，对学生产生着不容置疑的重要影响，影响着学生的性格、习惯、价值观等，学生的很多问题都有可能在家庭教育中找到原因，教师与家长都对学生的未来期望甚高，应该相互合作，增进沟通，这样教师能了解学生在家中的表现，取得家长的帮助，家长从教师那里获得学生在学校的表现，及时进行有效的家庭教育，双方建立合作关系才能更好地进行教育。

——改编自兴义市向阳路小学一线教师耿明富所写关于教师与家长沟通的案例:《爱——让后进生感到温暖》

三、班级场域中的空间建构

当教育空间固定在学校中时，班级成为教育的主要单元。康德曾经将空间理解为“待在一起的可能性”，这种“待在一起”其实不是物理空间的“一起”，它是一种意义空间的“一起”。由于群体教育的特点，班级空间作为场域使行动者的相互作用成为可能，这种作用又使空间处于不断的变换之中。变换则能够使场域内的各种角色相对于他们的关系而无限地运动、重组。

班级的空间营造，主要指班级空间的大小、空间的封闭或开放程度、教学物质设施的陈列状态、学生座位的编排形式等。班级的空间布局大大影响着教育活动的进程和学生心理的发展，对于以班级授课制为主的制度化教育空间，“班级”一方面是各种教育目标实施的关键，另一方面，它也是教师实施其权力的重要场所。空间物品的摆放就是一门教育的艺术，它能体现教师的教育机智，帮助教师更好地管理整个班级。

（一）班级空间的封闭性

在我国中小学，班级通常被墙和门围成一个长方体封闭空间，福柯认为，纪律有时需要封闭的空间，学生和教师在这样“与众不同、自我封闭的场所”中学习并生活。班级这种封闭空间与原始社会的大自然空间是不同的，它是人为划定的空间，是具有社会性的，为的是对学生进行集中管理，在上课的时候隔离来自外界的干扰，创造属于班级的物质精神文化，也是由于班级空间的封闭性，学生对班级有更为形象和直观的概念，对班级有着归属感。

在班级空间里，门不可或缺。开始上课的时候，教师走进门，进入班级空间，关上门，提醒学生准备上课，教室逐渐安静；上课过程中，大多数时间教师让门保持关闭的状态，为的是隔绝外界噪声，阻挡外界对学生的干扰；下课时，门打开学生能自由进出教室，但不同班级的学生很少进入彼此的班级空间，如果其他班级的同学进入本班，部分同学会产生一种自己的空间被“入侵”的感觉。本班同学也更有权力去评价外班同学进入本班级空间的行为。门的开合体现了一种权力关系，教师上课将门关闭限制学生行动的自由，只有在学生上厕所、生病或者教室闷热等特殊时候才会开门，教师还会通过让不听话的学生“站在门外”来进行课堂控制，让不让学生进门体现了一种认同与否定的心理。

班级作为一个封闭的空间还有一个可以和外界进行信息交流的地方——窗。离走廊较近的窗户一般比坐在座位上的学生头顶更高，这样学生便不能在上课的时候望向窗外，因此，即使相较于墙，窗更加“开放”，对学生来说却不存在那么多开放的意义。而这样的设计正方便了教师的监视，班主任、学校纪律管理者等通常在学生上课的时候通过窗户对班级内师生教学情况进行视察和监督。被监督使学生感到紧张、不自由与不被信任，学生与教师处于一种权力不对等的关系。但对于教师来说，监督却是了解、管理学生所难以避免的，教师认为这是对学生的关心。

一些学校为改进班级空间设置将走廊面的墙改成可移动式的墙壁，使下课的时候班级空间更加开放，与外界交流更多。还有些学校在两个班级相隔的墙边开一扇门，增加班级之间的交流。不过当下大多数学校的班级空间还是十分封闭的。

东北师范大学附属小学“打开空间的墙壁”

东北师范大学附属小学从2002年起建立了我国第一批开放式教学楼，全面拉开了实践“开放式·个性化”办学理念的序幕。

教学楼中教室的“墙”是灵活、可移动的，开放式走廊宽达8米，走廊可供学生放置学习用具，还可拓展为教室的一部分（见图10-1）。打破空间上的壁垒有效满足了学生多样化学习与活动娱乐的需要，使学生生活在一个更加人性化的开放空间。

图10-1　可移动的墙壁和教室走廊一体化的开放空间

（二）座位

班级空间最大的特点是封闭性，然而，封闭并非绝对的，在福柯看来，为了贯彻纪律，还需要以更灵活、更细致的方式利用空间。它首先依据的是单元定位或分割原则。每一个人都有自己的位置，而每一个位置都有一个人，由此可以明确在场者和缺席者。最明显的例子就是在教室里为学生编排座位。将学生的身体安置在一个固定的位置上，在一个不能流动的空间中，对于教室空间的解析或基本隔离为纪律的无孔不入提供了可能，因为这一空间建立了一个在场“缺席”的体系。由此，施加权力的人让自己的控制对象在空间上具有可见性。教室空间中的课桌椅，不管是作为安置身体的单一存在还是作为空间解析的组合设置，都不仅仅是教室中的物理组成部分，它是社会权力控制在教室中最明显的体现。

桌椅在教室中固定了学生的身体，控制了学生活动的范围和互动的方式。但是，不同的桌椅的配置方式对于活动的控制程度是有所差别的。我国的教育社会学家吴康宁先生曾经在《教育社会学》中论述了秧田式、马蹄式、分组式桌椅排列格局对于师生互动和教学方式的影响。在我们目前的教室中，仍旧以秧田式的桌椅设置为主要格局。

中国的大部分学校都采用秧田式的桌椅排列。桌椅的结合使得学生的身体在固定的空间内不能移动，他们都只能选择面向黑板，目光也只能集中于讲台。如此排列的教室空间被细致地分割，每个人都有确定的位置，每个位置都有固定的人。每个人是单一的原点，每个人也都是别人的空间的边界。点成线，线成面，在这个纵横如秧田般清晰的空间中，学生流动、聚集的可能性被根除。如此可以一目了然地确定在场者和缺席者，建立有功效的联系，割断其他联系，以便能够时时刻刻监督每一个人的表现。秧田式的教室空间排列在桌椅的设计上是最经济的，因为它可以最大程度地节省空间。教室的秧田式座位设计和19世纪上半叶美国火车车厢的设计惊人地一致。美国的火车车厢没有分隔出小房间，而是让每一个乘客都面朝前坐着，这样就只会看到别人的背部而不是脸。于是一个人完全可以在一语不发的状况下横越北美大陆。“社会学家齐美尔认为，在大众运输来临之前，人们很少感觉到必须坐着长时间保持沉默而只是把眼睛睁得大大的”[1]。我们也可以说，在现代教育来临之前，人们在学习的时候也很少是要长时间保持沉默而要把眼睛睁得大大的。

美国19世纪的火车车厢的座位设计暗示了沉默的必要性。因为当时人们认为沉默是保证个人隐私的最好的手段，是社会文明发展的标志。在长时间必须要处于同一空间的情况下，时时刻刻面对陌生人是很让人窘迫的。因为“原本用来掩饰尴尬的马车噪音，现在已经消失了”[2]。而我们的教室采用了同样的座位排列方式，也暗示了一种沉默，但是沉默并不是要保证学生或者教室的隐私，而是为了保证秩序不被打破。座位排列显示了学生要以教师为中心，自己只要“坐着安静地听讲”。美国的一位教育学家认为：“教室为什么要分前后呢？教室分前后的思想与专制型由上至下，即由教师到学生传授知识的方式是不谋而合的。”[3]学生的行为接受了座位排列的暗示，知道他们在教室中是不能随便移动身体的，他们只能各自安静地坐着，目视前方，听老师讲课，不能相互交谈。任何活动都是可以被老师看见的，不能有任何违反纪律的行为出现，否则就要接受惩罚。

---

1 转引自[美]理查德·桑内特. 肉体与石头：西方文明中的身体与城市[M]. 黄煜文，译. 上海：上海译文出版社，2006：346.

2 [美]理查德·桑内特. 肉体与石头：西方文明中的身体与城市[M]. 黄煜文，译. 上海：上海译文出版社，2006：347.

3 Meihan R. A Sociology of Education[M]. New York：Holt Rinehartand Winston Ltd., 1981:66.

（三）空间变换的可能

秧田式并不是学校座位排列的唯一方式。马蹄式、圆桌式、小组式等成为替代秧田式的可能性选择。

从图10–2中我们可以看出，马蹄式、圆桌式、小组式与秧田式相比，学生的个体和教室总体的空间的构成都有所不同。在秧田式的座位排列中，学生个体空间是比较封闭的，学生很难拓展或者改变自己的空间，而教室总体空间也是在教师严格控制下的伞状空间。[1]而在马蹄式、圆桌式、小组式中，由于教室通路的增加和师生共有空间的扩大，学生个体空间比较开放，他们可以比较容易地聚集或者分散，也可以改变、转移自己的空间，教室总体空间也是教师控制下的多元空间。

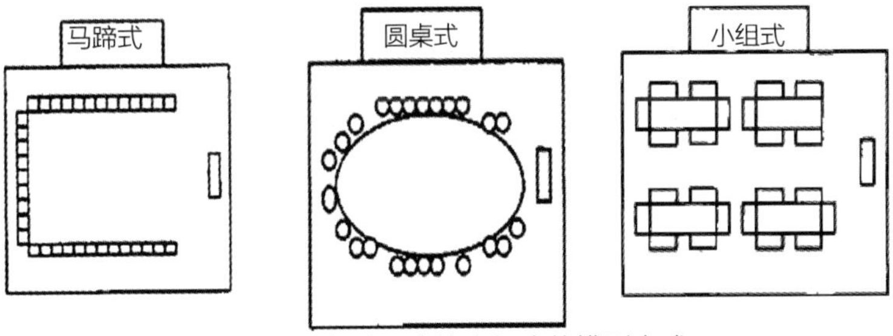

图10–2　各种形式的班级座位排列方式

马蹄式、圆桌式、小组式三种教室空间构成使得学生的个体空间由封闭逐渐走向了开放。空间构成的改变不仅仅意味着学生个体活动范围的扩大，而且会改变学生之间交往的范围和方式。一般说来，同学之间的距离越近，彼此交往的次数就会越多，关系也就越亲密，学生群体之间的亚文化也就越容易形成。在传统的秧田式教室座位排列方式下，同学间交往的范围狭窄，他们在课堂上能交往的对象仅有前后左右几个邻桌的同学，有时候甚至只能与左右邻桌的同学交往，所以，教师很难采用分组讨论学习的模式，由于同学相互之间不了解，每个人不能有效地发挥自己的潜能，最终也影响了各自的学习效果。但是，如果采用其他座位排列方式，可以扩大同学的交往面，使他们的交往增多，合作意识提高，孤立减少。因此，这些排列方式比较适合进行合作、交往式学习。

马蹄式、圆桌式、小组式三种教室空间也使教师的活动空间从固定走向流动。在秧田式的教室空间构成中，教室前方的讲台处是教师的领地。教师高高在上，如站在古代的点将台上，或像审判庭的法官，但是他/她的空间是不能移动的，教师很难深入到学生中间去，因为秧田式留给联系用的空间实在是太狭窄了。教师即使勉强通过座位之间的通道，也只能是原路返回，致使教师只能和有限的处于座位旁边的学生有所接触。秧田式的教室

1　吴康宁．教育社会学[M]．北京：人民教育出版社，1998：348.

中，讲台的位置一般都高于地面，教师的目光可以俯视全部的学生和教室中的每一个角落，同时教师也处于所有学生的目光围绕和包围之中。而如果采用其他的座位排列方式，教室中的使用空间缩小，联系空间扩大。所有的联系空间都可以用作师生互动的共有空间。教师的流动性增加的直接后果是师生互动比率的扩大。不仅如此，教师也可以在教室中暂时拥有自己的个人空间，那可能是舞台和幕后的连接处，是一个稍微可以喘息的空间。

班级规模与教室的空间密度紧密相关，在一个固定的班级内，增加人数就意味着造成空间拥挤。而过分拥挤的教室易使学生和教师产生不良反应，如烦躁、不安、好斗、富有攻击性、压抑和无助感等。班级规模与学生学习成绩密切相关，1978年，格拉斯（G. V. Glass）和史密斯（M. L. Smith）对以往有关班级规模与教育效果的调查研究进行统计分析，得出结论：学生的平均成绩随着班级规模的缩小而提高。而且当班级规模达到15人以下时，其效果会迅速提高。[1]班级规模不仅影响学生学习成绩，而且对师生双方的课堂行为以及个别化教学的实施也有极大影响。但是对于班级规模来说，教师甚至是学校都是不可控的，从务实的角度来说，当班级密度过大时，尤其是欠发达地区的班级，教师只能运用传统的座位模式，因为这种模式最节省空间。只有当班级密度适中或者较小时（例如，马蹄式、圆桌式、小组式三种教室空间布置，适合人数在20～25人），教师和学校选择座位模式才有较大的空间。

场域意味着关系，班级作为一种社会组织体系，构成教育教学的场域。对这个场域起较大影响的主要是教师、学生和家长，与这个场域密切相关的是师生关系、家长和教师的关系。教师、学生是班级场域中的主体角色，教师在这个场域中处于一定位置，拥有复杂关系，这使教师面临多种角色期待，教师能否胜任角色对自己的工作和生活有重要影响。同样，在班级场域中，学生也具有自己的角色，教师风格和师生关系有时候对学生角色有着直接的影响。在新时期，我们应该建立民主、平等、共生、和谐的师生关系。家长在班级场域之外，看似是“局外人”，却影响班级场域中的关系，家长作为学校工作的合作者，与教师都以学生学习成长为目的，应建立起合作的关系，经常沟通，互相支持。班级场域中的空间营造，即空间大小、封闭与开放程度、教学物质设施的陈列、学生座位编排反映着师生权力关系，是更好地实现教学目标的物质影响因素，合理布置班级空间体现了教师教育的机智，有利于教师进行班级管理与教学。

1　和学新. 班级规模与学校规模对学校教育成效的影响：关于我国中小学布局调整问题的思考[J]. 教育发展研究. 2001（1）：18-22.

第三节
班级管理的价值迷思

学习目标

面对价值迷思，在处理班级问题上秉承正确的教育理念和立场。

班级作为一个群体生活组织，教师作为管理者，其管理理念背后的价值观是关系到班级建设非常重要的问题。作为一个“共同生活的组织”，师生关系是权威的还是民主的？在面对班级中的规则，教师的理念是规训式的还是着眼于学生的自由发展？学生的自由在班级中的限度如何？如果班级中存在“异类分子”，教师如何面对学生的差异性表现？公正理念下的班级公共生活对于教师和学生都意味着什么？可能每一个班级中的教师都会面对如此的价值迷思，在混乱中我们不是要给出一个确定性的答案，我们只是和每一个教师在寻求答案中共同反思，不断前行。

一、“共同体”中的权力与民主

班级是师生共同构成的场域，是师生共同成长的“共同体”。在班级中，师生关系是其中的主体关系，也构成了一个班级的生态系统。班级中的教育活动都是在一定的师生关系维系下师生双方共同的活动。师生关系对学生的影响作用是全面而深刻的，不仅直接影响着教育教学的效果，还对学生个性、社会性的发展起着不可忽视的作用。师生关系也影响学生性格的形成。人的性格是个体与环境相互作用的产物，而师生关系是学生生活环境中最重要的因素之一。良好的师生关系为学生提供坚实的心理需要（安全的需要、爱与归属的需要、尊重的需要），在心理需要得到满足的基础上，学生逐步形成一些优良的品质，如信任、宽容、善良、尊重、同情等，在此基础上，学生的社会性也会向更高水平发展，如追求社会公平、承担社会责任、实行公民权利等，而在不良师生关系中，学生的基本需要得不到满足或形成不正常的满足方式，学生的个性和社会性很难向更高水平发展。

共同体

为了特定目的而聚合在一起生活的群体、组织或团队。共同体不同于一般的组织，共同体是人们在追求共同目标过程中产生的一个协作系统。共同体中的成员有着共同目标与追求。共同体是能让成员体验到归属感的群体，其中的成员对身处这个群体中的自己有着自我认同感。

在传统的班级中，我们会发现，传统教师权威观一直占有主体地位，认为教师的地位是神圣不可侵犯的，学生应该服从教师所制定的班级规则。虽然从成熟程度而言，学生是班级中的“弱者”，但是弱者的服从也是由教师的权力和权威两种杠杆所调节的。教师的权力和权威是两个不同的概念，权威和权力反映的都是一种社会关系。两者虽然都能通过一定的方式和途径使自己或个人所代表的组织的意志或意愿在他人身上得到贯彻和实现，都带有一定的强制性，但是权威与权力的运作方式是不同的，权威反映了权力拥有者与被支配者之间的协调关系——前者的命令和意图能够真正被后者所贯彻和执行，合法的权力（被权力对象所认可）、接纳的权力是权威的重要来源。同时，权力与权威产生影响力的来源不同。权力主体的影响力一般来源于制度和组织因素。例如，个人一旦被任命一定的职务，在制度的保障下，由该职务产生的权力就应运而生了，它是“外在赋予，施之于外的”[1]，权力主体随外界条件的变化而变化。而权威主体的影响力则除了来源于上述因素外，还来源于权威主体的人格魅力，即权威不仅与权威主体在组织中的角色地位、职权高低有关，也与权威主体的能力、威望、道德品质等有关，它是一种“既有内在生长，又有外在无形的施予，内外共生”[2]的力量。由此可以看出，教师权威是教师权力和教师威信的结合体，教师以权力形成的传统权威、法理权威和制度权威为基础执行教师的职责，以个人的资历、声望、才能与品德形成的道德权威、知识权威和感召权威征服学生心灵，这些共同构成教师权威。其中，权力属于外源影响力，是保健因素，权威是内源影响力，起激励作用，两者相互制约，相互促进。

马克斯·韦伯的权威类型说

著名的社会学家马克斯·韦伯根据大量的史料，将权威划分为三种类型——传统型、感召力型、法理型。

传统型权威：“永恒的昨日”的权威，也就是权威因于“古以如此”的威信和去遵袭的习惯而变成神圣的习俗。

感召力型权威（又称超凡魅力或卡里斯马型权威）：这种权威是受支配者因某个人身上所显示出来的启示、英雄性的气质、事迹，或其他的领袖特质而形成的人格上的皈依或依赖。

法理型权威（又称理性型权威）：这种权威靠的是人对法规成文条款之妥当性的信任。

作为教师权威整体而言，这三种权威类型都是不可缺少的。

很多学者认为，教师权威在现代制度化教育中并不应该消解，教师权威和学生的自由并不矛盾。法国著名教育社会学家埃米尔·涂尔干在论述权威和自由的关系中就曾指出：“人们有时把自由与权威这两个概念对立起来，仿佛这是教育中两个互相矛盾、泾渭分明的要素。但这种对立是人为的。事实上，这两个概念非但不互相排斥，而且互相联系。自由是恰当地加以理解的权威的‘女儿’。因为，所谓不受束缚，并不是意味着做他喜欢做的事，而是自制，以及善于有理智地行动和履行义务。教师的权威，恰恰就应该用来使儿童

1 张楚廷. 高等教育哲学[M]. 长沙：湖南教育出版社，2004：246.
2 张楚廷. 高等教育哲学[M]. 长沙：湖南教育出版社，2004：246.

有这种自制。”[1]教师的权威不是限制学生的自由，其核心是要使学生自制。但是教师在“课堂情境”下常常扮演的是“常套”角色。[2]始于托马斯（W .T. Thomas）的“情景界定”认为课堂情境是一个过程，行为者在角色情境中探索其行为的可能性，此情境对个体行为施加诸种影响，这些影响规定着个体对此情境的态度及相应的角色扮演。班级存在教师和学生两种界定主体，如果由教师主导情境界定，采取“控制与服从”的策略，那么教师的权威即等同于外在的教师权力，班级就成为权威性情境，其必要条件是建构严格的、持之以恒的规则；课堂情境建设的最高目标是规则制度化，无须学生在角色扮演的时候加以审视或者深思。对学生而言，他们只有“服从”，一旦“越轨”，将会受到强制惩罚。久之，学生也会形成自制，无论学生的自制是出于对教师权力的惧怕，抑或是对教师权威的遵从，其实都是一种单一向度的班级情境。

班级是在学校中对学生影响最为深入的社会组织，它具有区别于其他社会组织的重要特征——“自功能性”。一般来说，其他社会组织的“生存目标”都是指向组织外部的，比如，“制造商品”“医治病人”分别是工厂与医院的生存目标。这些生存目标的着眼点不在组织——工厂或医院的内部，而在组织的外部，衡量生存目标实现与否自然也不以组织成员——工人或医生自身的状况为依据，而是以组织之外的某种变化为标准。因此，这些社会组织的生存目标具有“外指向性”，即属于“他功能性”组织，在这种组织中，组织的领导者运用权威的目的是该组织外在目标的实现。与之不同，班级作为一种社会组织得以建立，则不主要是为了某些外向性的目标（如提高教学效率，便于学校管理等），它首先且最重要的是基于其成员（学生）自身发展的需要。因为班级的一系列活动、任务，其最终目的都是促进学生自身的发展。在现代社会中，青少年学生的奠基性学习，尤其是“社会文化”的奠基性学习不可能在个体独处的空间里完成，而是需要借助群体生活的环境。班级组织可视为社会向青少年提供一种在校期间群体生活的基本环境。因此，相应的教师权威在班级这种社会组织中运用的目的应是实现该组织的内指向性目标——学生自身的发展。而这一班级组织目标的实现，需要学生成为班级生活的真正参与者，对学生个体的偏差行为，由学生群体自发影响与纠正，建构班级民主性的公共生活。

教师突破已有的师生关系，指发挥学生在建设班集体过程中的作用，用平等协商的办法处理师生矛盾，那么所形成的“班级共同体”就是尊重差异、多元多层、与时俱进的共同体。班级成员失去这样的共同体，就将失去发展的“土壤”。齐格蒙特·鲍曼（Zygmunt Bauman）在《共同体》一书中分析道，失去共同体，意味着失去安全感；得到共同体，如果真的发生的话，意味着将很快失去自由，共同体“只可能是（而且必须是）一个用相互

1　张人杰. 国外教育社会学基本文选[M]. 上海：华东师范大学出版社，1989：23.
2　吴康宁，等. 课堂教学社会学[M]. 南京：南京师范大学出版社，1999：91.

的、共同的关心编织起来的共同体；只可能是一个由做人的平等权利，和对根据这一权利的平等能力的关注与责任编织起来的共同体”[1]。

在班级共同体中，班级成员既有共同的目标，共同遵守的规章制度，又有相对自由的个人发展空间。班级共同体的建设是学生身心发展、学校教育目标实现、国家民主制度创立的需要。作为共同体的班级，将是一个拥有公共精神、公共品格的环境，班级公共生活的建构能满足学生表达个人的意见、追求民主平等的愿望。学生从中学会理性地解决人际纠纷，合理地疏导不良情绪，正确地处理个人与他人以及与社会之间的利益关系，养成学生的公共精神。构建班级共同体，既促进学生的个体成长，也促进学校和社会的民主化进程。

二、班级经营中的规范与自由

教育家语录

1．教师教，学生被教；

2．教师无所不知，学生一无所知；

3．教师思考，学生被考虑；

4．教师讲，学生听——温顺地听；

5．教师制定纪律，学生遵守纪律；

6．教师做出选择并将选择强加于学生，学生唯命是从；

7．教师做出行动，学生则幻想通过行动而行动；

8．教师选择学习内容，学生(没有征求其意见)适应学习内容；

9．教师把自己作为学生自由的对立面而建立起来的专业权威与知识权威混为一谈；

10．教师是学习过程的主体，而学生只纯粹是客体。

——[巴西]保罗·弗莱雷．被压迫者教育学[M]．顾建新，等译．上海：华东师范大学出版社，2001：25-26.

班级是教师与学生的集体生活空间，在这个空间中，为了有效管理班级中的学生群体，确保班级中学习生活的有序性和稳定性，就需要建立一整套规范来管理学生的行为。班级的管理与运营依赖规范，学生安坐其位、专心听讲，教师就能顺利进行课程及教学，安静的教室及良好的班级纪律也能为学生提供一个充分学习的良好环境。同时，班级规范有利于培养学生的规范意识和行为理性。规范与纪律构成了学生行动的参照标准，它能够纠正学生放任的、不合规的越轨行为，帮助学生形成明辨是非的能力，知道什么事情应该做，什么

1　[英]齐格蒙特·鲍曼．共同体[M]．欧阳景根，译．南京：江苏人民出版社，2007：177.

不应该做。

然而，需要注意的是，规范的约束程度应被把控在适度的范围内。当规范过于严苛、僵化时，就会成为压迫、摧残学生的“枷锁”。早在18世纪，卢梭就对摧残儿童的强制性教育进行了激烈的批判。他在《爱弥儿》的开篇就说：“出自造物主之手的东西，都是好的，而一到了人手里，就全变坏了。他要强使一种土地滋生另一种土地上的东西，强使一种树木结出另一种树木的果实……必须把人像练马场的马那样加以训练；必须把人像花园种的树木那样，照它的样子弄得歪歪扭扭。”[1]他认为儿童成为当时教育理念下的牺牲品，儿童的天性在教育的信条、学校的规训和教师的强制中被摧毁了。卢梭把这种残酷的强制教育称为野蛮的教育，认为那是在折磨儿童，不是在教育儿童；是在残害儿童，不是在发展生命。法国思想家福柯在其代表作《规训与惩罚》中深刻地分析了教育中规训技术的精致化。对福柯而言，现代权力与此前的权力不同，它是局部的、持续的、生产性的、毛细血管状的和详尽无遗的。批判教育学的代表弗莱雷（Paulo Freire）在其富有革命激情的著作《被压迫者教育学》中，对教育中被压迫者的命运给予了悲天悯人的关注。他对占主导地位的灌输式教育进行了猛烈的抨击，提出了提问式教育的民主主张。弗莱雷认为，灌输式教育反映的是压迫社会，教育是一种存储行为，学生是保管人，而教师是储户。教师越是存得多，就越是好老师；学生越是温顺地让自己被灌输，就越是好学生。

规训化教育的核心在于训练，通过规范化的训练技术对受教者进行算度、甄别、判定和等级化，这种规训权力的主要功能是训练，而不是挑选和征用。班级中封闭的空间，严格的秩序和纪律，活动上的控制都是将班级营造成一个规训的场域。班级场域用自己的权力运作方式，用自己规定的行为准则、空间布置和秩序系统，为受教育者个体提供了更为温柔的、更可接受的规训方式和管理秩序。班级并不是一个权力销声匿迹的场域，孩子们在班级里构建出自己隐匿的面孔，教师的监视性目光在教室里展开。通过班级中的规训的技术，鲜活的生命被改造成驯顺性的个体。通过这种规训技术，一种新的客体对象正在形成：这是一种操练的肉体，而不是理论物理学的肉体，是一种被权威操纵的肉体，而不是洋溢着动物精神的肉体，是一种受到有益训练的肉体，而不是理性机器的肉体。学生们被操纵、被塑造、被规训，遵从于各种规定、命令、权威，成为恭顺、听话的好学生，教育在班级中发挥着细密的优势，以适应社会需要为名对学生进行打磨。

规训化教育在一种温和的、细致入微的柔性控制中，从身体到思想，从情感到本能，对学生进行全面的训练，包括活动以强制的时间表，对行为表现进行监控的监督措施，提拔驯服者、淘汰不驯服者的考试算度机制，引诱和强制的各种奖惩制度，强化道德控制的规定设定等。班级中的规训目的是使学生成为一个“工具人”“知识人”和“职能人”。规训教育者总是

1　[法]卢梭. 爱弥儿：论教育[M]. 李平沤，译. 北京：商务印书馆，2004：5.

把自我设定为他人生活的设计者、仲裁者，从而以知识优越者、道德高位者的姿态把自身理想的愿景理直气壮地加之于他人。规训化教育不是走向人对人的理解，不是用自己的心灵去体验他人的心理，只是把受教者视为必须去塑造、改造、重造的对象，把他人当作思想、灵魂、情感、人格的说教工具。正如雅斯贝尔斯所说："什么地方计划和知识独行武断，精神价值大张挞伐，那么这些计划和知识就必然会变成自身目的，教育将变成训练机器人，而人也变成单功能的计算之人，在仅仅维持生命力的状况中人可能会萎缩而无法看到超越之境。"[1]如果班级内的规训化教育，不留给个体自由适度的空间，那么个人的价值、尊严、创造、旨趣、愿望都被班级中的规则所漠视，而且这种对知识的控制策略还将师生引诱到对知识功利价值的过度追求之中，陶醉于知识给人带来的工具价值和功利结果，忽视了知识提升人的智慧升华和人的情感的价值，导致学生成为"规训化的个体"，进而由班级的场域外伸出去，也造就了"一个严密控制的世界……一个一小部分精英在手中控制着所有的木偶牵线以致其他的人都能像木偶那样走过一生的世界；一个被划分为管理者和被管理者、设计者和设计的遵从者的世界"[2]。

自由是人存在的本质，也是人得以成为人的固有特质。教育的核心是人的全面发展，它彰显人的个性，高扬人的自由，捍卫人的尊严，追求人解放，关涉人的幸福。它的任务是使学生的生命与精神相契合，让生命的火焰照亮天空，让精神之花自由绽放。因此，对人的自由的追寻是教育的永恒主题。鉴于班级是一个规范的场所，那么，自由的界限在哪里？身处其中的学生如何看待规范对自己的约束？如何将规范的约束与学生运用自由的能力结合起来？这是教师需要思考的问题。

自由从来都不是不受约束的绝对自由，而是被界定在合理的范围内。规范与自由并不是必然对立的，自由体现在个体选择的自主性，而规范则为个体选择划定合理范围和限度。比如，在与他人发生联系的时候，自由的行使应以不妨碍他人的自由为前提。具体而言，在班级中，既包括不能妨碍其他受教育者的自由（如扰乱他人的学习），还要求不能妨碍教育者的自由（如大声喧哗干扰课堂教学的正常运行）。因此，自由的行使并不排斥对规范的遵守，二者是分不开的。同时，对于规范的遵守也不等同于使人丧失自身的自由权利。根据对规范的态度的不同，可以将学生对规范的遵从分为机械遵从和理性遵从两种类型。机械遵从是一种不假思考的、被动的服从，也即规训式教育下的遵从方式。在这样的环境下，学生的自由被完全剥夺了，儿童自由天性也得不到应有尊重。理性遵从是基于对规范的理性认识而形成的对规范的遵守。它是个体主动思考与接受的结果，因此不是一种对个体的强制，而是在规范约束下的自律。这种理性遵从是规范与自由的和谐统一，也是教育中应追寻的理想状态。由此，在教育实践中，关键就是要正确发挥规范的约束作用，培养学生的理性，引导学

1　[德]雅斯贝尔斯. 什么是教育[M]. 邹进，译. 北京：生活·读书·新知三联书店，1991：35-36.

2　[英]齐格蒙特·鲍曼. 流动的现代性[M]. 欧阳景根，译. 北京：生活·读书·新知三联书店，2002：82.

生自觉自愿地遵守秩序并良好地运用其自由。

三、班级建设中的差异与公正

教育家语录

不同背景的孩子之所以有不同的学习表现，事实上是因为他们并未接受相同的教育过程……一般而言，他们所受的教育形式，带领着他们走向原来出身的背景——他们原本社会政治经济地位的优劣。再者，当他们选择的过程单纯地被理解为选择的事件时，其实教育系统层面之下的学习表现却强烈指出其他影响选择的可能性。

——[英]柯林斯（转引自Moor R. 教育社会学[M]. 王瑞贤，黄慧兰，陈正昌，译. 台北：学富文化事业有限公司，2008：9.）

当工业、科学、技术推动着教育组织模式向前发展，各位思想家也都没有放弃在班级组织中对于教育意义的追寻，强调从“效率”和“功利”中把教育的目光指向人的自身。而正如科尔曼所言，不同学生的差异性学业表现，是因为受到不同的教育过程所致。班级作为重要也是基本的教育场域，所施加的教育过程如果不同，那么教育是否给予班级中的学生一个公正的可能性，就成为一个重要的，需要思考的价值问题。

班级作为群体教育的组织形式，很多老师都要思考：我实施的是一样的教育过程，为什么特定类别的成员在相对程度上总是有较低的表现。班级群体的差异是以评定系统中的平均数为基础的，但是在平均数周围却经常有为数颇多的变异数，尤其是有所谓表现欠佳者。如何看待班级中的差异，并给予差异何种教育过程直接关系到“孩子学会了什么”，关系到教育最终的目的与价值的实现。

公正观念自古希腊始即是哲学家们所着力探讨的问题。拉丁语中公正（Justice）一词得名于古罗马正义女神朱斯提提亚（Justitia），包含了正直、无私、公平、公道这些一直保持到现代的基本语义。古希腊的梭伦（Solon）最早在正义概念中引入了“给一个人以其应得”的含义。此后在西方正义概念的历史发展中，许多思想都对它产生过深刻影响，成为这个概念的重要思想资源。从柏拉图、亚里士多德到罗尔斯、诺齐克、德沃金，虽然每个思想家所秉承的公正观念有所不同，其公正观千变万化，但是有一个古老的思想一直支配着公正观念，这就是“给予每个人以其应得的东西”。比如在《理想国》里，柏拉图认为，公正就在于每个人应该处于他应该占有的地位，从事适合他的职业，获得他应得的那一份财富和奖赏，做到各司其职、各守其序、各得其所。亚里士多德也认为“公正就是某种比例”，“应该按照各自的价值分配才是公正”。[1]麦金太尔也认为，公正是给每个人（包括给予者本人）应得的本分，并且是不用一种与他们的应得不相容的方式来对待任何人的一种安排。于是他提出了作为美德的公正。麦金太尔认为，罗尔斯的公正是公平的公正，所关注的是他所谓共同体中的作为最少受惠者的那部分人的需要，而诺齐克的公正论是权利的公正，他所关注的是权利的绝对优先性，因此，无论罗尔斯的理论，还是诺齐克的理论，都没有在其关于正义与非正义的言论中为“应得”留出核心地位甚至任何地位。以“应得”为核心概念的公正思想体现着公正的人性本质，体现着以人为本的社会伦理思想。在中国的古代历史中，也早就出现过这种以人为本的公正思想。孔子的“仁爱”学说体现着血亲宗法本位的公正观，为了维护封建等级秩序而提出“有教无类”的教育公正思想；墨子的“兼爱”思想则体现着以人格平等为前提，以社会中的贫弱者为本的公正思想，突破了孔子的封建等级观念，体现着普世性的以人为本的公正观，闪耀着人民性。[2]

教育是社会公共系统的一部分，社会公正与教育公正有着直接的联系。上文中已论证过，班级是教育现代性的表现。现代教育教学的内容也是面向全体社会成员的，教育的结果也具有社会共享性。现代教育的公共性特征决定了以何种方式实施教育。由于人存在着客观的个体差异性，每个人在班级中接受教育的能力、兴趣和需求是各不相同的。社会成员也要求教育的实施要公正地确定个体受教育者之间、受教育者与国家之间的关系。因此，教育公正包括两部分：教育的公正和公正的教育。前者是社会公正在教育中的体现，考察的是作为社会现象的教育公正，是教育的一种外在公正，主要从宏观上涉及教育的权利和教育的机会，是群体间、个体间权利和资源的合理分配问题。后者是个体发展的公正，每一个人的个性都有所不同，公正的教育就是使每个人的个性能够得到充分的张扬与发展，使个体因此成为他自己。因此可以说，公正的教育是尊重每个人的权利，按照每个人发展的差异，给予合适的、应得的发展资源，促进每个人实现最大发展的教育。

在班级教育过程中，公正即是要使班级内每个的学生个性得到发展。班级授课制并没有为个性化教育提供丰富的土壤。日本著名的教育家小原国芳认为:“人的个性是尊严的，每个人在世界上都是独一无二的个体，是只有一次的生命，是任何其他什么人也替代不了的。每个人都有别人不能执行的各自的高尚使命，如不能完成其使命，将永远给这个宇宙的完全性留下那一份欠缺。每个人都有自己的天地，都是被神派遣来完成他的使命的，而且具有任何其他人都不能代替的独一性。把张三李四，不分青红皂白混同在一起，放入同一模具里一块铸造成‘一个型’，这样，我们的教育将会得到什么样的结果呢?个性消失了，张三、李四之间就成为可以互相替代的人了。那么，他们就不是‘必不可少的人’了，不是‘非此人不可的人’

1 [古希腊]亚里士多德. 尼各马科伦理学[M]. 苗力田，译. 北京：中国人民大学出版社，2003：98.
2 陈伟. 墨子：兼爱人生[M]. 武汉：长江文艺出版社，1993：4.

了，而是成了谁都可以代替谁的人了。即作为人的尊严性和独自性全被抹杀了。”[1]

从人的本性而言，人具有利己和利他双重性，是个性与社会性的统一。社会化是一种求同的过程，旨在保证个体为社会所接受并成为社会的合格公民；个性化则是一个尊重独特性的存异过程，旨在激发个体的自主精神与首创精神。个体在社会化和个性化的有机统一中和谐发展。班级中的公正是微观的公正，是教育过程的公正。

班级建设中的公正，首先体现在课堂学习中的机会均等。这集中体现为在课堂教学中，教师的关注对象应面向班级里的全体学生，应避免由于教师的个人偏好或学生的成绩差异等原因，而在学习机会的分配上有所偏颇。在实施教学的过程中，应鼓励学生积极参与到师生互动的环节中，同时，尤其应重视那些以往参与感较低的同学。一方面，针对那些较为沉默内敛的学生，应为其主动提供回答问题的机会，避免对他们的忽视；另一方面，对于反应较慢的学生，应给予充分的耐心，避免出现未能及时作答而换其他同学回答的现象。此外，由于师生互动参与人数的限制以及课堂教学总时间有限，应提倡采用师生互动、生生互动相结合的教学方式，鼓励同学之间分组合作、相互沟通交流，从而使全体学生都能投入到学习活动中，实现共同成长。

案例研究

赏识是教育的最好手段

我班有个学生，是学校有名的“捣蛋鬼”，上课扰乱他人学习，下课胡乱打闹，同学间经常闹矛盾。有的同学不愿和他坐同桌，说他会影响自己的学习；有的同学不愿和他一组，说他拖小组的后腿了……他常常让我束手无策，既头疼又无奈。

由于在课堂上无所事事，所以他会前后左右地说这说那。每次上课都会看见他把头埋在书桌里，和同桌讲与课堂无关的话。同桌不和他讲，他就和前后桌讲。于是，我找他谈话，希望他在学校遵守各项规章制度，以学习为重，自我改进，做一名合格的中学生。但经过几次努力，他只在口头上答应，行动上却毫无改进。看到他不思进取的样子，我的心都快凉了，算了吧，或许他就是那根“不可雕的朽木”。我不理他的那几天，他便变本加厉地闹起来。

在开学第三周的星期一早读前，我把他叫到外面，我说：“咱们来个约定好不好，每节课你必须回答老师的一个问题，才算守约，如不能，你就违约了，下节课你还要补上。陈老师每节课都会等着你，你如果不能完成我们的约定，我会很失望的。”他答应了。上课时，他的注意力明显要比以前集中，我能看出他在寻找机会，但由于他一直没有参与的习惯，所

1　[日]小原国芳. 小原国芳教育论著选：上卷[M]. 由其民，刘剑乔，吴光威，译. 北京：人民教育出版社，1993：345.

以还很不适应，但看得出他的注意力比以前集中了多了，我心中很是高兴。临近下课时,他真的回答了一个问题，虽然回答得很不完整，但我已经很满足了。下课后，我走到他身旁，说：“你的表现很不错，但要坚持，要继续努力哦。”他点了点头。

经过观察，我还发现他喜欢打乒乓球。打乒乓球不正是我自己擅长的吗？到了课外活动时间，我约他打乒乓球，给他讲打乒乓球的技巧，谈论王皓、王励勤、瓦尔德内尔等乒乓球健将，并提示他多参加有益的文体活动，这样对身体有好处。一边与他打乒乓球一边与他交流讨论生活，进而谈论学习。不动声色地教他遵守纪律，团结同学，努力学习，做一名好学生。只要他的学习有一点进步，我就会及时给予表扬、激励，这使他感觉到老师在关心他。他也逐渐明白了做人的道理，明确了学习的目的。

之后，我又花了很多时间让他习惯于天天完成作业。我抓住他动作快的特点，利用午间、下课的间隙，提早给他布置作业、批改作业，在全班同学面前表扬他的高效率学习。

又一节科学课，他听得更加用心了，遇到了一个简单的问题，他勇敢地把手举了起来，我马上叫了他，他答对了，得到了鼓励，接着第二个、第三个，回答了好几个问题，他一脸兴奋的表情，仍有兴致，还和同学抢着回答问题。

通过一学期的努力，这位学生的进步是明显的，他上课开始认真起来，作业基本也能按时上交，期末各科测试成绩（除英语外）都能达到及格。

现在，这位学生有时还会反反复复，但我一定会继续赏识他,我相信每个孩子身上都有闪光点，只要我们懂得去赏识，它就会越来越亮,甚至光芒四射。

——黄长荣. 班级管理典型案例[M]. 北京：光明日报出版社，2012：243.文字进行了进一步润色。

在作为场域的班级中，各种力量在教育过程中交错纵横。不同的力量代表不同的利益和资源，个体获得教育资源的公正性要求教师在充分了解学生个体差异的基础上，来促进每个学生获得成功。因此，差异性是班级中个性教育的基础。只有关注并正确看待这些差异，理性地对待差异，给予每个学生的“个性”以呵护，才能真正做到“因材施教”。个性教育并不是个别教育，是在集体中的积极的差别对待。积极的差别对待要求在班级授课制中关注学生的个体差异，为每个学生得到充分、多样的发展而努力。学生生活在班级中，学生与学生之间因能力的不同而获得不同的发展方向和发展空间，学生的发展更不会因为类型单一而受到约束，班级因学生个性化得到发展也会充满活力。积极的差别对待同时也要求扩大对学生差异的关注，有意识地将目光向班级中被忽视的学生倾斜，为学生的发展提供更多的资源和机会，从而补偿集体均等的教学活动中的某些不足，以缩小基于共性和个性教学的差异。积极的差别对待要求在班级中秉承教育的本真追求，不仅是追求学生社会化的求同过程，同时也是追求学生个性化的存异过程。学生之间的差异不仅不应该成为学生发展的阻碍，反而应该成为学生发展的动力。积极的差别对待要求充分了解个体的积极追求，并以学生的自身素质和能力为基础，以适合学生的发展为根本追求，充分了解个体，认识个体的差别，承认差异，使个体的差异获得认同，而不因差异遭受同一标准的歧视。

班级是师生共同成长的共同体，不应该只有教师权威，而应该做到民主、平等，让学生有相对自由的发展空间。班级需要制度与规范，却不能只是规训与管制，应该给予学生自由与尊严。在班级和课堂中，教师应对学生实行差异化的教学与管理，“因材施教”，呵护学生的个性，“给一个学生以其应得”，方能走向公正。

本章小结

1. 班级是教师将教育目标内化于学生的基本单位，也是师生成长的“共同体”。班级自教育走入制度化以来，成为世界范围内最为普遍的教育组织形式。那么班级何以成为普遍存在，就成为一个哲学层面需要探讨的问题。从人的社会性和人发展的交往性而言，我们认为群体组织模式对于学生的成长具有合理性和必要性。而班级的出现、演变是和知识生产方式紧密联系在一起的，是教育现代性推动的。

2. 从班级构成上看，我们可以将班级作为一种教育场域加以审视，在其中，教师和学生都承担着固有的角色，营造场域内的关系，并和物理空间一起构成班级空间。班级空间与社会空间具有同构性，班级中的“物”和“人”产生交互作用，构成了独特的班级教育风景。

3. 在教师和学生共同经营班级的过程中，价值定位对于策略的采取具有重要的影响。教师们可以凭借自己的经验与智慧，在权力与民主、规范与自由、差异与公正的张力间形成自己的教育理念与管理风格，真正使班级成为教师和学生共同成长的平台。

总结 >

关键术语

班级授课制	场域	共同体
Class Teaching System	Field	Community

章节链接

在这一章，你读到……	在其他章节中，你将发现相关的讨论……
关于信息技术对班级的影响	在第八章“教学”中有关于翻转课堂的讨论

应用 >

批判性思考

有人认为班级是一个群体性教育的场域，集体的利益高于一切，我们应该教育学生在面对群体利益的时候让渡自我价值，那么，作为班级中的一员，教师在班级中如何处理群体与个体的关系？

有人认为规则就是对学生的约束，是对自由的戕害，而班级中没有规则又“不成方圆”，面对班级规则，教师如何掌握在权力与民主、规范与自由、差异与公正之间的平衡与张力？

体验练习

1. 通过学习本章第一节，请思考班级授课制的优势和局限。

优势______________________________

____

____

局限______________________________

____

____

2. 通过学习本章第二节，请列出你认为建立和谐的师生关系的途径。

____

____

____

3. 在您的班级里，现阶段座位排列方式是________，您认为此种座位安排方式对于师生来说有什么意义？有没有更好的排列方式？

____

____

____

拓展 >

补充读物

1　[捷]夸美纽斯. 大教学论[M]. 傅任敢，译. 北京：人民教育出版社，1984.

17世纪捷克教育家夸美纽斯所著的《大教学论》(1632)，是教育学形成独立学科的开始，内容包括教育目的、作用、制度、内容和原则等，提出教育必须遵循自然。这是第一本详细介绍班级授课制的西方教育学著作，对于教师理解班级的内涵、组成以及班级中教师的角色具有重要的指引性。

2 [德]雅斯贝尔斯. 什么是教育[M]. 邹进，译. 北京：生活·读书·新知三联书店，1991.

此书是教育哲学的经典之作，是存在主义哲学家雅斯贝尔斯的代表作。此书论及了教育的内涵、目的、意义，教育与历史、文化的关系，陶冶的作用，教育与社会发展，教育与政治，大学教育等多个方面。“存在”“理性”“自由”等是其核心概念。本书对于教师理解班级，形成自己的教育智慧具有启发意义。

在线学习资源

李伟胜等：“班级管理”课程（中国大学MOOC）

https://www.icourse163.org/course/ECNU-1003472011?from=searchPage&outVendor=zw_mooc_pcssjg

该课程适合致力成长为“智慧型班主任”的学习者，内容包括班级管理的一套专业主张。这套主张被表述为两篇：“理论篇”包括班级管理的“目标/思路/措施”（它们构成一个理论系统），“实践篇”包括促进学生发展的“系列活动/一期计划/三级阶梯”（它们构成一条行动路径）。两篇之间相互呼应，共同构成建设“民主型班级”的专业之道。掌握并用好这一套主张，可让师生在班级生活中一步步主动实现更高境界的发展，彰显充满豪情的生命尊严。

参考文献

一、中文文献

著作类：

1. [德]黑格尔．美学：第1卷[M]．朱光潜，译．北京：商务印书馆，1996．
2. [德]卡西尔．人论[M]．甘阳，译．上海：上海译文出版社，1985．
3. [德]康德．历史理性批判文集[M]．何兆武，译．北京：商务印书馆，1996．
4. [德]克里斯托夫·武尔夫．教育人类学[M]．张志坤，译．北京：教育科学出版社，2009．
5. [德]赖欣巴哈．科学哲学的兴起[M]．伯尼，译．北京：商务印书馆，1966．
6. 马克思恩格斯选集：第1卷[M]．北京：人民出版社，1995．
7. [德]沃尔夫冈·布列钦卡．教育科学的基本概念：分析、批判和建议[M]．胡劲松，译．上海：华东师范大学出版社，2001．
8. [俄]尼古拉·别尔嘉耶夫．人的奴役与自由[M]．徐黎明，译．贵阳：贵州人民出版社，1994．
9. [苏]维果茨基．维果茨基教育论著选[M]．余震球，选译．北京：人民教育出版社，2005．
10. [法]保尔·朗格朗．终身教育引论[M]．周南照，陈树清，译．北京：中国对外翻译出版公司，1985．
11. [法]保罗·维利里奥.解放的速度[M]．陆元昶，译．南京：江苏人民出版社，2004．
12. [法]布迪厄，[美]华康德．实践与反思：反思社会学导引[M]．李猛，李康，译．北京：中央编译出版社，1998．
13. [法]列维-布留尔．原始思维[M]．丁由,译．北京：商务印书馆,1985
14. [法]卢梭．爱弥儿：论教育[M]．李平沤，译．北京：人民教育出版社，1985．
15. [法]卢梭．论人类不平等的起源和基础[M]．高煜，译．桂林：广西师范大学出版社，2002．
16. [法]卢梭．社会契约论[M]．何兆武，译．北京：商务印书馆，1980．
17. [法]米歇尔·福柯．规训与惩罚：监狱的诞生[M]．刘北成，杨远婴，译．北京：生活·读书·新知三联书店，2007．
18. [法]让-弗朗索瓦·利奥塔．话语，图形[M]．谢晶，译．上海：上海人民出版社，2012．
19. [法]雅克·拉康，让·鲍德里亚，等．视觉文化的奇观：视觉文化总论[M]．吴琼，编．北京：中国人民大学出版社，2005．
20. [古罗马]昆体良．昆体良教育论著选[M]．任钟印，选译．北京：人民教育出版社，1989．
21. [古希腊]柏拉图．柏拉图全集[M]．王晓朝，译．北京：人民出版社，2003．
22. [古希腊]亚里士多德．尼各马科伦理学[M]．苗力田，译．北京：中国人民大学出版社，2003．
23. [加]马歇尔·麦克卢汉．理解媒介：论人的延伸[M]．何道宽，译．北京：商务印书馆，2000．
24. [加]迈克·富兰．变革的力量：透视教育改革[M]．中央教育科学研究所，加拿大多伦多国际学院，译．北京：教育科学出版社，2000．
25. [捷克]夸美纽斯．大教学论[M]．傅任敢，译．北京：人民教育出版社，1984．
26. [美]Jensen E, Nickelse L．深度学习的7种有力策略[M]．温暖，译．上海：华东师范大学出版社，2010．
27. [美]W. J. T. 米歇尔．图像理论[M]．陈永国，胡文征，译．北京：北京大学出版社，2006．
28. [美]阿尔温·托夫勒．第三次浪潮[M]． 朱志焱，潘琪，译．北京：生活·读书·新知三联书店，1983．
29. [美]安东尼奥·R. 达马西奥．笛卡尔的错误：情绪、推理和人脑[M]．毛彩凤，译．北京：教育科学出版社，2007．
30. [美]宾克莱．理想的冲突：西方社会中变化着的价值观念[M]．马元德，陈白澄，王太庆，等，译．北京：商务印书馆，1983．
31. [美]戴尔·H. 申克．学习理论：教育的视角[M]．韦小满，等，译．南京：江苏教育出版社，2003．
32. [美]杜威．杜威教育论著选[M]．赵祥麟，王承绪，编译．上海：华东师范大学出版社，1981．
33. [美]杜威．杜威全集：第五卷[M]．魏洪钟，乐小军，杨仁瑛，等，译.上海：华东师范大学出版社，2012.
34. [美]杜威．民主主义与教育[M]．王承绪，译．北京：人民教育出版社，1990．
35. [美]杜威．人的问题[M]．傅统先，邱椿，译．上海：上海人民出版社，2006．
36. [美]恩斯特·冯·格拉塞斯费尔德．激进建构主义[M]．李其龙，译．北京：北京师范大学出版社，2017．
37. [美]菲利普·库姆斯．世界教育危机[M]．赵宝恒，李环，等，译．北京：人民教育出版社，2001．
38. [美]古德莱德．一个称作学校的地方[M]．苏智欣，等，译．上海：华东师范大学出版社，2005．
39. [美]怀特．分析的时代：二十世纪的哲学家[M]．杜任之，译．北京：商务印书馆，1981．
40. [美]基思·索耶．剑桥学习科学手册[M]．徐晓东，等，译．北京：教育科学出版社，2010．
41. [美]吉尔兹．地方性知识：阐释人类学论文集[M]．王海龙，译．北京：中央编译出版社，2004．
42. [美]杰罗姆·布鲁纳．布鲁纳教育文化观[M]．宋文里，黄小鹏，译．北京：首都师范大学出版社，2011．
43. [美]克里斯托弗科尼，等．孩童厌学治疗师指南[M]．彭勃，译．北京：中国人民大学出版社，2010．
44. [美]克利福德·格尔茨．烛幽之光：哲学问题的人类学省思[M]．甘会斌，译．上海：人民出版社，2013．
45. [美]李普曼．教室里的哲学[M]．张爱琳，张爱维，编译.太原：山西教育出版社，1997．
46. [美]理查德·桑内特．肉体与石头：西方文明中的身体与城市[M]．黄煜文，朱疆源，译．上海：上海译文出版社，2006．
47. [美]鲁道夫·阿恩海姆．艺术与视知觉：视觉艺术心理学[M]．滕守尧，等，译．北京：中国社会科学出版社，1984．
48. [美]马修斯．哲学与幼童[M]．陈国容，译．北京：生活·读书·新知三联书店，1989．
49. [美]玛格丽特·米德．文化与承诺：一项有关代沟问题的研究[M]．周晓虹，周怡，译．石家庄：河北人民出版社，1987．
50. [美]麦克·F. D. 扬．知识与控制：教育社会学新探[M]．谢维和，朱旭东，译．上海：华东师范大学出版社，2002．
51. [美]尼尔·波兹曼．童年的消逝[M]．吴燕莛，译．桂林：广西师范大学出版社，

2011.

52. [美]尼古拉斯·米尔佐夫. 视觉文化导论[M]. 倪伟，译. 南京：江苏人民出版社，2006.

53. [美]乔纳森·H. 特纳. 社会理论的结构：下[M]. 邱泽奇，张茂元，等，译. 北京：华夏出版社，2006.

54. [美]施拉姆. 传播学概论[M]. 陈亮，等，译. 北京：新华出版社，1984.

55. [美]苏珊·朗格：情感与形式[M]. 刘大基，等，译. 北京：中国社会科学出版社，1986.

56. 张人杰. 国外教育社会学基本文选[C]. 上海：华东师范大学出版社，2005.

57. [美]唐纳德·R. 克里克山克，德博拉·贝纳·詹金斯，金·K. 梅特卡夫. 教师指南[M]. 祝平，译. 南京：江苏教育出版社，2007.

58. [美]唐纳德·舍恩. 反映的实践者：专业工作者如何在行动中思考[M]. 夏林清，译. 北京：教育科学出版社，2007.

59. [美]梯利. 西方哲学史[M]. 葛力，译. 北京：商务印书馆，2005.

60. [美]许烺光. 美国人与中国人：两种生活方式比较[M]. 彭凯平，刘文静，等，译. 北京：华夏出版社，1989.

61. [美]约翰·D. 布兰思福特，等. 人是如何学习的：大脑、心理、经验及学校[M]. 程可拉，等，译. 上海：华东师范大学出版社，2002.

62. [美]约翰·托夫勒. 第四次浪潮[M]. 北京：华龄出版社，1996.

63. [日]小原国芳. 小原国芳教育论著选[M]. 由其民，刘剑乔，吴光威，译. 北京：人民教育出版社，1993.

64. [日]佐藤学. 学习的快乐：走向对话[M]. 钟启泉，译. 北京：教育科学出版社，2004.

65. [斯]阿莱斯·艾尔雅维茨. 图像时代[M]. 胡菊兰，张云鹏，译. 长春：吉林人民出版社，2003.

66.（宋）朱熹. 四书章句集注[M]. 北京：中华书局，1983.

67. [苏]马卡连柯. 马卡连柯教育文集：上卷[M]. 吴式颖，等，编. 北京：人民教育出版社，1985.

68. [苏]苏霍姆林斯基.给教师的建议[M]. 北京：教育科学出版社. 1984：474.

69. [意]皮耶罗·费鲁奇. 孩子是个哲学家[M]. 陆妮，译. 海口：海南出版社. 2002.

70. [英]E. H. 贡布里希. 艺术与错觉：图画再现的心理学研究[M]. 林夕，等，译. 杭州：浙江摄影出版社，1987.

71. [英]Randall Curren. 教育哲学指南[M]. 彭正梅，等，译. 上海：华东师范大学出版社，2011.

72. [英]保罗·威利斯. 学做工：工人阶级子弟为何继承父业[M]. 秘舒，凌旻华，译. 南京：译林出版社，2013.

73. [英]鲍尔德温，朗赫斯特，麦克拉肯，等. 文化研究导论[M]. 陶东风，等，译. 北京：高等教育出版社，2004.

74. [英]赫·斯宾塞. 斯宾塞教育论著选[M]. 胡毅，王承绪，译. 北京：人民教育出版社，2005.

75. [英]赫胥黎. 科学与教育[M]. 单中惠，平波，译. 北京：人民教育出版社，2005.

76. [英]怀特海. 教育的目的[M]. 徐汝舟，译. 北京：生活·读书·新知三联书店，2002.

77. [英]罗素. 西方哲学史[M]. 何兆武，等，译. 北京：商务印书馆，2008.

78. [英]洛克. 人类理解论[M]. 关文运，译. 北京：商务印书馆，1959.

79. [英]齐格蒙特·鲍曼. 共同体[M]. 欧阳景根，译. 南京：江苏人民出版社，2007.

80. [英]齐格蒙特·鲍曼. 流动的现代性[M]. 欧阳景根，译. 北京：生活·读书·新知三联书店，2002.

81. [英]斯蒂文·卢克斯. 个人主义：分析与批

判[M]．朱红文，孔德龙，译．北京：中国广播电视出版社，1993．
82. [英]休谟．人类理解研究[M]．关文运，译．北京：商务印书馆，1995．
83. Robert Fisher．教儿童学会思考[M]．冷璐，译．北京：中国轻工业出版社，2020．
84. 陈鼓应．老子今注今译[M]．北京：商务印书馆，2003．
85. 陈鼓应．庄子今注今译[M]．北京：商务印书馆，2007．
86. 陈嘉映．说理[M]．北京：华夏出版社，2011．
87. 陈伟．墨子：兼爱人生[M]．武汉：长江文艺出版社，1993．
88. 陈向明，等．搭建实践与理论之桥：教师实践性知识研究[M]．北京：教育科学出版社，2011．
89. 陈向明．质的研究方法与社会科学研究[M]．北京：教育科学出版社，2000．
90. 陈学恂．中国近代教育史教学参考资料：中册[M]．北京：人民教育出版社，1987．
91. 陈永明，等．教师教育学[M]．北京：北京大学出版社，2012．
92. 陈友松．当代西方教育哲学[M]．北京：教育科学出版社，1982．
93. 陈元晖．陈元晖文集：上卷[M]．福州：福建教育出版社，1992．
94. 单文经．教学引论[M]．上海：上海科技教育出版社，2003．
95. 丁学良．丁学良集[M]．哈尔滨：黑龙江教育出版社，2001．
96. 冯友兰．三松堂学术文集[M]．北京：北京大学出版社，1984．
97. 傅统先，张文郁．教育哲学[M]．济南：山东教育出版社，1986．
98. 高志敏，等．终身教育、终身学习与学习化社会[M]．上海：华东师范大学出版社，2005．
99. 葛力．十八世纪法国哲学[M]．北京：社会科学文献出版社，1991．
100.郭元祥．教育逻辑学[M]．北京：人民教育出版社，2002．
101.华东师范大学教育系，杭州大学教育系．现代西方资产阶级教育思想流派论著选[M]．北京：人民教育出版社，1980．
102.华东师范大学教育系．中国现代教育文选[M]．北京：人民教育出版社，1998．
103.黄济．教育哲学通论[M]．太原：山西教育出版社，1998．
104.金炳华，等．哲学大辞典：修订版[Z]．上海：上海辞书出版社，2001．
105.李洪玉，何一粟．学习动力[M]． 武汉：湖北教育出版社，1999．
106.李泽厚．批判哲学的批判：康德述评[M]．北京：生活·读书·新知三联书店，2007．
107.李泽厚．实用理性与乐感文化[M]．北京：生活·读书·新知三联书店，2005．
108.连玉明．学习型社会[M]．北京：中国时代经济出版社，2004．
109.联合国教科文组织国际教育发展委员会．学会生存：教育世界的今天和明天[M]．北京：教育科学出版社，1996．
110.列宁选集：第4卷[M]．北京：人民出版社，1972．
111.刘北成．福柯思想肖像[M]．上海：上海人民出版社，2001．
112.刘良华．校本行动研究[M]．成都：四川教育出版社，2002．
113.刘雅丽．终身教育与终身学习的现代思考[M]．长沙：湖南人民出版社，2008．
114.刘震．《学记》释义[M]．济南：山东教育出版社，1984．
115.鲁洁，王逢贤．德育新论[M]．南京：江苏教育出版社，2002．
116.陆有铨．教育是合作的艺术[M]．北京：北京大学出版社，2012．
117.陆有铨．现代西方教育哲学[M]．郑州：河南教育出版社，1993．

118.马克斯·韦伯．学术与政治[M]．冯克利，译．北京：生活·读书·新知三联书店，1998．
119.潘洪建．有效学习与教学：9种学习方式的变革[M]．北京：北京师范大学出版社，2013．
120.彭聃龄．普通心理学[M]．北京：北京师范大学出版社，1988．
121.皮连生．教育心理学[M]．上海：上海教育出版社，2004．
122.蔡元培．蔡元培全集：第3卷[M]．高平叔，编．北京：中华书局，1984．
123.瞿葆奎．元教育学研究[M]．杭州：浙江教育出版社，1999．
124.施大宁．物理与艺术[M]．北京：科学出版社，2005．
125.施良方．学习论：学习心理学的理论与原理[M]．北京：人民教育出版社，1994．
126.石中英．教育哲学导论[M]．北京：北京师范大学出版社，2002．
127.孙培青．中国教育史[M]．上海：华东师范大学出版社，2000．
128.孙正聿．属人的世界[M]．长春：吉林人民出版社，2007．
129.孙正聿．哲学通论[M]．沈阳：辽宁人民出版社，1998．
130.王承绪，赵祥麟．西方现代教育论著选[M]．北京：人民教育出版社，2001．
131.邬昆如．哲学概论[M]．北京：中国人民大学出版社，2005．
132.吴国盛．科学的历程[M]．长沙：湖南科学技术出版社，1995．
133.吴俊升．教育哲学大纲[M]．上海：商务印书馆，1934．
134.吴康宁．教育社会学[M]．北京：人民教育出版社，1998．
135.吴康宁．课堂教学社会学[M]．南京：南京师范大学出版社，1999．
136.吴遵民．现代国际终身教育论[M]．北京：中国人民大学出版社，2007．
137.夏甄陶．关于目的的哲学[M]．上海：上海人民出版社，1982．
138.夏正江．教育理论哲学基础的反思：关于“人”的问题[M]．上海：上海教育出版社，2001．
139.于海．西方社会思想史[M]．上海：复旦大学出版社，2005．
140.张斌贤．外国教育史[M]．北京：教育科学出版社，2008．
141.张楚廷．高等教育哲学[M]．长沙：湖南教育出版社，2004．
142.张君劢，等．科学与人生观[M]．沈阳：辽宁教育出版社，1998．
143.张人杰．国外教育社会学基本文选[M]．上海：华东师范大学出版社，2009．
144.张志伟，欧阳谦．西方哲学智慧：第2版[M]．北京：中国人民大学出版社，2009．
145.中国社会科学院语言研究所词典编辑室．现代汉语词典[Z]．北京：商务印书馆，2016．
146.周浩波．教育哲学[M]．北京：人民教育出版社，2000．
147.朱慕菊．走进新课程：与课程实施者对话[M]．北京：北京师范大学出版社，2002．
148.朱有瓛．中国近代学制史料：第一辑(上册)[M]．上海：华东师范大学出版社，1990．
149.赵志伟．旧文重读：大家谈语文教育[M]．上海：华东师范大学出版社，2007．
150.朱作仁，主编．教育辞典·启发诱导[M]．南昌：江西教育出版社，1987．
151.祝捷．成人教育概论[M]．长春：东北师范大学出版社，2006．

期刊、报纸类：

1. [德]乌尔里希·贝克．从工业社会到风险社会（上篇）：关于人类生存、社会结构和生态启蒙等问题的思考[J]．王武龙，译．马克思主义与现实，2003(3)：26-45．
2. [美]小威廉姆·多尔．超越方法：教学即审美与精神的探求[J]．杨明全，译．华东师范大学学报（教育科学版），2003(1)：24-43.
3. [日]小泉英明．脑科学与教育：尖端研究与未来展望[J]．贾志勇，孙诚，田辉，译．教育研究，2006（2）：22-27.
4. [日]小森阳一．21世纪大众媒体墙与“心脑控制社会”问题[J]．广东外语外贸大学学报，2007（4）：5-10.
5. 陈桂生．“教育哲学”辨[J]．教育评论，1995（5）：5-8.
6. 陈桂生．聚焦“学生经验的课程”[J]．江苏教育学院学报（社会科学版），2006（1）：1-3.
7. 陈蓉霞．科学与常识：如何走向渐行渐远[J]．中国政法大学学报，2013（1）：94-108.
8. 陈向明．教师的作用是什么：对教师隐喻的分析[J]．教育研究与实验，2001（1）：13-19.
9. 陈向明．实践性知识：教师专业发展的知识基础[J]．北京大学教育评论，2003（1）：104-112.
10. 陈晓端，Keith S．当代西方有效教学研究的系统考察与启示[J]．比较教育研究，2005(8)：56-60.
11. 陈园．西方教学自由的伦理学意蕴[J]．海南师范大学学报（社会科学版），2010(2)：170-172.
12. 崔允漷．有效教学：理念与策略（上）[J]．人民教育，2001(6)：46-47.
13. 邓志伟．后现代主义思潮与西方批判教育学[J]．全球教育展望，1996（4）：1-7.
14. 丁邦平．反思科学教育[J]．中国教育学刊，2001（2）：20-24.
15. 杜悦．科学教育亟需突破应试瓶颈：有关我国基础教育科学教育的观察与思考[N]．中国教育报，2012-10-25（007）.
16. 郭思乐．以生为本的教学观：教皈依学[J]．课程·教材·教法，2005（12）：14-22.
17. 洪明．读经论争的百年回眸[J]．教育学报，2012（1）：3-12.
18. 侯怀银．20世纪上半叶中国学者对教育哲学学科建设的探索[J]．教育研究，2005（1）：7-16.
19. 黄晶．初中生厌学矫正个案研究[J]．辽宁教育，2008（1）：22-25.
20. 赵小雅．改革培训模式提升培训质量[N]．中国教育报，2013-05-15(001).
21. 金生鈜．论教育自由[J]．南京师大学报（社会科学版），2004（6）：65-70.
22. 金生鈜．我们为什么需要教育民主[J]．教育学报，2005（6）：7-13.
23. 李年终．关于课堂教学民主性的思考[J]．广西社会科学，2002(2)：215-217.
24. 李庆明．儿童如何学哲学[N]．光明日报，2014-03-18(014).
25. 李小红，曾天山．有效教学的伦理自觉[J]．当代教育科学，2013(6)：14-17.
26. 李延明．论人类目的[J]．学习与探索，1987（6）：66-72.
27. 刘立明．国外有效教学研究述评[J]．现代中小学教育，2002(12)：40-42.
28. 刘生全．论教育场域[J]．北京大学教育评论，2006（1）：78-91.
29. 刘世瑞，胡蓉晖．从人的发展角度对接受学习与发现学习的思考[J]．教育研究，2004（1）：1-3.
30. 刘万海．“有效教学”辨[J]．全球教育展望，2007(7)：17-22.
31. 庞大镶．关于课堂教学民主的思考[J]．人民教育，2000(9)：32-34.
32. 桑新民．学习究竟是什么？多学科视野中的学习研究论纲[J]．开放教育研究，2005（1）：8-17.
33. 石中英．教育学研究中的概念分析[J]．北京师范大学学报（社会科学版），2009（3）：29-38.
34. 史宁中．《数学课程标准》的若干思考[J].

数学通报，2007（5）：1-5.
35. 史宁中．关于教育的哲学[J]．教育研究，1998（10）：9-13，44.
36. 孙丽丽．追寻“教育常识”：为教师所著的《教育常识》[J]．教育发展研究，2013（2）：82-84.
37. 唐开福．做有常识的教育者：品李政涛新著《教育常识》[J]．中小学管理，2013（2）：50.
38. 王萍．素质教育与课堂教学民主[J]．现代大学教育，2002(1)：55-56.
39. 王澍．图像社会学校教育目标的审视[J]．东北师大学报（哲学社会科学版），2008（4）：157-161.
40. 王颖．民国时期的常识教育与“常识”教科书[N]．中华读书报告，2012-07-04(014).
41. 吴康宁．学生仅仅是“受教育者”吗？兼谈师生关系观的转换[J]．教育研究，2003（4）：43-47.
42. 吴彤．两种“地方性知识”：兼评吉尔兹和劳斯的观点[J]．自然辩证法研究，2007（11）：87-94.
43. 吴永军．关于有效教学的再认识[J]．课程·教材·教法，2011(07)：9-14.
44. 肖川．教育信念确立的基石[N]．中国教育报，2006-09-16(003).
45. 肖庆华．论有效教学的限度[J]．全球教育展望，2010(08)：20-23.
46. 肖绍聪，刘铁芳．从文学书到图画书：读图时代的教育思考[J]．河北师范大学学报（教育科学版），2005（2）：9-13.
47. 阳泽．探究学习中如何“控制”课堂[J]．人民教育，2003(21)：25-27.
48. 叶波．反思“有效教学”的技术化倾向[J]．课程·教材·教法，2013(6)：34-38.
49. 叶澜．思维在断裂处穿行：教育理论与教育实践关系的再寻找[J]．中国教育学刊，2001（4）：1-6.
50. 于伟．警惕“怎么都行”的教育观[J]．中国教育报，2005-08-27(003).
51. 余维武．德育的可能：从先秦儒家的视角看苏格拉底对美德是否可教问题的探讨[J]．湖南师范大学教育科学学报，2006（1）：34-39.
52. 余闻婧．论教师教育信念的危机及其内在超越：基于知行关系的视角[J]．教育探索，2011（2）：116-119.
53. 余友辉．美德可教吗？苏格拉底哲学命题的美德教育悖论[J]．道德与文明，2008（3）：62-65.
53. 张聪，于伟．近十年来教育理论与教育实践关系研究的梳理与反思[J]．当代教育科学，2011（9）：3-6.
54. 张盾．“道德政治”谱系中的卢梭、康德、马克思[J]．中国社会科学，2011(3)：52-68.
55. 张国民．周春爱．浅析民主教学[J]．教学与管理（理论版），2003(1)：37.
56. 张华．反思对话教学的技术主义倾向[J]．教育发展研究，2011(20)：64-69.
57. 张济洲，黄书光．美德是否可教：论苏格拉底的德性教化[J]．教育研究，2013（4）：76-81.
58. 张金磊，王颖，张宝辉．翻转课堂教学模式研究[J]．远程教育杂志，2012，(4)：46-51.
59. 张俊列．对“有效教学”“有效性”的理性审视[J]．教学与管理（中学版），2013(1)：8-10.
60. 张旸，蒙泽察．“导学案教学”与“翻转课堂”的价值、限度与共生[J]．全球教育展望，2013(7)：10-17.
61. 张志林．哲学家应怎样看科学？兼评陈嘉映《哲学·科学·常识》中的有关论述[J]．哲学分析，2012（3）：24-36.
62. 赵婧．“教学控制”辨析[J]．教育学报，2009(4)：47-52.
63. 朱法良．对全面开发人脑的思考[J]．教育研究，2001（7）：35-39.

64. 李吉林．40年情境教育创新之路带来的6个甜果子[J]．人民教育，2018（24）:23-29.
65. 马殿师．论当代西方社会思潮传播方式的图像化转向[J]．中共济南市委党校学报，2017(3):114-117.
66. 史宁中．试论数学推理过程的逻辑性：兼论什么是有逻辑的推理[J]．数学教育学报，2016,（4）:1-16.
67. 褚宏启．核心素养的概念与本质[J]．华东师范大学学报(教育科学版)，2016，34(01):1-3.
68. 康淑敏．基于学科素养培育的深度学习研究[J]．教育研究，2016，37(07)：111-118.
69. 余文森．从三维目标走向核心素养[J]．华东师范大学学报(教育科学版)，2016，34(01):11-13.
70. 殷常鸿，张义兵，高伟，等．“皮亚杰—比格斯”深度学习评价模型构建[J]．电化教育研究，2019，40(7)：13-20.
71. 李松林，杨爽．国外深度学习研究评析[J]．比较教育研究，2020，42(9)：83-89.
72. 杜建霞，范斯·A. 杜林汤，安东尼·A. 奥林佐克，等．动态在线讨论:交互式学习环境中的深层学习[J]．王茹，译．开放教育研究，2006(4)：75-79.
73. 张一兵．败坏的去远性之形而上学灾难：维利里奥的《解放的速度》解读[J]．哲学研究，2018(5)：38-46.

学位论文类：

1. 包玉姣．艺术：一种生命的形式[D]．南京：南京师范大学，2011.
2. 贺晓舟．近代中国艺术教育研究：清末学堂艺术教育的发生与演进[D]．上海：华东师范大学，2009.
3. 刘菊．关联主义学习理论及其视角下的教与学组织研究[D]．长春：东北师范大学，2011.
4. 唐莹．跨越教育理论与实践的鸿沟：关于教师及其行动理论的思考[D]．上海：华东师范大学，1995.
5. 王澍．寻求恰当的知识论立场：改革开放以来教育基本理论研究的反思[D]．上海：华东师范大学，2007.
6. 谢翌．教师信念：学校教育中的“幽灵”：一所普通中学的个案研究[D]．长春：东北师范大学，2006.

二、英文文献

1. Wesley B J. The classroom flip: using web course management tools to become the guide by the side[C]//Chambers J A. Selected Papers from the 11th International Conference on College Teaching and Learning. Florida: Florida Community Coll. , Jacksonville, 2000.
2. Choy. S. P. Public and private schools: how do they differ?[M]. Washington: National Center for Education Statistics, 1997.
3. Commentary G R. The Khan academy and the day-night flipped classroom[J]. Biochemistry and Molecular Biology Education, 2012(5):337-338.
4. Hutchins R. The higher learning in America[M]. New Haven: Yale University Press, 1936.
5. Hutchins R. The Learning Society[M]. New York: Frederick A. Praeger, Inc. , 1968.
6. Meihan R. A Sociology of Education[M]. Oxford: Holt Rine hart and Winston Ltd. , 1981.
7. Shudak N J, Wartenberg T E, Philosophy in School:An Introduction for Philosophers and Teachers[M]. New York: Taylor &Francis Group, 2013.
8. Smahel D, Machackova H, Mascheroni G, Dedkova L, Staksrud E, Ólafsson K, Livingstone S, Hasebrink U. EU Kids

Online 2020: Survey results from 19 countries[R]. EU Kids Online, 2020.

9. Buckingham D. Beyond Technology: Children's Learning in the Age of Digital Culture[M]. Cambridge: Polity Press, 2007.

10. Burke A, Peper E. Cumulative Trauma Disorder Risk for Children Using Computer Products: Results of a Pilot Investigation with a Student Convenience Sample[J]. Public Health Reports, 2002, 117(4):350–357.

11. Widyanto L, Griffiths M. 'Internet Addiction': A Critical Review[J]. International Journal of Mental Health and Addiction, 2006, 4(1):31–51.

12. Livingstone S, Haddon L, Görzig A. Children, Risk and Safety on the Internet: Research and Policy Challenges in Comparative Perspective[M]. Bristol: Policy Press, 2012.

13. Livingstone S.Young People and New Media: Childhood and the Changing Media Environment[M]. London: Sage Publications Ltd., 2002.

14. Kraut R, Kiesler S, Boneva B, Cummings J, Helgeson V, Crawford A. Internet Paradox Revisited[J]. Journal of Social Issues, 2002, 58(1):49–74.

15. Kowalski R M , Limber S P. Psychological, Physical, and Academic Correlates of Cyberbullying and Traditional Bullying[J]. Journal of Adolescent Health Official Publication of the Society for Adolescent Medicine, 2013, 53(1):S13–S20.

16. Livingstone S, Haddon L, G€orzig A, Olafsson K. Risks and safety on the internet: The perspective of European Children. Full findings[R]. London: LSE, EU Kids Online, 2011.

17. Livingstone S. Taking risky opportunities in youthful content creation: teenagers' use of social networking sites for intimacy, privacy and self-expression[J]. New Media & Society, 2008, 10(3):393–411.

关键术语表

哲学	Philosophy	哲学是对各种人类经验的反思或对人类最为关注的那些问题的理性的、方法论的和系统的思考。
教育哲学	Philosophy of Education	教育哲学是从哲学的角度对教育问题进行的批判与反思。作为教育理论学科中的基础学科，教育哲学对教育理论和实践中的根本问题进行思考，为人们从事教育工作提供价值观和方法论。
分析教育哲学	Analytic Philosophy of Education	分析教育哲学是教育哲学的一个流派，将教育哲学的任务限定为概念的厘清和教育话语的逻辑分析，而非教育中的形而上问题或价值问题的探究。分析教育哲学要克服“教育”“教学”“知识”“学习”“教育理论”等概念在使用上的混乱，增强概念使用的明确性和严格性，以增强教育理论和实践中的话语、命题、判断的逻辑性，为教育发展与变革提供重要前提。
教育	Education	教育是有目的地改组、改造人的经验世界的社会实践活动。从社会的历史的角度来看，教育是人类传递经验的方式，是一种复杂的文化现象，是社会发展的“发动机”，也是个人生存发展的工具。教育是反映人的本质力量的活动，它意味着启蒙、善和更好地“在”。
自然人	Natural Man	“自然人”是最早由卢梭提出的人性范型，指代一种按照“自我本性”自由发展的人。自然人理论要求儿童的发展和教育应与自然界发展和谐一致，与儿童身心发展水平相一致。教育应以儿童为出发点，注重个性的发展；也要求儿童的教育环境自然化，世界之外无书籍，事实以外无教材。
情本体	Emotional Noumenon	情本体是李泽厚历史本体论哲学的核心概念，是心理本体的重要部分。人的工具本体解决的是人“如何活”的问题，心理本体关注“为什么活”和“活得怎样”的问题，也即人生的意义和境界问题。情本体思想认为对人生的眷恋、珍惜、感伤和了悟能够替代空洞而不可解决的“畏”和“烦”，替代由它而激发出的后现代的“碎片”“当下”，解决命运、人性、偶然的问题，解决人生的意义、境界以及宗教之外的信仰问题。
启蒙	Enlightenment	启蒙是近代西方重要的思想运动，其核心是五个词：科学、民主、自由、人权、法制。在现代社会中，启蒙也指代这些价值的教化过程。
学校	School	学校是在教育系统内，由管理者、教育者、学习者等多种主体参与，按照共同制定的规章制度开展系列教育活动的社会空间。

续表

学校使命	School Mission	办好人民满意的教育是学校的个体使命，立德树人是学校的政治/社会使命，继承优秀传统文化是学校的文化使命，使人全面发展是学校的综合使命。
独异	Singularity	“独异”在中文语境中意为标新立异、与众不同。独异化意味着学校将从一个标准化空间走向一个有文化风格和美学特质的空间。
儿童	Children	年龄未满 18 周岁的人。
创造性	Creativity	创造性是个体产生新奇独特的、有社会价值的产品的能力或特性，也称为创造力。
人性	Humanity	人性，是在一定社会制度和一定历史条件下形成的人的本性。
教育目的	Aims of Education	教育目的是对教育所要培养的人的质量规格的总的设想和规定。
个人本位论	Theory of Individualistic as Standard for Education	个人本位论主张教育目的应以个人价值为中心，应主要根据个人自身完善和发展的精神性需要来制定教育目的和建构教育活动。
社会本位论	Theory of Society as Standard for Education	社会本位论主张教育目的的确立要根据社会需要来确定。个人只是教育加工的材料，个体的发展必须服从于社会的需要。
教育准备生活说	Education as Preparation for Life	这一学说由 19 世纪英国教育家斯宾塞提出，强调教育的过程应当是教导一个人怎样生活，使他获得生活所需的各种科学知识，从而为完满的生活做准备。
教育适应生活说	Education as Adjustment to Life	这一学说由 20 世纪美国著名教育家杜威提出，反对将教育视作未来生活的准备，认为教育就是儿童现在生活的过程，而不是将来生活的预备。
学生发展的核心素养	Key Competencies	核心素养主要指学生应具备的，能够适应终身发展和社会发展需要的正确价值观、必备品格和关键能力。
课程	curriculum	课程是学校给学生传授知识和技能的主要途径，它包括学校的各门学科和有目的、有计划、有组织的各种活动，以及对内容的安排、进程和时限。
知识	Episteme/Knowledge	知识是人类在与自然、社会、自身的交互作用过程中所形成的观念成果。传统哲学中知识的定义为：能被充分证实的真的信念。而现代知识作为构念，和情感感性、情境氛围、主观意志发生了很多交融，使知识的内涵变得模糊起来。在不同语境中，知识拥有不同的语义要素。

续表

经验	Experience	经验是人在与自然、社会、自我的交互作用过程中产生的体验。经验包含主动和被动两个方面:在主动的方面,经验就是尝试;在被动的方面,经验就是承受结果。
智慧	Intelligence	在本质上,智慧并不表现在经验的结果上,也不表现在思考的结果上,而表现在经验的过程中和思考的过程中。换言之,在生存过程中,智慧表现为对问题的处理、对危难的应对、对实质的思考以及实验的技巧等。
隐性课程	Hidden urriculum	隐性课程是学校政策及课程计划中未明确规定的、非正式和无意识的学校学习经验,与“显性课程”相对。隐性课程存在于各种学校环境和情境中,以间接的、内隐的方式影响学生,具有非预期性、潜在性、多样性、不易觉察性。
学习	Learning	学习是学习者和教师、教学内容、教学环境、同学之间的相互交往中进行的自主的、合作的活动。
终身学习	Lifelong Learning	终身学习是指社会中的每个成员为适应社会发展和实现个体发展而展开的,贯穿于人的一生的、持续的学习过程。
学习型社会	The Learning Society	学习型社会,也称为学习化社会,由法国的埃德加·富尔于1972年首先提出,其基本内容是:教育不再是某些杰出人才的特权或某一特定年龄的特殊活动,而是越出了传统教育的规定界限,在时间和空间上,正日益朝着包括个人终身和整个社会成员的方向发展。
唯理论	Rationalism	唯理论认为,知识的获得依靠理性,并非借助于感觉。精神与物质分离是有关人类知识的唯理主义观点的主要特征。
经验论	Empiricism	经验论认为经验是知识的唯一源泉。代表人物亚里士多德认为,认识是由感觉开始,由个别事实上升到一般概念的。
建构主义学习论	Constructivism Learning	建构主义学习理论认为,学习过程不是学习者被动地接受知识,而是积极地建构知识的过程。由于建构主义学习活动是以学习者为中心,而且是真实的,因而,学习者就更具有兴趣和动机,能够鼓励学习者进行批判性思考,更易于形成个体的学习风格。因而,建构主义在教学中的应用会带来一场教学或学习的革命。
发现学习	Discovery Learning	“发现学习”,20世纪50年代末、60年代初由美国心理学家布鲁纳提出,它是一种让学生独立学习、自行发现问题,并掌握科学原理的一种教学方法。它特别强调学生自己去发现和创造,要求学生利用课本提供的材料与教师提供的信息,通过自己独立思考,找出解决问题的方式和方法,进而形成正确的结论与概念。

续表

合作学习	Cooperative Learning	合作学习是学生以学习小组为单位共同学习，并通过教学主体之间的互动促进学生的学习，同时设置集体成就的奖励机制的学习方式。
个体学习	Individual Learning	个体学习是指个体通过行为的过程和结果获得新的技能和知识的活动。
深度学习	Deep Learning	深度学习是对学习状态的性质描述，涉及学习的投入程度、思维层次和认知体验等诸多层面，强调对知识本质的理解和对学习内容的批判性利用，追求有效的学习迁移和真实问题的解决，属于以高阶思维为主要认知活动的高投入性学习。
有效教学	Effective Teaching	一种观点认为“有效的教学活动是教师遵循教学活动的客观规律，以尽可能少的时间、精力和物力投入，取得尽可能多的教学效果，从而实现特定的教学目标、满足社会和个人的教育价值需求而组织实施的活动”。另一种观点认为有效教学是指“通过教师在一定时间的教学之后，学生所获得的具体进步和发展”。
翻转课堂	The Flipped Classroom	翻转课堂是一种新型的课堂教学模式。是学生晚上在家通过观看教学视频学习，第二天回到教室做作业，遇到问题时则向老师和同学请教。这种与传统的“老师白天在教室上课、学生晚上回家做作业”的方式正好相反的课堂模式被称为“翻转课堂”。
教学民主	Teaching Democracy	教学民主是指在教学过程中，师生人格平等，共同参与，各自发挥不同作用，从而实现一定教学目标。
教师	Teacher	教师具有广义和狭义两重含义。广义的教师泛指传授知识和经验的人；狭义的教师则指受过专门教育和专业训练，按照相关标准和要求，在学校场域中对学生进行德、智、体、美、劳等多方面教育的专业人员。
专业	Profession	专业是指专门从事某种学业或职业的专门学问，也可指在人类实践活动过程中，用以描述职业生涯某一阶段、某一群体所长期从事的具体业务规范。
教育理论	Education Theory	教育理论是借助一系列概念、范畴和命题等要素，以推理、归纳和演绎等形式所建构的关于特定教育现象或教育问题的系统性表述。
教育信念	Education Belief	教育信念是指教师关于教育活动整体的系统化的价值观念以及基本观点，其中包括对学生、教科书、知识、学校以及教师自身等不同要素的认识以及对教学过程、学生管理等不同过程的理解。

续表

教育权力	Education Authority	教育权力具有广义和狭义之分。广义的教育权力泛指对人的教育所施加的一种支配力和影响力，狭义的教育权力则指在学校场域中由教师等专业人员对学生在教育、教学等方面所施加的支配力和影响力。
班级授课制	Class Teaching System	班级授课制是指把一定数量的学生按年龄和知识程度编成固定的班级，根据周课表和作息时间表安排教师有计划地向全班学生集体进行教学的制度。
场域	Field	一个场域可以被定义为在各种位置之间存在的客观关系的一个网络，或一个构型。
共同体	Community	共同体是为了特定目的而聚合在一起的群体、组织或团队。共同体不同于一般的组织，共同体是人们在追求共同目标中产生的一个协作系统。共同体中的成员有着共同目标与追求。共同体是能让成员体验到归属感的群体，其中的成员对于所身处的这个群体有着自我认同感。

后　记

《教育哲学》教材已经出版七年多了，需要吸收更前沿的研究成果，在北京师范大学出版社的组织下，此次实现了修订。

此次教材修订坚持“有思想才有大学”的原则，主张有一分事实说一分话，有一分证据说一分话，反对大而无当的文字游戏，以具有挑战性的教育哲学观点带领学生从日常生活世界走进教育哲学的思想世界。教材使用注重帮助学生形成前提批判与反思的思维方式，分析当前教育现象、教育话语和教育实践问题的前提，让学生学会以归纳思维去发现问题。本书特别增加了“学校”这一章，并把“知识”一章改为“课程”，真正实现了从学校教育生活中的基本概念出发、从哲学的角度分析教育实践中的问题，帮助读者学会反思。

作为本书的主编，我诚邀全国四所院校的年轻才俊加盟本书的写作和修订团队，在大家的通力合作下完成了修订。此次各章撰写和修订的分工情况如下。

第一章	什么是教育哲学	东北师范大学	于伟　高晓文
第二章	教育是什么	白城师范学院	赵光磊
		东北师范大学	王澍
第三章	学校是什么	东北师范大学	王澍
第四章	儿童是什么	东北师范学院	王澍
第五章	教育目的	东北师范大学	张志慧　郭敏　王澍
第六章	课程	湛江师范学院	朱文辉　胡娇
第七章	学习	东北师范大学	张敬威　苏慧丽
第八章	教学	山西大学	张夏青
		东北师范大学	石迎春　王澍
第九章	教师	东北师范大学	张聪
第十章	班级	东北师范大学	石艳

修订的作者们都很繁忙，虽然我们倾注了大量的时间和精力，但由于写作水平与时间有限，书中一定还存在诸多不足之处，请读者见谅。写作过程中，参考文献较多，篇幅所限，仅列出了部分论著的篇名，感谢所有文献的作者以及给予我们佐证与启示的专家、学者，挂一漏万，诚请包涵！在统稿过程中，本着文责自负、求同存异的原则，根据讨论多次的写作

大纲对各章内容进行了适当的调整修改。在本书写作过程中，王澍老师协助本人做了大量工作，副主编名副其实，劳力劳心。

本书能够进行修订、顺利出版，要感谢北京师范大学出版社的鼎力支持，感谢郭兴举分社长的支持，感谢编辑王剑虹、刘溪为本书再版付出的心力。

于 伟

2023年3月记于东师附小